帰属財産研究

韓国に埋もれた「日本資産」の真実

李大根
金光英実［訳］
黒田勝弘［監訳］

文藝春秋

監訳者によるまえがき

この本を知ったのは一昨年、李栄薫編著『反日種族主義』(日本語版は文藝春秋刊)が韓国でベストセラーとして話題になっている時だった。『反日種族主義』の執筆者の一人から「先輩の著作」として紹介され、著者から直接送ってもらった。経済史学者による資料がたっぷり盛り込まれた七〇〇頁近い大著で、読むのは大変だった。しかし日ごろいわゆる徴用工補償問題が気になっていた日本人記者としては、この本の研究テーマには引き込まれざるをえなかった。

徴用工や慰安婦問題というのは、日本による過去の朝鮮半島統治に関連したかの地の人びとに対する補償問題である。これについて日本は、一九六五年の国交正常化の際の条約ですべて解決済みという立場だが、韓国からは今なお執拗に補償要求が続いている。補償要求は過去の支配にかかわる被害に対する韓国からの「請求権」の一環である。

一九六五年のいわゆる「請求権協定」で日本側は、五億ドルの経済協力資金を提供して補償問題は終わったとしている。協定でも請求権つまり補償問題は「完全かつ最終的に解決された」となっている。そして補償問題を議論した一四年にもわたる国交正常化交渉の過程では、韓国に対する日本側の請求権として、日本が敗戦に際し朝鮮半島に残してきた資産のことが実は問題になっているのだ。結果的に日本はその請求権は放棄しているのだが、この日本資産は膨大な額に上る。

本書は朝鮮半島におけるその日本資産がどのように形成され、どれほどの規模で、それがどのように処理され、どこに行ってしまったのかを資料を駆使し詳細に研究したものである。初めて知る〝埋もれた歴史〟に目を開かされた。日本が朝鮮半島（韓国）に残してきた膨大な資産はその後、韓国のものとなったが、それでも日本に対し今なお続く韓国側の補償要求というのは、歴史の皮肉というほかない。

先の大戦で敗戦国となった日本は一九四五年八月一五日、米国など連合国に無条件降伏し、朝鮮半島をはじめすべての海外領土を放棄させられ、資産、財産はすべて没収された。朝鮮半島には敗戦当時、約七〇万人の日本人が居住していた（軍関係者三五万人を除く）が、すべて着のみ着のままで引き揚げを余儀なくされた。

終戦後、北朝鮮にはソ連軍、南朝鮮には米軍が戦勝国として進駐し、日本人の撤退と日本資産の接収にあたった。その資産、財産は公的なもの、私的なものすべてを含む膨大なものだった。本書ではこれら日本資産の歴史が豊富な資料によって詳細に語られている。

著者は本書で、日本統治時代の日本人による開発投資（資産）は朝鮮半島の経済発展に決定的に寄与し、一九三〇年代以降この地に「産業革命」をもたらしたと結論付けている。いわゆる「植民地近代化論」の実証的裏付けである。その結果としての朝鮮半島における〝工業化〟は世界の植民地の歴史に例をみないもので、こうした〝日本遺産〟は解放後さらに一九六〇年代以降の韓国における「第二次産業革命」の基礎になったという。

本書のタイトルになっている「帰属財産」とは、一九四五年九月に韓国(南朝鮮)に進駐した米軍が、残された日本資産に対し名付けた「vested property」からきている。米軍政庁は対日戦勝国として敵国だった日本が残したすべての資産を接収し、まず米国に〝帰属〟させたのだ。その後、一九四八年八月に大韓民国政府(李承晩政権)が発足し、米軍政が終了することで日本資産は韓国に譲渡される。

韓国では日本資産は「敵産」といわれた。「敵産」とは本来は米国にとっての名称のはずだが、韓国は日本と戦争したわけではないにもかかわらず、連合国つまり対日戦勝国の立場に立ってそう称した。韓国は当時、一九五二年の対日講和条約の際も含め、自ら連合国側に加わることをしきりに主張したが認められなかった。

この時、接収(没収)された日本資産つまり「帰属財産」は、軍や総督府関係など公共財産のほか企業や個人の私有財産も含まれていた。戦勝国の敗戦国に対する戦時賠償的な資産没収には、私有財産は含まれないのが国際法上の慣例だったため、日本側は米国に抗議し返還を要求した経緯がある。

この主張でいえば、資産を残してきた日本人にとっては、米国あるいは韓国に対し個人補償を求める権利があるということになる。しかし日本は対日講和条約で「帰属財産」に対する請求権を放棄したことになっている。したがって日韓国交正常化交渉にあたっても、その返還や補償つまり請求権問題は交渉の主題からははずれてしまった。

それはともかく、日本の読者として気になるのは帰属財産の規模である。本書ではその評価額について当時の米軍当局や日本政府の推計として、朝鮮半島全体で五二億四六〇〇万ドル、日本円で七百億円規模という数字が紹介されている。

これは当時の通貨額だが、その規模を知るためちなみに朝鮮総督府の年間予算(軍事費を除く)を調べてみると、日本統治末期の昭和一八年(一九四三年)当時で約一五億円の歳出になっている。仮にこの数字を参考にすれば、その額は総督府予算の約五〇年分ということになる。

さらにこの数字は現在の通貨価値でどれほどになるのか。本書では触れられていないが、物価指数をどのように考慮するかで数字が大きく異なる。たとえば当時のドルでの総額について財政専門家(公務員)に私的に試算してもらったところ、日本の物価指数を適用すれば、消費者物価指数では約一〇〇〇億ドル(一〇兆円)、企業物価指数では約一兆ドル(一〇〇兆円)になるという。韓国の物価指数を適用するとその額はさらに膨らむ。

韓国における帰属財産の行方を現在の観点から考えると実に興味深い。韓国政府は米軍政庁から譲渡された膨大な帰属財産(敵産)をその後、公共性の高いものは国有や公有として維持したが、その他多くは民間に払い下げた。本書ではその過程が詳細に分析され、戦後(解放後)韓国経済の発展に大きく寄与したとされている。帰属財産として接収された日本企業は約二四〇〇社に上る。その多くはその後、韓国人によって韓国企業として受け継がれていったのだが、その痕跡は今も韓国企業に残っている。

象徴的な例が現在、財閥ランキング三位になっている「ＳＫグループ」である。半導体や通信、石油化学など先端系を含む多くの企業を抱える大企業集団で、とくにスマホ王国の韓国とあって一般国民になじみ深い有名企業だが、企業名の「ＳＫ」に帰属財産の痕跡を見ることができる。「ＳＫグループ」の母体は繊維会社の「鮮京合織」だった。これは日本統治時代の日本企業「鮮京織物」を解放後に入手し受け継いだのがルーツになっている。「鮮京」の韓国語読みである「鮮（ソン）」と「京（キョン）」の頭文字が「ＳＫ」である。元の「鮮京織物」は「鮮満綢緞」と「京都織物」が合併したものだが、今をときめく「ＳＫグループ」がその企業名に、帰属財産つまり日本企業の名残をとどめているのは感慨深い。日本人としては感謝したいほどである。

そのほかソウル都心にあるロッテホテルは日本統治時代の「半島ホテル」の跡地に建てられたが、「半島ホテル」は当時、日本窒素の「野口コンツェルン」の経営だった。帰属財産として韓国観光公社の手に渡り一九七〇年代まで存在した。

ホテルではロッテホテルの近くにある「朝鮮ホテル」も、日本時代は総督府鉄道局の所有だった。米軍進駐後に米軍政司令部になり、後に韓国側に譲渡され今も当時の名前をとどめている。同じくソウル都心にある「新世界百貨店」の本店は、日本時代の「三越」であり、韓国財閥トップ「サムスン（三星）グループ」の流通部門の象徴になっている。

以上、帰属財産の韓国におけるその後にかかわる現在の風景は、監訳者の新聞記者的関心から紹介したもので、本書に登場するものではない。本書はあくまで研究者による実証的な日本統治時代の朝鮮半島経済史である。したがって統計資料や数字が多く、読みにくいところがあるかもしれない。そこでそのポイントを簡単に紹介しておく。

前半は帰属財産つまり朝鮮半島における日本資産の形成過程についてで、日本からの資金流入の実態（第二章）や、それが鉄道や道路・港湾・山林など社会間接資本の形成、発展（第三章）や、エネルギー産業や鉱工業の発展、重化学工業化にいかにつながったか（第四章）などが書かれている。これらは、日本の植民地支配は搾取と収奪だけの不幸な時代だったとするいわゆる〈収奪論〉に対する実証的な批判であり、韓国の公式歴史観に対する真っ向からの挑戦である。

後半は敗戦で日本が撤収した後の、帰属財産の処理に関するもので、米軍政庁による接収、管理の実態や韓国政府への譲渡（第五章）、その後の韓国政府による国有化や払下げのこと（第六章）が書かれ、帰属財産が韓国の国民経済の発展に寄与したことが強調されている（第七章）。

帰属財産の行方を考えるとき、日本人としては複雑な思いを禁じえない。この問題を著者は〝埋もれた歴史〟としているが、これは国交正常化以降の、韓国経済に対する日本の新たな寄与、貢献が韓国ではまともに語られず、知らされず、評価されてこなかったという、いわゆる〝日本隠し〟の問題とも重なる。日本による協力や支援を無視するというのは民族感情だが、歴史の真実は感情ではなく事実で語られなければならない。

ただ一方で、戦後（解放後）の韓国経済が帰属財産という名の〝日本遺産〟を食い潰すことなく、受け継ぎ、活用し、たとえば「ＳＫグループ」のようにさらに発展、成長させたことは、韓国人の努力の成果として評価されるべきだろう。これは「請求権資金五億ドル」の使われ方もそうである。日本人にとっては「以って瞑すべし」かもしれない。

著者はベストセラー『反日種族主義』の執筆者グループが依拠する「落星台経済研究所」の初代共同所長で先輩格にあたる。したがって日本統治時代にかかわる歴史認識や、公式歴史観への挑戦という意味では共通したところがある。

著者は帰属財産、つまり〈日本遺産〉の歴史が埋もれたままでは韓国の歴史の真実は分からないという。本書はその〝志〟が込められた、類書のない一大労作である。今回の翻訳出版がそうした著者の学問的良心と情熱に応える一助になればと思う。日本語版の出版を快諾いただいたことに心から感謝したい。また翻訳にあたって練達の金光英実さんに大変ご苦労いただいた。短期間の一人での翻訳完成は驚異的だった。さらに数多くの数字や資料のチェックに大変ご苦労いただいた編集者および校閲者に感謝したい。

最後に原本があまりに大部だったため、著者の了解の下で一部をカットさせていただいたことを付け加えておきたい。読者の日韓関係史に対する理解の手助けになればと思う。

二〇二一年七月　ソウルにて

黒田勝弘

帰属財産研究　韓国に埋もれた「日本資産」の真実

序文

[1] 筆者が「帰属財産」問題に目覚めたのは、一九八二年である。研究所から大学に移って間もなく、ソウル大学経済学科の知人から電話をもらった。母校の丁炳烋《チョンビョンヒュ》先生の還暦記念論文集を学科で準備しているので、大学に移った記念に他の教授たちと一緒に論文を寄稿してほしいとのことであった。韓国経済関連の内容であれば何でもいいと言われて気軽に引き受けたが、いざテーマを決めようとすると難しい。あれこれ考えた末、やっとのことで思いついたテーマが「帰属財産」問題であった。帰属財産とは、植民地支配からの解放後、日本（人）がこの地に残していった財産を指す言葉である。新たに登場した米軍政が、この莫大な規模の財産をどのように扱ったのかという内容を中心に書いた。これが帰属財産と筆者との出合いであった。

一九八八年初め、韓日両国の経済史研究者による韓国近代（植民地時代）経済研究のための「韓日共同研究会」が結成された。筆者も韓国側メンバーとして参加し、これがこの問題と向き合う二度目のきっかけになった。研究会のメンバー一五人は、四年間にわたって現場調査・研究・討論という形で研究を行い、その結果として総論一巻、各論で二巻（計三巻）の研究書を出した。著者も帰属財産関連の二編の論文（総論一編、各論一編）を載せるに至る。

三度目のきっかけは一九九九年である。三星経済研究所から原稿を頼まれた。一九五〇年代の解放後における韓国経済の研究を依頼され、その過程で帰属財産について書いた。その研究結果は二〇〇二年、同研究所から『解放後――一九五〇年代の経済：工業化の史的背景研究』というタイトルで刊行されている。

[2]　このように、筆者は帰属財産関連の論文をすでに数編発表している。だが、執筆過程で最善を尽くせなかったことが悔やまれた。そこで、いつか機会が与えられたらこの問題を掘り下げて書こうと決心した。使命感のようなものである。このような莫大な財産である歴史的遺物を、いつまでも地中の奥深く埋めたまま知らぬふりをしてはならない、という強い問題意識によるものであった。しかし、その機会はなかなか訪れなかった。

そうこうするうちに大学を定年退職することになる。時間の余裕もできたし、心の中の課題を成し遂げなくてはと思ったものの、すぐには実践に移せなかった。身辺雑事の処理に忙しく、いつしか長い時がたっていった。七〇歳になってやっと決心を固め、研究に着手しようとしたが、意欲が湧かない。この年になっていまさら研究して本を書くのかと思うと、そんな自分が情けなくもなった。古い資料を探すのは非常に手間がかかる。探して、読んで、コピーするなら、目も良くなければならない。文字が二重に見えるのに、こんな目で何ができるというのか。

自分で書くのではなく、どこか研究所のようなところに研究費を支払い、委託研究ができないかと探してみたが、それもままならなかった。研究費はともかく、研究テーマが気に入らないと断られた。研究助手を数人雇って手伝ってもらおうかと思ったが、それも容易ではなかった。漢字で書かれたほこりだらけの古い資料や文献を、それもほとんど日本語で書かれたものを読み込むのである。そんなことのできる研究生を見つけるのは簡単ではない。結局、一人でやるしかないと思い、かすむ目をこすり、眼鏡をあれこれ替えながら、パソコンのキーボードの前で原稿と格闘して四、五年たった。

[3]　問題は本の構想をどうするかであった。参考になるような先行研究もほとんどなく、自分で枠組みを作らなくてはならない。そこでまず、研究の領域を大きく二つの分野に分けた。植民地時代、日本人によって帰属財産がどのように形成されたのかという財産形成の領域と、解放後にそれがどのような措置を取られ、誰によってどのように管理・運営・処分されたかという管理の領域である。財産形成の領域は、財産の性質別に三つに分けた。（一）国家が完全に責任を持つ公共財（public goods）、つまり治山治水関連の砂防・植樹・森林緑化・灌漑・水利事業などと、教育・保健・衛生・芸術・体育・文化事業など、（二）公共的な性格が強く、政府がその設立・運営に深く関与する社会間接資本としての鉄道・道路・港湾・電信・電話など、（三）第一、第二、

第三次産業全般にわたるほとんどの民間企業群。①公益財産②社会間接資本③民間産業施設という三つの類型である。管理の領域は、解放直後の米軍政による管理と、一九四八年に韓国政府に移管されたあとの管理の二段階に分けた。

このうち、実際にどこまで分析の対象にするかも悩んだ。前記の全分野を分析対象にするのは、事実上、不可能に近い。とはいえ、可能なかぎり分析の対象を広げなくてはならないという現実的要求も否定できない。結局、二つの要求を調整し、次のようにした。

①の公益財産分野では山林緑化、灌漑・水利、教育、保健・衛生、②の社会間接資本（SOC）では鉄道、道路、港湾、電信・電話、③の産業施設では電気業、鉱業、製造業、林業くらいは含めようと考えた。しかし、それは欲が深すぎた。一次資料を読み込む過程で、それらをすべて扱うには到底力が及ばぬことが分かった。こうして、①の公益財産では山林緑化だけを扱い、②のSOCでは電信・電話を捨て、③の産業施設では林業を捨てることにした。捨てるものが多いので、結局、帰属財産の全体像をそのまま描くという当初の計画はかなわなくなった。

[4]　研究の対象をこのように縮小した結果、本の構成は計七章にまとまった。各章の内容を簡単にまとめてみる。

第一章では「なぜ帰属財産なのか」という問題を提起し、解放から七〇年もたったいま、なぜこの問題に取り組むのか、その理由を自問する。これに対する筆者の答えはこうである。残念ながらいままで誰もこの問題にきちんと取り組んだ人がいないので、筆者が研究せざるをえなかった。時機を逸した感はあるが、いまからでもこの問題が明らかになり、歴史における真実を赤裸々に語るべきであるという固い信念を持っているからである。

第二章では、このような莫大な規模の帰属財産は誰によって形成され、そのための資本と技術はどのようなメカニズムで調達・配分されたのかという、開発主体の問題を明らかにする。そのために投じられた資本と技術は植民地時代の韓国人に対する無慈悲な収奪・搾取の産物であると言う人もいるが、それは言語道断である。剰余価値のないところに収奪と搾取は起きない。これらが日本の資本と技術の直接流入によるものであることは言うまでもない。当時、朝鮮に流入した日本の資金は次の四つの型に分かれていた。①日本政府の予算から出る国庫資金②大蔵省預金部資金③一般会社資金④個人資金である。

[5]　第三章（帰属財産の形成過程（Ⅰ）：ＳＯＣ建設）では、ＳＯＣの中核分野といえる鉄道、道路、港湾の三つの産業を基本とし、山林緑化事業を「補論」として追加した。一八九九年、京仁線鉄道の敷設を出発点とし、その後、韓国古来の伝統的な交通網がどのようにして近代的な姿に変わったのかを主な内容としている。最も比重の高い「Ⅰ．鉄道」では、一九四五年の解放当時まで、韓半島の基本地形に従ってＸ字型に横切る幹線鉄道（国鉄）とそこから派生する多くの支線網が築かれていたことを明らかにした。「Ⅱ．道路」では、「新作路」という新しい道路名の

登場が示すように、人や馬が何とか通れるほどの細い旧式道路から、自動車が通行できるような広くまっすぐ伸びた新式道路へとどのように変わったかを考察した。「Ⅲ・港湾」では、釜山《プサン》・元山《ウォンサン》・仁川《インチョン》など一一の開港（対外通商港）を中心にした港湾の改築が、鉄道や道路などの陸路とつながる海路の発達と同時に行われたという内容である。「補論：山林緑化事業」では、一九〇七年に統監府が設置されると、ソウル近郊の野山に対する砂防工事と植樹事業をまず推進したことや、朝鮮後期にはげ山と化した全国の山林を再び青山にするための山林緑化政策がいかに徹底されていたかを取り上げる。

第四章（帰属財産の形成過程（Ⅱ）：産業施設）では、電気業、鉱業、製造業の三業種に限定して論じる。朝鮮総督府は水力発電の包蔵力把握のため、前後三回にわたり全国一斉調査を行った。その結果、冬季の渇水期以外は、ほぼ無制限の水力発電能力を有することが分かる。鴨緑江《アムノクガン》と豆満江《トゥマンガン》の流域変更や大規模ダム建設による新たな発電方式の成功は、世界的な規模の水豊発電所の建設を可能にした。大規模な水力発電所が相次ぎ建設されたことで、一九三〇〜四〇年代初め、飛躍的な鉱工業発展を遂げる重要な基礎条件が整う。重化学工業の比重が軽工業を追い抜くほどの工業構造の高度化を早期に遂げたのである。解放後、北韓に進駐したソ連軍は興南窒素の電気化学コンビナートを見て、日本の先端技術の高さに驚愕した。これらの工場を稼動させるために、解放直後、帰国しようとする日本人技術者を強制的に抑留し、技術指導をさせるという事態まで起きた。

[6]　第五、六章（帰属財産の管理）は、財産の接収・管理・処分・払下げなどに関する法律的、行政的措置が、どのように行われたかを取り上げた。

第五章は、米軍政時代の管理についてである。米軍政が成立して最初に処理した業務は、朝鮮の日本人居住者を速やかに撤退させるとともに、彼らの財産を「帰属財産」という名で接収することであった。接収した財産の規模が膨大すぎて、円滑に管理するのは並大抵のことではなかった。韓国人を管理人とする間接管理方式を取ったが、これもまたうまくいかない。多くの企業が法網をくぐって一般企業に変貌し、また米軍政のずさんな管理により施設が破壊・流失するケースも多かった。米軍政はしかたなく、小企業、都市部の民間住宅、農耕地の三つの財産（一部分）に対しては適当に韓国人に払い下げ、残りの財産はすべて、一九四八年八月の韓国政府樹立とともにそこに移管した。

第六章は、韓国政府による管理についてである。韓米間の協定により韓国政府は米軍政から帰属財産を引き継ぐ。李承晩《イスンマン》大統領は自由主義経済理念に基づき、できるだけ早く財産を民間に売却しようとした。次々と無理な売却を推し進め、国有・国営として残すべき金融機関や基幹産業まで払い下げてしまったり、特定の人に特恵を与える形で不当に売却されたりしたことで、後に不正蓄財として還収された。民営化されたこれらの金融機関や基幹産業は、一九六〇年代になると再び国営に戻される。こうして日本人財産は米軍政に引き渡され、国有財産として韓国政府に移管され、民間に払い下げられた後、再び国営に戻るなど、数回にわたる財産権の変動を招く。

第七章では、植民地支配の物的遺産である帰属財産が、解放後の韓国経済の展開にどのような役割を果たしたのかを探る。一九五〇年代、これらの鉄道、道路、電気、水利施設などは、国の経済を支える礎としての役割を果たした。特に帰属鉱山で採掘される重石（タングステン）、黒鉛、鉄鉱石など、鉱産物の輸出が一九五〇年代の韓国の輸出を主導した事実に注目する必要がある。一九六五年の韓日協定締結により、請求権資金という名の大規模な日本資金が導入されることで、帰属財産はその残余任務をそこに引き継ぎ、静かに歴史の裏へと消えていく。

[7]　最終章まで原稿を書き上げてみたら、原稿の分量は予想以上に多くなったが、実質は自分が見てもまだまだ不足している。これでは当初の計画どおり、地中に深く埋められた帰属財産を掘り起こし、土とほこりを払って、本来の姿をそのまま白日の下にさらすことはできない。しかし、これで精いっぱいなのである。途中、難解な部分は「この問題は筆者の力では到底解けず、残念ながら後世の研究者に任せるしかない」のように了解を求めている。筆者の願いはただ一つ、この小品を架け橋にして、さらに立派な後続研究が次々と行われることである。

最後に、植民地時代はもちろん、解放から一九六〇年代に至るまで、入手の難しい各種資料の発掘・複写・分析・貸出に貴重な時間を割いて手伝ってくださった社団法人落星台《ナクソンデ》経済研究所の朴煥斌、李宇衍《イウヨン》博士をはじめとする研究所の方々のご協力に謝意を表したい。また、図表や写真などの入った面倒な原稿であるうえ、漢字併用という筆者の信念に加え、校正過程でも原稿を何度も書き換えるという無理な要求を不平もなく受け入れ、このような立派な作品にしてくださったイスプ出版社の林王俊社長、金汶映室長、朴恵林担当編集者に心より感謝し、同社のますますの発展を祈念する次第である。

二〇一五年九月三〇日

果川《クァチョン》牛眠《ウミョン》山麓にて

著者

【凡例】

一．時期の呼称……一八七六年の江華島条約から一九四五年八月の解放までの韓国史の展開（韓国近代史）において、この時期の呼称を次のとおりとする。

－ 一八七六年の開港から一九一〇年の韓日併合まで：開港期または開化期

－ 一八九七年一〇月の大韓帝国宣布から一九一〇年八月の韓日併合まで：大韓帝国期

－ 一九一〇年の韓日併合から一九四五年八月の解放まで：植民地期、日政時代

ただし、マスコミや学界の一角で使われている「旧韓末」「日帝強占期」「日帝時代」「韓国合邦または併呑」などの用語は排斥する。

二．国家の呼称……「朝鮮」という国号は一八九七年に「大韓帝国」に変わり、一九一〇年の韓日併合により日本の植民地になった。一九四五年の解放とともに南半部は「大韓民国（韓国）」、北半部は「朝鮮民主主義人民共和国（朝鮮）」という二つの名前になる。本書では基本的に、一九四八年八月の大韓民国成立までを「朝鮮」、それ以降は「韓国」とし、通史としては「韓国」と称する。

三．日本と中国の人名・地名の表記……外国語の場合は原則として原語の発音で表記すべきであるが、筆者は同原則に同意しないだけでなく、逐一それを確認するのも困難であることから、便宜上、漢字名で表記し、「参考文献」では韓国の漢字音の順に配列する。

四．南北関係、戦争名など……国家の概念では「南韓」(South Korea) 対「北韓」(North Korea) と称し、領土の概念では「韓半島」という表現を使う（ただし「韓国」対「北韓」という対称は使用しない）。戦争名は戦勝国を前にする慣行に倣い、日清戦争、日露戦争、中日戦争、米日戦争などとする。米日戦争は通常「太平洋戦争」と表現する。

五．貨幣単位の呼称……開港期（一八七六～一九一〇年）までは銭または圓、植民地時代は円、一九四五年八月から一九五三年二月の第一次通貨改革までは圓、一九六二年六月の第二次通貨改革までは圜、それ以降現在まではウォンと表現する。

（図表および本文の統計数字の一部に不備があるのは原資料の不備による。／訳者）

帰属財産研究　◉　目次

第三章　帰属財産の形成過程(I)：SOC建設

第四章　帰属財産の形成過程（II）：産業施設

第五章　帰属財産の管理（Ⅰ）：米軍政時代

第六章 帰属財産の管理（Ⅱ）：韓国政府時代

第七章　解放後の韓国経済の展開と帰属財産

第一章

なぜ帰属財産なのか

I

植民地遺産としての帰属財産

帰属財産とは何か。一九四五年八月の解放当時、韓国で暮らしていた日本人が帰国の際に残していった財産について、新たに登場した米軍政がその財産権を米軍政に「帰属される」(vested)という意味で付けられた名称である。よって「帰属財産」(vested property)という名称は、米軍政による新造語といえる。その本質はあくまでも解放当時まで韓国にいた日本(人)の財産である。驚くべきことに、この帰属財産の資産価値は、当時の朝鮮の国富の八〇~八五%にも及んだ。当初、日本が所有していたこの莫大な財産が米軍政の所有になり、米軍政三年間(一九四五年九月~一九四八年八月)を経て、一九四八年八月の韓国政府樹立とともに移管の手続きを踏み、韓国政府所有の国有財産となる。

以上が帰属財産の実体に関する概略である。それは「帰属財産」という名称でこの世に誕生したときから、多くの問題を抱えていた。第五章で具体的に述べるが、米軍政がそれを自分たちに帰属させたときから、韓国側では甚だしく不当な処置だとして強い反対世論が起きた。米軍政の付けた「帰属財産」という名称が気に入らないとし、公然と「敵産」という意地悪な名前を付け直したことが、そのような事情を端的に物語っている。当時、日本は韓国の敵国であり、そうした敵国の人々が残した財産であるから敵産というわけである。北朝鮮の場合は（臨時）人民委員会のようなものが作られ、そこに引き渡された。韓国人は米軍政に対して、日本人が残していった財産（敵産）を米軍政の傘下に置くのではなく、北朝鮮のようなやり方で韓国当局に引き渡すべきであるとも主張していた。

そうした事情から、人々は帰属財産の実体や形成過程などをできるだけ問題視しないようにしていた。原所有者である日本（人）との関係などに関連して、どのように処理するかという問題に関する立場表明のようなものもまったく見られず、ひいてはそれに対する客観的な研究や分析も行われていなかった。解放直後のこのような雰囲気は、解放後七〇年がたったいまも大きな変化はない。その状況が連綿と続く中で、いまではそれが持つ国民経済的な重要性はいうまでもなく、その実態すらろくに把握できない状況に至っているというべきか。ひと言でいえば、帰属財産問題はもはや人々の脳裏から消え去って久しい。なぜいまさらこの件を問題にするのか、とげんに思う人もいるであろう。しかし、そうせざるをえない研究者としての当為性を自覚していることをここに明らかにしたい。

なぜなら、この帰属財産問題は韓国近・現代史――特に近・現代経済史の側面――における展開で非常に意義深いからである。規模の面で国富の八〇～八五％を占めていたのなら、国の経済自体がこの帰属財産の塊で成り立っていたといっても過言ではない。それなくして国の経済そのものが存立するかすら疑わしい。こうした客観的事実があるにもかかわらず、その実体が一般人はもちろん、知識層にも正しく認識されず今日に至っているのは、歴史に対する無知であり、「知的欺瞞」にほかならない。このようになったのも、かつて日本が朝鮮に対して行った収奪と搾取の実態のみに焦点を当て、その事実を国民（学生）に教えなければならないという理念的な当為性により、日本が韓国に何かを「作った」とは言えないからである。それこそが帰属財産の存在自体を否定せざるをえない自家撞着の陥穽に自らはまった歴史的理由である。

事情はどうであれ、時すでに遅しの感は否めない。いまからでも帰属財産問題に関する人々の誤解と偏見を正し、ひいては韓国の近・現代史に対する正しい歴史認識を持たせるためには、帰属財産の実態に関する真実究明が先決課題であることを強調したい。それこそが、解放後七〇年がたったいまになって改めて問題を提起し、遅きに失した帰属財産問題に注目することになった一次的理由である。それを念頭に置いて、帰属財産とは具体的にどのような性質の財産なのかを見てみよう。

一九四五年八月一五日に日米間の太平洋戦争が終わり、その結果、韓国は日本の植民地から脱した。日本（人）が韓国に残していった財産を「帰属財産」と称するが、日本が植民地で形成した財産を残したという点で「植民地遺産」（colonial heritage）という概念でも定義できる。ただし、経済的価値を持つ物質的な側面における植民地遺産という意味で。

植民地遺産をおおまかに四つの類型に分けてみよう。第一に、植民地的支配・従属関係が継続することで、植民地の人々の精神的生活の領域ともいえる意識構造に与えた影響。第二に、政治、経済、社会、文化、教育、軍事などの諸分野における各種法令や慣例など制度的側面にもたらした影響。第三に、学問や技術、芸術、文化などの専門分野において植民地時代に入ってきた先進理論や概念・用語などはもちろん、新規の学説やイデオロギーなど。第四に、人々の衣食住に直結する物質的な側面で残された有形無形の財産。ここで我々が扱う帰属財産には、第四の物質的側面における遺産までが範疇に入るのである。

物質的遺産として残された帰属財産は、性質別に次のようなカテゴリーに分けられる。

①道路、鉄道、港湾、電気、電信・電話、干拓、水利施設など社会間接資本（SOC）に属する各種インフラストラクチャー(下部構造）施設
②総督府庁舎などの政府庁舎をはじめとする各種公共の建物、軍部隊関連施設、その他住宅、学校、病院、寺刹、劇場、図書館、公会堂など一切の公共施設
③農場、漁場、牧場、工場、鉱山やその他運輸、倉庫、商店など第一、第二、第三次産業に属する各種産業施設
④銀行、証券、保険、不動産会社、協会・組合・団体などの金融、その他個人および社会サービス業分野におけるすべての施設
⑤以上の有形の財産以外に、無形の財産として株式、債券、証書、特許権、著作権、商標権、ロイヤリティーなど、経済的に価値あるすべての無形財産

このように、かつて日本（人）の所有・支配下にあったこれら有形無形の財産が、一九四五年

九月、在韓米軍政庁により一斉に米軍政に「帰属される」ことになったのは前述した。帰属財産という名称も、これらの財産の所有権が日本から米国、すなわち在韓米軍政庁の所有に帰属するという意味で付けられた名前である[1]。

米軍政の所有になった帰属財産は、米軍政の三年間（一九四五年九月～一九四八年八月）、米軍政長官の指揮の下、米軍政の法令によって直接管理・運営された。その一部は途中で韓国の民間に売却（払下げ）されたり解体されたりしたが、ほとんどは一九四八年八月の韓国政府樹立にともない締結された韓米間の最初の協定により、そのまま韓国政府に移管されることになる。米軍政の三年間、この帰属財産に対する米軍政の管理が極めてずさんであったこともあり、その隙に乗じる形で多くの財産が流失したり、財産価値が損なわれたりした（第五章参照）。しかし、重要な財産はそれでもほとんどが韓国政府に国有財産として一括移管されたと見るべきである。韓国政府に移管されたあとも依然として管理はずさんであり、財産の破壊、価値の毀損が起きたと思われる。概して一九五〇年代までに、公共的性格が強く、国民経済において重要だと判断される基幹産業に属する企業は国公営の形で残され、残りのほとんどは民間に売却（払下げ）処分され、民営化の道を歩むことになる（以上、第五～六章参照）。

このように解放後から今日に至るまで、我々が何も考えずに毎日利用している全国の道路、鉄道、港湾や工業団地、貯水池や水利施設、電気や通信施設、銀行・保険・証券・質店などの金融機関、そのほかにも学校・病院・図書館・公園などの公共施設、さらには鉱工業をはじめとする諸産業施設に至るまで、これまで非常に多くの破壊と流失、所有者の交代など、財産上の多大な

1）帰属財産（vested property）とは、1945年9月の米軍政の登場とともに韓国内の日本（人）の財産はすべて米軍政に「帰属される」(vested)とする、米軍政法令の公式名称である。

変化を経た。しかし、そのルーツを厳密に探ると、そのほとんどは解放前の植民地時代、日本の資本・技術によって作られ、所有・運営されてきた財産であり、筆者が取り上げる帰属財産にまで遡及されるということを忘れてはならない。

Ⅱ

いまになって問題として取り上げる理由

これまでの事情がどうであれ、ふだんの生活において、たとえば自分の利用する鉄道が帰属財産なのかどうかを意識しなくても何の支障もなく解放後七〇年間を過ごしてきたのに、いまさら真実を明らかにしようとする必要があるのか。疑問に思って当然である。

だが、この問題に対する歴史的真実を明らかにせず、地中に埋めたまま月日が過ぎゆくのを待つのは大きな間違いである。地中で腐って消えるどころか、おかしな形でよみがえり、社会を混乱させているというべきか。真実に対する判断能力の喪失や価値観の転倒現象だけでなく、何よりも自国の歴史に対する歪曲と捏造、さらには全面的な否定に至る偽善的な史観の問題として現れている。解放後、莫大な帰属財産に関してその存在自体を認めようとしないことが端的な例である。

解放直後、理性を失い、浮き立った民族主義ブームの中で、思わず地中に埋めてしまったそれを再び地上に引っ張り出して原状復帰させることこそ、韓国人の自己歴史の否定という弊習から脱する第一歩である。言いかえると、植民地時代に日本がこの地に残したものの内容と性格を正しく把握しなければ、今日の韓国の礎となっている各種社会間接資本や産業施設、さらには社会制度の根幹ともいえる私有財産制度とそれに基づく市場経済制度がどのように成り立ったのかを、正しく説明できない。

では、最後まで復元せずに、地中に埋めたままにしたらどうなるのか。それは真実に背を向けたまま、誤った歴史認識の中で現実を見つめて生きていくことにほかならない。また、このままでは次世代の若い韓国近・現代史研究者に歴史的真実を知る機会を与えず、学問の自由を抑圧し続けることになってしまう。研究者たちにとって意味のある新たな研究課題を提供するためにも、一刻も早くそれを地上に引っ張り出す必要がある。いまこの問題を取り上げて、それが持つ歴史的意義を明らかにするのはこのような趣旨によるものであり、筆者の素朴な知的好奇心の発露でもある。それこそが遅きに失した帰属財産について語る第一の理由である。

第二は、たとえそれが他民族に支配された恥ずべき歴史であるとしても、先祖の歴史である以上、はなからそれ自体を否定したり、歪曲して捏造したりする知的風土をこれ以上容認してはならないという、知識人としての使命感があるからである。自分たちの歴史を丸ごと否定するとか、それを誇張・矮小化するという極めて間違った韓国社会の知的風土を、いまからでも正すべきである。特に、日本の植民地時代の歴史に対する韓国人の誤解と偏見を正すためには、帰属財産の実態に関する正しい理解を何よりも優先すべきであろう。

長い歴史の流れから見ると、正すべき誤解や偏見はほかにもある。例えば「新羅の三国統一」という命題、高麗時代のモンゴルによる長年の植民地統治の経験、一五九二年の日本の朝鮮侵略に触発された「一六世紀の東北アジア三国戦争」（文禄・慶長の役）、一八七六年の江華島条約の性格と開化思想、日清・日露という二つの戦争の性格と韓国の運命など、歴史の区切りごとに韓国民がいままで誤って認識してきた多くの誤解や偏見も正すべきであろう。こうした類の深刻な歴史歪曲に対する国民の認識を正すためにも、まずはこの帰属財産を原状復帰させることが何よりも重要な課題といえる。

第三は、韓国経済が解放後から一九五〇年代までは当然のこと、一九六〇年代初めまでは一人あたりGNPがわずか六二ドル[2]であり、これは当時のフィリピンやタイはもちろん、はるか彼方のアフリカ諸国にも及ばぬほどの最貧国であったという主張が公然と繰り広げられているからである[3]。政府やマスコミ、ひいては経済学者の間にまで広がっているこのような主張は、果たして歴史的事実に符合するのであろうか。筆者から見たらとんでもない主張である。解放当時、いや一九六〇年代に入っても、韓国は東南アジアやアフリカの国々よりも後れを取った、地球上で最も立ち遅れた発展途上国であったというのか。これは植民地時代の高度な工業化と経済発展に対する全面的な無知の所産であり、言語道断といわざるをえない。

こうした主張は、主に一九六〇～七〇年代、朴正熙時代の経済開発の功績を過度にあおるための政治的意図から作られた、ひどく誇張された比喩といえる。あるいは、植民地時代の日本による経済的発展を意図的に隠すためのものか、または一九五〇年代、李承晩《イスンマン》（自由党）政府が政治的に独裁を行うだけで経済的に何もしなかったという点を強調するための一九五〇年代卑下論の三つの要因に分けられる。いずれにしても、不当な政治的要求による歴史的事実の歪曲に違いな

2）韓国銀行の公式推計では1961年に82ドル、その他の研究者は70～80ドル。
3）韓国経済開発の生き証人ともいえる金正濂《キムジョンヨム》までもが1960年代初め、韓国は最貧国であったと主張している。彼の回顧録の書名が『最貧国から先進国の入り口まで』（ランダムハウス中央, 2006）であることがそれを物語っている。

い。言いかえれば、歴史的事実はそうではなかったことを明確にしたいという知的好奇心が、このように遅きに失した帰属財産問題を取り上げることになったゆえんである。

この問題に関して、過去の歴史的事実について少し触れておきたい。一九四五年八月一五日の解放当時、韓国に形成された資本蓄積の水準はどの程度であったのか。工業化・重化学工業化の水準から見ても、電気・ガス、電信・電話、鉄道、道路、港湾など社会間接資本の開発水準から見ても、戦後どの第三世界の新生国家とも比較できないほど、そしてアジアではどの面から見ても、日本に次ぐ第二位の経済先進国であったことを明らかにしておく。また、一九五〇年代の六・二五戦争（朝鮮戦争）の被害は甚大であったが、米国の莫大な援助によって速やかに復旧し、経済を回復させることで、一九五〇年代末には綿織物など工業品の海外輸出が可能になるほどの工業化水準に達した。

こうした水準の発展段階に達した韓国経済が、一九六〇年代に入るやいなや世界最貧国に転落するというのか。一九六〇年代初めであれば、韓国はもちろん、先進国も国民所得の統計が出る前であった。発展途上国の場合は、人口統計すらまともに整備されていなかった時代である。国民一人あたりGNP（per capita income）という概念を持ち出して、それが国別に何ドル（$）という数値比較をすべきではない。推定に推定を重ねた数値で、どうやって一国の経済発展水準を測り得るのか。こうしたやり方で世の中を欺き、国民を誤導する歴史歪曲を正すためには、何よりもその歴史的反証資料として帰属財産の実体に関する研究が必要である。

第四は、一九六〇〜七〇年代の「請求権資金」という名前で入ってきた日本資本の性格に関して誤りがあるからである。韓日協定は一九六五年六月、一四年という長きに及ぶ難航の末に妥結された。この協定に基づいて提供された日本からの資金（無償三億ドル、有償二億ドル）の性格を、人々はどのように理解しているのか。ほとんどの韓国人は、過去三五年間の植民地支配に伴う韓国人の精神的・肉体的苦痛と経済的収奪に対する報償的な次元であり、日本にとって有利な条件で提供した有償・無償の資金であると思っている。よって、韓国が日本に対して当然要求できる権利――「対日請求権」の意――の行使として受け取る資金であると、いままで理解してきた。そのような観点から韓国社会の一角では、三五年間の植民地支配に対する報償として五億ドルという金額は少なすぎるとか、その程度の報償で合意した当時の韓国政府（朴正熙）は民族反逆者であるというような理念攻勢を展開したりもした[4]。

しかし、きちんと調べてみると、この請求権の資金の性格は、我々が知っている内容とは全く異なる。これを正しく理解するために、当時の韓日会談の過程を少し書いてみよう。

一九五二年の第一次会談から韓日両国は相手側に対し、異なる性格の「財産請求権」を提起することから始まる。韓国側は日本に対し、植民地支配に対する報償的な性格の請求権を提起する。一方、日本側は自分たちが韓国に置いてきた財産――特に民間の私有財産――に対する財産権行使としての請求権を提起した。日本側の請求権主張の論理はこうである。終戦後、韓国に入った米軍政が日本人の私有財産まで没収し、それを一九四八年九月、韓国政府に無償で移管したことは明らかな国際法違反であるため、日本はこの財産を取り戻す権利があるというものである。

双方の主張が拮抗し、会談は決裂してしまう。請求権を主張するためには、その正確な金額を

4）韓日会談が最終段階に入った1964年6月、会談反対運動を繰り広げていた韓国の大学では、「金・大平メモ」などで会談を事実上主導していた金鍾泌《キムジョンピル》（当時中央情報部長）を「第二の李完用《イワンヨン》」と呼び、国を日本に売った二人目の人物として罵倒した。

相手に提示しなければならない。だが、双方共に実際に正確な金額を提示することが不可能であると分かると、互いに相手への請求権の主張を放棄することで相殺しようと決める[5)]。双方が自らの請求権を放棄することで、「請求権」という用語も自動的に消滅することになった。

韓国側はしかし、請求権という用語を使い続けた。国家レベルでの植民地支配による請求権はたとえ消滅しても、戦前、日本の軍需産業やその他日本の民間企業などに従事していた韓国人労働者の未払賃金やその他債権などに対する民間の個別の請求権は、植民地支配に対する請求権とは関係なく存在し続けるという論理からであった。しかし、このような論理も現実的には成り立たない。なぜなら、個別の請求権行使のためには、それぞれの件別にその請求額を算定しなくてはならないが、そのための基礎資料を見つけるのは事実上、不可能であることを双方が了解していたからである。これが不可能であるという前提で、双方はその代案として政治的交渉――いわゆる「金・大平メモ」方式――を通じた一括打開方式で問題を解決する道を選んだことが、それを物語っている。両国の間で最終的に決定した「無償三億ドル、有償二億ドル」の資金は、こうした政治的考慮による一括打開方式の産物といえる。それによって資金の性格も、当初の請求権資金としての名分は消え、双方が相手方に要求できるあらゆる類型の資金を包括するものに変わった。したがって、これまで韓国で慣行として使われてきた「対日請求権資金（無償三億ドル、有償二億ドル）という用語は、その資金の本来の性格を正確に反映する表現ではない[6)]。

要するに、「請求権資金」という名目ではなく、「経済協力資金」として渡したと日本が主張していたにもかかわらず、韓国は自分たちの提起した名称に固執したのである。それだけでなく、

5）ここには米国側の居中調停の役割が大きく作用したとされている。米国は自国が日本人の私有財産まで没収したのは国際法違反であるという事実を一応認めながら、その代わり日本に対しては戦争賠償を要求しないではないかという論理、韓国に対しては多くの帰属財産を「無償で」渡したではないかという論理で対応し、両者を相殺する方式で解決することを勧めたという。大韓民国政府,『韓日会談白書』, 1965, p.42, p.47参照.

それが過去三五年間の植民地支配に対する金銭的報償であると誤って理解した。一方、日本は植民地支配に対する報償は、この五億ドルではなく、終戦時に韓国に残してきた財産（帰属財産）と交換する形で済ませたと考えている。このような両者間の誤解をもたらしたのは、韓国政府側の責任が大きいであろう。

朴正熙政権は、韓日協定締結の当事者として、このような事実をありのまま国民に伝え、十分に納得させてから、政府自ら用語の使用に慎重を期すべきであった。しかし、韓日会談の反対世論を意識しすぎたせいか、そうはしなかった。その点こそが、朴正熙政権一八年における代表的な失政であると筆者は考える。なぜなら、この用語の混乱のせいで、韓日協定締結により国交が正常化したあとも、韓日間の過去の歴史の清算を十分にしていないような印象を持たせ、かえって両国関係を悪化させる方向に逆行させる契機を提供したからである。

これは一つの身近な例にすぎない。正しい歴史認識を損なうこのような誤った用語の使用を一つでも正すためには、まず植民地支配の経済的遺産というべき帰属財産に対する人々の認識を正さなければならない。そのためには、いまからでも帰属財産の実体を地中から引き出し、国民に広く知らせて理解させることが何よりも重要であり、優先すべき課題であろう。

6）用語の問題に関して、日本は両国が相互に請求権を放棄した状態であるから「請求権」という用語の使用は誤りとし「経済協力資金」と呼ぶべきであると主張した。しかし韓国側は、請求権自体は消滅しても用語だけは放棄できないと主張して対立し、最終的に「財産および請求権問題の解決と経済協力に関する韓日協定」という長い名称で落ち着いた。

Ⅲ

研究が不十分な理由

帰属財産に関する学界の研究が不十分で、不毛の地も同然の状態に陥った理由は何であろうか。単に「不十分」なレベルでなく、最初から誰もそこには近づかない、あたかも「禁断の果実」のように扱われてきたというか、そんな不可思議な現象が連綿と続いてきたのはなぜであろうか。それは研究者たちの姿勢から探るしかない。

韓国史に対する研究者の立場は、極めて長い間、偏狭な民族主義史観にとらわれ、研究の客観性を失っていたことを指摘したい。いくつか身近な例を挙げよう。まず、韓国史の研究者は「韓国史」という客観的な名称を捨て、民族主義の理念で武装した「国史」を公式名称とした。韓国史教科書をはじめとするすべての著書・論文が「国史」という名になっている。大学の学科名や研究所名（例えば「国史編纂委員会」）までも「国史」という名前を付けていることが、それを端的に物語っている[7]。このような雰囲気で、果たして韓国史研究がまともに行われるであろうか。解放後の韓国史研究は、正しい方向性と方法論を喪失し、死線をさまよう哀れな状況に陥ったというべきである。帰属財産を地中に埋めたことも、こうした社会の雰囲気が生んだのである。

7) そのほかにも、韓国語（文学）を国語（文学）と呼ぶこと、韓国音楽を国楽と呼ぶこと、漢医学（漢方）を韓医学（韓方）と呼ぶこと、ひいては漢江を韓江にしようなどという主張は、このような脈絡から理解できる。これでは韓国の人文学研究はその客観性を保障できない。

参考までに、一八七六年の江華島条約締結後、韓国近・現代史の展開に関する韓国史研究者の基本的認識を見てみよう。韓国史上、外国と結んだ最初の近代的な条約という点で、その歴史的意味が非常に大きいといえる「江華島条約」。研究者はこれをどのように認識しているのか。「日本が武力で強迫した、世界でも類を見ないほどの『不平等条約』であり、韓国に対する領土的野心と経済的収奪のための第一歩を踏み出すために罠をかけた制度的措置」である。その後、日清、日露の二度の戦争が行われ、乙巳条約（第二次日韓協約）と韓日併合に至るまで、韓国近代史はもっぱら日本による侵略と収奪の連続であり、その深化の過程のみで説明している。これは、その時代相をありのままに反映しているのであろうか。また、その時代の人々は、後世の研究者が考えているのと同じように思っていたのであろうか、という疑問を抱かざるをえない。

その時代の人々が、もし今日の研究者と同様に考えていたとしたら、一つの疑問にぶつかる。なぜ当時の朝廷は、一八七六年の江華島条約締結直後、すぐに大規模な修信使節団（修信使金綺秀ほか七六人）を日本に派遣し[8]、その後も引き続き、日本の先進文物を取り入れるために紳士遊覧団や留学生を大勢派遣したのか。それだけでなく、同条約（朝日修好条規）の締結がもっぱら韓国に対する日本の侵略と収奪のための前奏曲であると見なしていたのなら、なぜわずか数年後の一八八二年に米国との対米修好通商条約を締結し、すぐに清や英国、ロシアなどとも類似の条約を自発的に締結したのであろうか。米国や英国、清、ロシアなども、侵略と収奪のため、韓国側の意思に関係なく強圧的に締結したことになるが、果たしてそう見なすのか。

こうした観点から見ると、後世の史家が解釈する当時の時代相は、今日の認識とあまりにもか

8)1876年1月に条約を締結し、3か月後の4月、直ちに大規模な対日使節団を派遣する。当時、使節団の団長（修信使）として派遣された金綺秀は、帰国後に『日東記遊』という日本見聞記を残す。この本には、自分の接した日本のさまざまな先進文物に感嘆し、朝鮮はいつ日本のようになれるのかという率直な思いが込められている――金綺秀,『日東記遊』（手記本、1866：釜山大韓日文化研究所訳注本,『訳注 日東記遊』, 1662）参照。

け離れた恣意的な推論となる。朝廷を含め当時の人々は、外国との修好通商条約締結を単なる侵略と収奪のための第一歩とだけ見なしていたわけではないのかもしれない。むしろ、日本の先進文物に憧憬し、それをいち早く取り込もうとする願いが込められていたとも考えられる。逆に後世の史家が、自分たちの希望に合わせて史実を勝手に解釈し、それが歴史の真実であるかのように記録に残し、後世に伝えているのではないか。

一九一〇年に日政時代に入ってからも事情は同じであった。植民地権力、全的に日本の資本と技術をベースにした朝鮮の産業化過程、それによる画期的な経済成長と構造変動など、目の前で展開される実際の変化については意図的に目をつぶり、ひたすら侵略と収奪・搾取のみに集中していた。それゆえ、一九四五年八月、韓国を去るときに日本人が残していった莫大な規模の帰属財産の存在など、彼らの眼中に入るはずがなかった。当時ですら目に入らないのに、いや、意図的に見ないようにしているのに、それを研究対象にし、なおかつそれに対する正しい評価を下すことができようか。帰属財産という名前すら聞き慣れないのも、研究者が最初から存在そのものを否定してきたからである。

帰属財産に関する研究が不十分な理由は、帰属財産そのものに関する故意の曲解からも見つけられる。帰属財産の存在自体は認めたとしても、それは日本人の資本と技術によって形成されたものではなく、朝鮮人の血と汗によって成し遂げられたと主張するとか、日本が植民地朝鮮に多くの資本を投入したことや注目すべき実績を成し遂げたことは認めても、その目的は朝鮮人のためではなく日本人自身のためであると主張するとか。つまり、植民地的な収奪と搾取のための先行投資にすぎないと解釈している点である。このような論理によるなら、たとえ帰属財産が日本人投資の産物であるとしても、そこに何か肯定的意味を付与し、熱心に研究する必要などない、という結論に至る。これは帰属財産の存在自体を否定しようとする前者の立場よりは一歩進んでいるが、帰属財産に関する研究の不要性を打ち出しているという点では同様である。

以上の二つの立場とは異なり、帰属財産の存在そのものやその経済的意義を一応は認めながらも、研究の必要性がなくなったとする主張もある。解放後の政局の大混乱と南北分断、そして米軍政下における帰属財産の管理不徹底などにより、その資産価値が大きく損なわれ、その後勃発する六・二五戦争により再び財産がひどく破壊され流失したため、帰属財産の当初の価値はほぼ消滅したという内容である。簡単にいえば、解放当時の経済的価値はその後続かずに消滅してしまったということである。この主張も結局、帰属財産に関する研究の必要性に対して否定的といわざるをえない。植民地時代、日本がこの地に多くの財産を形成した事実は認めながらも、そうした財産は解放や六・二五戦争などの激動期を経て経済的価値が失われたから、それを研究したところで現実的にどんな意味があるのかという主張である。

IV

結論：研究の必要性

帰属財産に対する以上のような観点は、果たして歴史的事実に合致するのか。帰属財産に対する研究は不要であるという主張は、果たして論理的妥当性を持つのか。次のような例を通じて、それらの観点が歴史的事実とは全く異なる詭弁であることを明らかにしておく。

開港期（高宗《コジョン》時代）、朝鮮が日本の植民地に転落する前に、京仁《キョンイン》線や京釜《キョンブ》線などの鉄道はすでに開通していて、ソウル市内には電車が通っていた。王宮の一部には電気が通り、市内の主要道路には街灯がつくなど、驚くべき出来事が起きていたのである。これらは果たして誰によって、誰の資金と技術によって、どのような政治的、経済的目的をもって行われたのかを一度冷静に考えてみる必要がある。言うまでもなく、それは当時の朝鮮朝廷の国際入札公告により、双方の国際的建設特許契約に基づいて、主に米国人や日本人によって作られた。前者の京仁・京釜線の敷設は日本人によって、後者の電車・電灯架設事業は米国人によってである。解放後に韓国人が乗った鉄道やソウル市内を走る電車、家庭や市内の街路を照らす電灯が、かつて米国人や日本人によって作られたものであることぐらいは知っておくべきではないか。このような歴史的事実の予備知識もなく、客観的な事情がこのような状況であるのに、帰属財産についての研究どころか、その実態すら認めようとしない態度には問題がある。

もしこのような鉄道や電気などの産業施設が、単なる侵略と収奪を目的に作られたものであるなら、解放後に韓国人はそれをすべて破壊すべきであり、痕跡すら残してはならない。なぜなら侵略と収奪の手段である装置を残したまま、栄光の新しい祖国を建設することはできないからである。

しかし、現実は残念ながら、帰属財産の実態自体を否定する側であれ、実態は認めてもその経済的意義を否定する側であれ、そのように主張する者はいない。一方で、それが日帝残滓の総本山であることすら意識せず、日常的に利用しながらも、一方で「日帝残滓清算」「倭色一掃」を声高く叫ぶという二律背反の態度を見せている。このような現象は、鉄道や電気などの分野に限らない。植民地時代、いや、それ以前の開港期から展開されてきた社会間接資本や鉱工業などの産業化の過程で形成された社会全般にわたるものであり、韓国人の生活そのものを規定する全般的な現象として解釈すべきである。

では、なぜこのような厳然たる歴史的事実に背を向け、帰属財産の存在自体をも否定する事態が起きたのか。それこそが、この不可思議な帰属財産問題を解くキーといえる。恐らく一九四五年八月の解放が、我々が自主的に勝ち取ったものではなく、連合国（米国）側が対日戦争で勝利した結果、外部から他律的に与えられた事実と無関係ではなかろう。このように他律的な民族解放を成し遂げるとともに、日本人が残していった莫大な規模の財産、つまり帰属財産も獲得することになった。すると当然、この帰属財産の処分問題が台頭することになる。当初、それを強制的に自己の所有とした米軍政も深く悩んだであろうが、それをただ見ているだけの韓国人も悩ましいのは同じであった。いくら日本が米国に無条件降伏した立場であったにしても、米国に没収された自分たちの財産に対する所有権問題にいつかは異義を唱えるであろう。韓国としても、米国に無償で移管してもらうという決定を額面どおりに信じてよいのかという疑問もあった。後日、日本が自身の財産権を主張してきたら、どのように対処するかなどの懸念もあった[9]。

帰属財産の処理問題をめぐり、心ある人々の悩みが深まる中、一方で事態は全く予想外の方向に流れていった。昨日までは日本の支配下で日本と一緒に米、英などの連合国と戦争を行っていたのに、日本の突然の降伏により植民地状態から脱することが確実になると、韓国社会の雰囲気は一瞬にして一八〇度変わった。これまで日本人と同じ釜の飯を食って職場生活をともにしていた人たちまでも、一夜にして抗日独立闘士のように振る舞うほど、社会は激しい反日民族主義に変わってしまったのである。そんな雰囲気の中で、日本は植民地朝鮮から収奪だけをしたのではなく、むしろ財産を残していったという事実に言及したら、ただちに親日派や民族反逆者として追い込まれてしまう。このような状況で、誰も日本が植民地遺産としてこの土地に莫大な規模の財産を残していったという事実に注目することはできなかった。解放後の日本人財産（帰属財産）に対する議論が失われる社会環境が作られたといえる。

その社会環境とは、解放とともに押し寄せた激しい反日主義の波であった。これにより、日本人が残していった帰属財産も温存することはできなかった。いずれにしても解放後七〇年の歳月

9)1948年8月に韓国政府が樹立されたあと、李承晩大統領は帰属財産を扱う公務員に対し、いつか日本人が財産を返せと要求するであろうから、それに備えなければならないと指示したという。

がたったいま、「帰属財産」という名の歴史的遺品はもはや誰にも注目されることのないまま、人々の脳裏から永遠に消えてしまう運命に処された。しかし、我々が絶対に忘れてはならない事実がある。韓国社会が自国の歴史を恣意的に解釈し歪曲することになった出発点が、解放後、帰属財産を地中に深く埋めてしまったその日であったことである。

第二章

日本資金の流入過程

I

序論：資料・概念・用語の問題

1. 初期併合以前の資金流入

歴史的にいつから日本の資金が韓国に入り始め、その資金でどのような投資活動が展開されたかなど、初期の日本資金の流入については十分な研究が行われていない。一八七六年の開港以前をいったん除外すると、恐らく同年の江華島条約締結が始まりであろう。釜山《プサン》、元山《ウォンサン》、仁川《インチョン》の三港が開港し、これらを通じて日本との通商が行われた。この開港場を中心に、日本の民間人の往来や一時的な居住が可能になり、商人や居留民を通じて日本資金が流入し始めたのではないか。資金の性格上、小規模な生計型消費資金、限定された商品取引のための流通資金、朝鮮での不動産購入やそれを担保にした高利貸しなどの投機的資金の三つに分かれると考えられる。興味深いのは、最後の投機的性格の資金流入である[1)]。そのような性格の資金流入は、当時の朝鮮人にとってはもちろん、朝鮮社会そのものにとっても外部からの大きな衝撃として受け止められたはずだからである。

1) このころ、投機的な性格の日本資本の流入は、主に韓国の農民相手の高利貸しや土地投機が目的であったと考えられる。土地を担保に農民に高利で融資し、償還が困難な場合はその担保物（土地）を奪うなどの手法で、韓国の農民に少なからぬ被害を与えたことが分かっている。このような事情は1910年代、総督府によって行われた土地調査事業の際、土地の実際の所有関係を確認する過程で真相が明らかになった。

このような初期流入の過程を経て、ある程度の規模で正常な利潤追求を目的にした日本資金の流入が始まったのは、やはり一九世紀後半であろう。鉄道敷設や鉱山開発など、朝鮮の朝廷が公式に発注した利権事業の開発プロジェクトの入札に、米国、フランス、ロシアなどの欧米列強とともに参加してからであるといえる。日本の政府次元での公的資金流入もやはり、朝鮮朝廷が外国から借金をする過程で日本も共同参加する方式で行われた。財政難を解消するための外国からの借金は、歴史的に朝鮮と特殊な関係といわれる清からの借款を優先させていたが、清の財政難により、やむをえず借金の対象国を日本に転換せざるをえなかった。清や日本以外にも米国、ドイツ、ロシア、フランスなど欧米諸国からの借款も推進しようとしたが、事情がままならず実行に移せなかった。

二〇世紀になり、日露戦争で日本が勝利すると、朝鮮に対するさまざまな経済的実権が日本に引き渡された。それに伴い、朝鮮朝廷の対外借入も日本に一元化される。一九〇六年、韓国統監府が設置されると、朝鮮朝廷の財政難は日本からの財政借款の流入により、直ちに解決した。このときの財政的支援の実態を見ると、開港後、諸名目の財政支援が合計一五七八万二〇〇〇円に達した。一九〇七～〇九年には、軍事費が四六二一万三〇〇〇円、一般行政費（補助金）が四三二二万八〇〇〇円、合計八九四四万一〇〇〇円の特別資金が日本政府から援助されている[2]。

一九一〇年の併合以降、日本資金の流入は時期によって程度の差こそあれ、全般的に非常に活発に行われた。時期的にみると、一九一〇年代は日本政府が会社令[3]を公布するなど、朝鮮への資金流出を極力抑えようとしていた。日本自体が海外（欧米）から国内開発資金を借りなくては

2）すでに1880年代から民間の金融機関による借款形態の日本資金流入が活発であった。日本の第一銀行による借款などが代表的な事例。開港後の1882年から統監府が設置された1905年までで合計21件、1500万円以上とされている――大森とく子，「日本の対朝鮮借款について、朝鮮開港から「韓国併合」まで」,『日本植民地研究』４，日本植民地研究会,1991, pp.14～15参照.

ならない資本輸入国の立場に置かれていたため、利潤動機による民間資本の海外（朝鮮など）流出をできるだけ抑え、それを国内への投資に回すための戦略の一環であったといえる。

一九二〇年代になると、日本政府は会社令を撤廃し、朝鮮への民間資本流出をある程度許容する方向に変わる。しかし、このころまでは朝鮮に対する植民政策の優先順位が主に米作農業の開発にあったので、日本資本の流入は灌漑・水利事業のような農業関連の投資を中心に行われていた。なお、日本資本が第二次産業である鉱工業開発に本格的に流入し始めたのは、一九三一年の満州事変以降、日本が朝鮮半島と満州地域の開発を一つにした大陸経営という旗印を掲げてからといえる。つまり、日本の大規模な産業資本の流入は一九三〇年代からであるが、本格的には一九三〇年代後半からと判断される。

2. 工業化のための財源調達

植民地下の朝鮮経済を扱ううえで最も重要な論点となる「植民地工業化」問題にしても、その内容は結局、日本の産業資本がどれほどの規模で、どのような条件で、どういった分野に流入したかという資金の流れの実態であろう。工業化のための投資財源調達という側面から見ると、日本の産業資本が一定規模以上、朝鮮に流入していたことが確認できれば、一九三〇年代の朝鮮で工業化がそれだけ活発に行われていたと主張する論拠を確保できる。植民地工業化の実態を正確に把握するためには、まずは一次的な必要条件としての投資財源調達問題、言いかえれば、日本

3）「会社令」とは、朝鮮で新規会社を設立する場合は必ず日本政府の事前許可を受けなければならないというもの。日本資本の海外投資抑制を目的とした法令。この法律によって、投資事業や会社設立がかなり抑制された。

の産業資本の朝鮮流入に関する実態を把握すべきである。

しかし、植民地期における日本資本の流入を正確に把握するのは決して簡単ではない。植民地的特性が複雑に絡み合っているからである。ここでは植民地社会が持つ次の二点を特に強調しておく。

一つ目は、当時の日本が「一視同仁」「内鮮一体」などのスローガンの下、日本と朝鮮の国境をなくして一つの国にしようとする「同化主義」を植民政策の根本にしたことである。このような同化主義政策基調によって、商品であれ資本であれ、両国間の移動がますます自由になった。それによって、我々がここで把握しようとしている「日本→朝鮮への資本の地域的移動」という概念がますます薄れ、それに伴う関連統計を把握することも難しくなった。つまり、当時の日本・朝鮮間の資金移動は、例えば主権を異にする独立国家間の資本の移動、通常でいう「資本の国際的移動」の概念とはかけ離れているうえ、といってそれを日本国内の地域間の国内的移動の一環として扱うのも難しい、いわば二重的（dualistic）性格を帯びていた。例えば、政府の国庫資金のような場合は、その流れがはっきり区別されるが、市場論理に従って自由に動く民間資金の場合は、正確に区分するのが難しい。

二つ目は、朝鮮に流入した日本の資金には二種類あることである。初期の流入資金、つまり「原初資本」（primary capital）と、それが朝鮮に渡って営業活動を始めてから上がった収益・所得が蓄積され、一定の時間が経過してから再び資本に転化する「派生的資本」（derived capital）である。この二つの資本のカテゴリー分けは容易ではない。日本の「内地資本」というとき、前者の原初資本だけを指す狭い概念として見るのか、それとも「日本人所有ないし経営下の資本」という意味で後者の派生的資本までを含む広い概念として見るのかという問題が生じるからである。

このほかにも、もうひとつ考慮すべき問題がある。日本人の朝鮮における投資事業は、その大小にかかわらず、土着の朝鮮人（資本）との合作や提携関係を結んで展開されることが頻繁にあったことである。初期は、投資資本の全額（一〇〇％）が日本流入資金であるケースが一般的であった。時間がたつにつれ、何らかの形で現地人と連携しなければならなくなったとした場合、現地人の参加は直接出資方式と単純な経営参加の二つの形態がありえる。前者の場合はほとんどが少額出資であるため、あえて現地人の資金を切り離す必要がない。投資全額をいったん日本流入資金と見なしても無理はなさそうである。また、一九四〇年の創氏制度の導入後は、株式名簿上の姓名だけでは朝鮮人か日本人かを確実に判断できないことも指摘しておきたい。

3. 典拠資料と資金カテゴリー

以上で見てきた問題点を前提に、日本から朝鮮に直接流入した原初資金や、それが朝鮮に渡って二次的、三次的に増殖した派生的資金の規模と実態を把握するにあたり、利用可能な基礎資料として見つかったものは次の四つである。

調査および発表時期の順に挙げると、最初に作られた資料は一九三一年末時点の調査結果を一九三三年に発表した『朝鮮に於ける内地資本の流出入に就いて』（日本語）[4]である（以後「資料

4）朝鮮銀行京城総裁席調査課,『朝鮮に於ける内地資本の流出入に就いて』(8年調査第60号), 昭和8年11月.

一」とする)。この資料は、併合二二年目を迎えた時点で、日本の朝鮮植民政策の基調ともいえる「内地延長主義」がどれだけ多くの経済的成果をもたらし、その結果、朝鮮にどれだけ多くの産業発展をもたらしたかを知るための基礎調査として知られている。

二つ目は、朝鮮殖産銀行調査部が一九三八年末に調査し、一九四〇年に結果を発表した『朝鮮投下内地資本と之による事業』(日本語)[5]である(以後「資料二」とする)。当時の朝鮮経済の飛躍的な発展は、朝鮮内の豊富な天然資源と内地から渡ってきた資本と技術がうまく結びついた所産であると解釈し、内地資本がどれだけ朝鮮に投入されたかを把握する目的で行われた調査である。

三つ目は、その調査の三年後の一九四一年末、京城商工会議所調査課で改めて実態調査を行い、一九四四年一月に発表された『朝鮮に於ける内地資本の投下現況』[6]である(以後「資料三」とする)。前述の二つの先行資料に基づき、関連データの時点が直近まで延長されていて、調査内容もかなり補完されている。

四つ目は、戦後である一九四七年に日本政府(大蔵省管理局)が発行した『日本人の海外活動に関する歴史的調査』──No.③(朝鮮編、第七分冊 第一六章 第五節)[7]という名の日本政府の資料である(以後「資料四」とする)。この資料は、日本が行った各植民地(属領を含む)での活動を地域別にまとめた計一二巻からなる政府の膨大な資料集である。朝鮮をはじめとし、台湾、満州、中国、サハリン、南洋群島など、戦前に日本が支配または掌握していた全地域を網羅したもので、『朝鮮編』は三巻からなっている。その第七分冊第一六章(金融の発達編)に、ここで我々

5) 朝鮮殖産銀行調査部,『殖銀調査月報』, 第25号, 昭和15年.
6) 京城商工会議所調査課,『朝鮮に於ける内地資本の投下現況』, (調査資料第9集), 昭和19年1月.
7) 大蔵省管理局,『日本人の海外活動に関する歴史的調査』③(朝鮮編, 第16～19章), 1947.

が扱おうとする内容が具体的に盛り込まれている。「資料三」には一九四一年末までの関連統計が載っているが、「資料四」では朝鮮総督府の資料などを利用して一九四四年末までカバーしている点で、資料としての価値が高いといえる。そのほかにも、当時の朝鮮における各産業資金の調達内訳や、海外に派遣された朝鮮人の本国への送金などのデータが新たに追加されている。朝鮮に住む日本人居住者の個人資金（主に生計型資金）流入に関する調査が一切排除されているのが残念であり、これも特徴といえる。

以上四つの基礎資料は、調査の主体と時期は異なるが、調査の目的や方法など、調査内容に大きな違いはないといえる。調査の項目設定も、四つの資料はほぼ同一パターンで構成されていて、数値の時系列比較が可能である。これらの資料は、流入した内地資本のカテゴリーを次の四つに類型化している[8)]。

第一は、国庫資金である。これは日本政府が朝鮮総督府の財政を補うため、最初から政府予算として策定していた公的資金である。朝鮮統治の名目で策定された日本政府の一般会計予算から出る一種の財政資金といえる。この資金は二つの目的で使われる。一つは朝鮮に駐屯する日本軍の軍事費および総督府の行政費（補助金）にのみ支払われる消費性資金、もうひとつは朝鮮総督府が発行する国債を日本政府が引き受け、朝鮮の産業開発のために投資する生産性資金である。前者は朝鮮統治による一種の植民地経営費の性格を持ち、後者は総督府が展開する鉄道、道路、山林緑化、水資源の開発や、電信・電話、発電所の建設など、主な国策事業を支援するための経済的投資資金といえる。

8）ただし、「資料二」および「資料四」では、日本人居住者（個人）を資金移動の主体とする本文第四（個人資金）のカテゴリーを調査対象から外す代わりに、第三の民間ベースの会社資金移動を中心に調査していることを指摘しておく。

第二は、大蔵省預金部資金である。日本全国（植民地を含む）の郵便貯金は、制度的に大蔵省預金部に設置された特別勘定に預けられ、これを「大蔵省預金部資金」と称する。この預金部資金は、日本国内においても主に公共の目的の事業のみに限定し、長期・低利の有利な条件で供給する資金である。日本政府はこの資金を朝鮮の各道、府、郡、邑・面の地方政府が発行する各種公債、または殖銀、東拓（東洋拓殖）などの公共機関が発行する債券の引受資金として使用できるよう配慮した。長期施設資金を供給するためといえるが、時にはこれら施設の資金供給機関に対し、関連施設の円滑な運営を助けるため、短期運転資金の融資も並行して行われていた。

第三は、会社資金である。朝鮮に本店を新たに設立するか、支店を設置する日本の会社（法人または個人）が、自社に対する出資や、他社に対する出資、融資、債券引受などを複数のルートを通じて供給する資金である。これは日本の民間産業資金流入の最も典型的な形態といえる。資金の規模の面でも朝鮮に流入した日本の資金の大部分を成していた点で、経済的にこの会社資金[9]の持つ重要性は他の資金とは比較にならないほど大きいといえる。

第四は、個人資金である。これは主に日本人居住者が朝鮮での生活基盤を築くための敷地や家屋、そのほか付属する小規模な商店や店舗などの購入資金、小規模の農場、漁場、牧場、工作所、質屋など生活の糧を得るための事業目的の投資や、銀行預貯金、有価証券の購入など金融資産確保のための個人ベースでの資金流入といえる。この個人資金の性格は、大きく見ると、さしあたっての生活を支えるための「生計型資金」と、未来の投資収益を目的とする「投資型資金」の二種類に分けられるが、現実にはこの二種類が混在している。

9）この会社資金の場合、国庫資金や個人資金など他の資金の性格とは異なり、最初から利潤を目的とする私的資本の移動という観点から特別な場合を除き、すべて「会社資金」と表現する。

4. 概念上の留意事項

植民地時代の日本内地からの資金流入問題を論じるにあたって、その資金の類型を前述のような四つのカテゴリーに分けることには特に異論の余地はない。しかし、実際の分析過程では、さまざまな概念上の混乱をもたらすことが多く、類似した用語・概念に対する正しい用語選択という困難にぶつかった。用語上の混乱を防ぐためには、少なくとも次のようないくつかの基本用語について、あらかじめその概念上の違いを明らかにし、それに伴う用語の選択も確実にする必要がある。

(1)資金と資本

「資金」(fund) という言葉は普通、特定の用途に使われるときの用語である。例えば、事業資金、建築資金、消費資金、学資金、余裕資金など。これに対して資本 (capital) とは、上記の事業 (所要) 資金のうち特に利潤 (profit) 追求を目的とした営業目的の事業に使われる資金を指すことが多い。例えば、自己資本、他人資本、固定資本、払込資本、確定資本など。この四つの資金カテゴリーで、その用例を探すと以下のとおりである。国庫資金や大蔵省預金部資金の場合は「資金」という用語が適切であり、会社資金の場合はそれがどのような用途で使われても「資本」という表現が適している。最後に、個人資金の場合は、それが家屋や敷地などの購入に伴う、いわゆる生計型資金は「資金」、農場や漁場、小規模な工作所や商店などの購入に伴う投資型資金の場合は「資本」と分けて使うほうが合理的である[10]。

(2) 原初的資金と派生的資金

前述したとおり、資金には日本から直接流入した「原初資金」(primary fund)と、それを元本にして二次的に朝鮮で生まれた利潤の再投資を通じた「派生的資金」(derived fund)がある。この概念区分を明確にすべきである。実際、この二つの性格の資金を正確に区分するのは非常に難しい。例えば、一定の時点での内地資金の流入(投下)額というとき、用語上では原初資金の「累積」の概念として理解できるが、その期間が長引くにつれ、そこにはインフレによる価値変動などが起こりうる。よって、長期間にわたる単純な累積である場合、資金の現在価値を正しく反映できなくなる。このことから、累積の概念としての原初資金の流入額というと、現実的にそれが何を意味するのか明らかでない可能性もある。

このような観点から、通常、内地資金の流入額という場合は、その期間に発生した派生的資金まで含めた広い概念で使うことになる。その代わり、その期間に発生した原初資金に対する償還額は除外される。このように、派生的資金を含める代わりに、元金に対する償還分を除くという相殺が行われたあとの流入額であれば、それは結局、一定の時点での日本人所有ないし支配下の総資産評価額(時価)として定義され、当初の原初的な流入資金の規模と何ら関連のない別個の概念に変わってしまうことを指摘しておく[11]。

10) 本稿で引用する原資料、「資料一」「資料二」「資料三」などではすべて「内地資本の流出」など「資本」と表現しているが、著者はこれに従わず、別途の原則に従って二つを可能なかぎり使い分ける。

この点について、前述の四つの類型別流入資金にどのように適用するかを考えてみよう。まず、国庫資金と大蔵省預金部資金の場合は、その資金の性格上、原初資金の投下額（累計）の概念として扱っても大きな問題はないであろう。しかし、会社資本と個人資金の場合は、派生的資金までを含めた総資産評価額（時価）の概念と解釈すべきである。前者の公的資金はそれが朝鮮に入ってどれだけ多くの派生的収益を上げたかよりも、どれだけ多くの資金が流入したかという資金の規模自体に重要な意味がある。一方で後者の民間資金の場合は、流入した時点よりも流入後、どれだけ多くの収益を上げ、元本そのものをどれだけ増やしたかに重要な意味があるからである。

後者の場合、このような事情は会社資本よりも、個人資金のほうがより顕著に現れているといえる。個人資金の場合、朝鮮に移り住んだ際に本人の持ってきた原初的な資金の規模が、時間がたつにつれて多くの変化を経るので、その規模には特に意味がない。言いかえれば、現実の営業店評価額（時価）が当初の投資規模をはるかに上回る可能性がいくらでもあるということになる。この観点から、個人資金の流入に関しては特殊なケースも想定できる。

例えば、日本人居住者の中には、朝鮮に渡ってくる際に原初的事業資金を一切持たず、肉体労働者として渡ってきたり、あるいは失業者の身でやってきて、あらゆる不正を駆使して一攫千金の財産を成したりした者もいた。としたら、これも前述のような正常な方法で作り上げた派生的資金と同一の性格として扱っていいのかという問題である[12]。

(3) 流入資金と流出資金

11）原初資金、派生的資金という用語問題に関して、前記の朝鮮銀行の資料（「資料一」, 1933年）ではこれを「内地資金」や「内地人資金」という概念に区分して使用することを提案する。つまり、原初資金を「内地から入ってきた資金」という意味の「内地資金」、朝鮮の日本人居住者が稼いだ資金まで含む日本人（内地人）による資金を「内地人資金」と分けて呼ぶべきである――「資料一」、pp.4〜5参照．

一般的に内地資本の流入というとき、その「流入」の性格は事実上、二つの概念で使われる。まず、本稿で使用しているように日本（内地）から朝鮮に入ってくる「流入（inflow）資金」のみを指す場合。次に、一定期間、この流入資金と同じ期間に朝鮮から日本に流出される「流出（outflow）資金」を相殺し、余った「収支差額（balance）」を内地資金の流入（バランス上、黒字の場合であり、赤字の場合は流出）、つまり流入資金と見なす場合である。後者の場合、一九三〇年代における内地資金の流入は、この期間に日本と朝鮮の間で出入りした資本収支上の差額（朝鮮側の黒字）を日本からの資金流入（投資）の概念と見なす。

ただし、ここで重要な意味を持つのは、あくまでも前者の流入資金であり、後者のような収支差額としての（純）流入資金の性格ではない。なぜなら、産業資金の調達という観点で資金流入の規模を論じたところで、期間中の産業活動の結果としての国際収支上のバランスは完全に概念が異なるからである。つまり、植民地工業化問題を扱うにあたり、宗主国の資本が被植民地にどれだけ移動するかという資金流出の問題は、あくまでも工業化のための所要資金の調達という観点で扱うべきである。それは金融資本の流れというよりは、実物資本（資本財）の流入という観点で取り組むべきである。

にもかかわらず、これまで一部の論者が植民地経済ないし植民地工業化問題を扱う際、植民地とその宗主国の間の資金の流れを国際収支論的立場で扱うケースがよく見られる[13]。このようなアプローチは間違っているといえる。なぜなら、国際経済学でいう資本収支の概念は、商品交易の結果として簡易収支上のバランスを事後に決済するための金融資本の移動（商品移動とは反対

12）朝鮮銀行の「資料一」によると、内地資金とは直接関連のない内地人資金の存在は、1933年の時点でかなりの規模に達していた。内地資金の流入額をもって日本の朝鮮に対する直接投資額と見なす傾向があるが、その解釈は間違っている。むしろ、このような内地資金よりは、派生的資金まで含む広義の内地人資金をもって、朝鮮経済のための総投資の概念とすべきである――同資料，pp.3〜5参照．

方向）という性格を持つからである。言いかえれば、貿易収支上の赤字を埋めるために入ってくる資本収支上の黒字をもって、それを植民地工業化のための投資財源と見なすわけにはいかない。

それだけでなく、宗主国と植民地の間のもろもろの経済的取引内容や、その結果として成立する貿易・資本収支関係というものは、正常な独立国家の国民経済相互間のそれとは最初からその性格が完全に異なる。特に朝鮮と日本の間には、いわゆる「内鮮一体論」とか「内地延長主義」とか、実際の商品・資本取引の規模と国際収支上に表れる公式的な規模の間には、顕著なギャップがある。植民地時代の対外取引関係を分析する際、この点を無視して国際収支一般論で接近するのは、「植民地性」に対する問題意識の欠如であることを指摘しておく。

(4)内地（人）資本と日本（人）資本

植民地時代に日本から流入する資金は、一般的に「内地資本」や「内地人資本」という用語で呼ばれていた。「内地（人）資本」という用語とともに「日本（人）資本」という用語もほぼ同じ意味で混用されていた。しかし、厳密に言うと、この二つの用語は同一概念とは見られない面がある。

例えば、「内地」「内地人」「内地人資本」などの表現は、一種の「領土」を基準にした概念、すなわち、日本本土と海外植民地（属領）とを区別するために作られた用語である。朝鮮との関係においては、例えば「半島」「半島人」「半島人資本」という概念とは対称の用語といえる。したがって「内地資本」というと、日本という領土の中にある資本という意味、または日本（内地）

13）このような傾向は、韓国の植民地経済研究者に共通した現象である。一例として、金洛年,『日本帝国主義下の朝鮮経済』, 東京大学出版会, 2002, 第二章および第五章を参照.

から渡ってきた資本を意味すると考えられる。一方、日本（人）資本というと、海外植民地（朝鮮など）にある資本の性格を区分するうえで、内地から渡ってきた日本人資本と現地人（朝鮮人）資本を対称にした、すなわち資本（家）の民族性を基準にした概念といえる。日政時代は「日本（人）資本」よりは「内地（人）資本」で通用したことを明記しておく。

以上のように、日本流入資金の問題を扱う際、いくつかの用語・概念上の難点があることを前提にして、形態別資金流入の実態を見てみよう。前述の四つの調査資料（「資料一」〜「資料四」）の中で包括する領域が最も広く、新しい数値（一九四一年末）を含めた調査であり、内容面でも相対的に充実している京城商工会議所の「資料三」を主に用いる。一九四二年以降の数値については「資料四」（日本大蔵省管理局）を参考にし、それをアップデートする方式で、日政下の日本（人）資本——原資料上の名称はほとんどが内地（人）資本になっている——の植民地朝鮮流入[14]の実態と、それを元本にして朝鮮内で成された第二段階の資本蓄積の実態まで、可能なかぎり把握したい。

14)「流入」という用語も朝鮮に入ってくる日本資本の性格を表すが、あいまいでもある。しかし、資金の導入、収入、輸入、侵入という用語よりはまだ事実に合致すると判断し、本稿ではこれを採用した。

Ⅱ　資金の類型別流入額

1. 国庫資金の流入

国庫資金は大きく二つに分けられる。一つは日本政府の一般会計予算から支払われる軍事費および一般行政費（不足分の補充）の項目に入る経費性資金、もうひとつは朝鮮総督府の特別会計に上がっている、つまり総督府が発行した国債を買い入れる事業性資金である。経済的意味において、前者は投資の概念とはいえない日常の消耗性経費の性格を持ち、後者は長期的投資の性格を持つ資金といえる。ただし、前者の軍事費や治安費などの経費性資金は、併合以前の統監府時代から少しずつ流入していたことを指摘しておく必要がある（前記脚注2を参照）。

一九一〇年の韓国併合以降に流入した日本政府の国庫資金は、どのくらいの規模であったのか。前述の京城商議調査による一九四一年末までの流入総額を見ると、軍事費四億六四〇〇万円（一九三七年度までの額、その後は未公開）、行政費三億九六〇〇万円（一九四一年度までの額）で、合計八億六〇〇〇万円に達するが（資料三、七～九頁）、日本の大蔵省管理局の資料（資料四）

に基づき、一九三八年以降の数値を補完する必要がある。

まず軍事費の場合、一九三七年までの額四億六四〇〇万円（「資料三」）に加え、一九三八〜四四年の軍事費流入額約一二億円（「資料四」、推計値）を加えると、一九四四年末までの総軍事費流入規模は一六億六四〇〇万円と、驚くほど拡大する。行政費（補助）についても、「資料三」で示した一九四一年末までの流入額三億九六〇〇万円に加え、「資料四」で示した一九四二〜四四年の額を合わせると、流入総額は五億三八〇〇万円に膨らむ〈表2－1〉参照）。よって、併合から一九四四年末までの以上の二つの経費性国庫資金の朝鮮流入総額は、二二億二〇〇万円に達すると推定される（資料四（第一六章）、九三〜九五頁）。

植民地経営と関連した日本の国庫資金は、このように軍事費と行政費（補助）の二項目に分かれる。軍事費が約一六億六四〇〇万円と全体の七五・六％を占め、残りの二四・四％（五億三八〇〇万円）が総督府行政費（補助）であり、両者の割合は三対一となる。軍事費が行政費の三倍以上も多かったわけである。では、なぜ軍事費の投入がこれだけ多かったのか、という疑問にぶち当たる。それは一九三〇年代後半、つまり一九三七年の中日戦争勃発と、その後に続く太平洋戦争という戦時下の時代状況を反映したものといえる。具体的な数値を見ても、戦前、すなわち一九一〇年の併合から一九三六年まで（二七年間）の軍事費支出額が年平均一五〇〇万円であるのに対し、中日戦争が勃発した一九三七年から四四年まで（八年間）の支出額は年間およそ一億五八〇〇万円と、一〇倍以上も急増している〈表2－1〉参照）。したがって、このような軍事費支出の性格と照らし合わせてみると、植民地時代の国庫資金による軍事費支出を、朝鮮に対す

表2-1　国庫資金の目的別、年度別流入の推移（1910〜1944）

（単位：100万円）

	軍事費	行政費（補助）	小計（一般会計）	事業公債発行（特計）	合計		軍事費	行政費（補助）	小計（一般会計）	事業公債発行（特計）	合計
1910	10.2	15.6	25.8	6.3	32.1	1928	15.9	15.0	30.9	17.8	48.7
1911	9.7	12.4	22.0	10.0	32.0	1929	18.6	15.0	33.6	16.2	49.8
1912	9.0	12.4	21.3	11.0	32.0	1930	18.6	15.5	34.1	12.5	46.6
1913	8.2	10.0	18.2	11.1	29.3	1931	15.1	15.5	30.5	13.2	43.7
1914	7.1	9.0	16.1	7.6	23.7	1932	14.2	12.9	27.1	23.0	50.1
1915	7.0	8.0	15.0	8.9	23.9	1933	16.6	12.9	29.5	32.6	62.1
1916	8.7	7.0	15.7	10.6	25.3	1934	18.1	12.8	30.9	27.9	58.8
1917	10.5	5.0	15.5	12.8	28.3	1935	21.7	12.8	34.5	20.9	55.4
1918	11.2	3.0	14.2	13.0	27.2	1936	26.0	12.9	38.9	26.1	65.0
1919	15.8	-	15.8	14.4	30.2	1937	60.4	12.9	73.3	51.0	124.3
1920	17.9	10.0	27.9	27.4	55.3	1938	--	16.4	16.4	86.3	102.7
1921	24.6	15.0	39.6	37.2	76.8	1939	--	16.4	16.4	134.0	150.4
1922	19.6	15.6	35.2	21.1	56.3	1940	--	32.6	32.6	156.9	189.5
1923	17.4	15.0	32.4	26.5	58.9	1941	--	32.9	32.9	149.1	190.7
1924	15.2	15.0	30.3	10.9	41.2	1942	--	24.0	24.0	166.7	190.7
1925	15.8	16.6	32.3	10.9	43.2	1943	--	25.1	25.1	366.5	391.6
1926	15.8	19.4	35.2	13.4	48.6	1944	--	45.4	45.4	538.3	583.7
1927	15.4	15.0	30.4	18.4	48.8	合計	464.0*	538.1**	1,002.1	2,165.7	3,167.8

資料：「資料三」, pp. 7~9,「資料四」(第16章：金融の発達), pp. 93~95から作成.

注:
1）- は不明、-- は未公表の場合。
2）*印は1910~37年までの合計。「資料4」によると、1938~44年の未公開の軍事費支出額は約12億円と推定され、それまでの合計4億6,400万円と合わせると、1910~44年の総軍事費支出規模は約16億6,400万円に達する。
3）**印は「資料4」による合計額で、行政費の各年度別の数値は「資料3」と「資料4」で一致しないケースが多々あり、1910~37年は「資料3」に、1938~44年は「資料4」に基づくもの。よって、各年度別の合計額と一致しない。
4）統監府時代(1905~10年8月)、軍事費46,213千円、行政調査費など43,228千円、合計89,441千円の国庫資金流入があり、またこの時期、韓国政府に対する日本の政府借款は15,782千円があったが、これは併合とともに債権・債務関係が自動消滅する。
5）1938~44年の年度別合計は軍事費項目を除外。

る日本の植民地統治資金と見なしてはならない。

次に、行政費補助のために流入した国庫資金の推移を見る。〈表2－1〉のとおり、併合初期である一九一〇年代、行政費補助金は年間一〇〇〇万円から一五〇〇万円台を維持していたが、一九一四年からは九〇〇万円から三〇〇〇万円台へと大きく減少した。一九一九年の三・一独立運動を契機に、一九二〇年代から再び一〇〇〇万円から一五〇〇万円台に回復したが、一九三〇年代には再び一二〇〇万円台に減少するという長期トレンドを示した。一九四〇年代、本格的な戦時体制に入ると、再び三〇〇〇万円台に急増している。このような植民地期の長期トレンドから、次のような特徴を導き出せる。

第一に、併合から植民地統治の終わる一九四五年まで、日本政府が朝鮮総督府に対して朝鮮統治費用を補助しなかった年は一度もないこと。つまり、総督府は必要とする朝鮮統治費用の全額を朝鮮で調達できず、毎年本国から一定の財政的支援（補助金）を受けてきたのである。第二に、その支援規模は時期ごとに増減しているが、それは朝鮮の治安事情など植民地の状況の変化に伴う総督府業務の性格の変化や、朝鮮における自主的な財源調達の比重の変化などを反映していると解釈できること。第三に、前述の軍事費支出と同様、一九四〇年代になると戦時体制への転換とともに、この行政費の支援規模も著しく増加する傾向を見せていること。

以上の二つのほかに、もうひとつ重要な国庫資金の流入があった。朝鮮総督府の特別会計上に現れる、国債発行に伴う日本政府の引受資金である。総督府が重要な官業を行う際、その所要資金を自主的に調達できる制度的装置がない。やむをえず国債を発行し、それを日本政府が引き受けるという方法に頼らざるをえなかった。総督府が推進した国策事業とは、鉄道、道路、電信・電話、税関設置、教育施設など、主な公共事業を包括する事業であった。そして、そのような施設の新設は総督府が責任を負い、改善・補修事業は市、道、郡など地方官庁が管轄するというように、その役割が分かれていた。

では、これらの事業のための国債発行規模は、どの程度であったのか。「資料三」によると、一九一〇年の総督府設置から一九四一年末までの総督府特別会計上、この国債発行残高は総額一一億六〇〇〇万円に達する（同資料、九頁）。この規模は、それまでの総督府による総国債発行高（累計）を指すのではなく、それまでの償還を差し引いた残額（償還すべき債務）の概念であることを明らかにしておく。「資料四」に基づくと、併合から一九四四年末までの同国債発行累計は計二一億六六〇〇万円に達するが、この金額は経済的に非常に重要な意味を持つ。なぜならば、この金額こそ、植民地朝鮮に対する日本政府の国庫資金総流入額だからである。

併合から一九四四年末までの朝鮮に対する日本の国庫資金流入額は、次のように整理できる。①植民地経営の経費として、軍事費および行政費支援の資金が二二億二〇〇〇万円、②総督府発行の国債引受資金が二一億六六〇〇万円、③統監府時代に流入し、総督府に繰り越された資金が一億五〇〇〇万円。これらをすべて合わせると、総額四四億七三〇〇万円もの大規模な国庫資金が朝鮮に流入したといえる。このうち③の一億五〇〇〇万円の構成は、軍事費四六二一万三〇〇〇円、行政費（補助）四三二二万八〇〇〇円、韓国政府の借入金一五七八万二〇〇〇円である。前の二つは植民地経営費の性格、三つ目の借入金は経済的開発費の性格を持つ。これを再び①②の資金の性格に含めると、植民地経営費（治安維持および一般行政費）と経済開発費（産業投資）の比率は五一・二％（二二九二百万円）、四八・八％（二一八二百万円）であり、ほぼ半分ずつであることが分かる。

植民地経営費がこのように大きな比重を占めるようになった理由は、前述したように、一九三七年の中日戦争と一九四一年の太平洋戦争につながる戦時下の軍事費支出である。念のため、朝鮮に対する植民地経営とは直接関連がないといえる軍事費項目を除く残りの一般行政費（補助）と経済的開発費の比率は、前者が二一％、後者が七九％であり、経済的投資の割合が圧倒的に高いことが確認できる。こうして見ると、日本政府の予算から支払われた国庫資金の約八割が、植民地朝鮮の社会・経済的開発のための資金として投入されたことが分かる。このような事実は、日本の朝鮮植民政策に対する韓国人の固定観念がどれだけ間違っていたかを物語っている。

2. 大蔵省預金部資金の流入

第二に、日本の大蔵省内に特別勘定として設置されていた預金部資金が、どのように、どれだけ植民地朝鮮に流入したかを見てみよう。まずは、預金部資金という用語とその性格について少し説明したい。伝統的に、日本国民の通常の貯蓄メカニズムは二つに分かれる。一つは都市部における金融機関（銀行）を通じた預金方式、もうひとつは農村部における主に郵便局を通じた貯金方式である。日本の貯蓄財源を普通「預貯金」と呼ぶ理由がここにある。このうち、後者の農村地域における郵便局を通じた貯金方式の貯蓄財源は、銀行を通じた一般預金財源とは異なり、法的に大蔵省の預金部に強制的に納入するよう定められている。これを財源とする資金を通常「大蔵省預金部資金」と呼ぶ。

日本政府は、この資金が社会的に保護されるべき貧しい農民による少額の貯蓄から構成されている点で、その運用は資金の安全性保障を最優先にし、そのための特別措置を取っている。つまり、大蔵省内に同資金の効率的な運用のための運営委員会を設置し、同委員会を通じて安全性重視の堅実な運用原則を制定し、誰もがこれを遵守するよう求めている。

こうした趣旨から預金部資金の運用は、政府機関が発行する国債や地方債、または信頼できる国策会社が発行する公益目的の社債などの引き受けや、その他公共団体が推進する公益事業に充てられる。大抵の場合、制限された範囲内で一部のみを供与するという厳しい条件になっている。なお、公共的性格の事業資金であることから、一件あたりの資金規模が非常に大きいだけでなく、長期・低利という有利な条件で供給されているのが特徴である。いずれにせよ、日本政府がこのような特殊な性格の大蔵省預金部資金を、当時の朝鮮に毎年相当な規模で割り当てていたという事実は何を意味するのか。それは、日本政府が植民地朝鮮の政治的地位を重視していた端的な徴表といえる。

では、どれほどの大蔵省預金部資金が朝鮮に流入したのであろうか。一つ明示しておくが、朝鮮の農村の郵便貯金も制度上、いったん日本の大蔵省預金部に一括納入されていた。当時、朝鮮から日本の大蔵省預金部に納入された貯金は計一億六一〇〇万円（一九四一年末基準）であった。一方、朝鮮（総督府）が大蔵省預金部から引き出して使った貯金は計三億一八〇〇万円と、納入額の約二倍に達する。ちなみに、朝鮮から納入された一億六一〇〇万円の大部分は朝鮮の日本人居住者（民間人）の貯金であり、朝鮮人の貯金はあまり多くなかった。結局、朝鮮が引き出した三億一八〇〇万円の預金部資金は、そのほとんどが日本人の郵便貯金が財源であったも同然といえる。

この預貯金は、朝鮮内のどのような事業に使われたのだろうか。主に以下の五つの公共事業に投入されたことが分かっている。

①道、府、郡、邑など地方政府が推進する官業
②水利組合や漁業組合所管の復旧事業
③自然的風水害の復旧事業および治山治水関連事業
④農村の産米増殖や肥料供給のための農家支援事業
⑤高利債整理事業、中小商工業者支援事業、簡易生命保険積立金関連事業

大蔵省預金部の資金は、どのような金融メカニズムを通じて朝鮮に流入したのか。主に朝鮮国内の国策金融機関や地方政府が発行する債券を引き受ける形で行われた。時には短期的な運営資金を供給するため、一部の融資方式も加えられた。この債券引受方式は、主に長期施設資金調達

のためのものであったのはいうまでもなく、債券発行の主体は当時朝鮮を代表する国策金融機関であった殖産銀行と東洋拓殖（株）であった。この二つの機関が発行する殖銀債と東拓債を日本政府（大蔵省）が引き受ける方式で、預金部資金の朝鮮流入が行われたと考えるべきである。これら債券発行のほか、道・府・邑・面など、朝鮮の地方官庁で行われる道路・橋梁の建設をはじめとする土木事業や各種学校の設立など教育事業のために発行する公債、すなわち道債・府債、邑債はもとより、その他の主要国策機関といえる朝鮮金融組合連合会、朝鮮住宅営団、朝鮮重要物資営団、朝鮮電業（株）など特殊機関で発行される債券も含まれている。このように見ると、日本政府（大蔵省）の預金部資金は、朝鮮内の地方政府や国策金融機関が発行する公債および社債を引き受ける方式で行われていたが、その支援対象は何より公共性が強く、民間に任せるのが困難な特殊分野における事業といえる。また、その支援条件はひと言でいうと、長期・低利の特恵金融といえる水準であった。

このような厳しい原則の下、朝鮮に流入した大蔵省預金部の資金は、どの程度であったのか。「資料四」に基づき、一九四六年一一月基準（〈表2－2〉注2）参照）の流入額を探ってみる。まず、主な資金の需要者別に、施設資金供給のための債券引受額と運転資金供給のための融資（貸与金）に分け、その流入額を整理したものが〈表2－2〉である。同表によると、一九四六年一一月までの債券引受による長期施設資金供給は四億九五〇〇万円、短期運転資金融資が一億八九〇〇万円で、合計六億八四〇〇万円である。短期融資の場合は、債券引受により施設資金が供給された機関や企業に対し、その施設の運営を支援する目的で継続して行われた。

では、施設資金調達のための機関別債券引受額を見てみよう。一九四六年一一月の総債権引受額は四億九五〇〇万円であった。殖産銀行の殖銀債が一億九五〇〇万円と総額の三九・五％を占め、次いで東拓債が七二〇〇万円で一四・五％、金融組合連合会債券が三一〇〇万円で六・二％であった。この三つの金融機関が全体の六割を占めている。次に、住宅営団、食糧営団など五つの政府傘下機関が合計七一〇〇万円と全体の約一四％を、各道府（市）邑など地方自治体が合計一億二六〇〇万円と二五・五％を占め、一種の三角構図を形成している。殖銀や東拓など金融機関の場合は、その引受資金を財源とし、再び朝鮮内の他の機関（企業）への株式買入や債券引受などの用途で再度供給されたであろうが、その最後の実需要者を突き止めるのは非常に困難である。そして全体の四分の一という非常に大きな比重を占める地方自治体の場合、資金が彼らの地方行政と関連する道路、治山治水、教育など、さまざまな公益事業に使われたのは明らかである。

次に、預金部資金の短期融資額は〈表２－２〉に示すように、ほぼ債券引受機関と重なっていることが分かる。一九四六年一一月、総額一億八九〇〇万円の融資が行われたが、そのうち各道の官業に対する運営資金供給が全体の二七・五％である五二〇〇万円、また殖銀、東拓など三大金融機関の割合が三〇％をやや超えている。一方、食糧営団二一・一％、農地開発営団一三・二％など、政府傘下機関が施設資金の割合に比べ、相対的に運営資金の割合（三七％）が高い。

表2-2　預金部資金の形態別流入額（1946年11月8日基準）*

（単位：千円，%）

	債券引受		短期融資		合計	
朝鮮殖産銀行	195,424	39.5	14,128	7.5	209,552	30.6
朝鮮金融組合（連）	30,912	6.2	30,942	16.2	61,854	9.0
東洋拓殖（株）	71,639	14.5	14,744	7.8	86,383	12.6
朝鮮住宅営団	42,767	8.6	−	−	42,767	6.3
朝鮮農地開発営団	16,000	3.2	25,000	13.2	41,000	6.0
朝鮮重要物資営団	5,000	1.0	5,000	2.6	10,000	1.2
朝鮮食糧営団	−	−	40,000	21.1	40,000	5.8
朝鮮電業（株）	7,383	1.4	−	−	7,383	1.1
道（債券+融資）	96,605	19.5	52,079	27.5	148,684	21.7
府/市（債券+融資）	29,313	5.9	3,133	1.7	32,446	4.7
邑（融資）	−	−	4,122	2.2	4,122	0.6
合計	495,043	100.0	189,148	100.0	684,191	100.0

資料:「資料4」（第16章），p.96参照.

注:
1) 原資料上の合計値は684,156千円になっているが、実際の項目別合計とは合わず、筆者が任意で684,191千円と修正した。
2) *1946年11月8日付は統計処理上の日付にすぎず、実際は1945年8月15日付とみて差し支えない。なぜなら、その後は関連の資金移動がなかったからである。
（訳註：数字に一部、不明部分あり）

3．会社資本の流入

商法上の民間会社を通じて、日本から朝鮮に流入した資金を見てみよう。ここでは会社の性格上、二つに分けて考える。一つは日本人の資本で朝鮮に新規会社（本店）を設立するケース、もうひとつは日本に本店を置く会社が朝鮮に支店を設置するケースである。本店を設立するケースでは、設立の際に株主（出資）構成などを全員日本人にする場合と、何らかの形で朝鮮人との合作（または提携）にする場合の二つが考えられる。このうち後者の朝日合作のケースは、数的にも金額的にもそれほど多くはない。だが、資本構成や技術提携、経営形態などの面で、合作のほうが有利と判断されるケースがあったであろう。これを念頭に、朝鮮に本店を設立したケースと支店を設けたケースに分けて、日本の会社資本金が朝鮮に流入した実態を見てみる。

(1)本店を設立した会社の場合

前記の京城商議の「資料三」では、一九四一年末の時点で朝鮮に本店を置いている会社の総数が六二五八社に達することや、これらの会社の総公称資本金（二六億一五〇〇万円）および払込資本金（一九億二二〇〇万円）に関する簡単な情報しか分からない。日本人所有の会社数や資本金比率など、具体的な内容については何も書かれていない（「資料三」、一六～一七頁）。具体的なデータを知るには、三年という時間を遡り、一九三八年末の「資料二」を援用して間接的に調べるしかない。

「資料二」によると、一九三八年末における朝鮮内の総本店数は五四一三社であり、そのうち日本人代表者（社長）の会社は三一一四社で五七・五％、朝鮮人代表者の会社は二二七三社で四二・〇％である。払込資本金の構成では、計一〇億八一〇〇万円のうち、日本人代表者の会社が八八・四％（九億五六〇〇万円）、一一・四％（一億二三〇〇万円）が朝鮮人代表者の会社である[15]。

一九三八年末の日本人・朝鮮人の割合が、その後三年間（一九三八〜四一年）、大きく変動しないと見なし、この比率をそのまま一九四一年末の実績に適用してみよう。日本人代表者名義の会社は三六三〇社（全体の五八％適用）、払込資本金一六億九二〇〇万円（全体の八八％適用）となる。しかし、これで日本人の会社の割合がすぐに決まるわけではない。なぜならば、日本人が代表者になっている会社の中にも朝鮮人株主の持ち分があるし、朝鮮人が代表者になっている会社の中にも日本人株主の持ち分があるので、互いに調整する必要がある。少し古い資料ではあるが、一九三四年六月に発刊された殖産銀行の関連資料を用いて、この二つの朝日合作会社に対する日本人株主の持ち分を計算して調整しよう。すると一九四一年末の時点で、日本人代表者名義の会社の払込資本金は一六億九二〇〇万円より若干多い一七億四〇〇万円に上方修正される（「資料三」、一八頁参照）。

第二に、本店の積立金のうち、日本人株主の持ち分がどれくらいかを見てみよう。当時、朝鮮に本店を置いた会社の社内積立金の規模を知る直接的な資料は見つからない。しかし、間接資料を利用して、一九四一年下半期にこれら本店の払込資本金に対する積立金比率を推定すると、払

15)『殖銀調査月報』, 第25号, 1940年（「資料二」, pp.32〜34参照)。外国人（第三国）所有の会社（会社数11、払込資本金293万円）が抜けているため、２つの会社を足しても合計が100%にならない。

込資本金の一四％程度と推測される[16]。これを当時の払込資本金一九億二二〇〇万円に適用すると、これらの会社の総積立金規模は約二億六九〇〇万円と推計される。さらに、ここに総払込資本金のうち日本人の持ち分比率で算定すると、約二億三八〇〇万円に下方修正される。

第三に、これら本店が保有している対外負債のうち、日本人による負債がどの程度かを調べてみよう。企業の対外負債はさまざまな形で表されるが、中でも最も代表的なものといえば、金融機関の借入金と社債発行費の二つであるから、これらのうち日本人の分がそれぞれいくらなのかを調べなければならない。

まず借入金は、二つの借入形態が挙げられる。一つは朝鮮内の金融機関を通じて日本の金融機関から借入企業に転貸するケース、もう一つは朝鮮内の会社が日本にある金融機関から直接借り入れるケースである。前者は、朝鮮銀行と朝鮮殖産銀行という二大国策銀行からの借入がその大半を占めている。一九四一年末現在の両銀行からの借入残高は、鮮銀九〇〇〇万円、殖銀八六〇〇万円で、合計一億七六〇〇万円に達する。後者の場合、当時は朝鮮内の金融機関ではなく日本国内の銀行から直接借りる傾向にあった。これは日本国内にある銀行とのふだんの取引関係もあるが、それだけではない。朝鮮内の金融事情が非常にひっ迫していたため、朝鮮にある日本人の会社に、日本国内の金融機関から直接借り入れさせるという方法を選ばせたともいえる。とにかく日本からの直接借入の実績は、一九四一年末基準で約三億円に達し、決して小規模ではなかった。これを前の鮮銀、殖銀からの借入実績一億七六〇〇万円と合わせると、日本からの総借入金の規模は実に四億七六〇〇万円に達する。

16）この14％という比率は、1931年末における朝鮮銀行調査（「資料一」）の積立金比率7.1％の2倍、1941年下半期における殖産銀行の決算資料の比率28.5％の半分として、任意に定めたものである——「資料三」, pp.18〜19参照.

次は社債発行を見よう。朝鮮にある会社が社債を発行するには、まずは殖産銀行のような朝鮮屈指の政策金融機関にそれを引き受けさせるか、日本国内の債券市場で直接消化させるという二つの方法があった。殖銀の引受の場合、大部分は殖銀が自身の債券を日本の資本市場で売却して調達した資金であるため、結局、殖銀を媒介にした日本資金の流入と見るべきである。当時、朝鮮内の会社の中で社債を発行できた会社は、朝鮮鉄道（株）、京釜鉄道（株）、京城鉄道（株）、京城電気（株）、朝鮮電力（株）など、朝鮮屈指の大企業に限られていた。これらの大企業による社債発行は、何らかの形で日本資金の朝鮮流入を意味するものと考えざるをえない。ただし選択肢は、間に殖銀という金融機関を媒介にするかしないかの二つしかなかった。一九四一年末、この二つのルートを通じた債券引受実績は計六億五四一三万円に達したが、その九二・五％（六億五三三万円）が殖銀を通じた間接引受方式であり、企業自ら日本資本市場で直接債券を消化させた実績は、わずか七・五％（四八八〇万円）にすぎないのが実情である。このように考えると、当時の朝鮮にある会社の社債発行は、ほとんどが殖銀という巨大な国策金融機関を媒介とする日本資本の流入であったといえる。

以上をまとめると、朝鮮に本店を置く日本の会社の場合、日本内地資金の流入形態はおおむね出資、積立金、借入金、社債発行の四つに分けられる。その形態別の流入実績の構成は以下のとおりである。

①当該会社に対する日本人株主の出資　17億4００万円（55・5％）

②会社積立金のうち日本人持ち分　2億3800万円（7・8％）
③日本国内の金融機関などからの借入金　4億7600万円（15・5％）
④日本国内の金融機関などによる社債発行　6億5400万円（21・3％）
合計　30億7200万円（100・0％）

四つの財源をすべて合わせると、一九四一年末の朝鮮内本店による日本資本流入実績は計三〇億七三〇〇万円に達する。その中で最も大きな財源は、やはり全体の五五・五％を占める①の日本人株主による出資（一七億四〇〇万円）であったといえる（「資料四」、九七〜一〇四頁）。

(2)支店の場合

一九三一年の満州事変以降、満州地域を中心に吹き荒れた顕著な現象の一つは、時勢に便乗した日本人（企業）の大陸進出ブームであった。このブームに乗り、大陸進出の関門も同然の朝鮮に対する進出も、日本企業の支店設置などを通じて一大ブームとなった。例えば、朝鮮銀行の調査（「資料二」）による一九三一年末当時、朝鮮に支店を設置した日本人会社数は全部で九七社であるが、一〇年後の一九四一年末現在の京城商議の調査（「資料三」）では二四八社と、なんと二・六倍に増えている。もちろん、これには調査方法上の違いによる影響も考慮しなければならないが、とにかく一九四一年末現在の二四八社に関する業種別構成を見てみよう。

会社数ベースでは商業が九五社（三八・三％）と最も多く、次いで工業五四社（二一・八％）、金融・保険業三五社（一四・一％）、農林業一九社（七・七％）となっている。同じ時期、これらの支店の総払込資本金は二二億一九〇〇万円であったが、それも以上の三大業種（商業、工業、金融・保険業）が実に全体の八二・三％という圧倒的な割合を占めている。中でも、特に工業が会社数ベースとは異なり、総払込資本金の四〇・三％を占めるほど割合が高い。では、このような朝鮮での支店設置ブームを呼び起こした時代的な背景は何であったのか。言いかえれば、当時、日本資本の活発な朝鮮進出をもたらした朝鮮の有利な投資誘因は何であったのかという問いである。

この問いに関連して、当代の事情を反映している一九三九年版の時事雑誌の内容を紹介したい。同誌によると、一九三〇年代末当時、日本よりも朝鮮で営業するほうが有利であるとし、次の六つの事項をバランスよく備えていたことを強調している[17]。

①有能で安価な労働力を豊富に保有していること
②各種工業用の地下資源が豊富で、原料の調達条件が有利だということ
③電力、石炭などエネルギー源が非常に豊富であること
④内地に比べて営業税などの関連税金の負担が少ないこと
⑤朝鮮では、日本国内での工場法適用が除かれていて、営業しやすいこと
⑥朝鮮総督府はその行政組織が単一化されていて、それが複雑な内地に比べて各種の認可・許

可事務が簡単であること

起業に適した客観的条件を背景に、一九三〇年代後半、多くの日本企業が朝鮮内に本店を設立した。本店が無理なら支店を設置してでも朝鮮に進出しようとした。日本企業のこのような朝鮮支店設置ブームは、具体的にどのようなプロセスで行われたのか。つまり、朝鮮支店設置の目的が何であり、どのような種類で構成されていたのかという疑問である。支店の種類は以下の三つに分けられる。

第一に、朝鮮内の支店設置を通じた事業がその会社の事業の全部であり、日本国内の本社は単なる行政管理の機能しか持たない型である。これは、前述した本店設立のケースとその性格はさほど変わらないといえる。一九四一年末の時点で、全支店二四八社のうち二四社(九・七%)程度、払込資本金ベースでは総額二二億一九〇〇万円の三・四五%(七六六〇万円)程度がこの部類に属する(「資料三」、二六頁)。このタイプは、払込資本金の七六六〇万円がすべて日本資本の朝鮮流入と見なしても差し支えないであろう。

第二に、朝鮮内の支店設置を通じた事業が、当該会社の全体事業の中で非常に重要な役割を担っている型である。当時、朝鮮や満州などで名をはせていた東洋拓植(株)が代表的であろう。東拓の事業領域は、朝鮮をはじめとし、満州、中国、南洋州にまで及び、それこそ日本が東アジア全域を開拓するための最大の国策開発会社であった。公称資本金は一〇億円(払込資本金六億二五〇〇万円)に達し、払込資本金の一五倍まで社債を発行できる権限を持っていた。このような

17) これは1939年当時、朝鮮問題専門の時事雑誌に掲載された「躍進する朝鮮工業」という題目の時論から引用した。――『モダン日本』:「朝鮮版」, 1939年版(『モダン日本』, 韓日比較文化研究センター訳、語文学社, 2009, p.168参照).

特権を持つ東拓は、総事業規模六億五五〇〇万円のうち、その六八％にあたる四億四五〇〇万円を朝鮮に割り当てた。したがって、本店も同然であったが、制度的にはあくまでも支店の性格を持っていた。

第三は、朝鮮内の支店事業が、その会社の事業の一部にすぎなかった場合である。当時、朝鮮に設置された支店の多くはこの型であった。この第三型の支社に対する日本本社の投資規模がどの程度かはよく分からないが、一九三一年末基準の「資料一」に基づいて推定してみよう。同調査によると、一九三一年末当時、朝鮮内九七の支店に対する日本本社の投資実績の推定は、生産施設などに対する固定資産投資九五三八万円、会社運営に関連した流動資金の投資（支店運営資金の貸与、商品借越残額など）一五六五万円で、合計一億一一〇三万円である（同資料、三九、四二頁）。この一九三一年末基準の推定値をもって、一九四一年末の二四八社、払込資本金二二億一九〇〇万円に、両者間の払込資本金倍数（三・二倍）を適用して拡大する。その場合、一九四一年末基準の朝鮮支店に対する日本本社の固定資産投資額は三億五二〇〇万円、流動資金の借越残額は五〇〇八万円に増え、これを加えた第三型の支店に対する日本本社の総投資額は三億五五二八万円に増加する（「資料三」、二七〜二八頁）。

以上三つの類型の支店に対する各数値の精度にはある程度問題がなくもないが、それを前提として日本資金の流入実績を整理すると次のとおりである。

①第一型：朝鮮支店に対する日本本社の払込資本金　7660万円（8・7％）

②第二型：代表的ケースとしての東洋拓殖（株）事業のうち
　朝鮮関連投資額　4億4500万円（50・8％）

③第三型：朝鮮内の支店に対する日本本社の
　追加投資・融資額　3億5500万円（40・5％）

合計　8億7600万円（100・0％）

このように、一九四一年末基準の会社組織を通じた日本資本の流入実績を見ると、前述した朝鮮内の本店設置に伴う流入実績三〇億七三二八万円に、支店を通じて入ってきた八億七六〇〇万円を加え、総額三九億五一六〇万円に達する。もちろんこの額はあくまでも一九三一年の数値を一九四一年まで延長、推定した数値である。よって、会社資本流入の全体像を描くためには、一九四二年以降一九四五年八月解放までの三〜四年間の流入額を追加すべきである。なぜなら、この時期に日本の民間会社による資金流入が、以前とは比べ物にならないほど激しかったからである。

(3)一九四二年以降の会社資本の流入実績

では一九四二年から三〜四年間の日本の会社資本流入実態を調べてみよう。「資料四」（大蔵省管理局資料）によると、一九四二〜四四年間の朝鮮の産業資金調達実績は合計四八億一八〇〇万円に上るが、そのうち五六％にあたる二六億九三〇〇万円が日本の内地から流入したことになっ

表2-3　戦時下における産業資本調達の実績と日本流入資金の比重（1942〜44年）

（単位：百万円，%）

	生産力拡充（計画）産業		非計画産業		軍需産業		合計		日本流入資金（比重，%）	
1942	678.5	64.2	332.8	31.4	45.6	4.63	1,056.9	100	534.9	50.6
1943	1,104.4	70.5	429.7	27.4	32.9	2.1	1,566.9	100	805.6	51.4
1944	1,372.9	62.6	749.1	34.1	72.3	3.3	2,194.4	100	1,352.2	61.7
合計	3,155.9	65.5	1,511.6	31.4	150.8	3.1	4,818.3	100	2,692.7	55.9

資料：「資料四」（第16章），p. 107参照．

ている。上の〈表2－3〉で示すように、年度別では一九四二年に五億三五〇〇万円、四三年に八億六〇〇〇万円、そして四四年にはなんと一三億五二〇〇万円に達し、年平均八億九八〇〇万円ずつ流入したことになる。この三年間の流入実績二六億九三〇〇万円は、一九一〇年の併合から一九四一年まで（三二年間）の流入実績三九億五〇〇〇万円の六八・二%に達し、また年平均でも前者の一億二三〇〇万円に比べ八億九八〇〇万円と、実に七・三倍に達する、まさに並外れて高い実績といわざるをえない。もちろんこのような時期別の比較は、これまでのインフレ要因を考慮していないし、流入資金の実質的な価値をそのまま反映するものとはいえないが、とにかく太平洋戦争期というこの時期に、これほど膨大な規模の日本の会社資本が朝鮮に押し寄せたことは、正常とはいえず、一つの奇跡であった。これは戦争という特殊な事情なしに説明できないのはいうまでもない。

このような日本の会社資本の流入は、戦争そのものと密接な関連があるという解釈は、〈表2－3〉によってもある程度裏付けられている。同表で見るように、当時の総督府は産業政策上の必要に応じて、産業全体を次の三つのカテゴリーに区分した。①政府が政策的に特別に育成しようとする生産力拡充（計画）産業[18]、②そうではない普通の非計画産業、③軍需産業への区分である。この中で、政府が積極的に育成しようとする最初の生産力拡充産業および軍需産業に対する産業資金調達実績が全体の六八・六％（三三億七〇〇〇万円）と、圧倒的に高いことがそれを物語っている。このように、植民地時代の三五年間、会社組織を通じた日本の民間からの産業資金総流入実績は、一九一〇〜四一年（三二年間）の三九億五〇〇〇万円に、一九四二〜四四年（三年間）の二六億九三〇〇万円を合わせた六六億四三〇〇万円というとてつもない規模に達することが確認できる。もちろん、後者の一九四二〜四四年の間の総産業資金調達実績四八億一八〇〇万円のうち、日本から流入した二六億九三〇〇万円を除いた二一億二五〇〇万円もほとんどが朝鮮に居住している日本人（企業）によって調達されたものと考えるべきである。

4. 個人資金の流入

日本統治時代、日本人はさまざまな目的を持って、個人の資格で朝鮮にやってきた。中には生活資金として相当の資金を所持して渡ってくるケースも数多くあった。ここで「個人」の資格とは、どのような性質をいうのか。例えば、日本政府や朝鮮総督府および公共機関の職員、または一般企業（会社）や社会団体（法人）の職員など、特定機関や組織に所属しないという意味である。言いかえれば、一人の人間（個体）の自然人（またはその家族）としての身分を指す用語と

18）中日戦争が本格化する1938年9月に開催された総督府の時局対策調査会では、当面の軍需工業の飛躍的な発展が緊要であるという結論とともに、その計画目標年度である1941年までに拡充すべき業種の生産目標量を具体的に一つ一つ決定した。軍需関連産業といえるこれらの業種を当時は「生産力拡充計画産業」と呼んだ――金洛年,『日本帝国主義下の朝鮮経済』,2002，p.125参照．

いえる。個人の身分で朝鮮に渡ってくる目的や形式はさまざまである。代表的なケースは、家族全員で長期または永久居住を目的とする形式であろう。「個人」の資格の意味をこのように規定すると、彼らが最初に持ってきた資金の性格はどのように規定できるのか。

それは、朝鮮での生活基盤を築くための「生計型投資」資金の性格を持つ。まず、住居目的の家屋や敷地などの購入資金である。生計を立てるために会社で働くのでなければ、何かしら個人事業を興さなければならず、そのためには生業のための事業資金としての性格も同時に持つことになる。日本での前職やその職能などに応じて、商業のための店舗や製品を作る工作所、農場や漁場、小型運輸施設（車両）やその他理髪店、銭湯、雑貨商など各種サービス関連の施設（営業場）を買ったり、自分が直接設置するために投資を行ったりしたはずであるが、これらすべてが生計型資金の性格といえる。

とはいえ、日本から持ってきた資金は、こうした生計型投資を十分にカバーできるほどの大金ではなかったはずである。朝鮮に渡ったあと、金融機関や知人などから必要な追加資金を借りるか、あるいは現地同業者と合作する案などを模索したのではなかろうか。とにかく、朝鮮での暮らしが長くなり、生業のための投資を元本として収益を上げるようになると、それを再投資して、時には一定規模以上の企業型の段階にまで発展するケースもあったはずである。個人の資格で渡ってきた日本人の場合、朝鮮での生業のための投資形態は以下の五種類に大別できる。

①生活の基盤を築くための敷地や家屋の購入、または家屋新設のための宅地購入および関連する小規模不動産への投資

②農・畜産・漁業を営む場合、田畑や果樹園、漁場などの事業場購入や新規事業場の開拓のための投資
③商工業を営む場合、個人商店や店舗または家内工場や個人鉱山など小規模事業場の購入または新規創設のための投資
④金融機関への各種預貯金や株式・債券などの購入、質店・私金融など庶民金融（貸出）業者の営業所の購入または創設のための投資
⑤流通・サービス業の分野における食堂、酒店、遊興施設、銭湯、理髪店、劇場、書店、代書所、幼稚園など三次産業における各種雑業運営のための営業場購入ないし設備投資

このような点を念頭に置き、個人の資格で朝鮮に来た日本人移民の資金流入規模と、朝鮮に対する彼らの投資営業活動がどれだけ活発に行われたかを項目別に見ていく。

(1)土地・家屋など不動産投資

朝鮮に渡ってくる日本人は、それが生計型であれ投資型であれ、最初から不動産投資に非常に強い意欲を見せていた。不動産投資に特に意欲を見せた理由は、家屋や店舗など生活の基盤を作らなければならないというさしあたっての生計のためでもあったが、当時の日本人には朝鮮という土地がかなり収益性の高い投機の対象というか、奇蹟を生む一種の「ニューフロンティア」のような有望な投資先と認識されていたからである。このような理由から、日本人移民は土地（農

耕地）や山林、鉱山などの不動産を競って買い占めた。このような激しい投機により、日本人居住者の中には大地主層や有力な不動産資産家になるケースもよくあったという[19]。

いずれにせよ、この不動産問題に関しては、当時日本人が所有していた不動産相場の評価をどう行うかが重要である。通常、不動産価格には二つある。当局の税務行政に基づいて政府が策定する公示地価と、実際に市場で不動産が取引される際の売買価格（時価）である。公示価格と売買価格の間には相当のギャップがあり、普通は前者の公示価格が後者の売買価格に比べて低評価される傾向がある。それだけでなく、不動産の場合はその位置や地質などによって土地に等級が付けられ、この等級によって不動産の価格決定が大きく変わってしまう特性がある。こうした点を考慮したうえで、日本人が所有していた不動産（土地）の基本種目というべき田・畑・敷地別に、その価額を評価しよう。

日本人居住者の土地所有に関する基礎資料は、まだ見つかっていない。ただし、民有地に対する課税関連資料をもって間接的に一九四一年当時の日本人（個人）所有の土地面積がどの程度かを調べると、不動産の種別で見て、田一一万町歩、畑四〇万町歩、土地六・五万町歩程度と推計されている（「資料三」、三〇〜三一頁）。この三つの種目別の土地面積をもって当時の土地の相場を適用し、その評価額を推定すると次のとおりである。

第一に田一一万町歩の評価額は六三九〇万円、第二に畑四〇万町歩は三億九四八〇万円、第三に土地六・五万町歩は三億九〇〇〇万円とそれぞれ評価され、総不動産評価額は約八億五〇〇〇万円に達する[20]。ひとまず、この金額を一九四一年当時の日本人居住者（個人）の所有不動産に

19）鈴木武雄（元京城帝国大学教授）によると、19世紀末、日本人居住者の一次的な投資対象は、農耕地中心の不動産であった。その理由は、朝鮮における将来的な土地価格上昇の見通しとともに、朝鮮の封建的な高率小作料に魅了されたからであるという。彼らは1910年代に総督府が封建的な高率小作料を近代的な土地私有制による自作農体制に転換させる際、障害になった――「資料四」，鈴木武雄，「朝鮮統治の性格と

対する投資規模ないし彼らの実際の財産規模と見なすが、これには一つ考慮すべき事項がある。それは当時の時代状況に鑑みて、これらの不動産の中には金融機関の担保（根抵当設定）になっているケースが多かったことである。当時の実際の財産規模を算定する際は、必ずこれを控除する必要がある。もし多めに八〇％と見積もるなら、残りの二〇％にあたる一億六九〇四万円（八億四五一九万円×二〇％）を真の意味での日本人所有不動産の実際評価額と見るべきである。

以上の三つの地目のほか、もうひとつ重要な、評価されるべき不動産がある。民間人の家屋（住宅）やその付属の建物に対する評価である。日本人居住者の住宅や付属の建物などがここに属するが、これらも不動産のケースと同様、多くが銀行貸出の担保になっていたと考えられ、調整する必要がある。しかし、関連資料が手に入らないので、単純な推定に頼らざるをえない。その身近な例として、前記の京城商議調査では、恣意的に一九四一年の日本人所有の家屋・建物などの評価額を一〇〇〇万円と推定したが（「資料三」、三三頁）、当時、銀行の担保になった住宅価額がいくら高かったにせよ、あまりにも低評価であったという批判は免れない。なぜなら、前述の土地評価のケースのように、銀行担保の比率を八〇％にしても、これらの家屋・建物の評価額は上の三つの土地評価額一億六九〇四万円の一七分の一にすぎず、またその中で土地評価額七八〇〇万円（三億九〇〇〇万円×二〇％）の八分の一にすぎないのは、一般的な土地・建物間の相場形成の慣例に比べて低く評価されすぎているからである[21]。にもかかわらず、この一〇〇〇万円の評価額を前の三つの土地評価額（一億六九〇四万円）に足すと、個人所有不動産の総評価額は最少値で一億七九〇四万円である。これは事実上、建物に対する財産価値ははじめから、評価の

実績」, pp.25～29参照.

20）土地の実際の売買例が見つからないため、当時の相場を考えて一律で坪あたり20円を適正価格とした——「資料三」, p.32参照.

対象から除外したも同然という解釈まで可能にする。

(2)商材工場などの事業場に関する資料

朝鮮全体の日本人（個人）所有の商店や店舗、工作所などの実態を把握するための関連資料は入手困難なため、下記のような便法を講じる。比較的容易に関連統計が得られる京城府内のデータを先に把握し、それを全国に拡大する方法である。例えば、一九四一年末の時点で京城府内総工場数は二七七四である。そのうち個人所有の工場は八九・三％にあたる二四七八であり、このうち三九・三％にあたる九七三が日本人所有である。この九七三の工場は、京城府内の総工場数二七七四の三五・一％にあたる。これをもって一九四一年末時点の全国工場数七一四二中の日本人（個人）工場数を類推解釈すると、約二五〇七に上る。もっとも、京城府の数値を全国に単純拡大することに問題がないわけではない。だが、これをいったん受け入れ、この二五〇七の日本人（個人）所有工場に対する実際の投資規模がどの程度であったかを推定してみる。

この頃、京城商議によるもう一つの関連資料「京城府内中小工業金融実態調査」によると、当時の中小企業の平均自己資本投資額は四万二五六三円となっている。これを全国に拡大するには前述の工場数と同様、無理が伴う。だが、ひとまずこれを無視して、上記の全国日本人（個人）工場数二五〇七にこの数値（四万二五六三円）を適用し、日本人個人の所有工場の総投資額を算定すると、約一億六七一万円に達する[22]。

一方、日本人（個人）所有の商店の場合はどうか。一九四〇年時点の京城府居住の日本人は三

21）家屋・建物の場合、その面積、位置、建物の構造・建築資材、建築年度などによって評価方法はさまざまである。都市部の住宅の場合、土地の価格と建物の価格を同等に評価するのが長年の慣例であるため、この家屋・建物の評価額は少なくとも土地評価の最低値である7800万円程度にならなければならない。不動産（土地＋建物）総評価額は最低1億7904万円から2億4704万円へと大幅に上方修正される必要がある。

万二八〇七戸で、約一五万一〇〇〇人に上ると把握されている。このうち、商業に従事する戸数は二六・三％の八六二九戸であった。この数値は一年間で大きく変動していないと考えられ、これを全国単位に拡大すると、一九四一年末の全国日本人の商業従事者は約四万三〇〇〇戸に達する。これら四万三〇〇〇戸の商業従事者の中には、単純な仲介業など実際に店舗を持つ必要がないケースも多々あるはずであり、これを三〇〇〇戸とすると、実際に店舗を持つ商家の戸数は四万程度になる。

また、京城府内の店舗に対する自己資本投下額の調査結果によると、一店舗あたり平均二万円程度である。しかし、全国的規模は京城府の規模より少ないと判断されるため、その規模を半減させ、店舗あたり平均一万店程度に下方修正する。これを日本人（個人）が経営する全国店舗数（約四万店）に適用すると、全国店舗への推定総投資額は約四億円（店舗四万×店舗あたり一万円）程度である。

(3)金融機関の預貯金

日本人居住者（個人）が朝鮮で行う金融取引は、主に次の4つの形態に分けられる。①銀行預金、②金銭信託、③金融組合への預金・積立金、④郵便貯金である。

この中で①の銀行預金にはさまざまな種類があるが、中には両建預金のように重複する場合もあるので、これを除いた残りの個人名義の銀行預金実績は、一九四一年末時点で約一億八八九万円である。残りの三つの取引についても、このような方式で推定すると、②の金銭信託が二九八

22）日本人の個人経営工場数2507（原資料では2429）に件あたりの投資額42563円をかけると、投資額は106705千円（原資料上は102000千円）になる。しかし、原資料上に計算ミスが複数見られるため、筆者が日本人企業数と投資額を任意に修正した――「資料三」, p.35参照.

八万円、③の金融組合預金九三三四万円、そして④の郵便貯金が一億二〇八四万円と、それぞれ評価される。このうち④の郵便貯金は、法的に日本の大蔵省預金部資金に納入されるため、二重計算を避けたいのでここでは除外する。これを除いた残りの三種類の日本人（個人）預貯金実績を合わせると、一九四一年末現在、合計二億三二一一万円に達する。

(4)個人貸出・有価証券の購入

日政時代の日本人居住者の資金事情は、比較的豊かであったとされている。知り合いに無担保でお金を貸したり（個人貸出）、各種有価証券に投資したりする方式（債券の購入や転売）など、私金融システムが意外と広く普及していた。例えば、私的貸出の場合、それが日本人同士であれ朝鮮人相手であれ、簡単な手続きと方法で、急な出費を少額単位で借りられるなどのメリットを武器に、私的な金融取引が非常に広範囲で行われていたと判断される。ただ、それに関する関連統計が取れないことが残念でならない。前記の京城商議の調査でもこれに対する妙案を見出せず、結局、その規模を最低の水準で推定し、約三〇〇〇万円とした。

一方、有価証券購入の場合は、それが銀行貸出のための担保に利用される可能性が高いため、この担保用証券を除いた残りの純資産として保有する有価証券の規模はさほど大きくないと判断され、これも個人向け融資の場合と同様、三〇〇〇万円規模と見積もった。かくして、一九四一年末の時点で、この二つの金融活動、すなわち個人ベースの融資（貸付）および有価証券購入を通じた日本人（個人）の朝鮮内投資額は、貸出残高三〇〇〇万円、有価証券購入三〇〇〇万円で、合計六〇〇〇万円規模と推定される。これも家屋・建物と同様、非常に消極的な最低値の評価額という印象を拭えない。

(5)個人資金流入の総合

以上で見た当時の朝鮮居住の日本人（個人）による四つの形態の投資実績をまとめると、以下のとおりである（単位：千円）。

①土地等の不動産投資：土地（田・畑・土地）169,000、建物、家屋等 10,000
　小計　179,000
②商店・工場など投資：商店経営400,000、工場経営 106,700
　小計　506,700
③金融機関預貯金：銀行預金108,885、金銭信託29,882、金融組合預金93,341
　小計　232,108
④貸出・有価証券投資：貸付残高30,000、有価証券購入 30,000
　小計　60,000
合計　977,808千円

以上のように、約七〇〇万の日本人居住者（個人）による植民地期（一九一〇～四一年）の朝鮮投資額は、総額九億七七八一万円に達すると推算される。この個人ベースの投資というのは、もともと私的な取引の性格を帯びているので、公式的な統計には含まれないケースのほうが多かったであろうことは認めざるをえない。その点、調査の過程で脱落してしまったり、担当者の一時的判断に委ねざるをえなかったりするケースがあることを踏まえると、実際に投下された資金の規模は、以上の推定値をはるかに上回るのではないかということを指摘しておく。言いかえれば、前記の総投資規模（九億七七八一万円）は、本文の各該当項目で繰り返し言及したように、常識的に到底信じられないほどの低評価による数値であることを強調したい。

III

流入資金の総合と評価

1．資金流入の形態別構成

一九一〇年の併合以降、政府や民間など、さまざまなルートを通じて朝鮮に流入した日本の資金がどの程度であったかは前述した（一九四一年末時点。一部は一九四四年末）。細部項目の構成が複雑であるため、ほぼ正確な数値を把握できた項目もあったが、調査担当者の裁量や恣意的な判断によるという概略的な推定に頼らざるをえない項目もあった。関連の統計が取れないことが少なくなく、当時の資料にある「内地資金の流入」という表現が概念上、あいまいであるという事情も無視できない。何を内地資金といい、どこからどこまでを流入と見るか、という資金の性格やカテゴリー設定において、さまざまな難関に直面した。

何度も指摘しているが、人々が日本から朝鮮に渡ってくるときに持ってきた原初資金のみを分析の対象とするならば、問題は簡単である。しかし、流入した初期資本を元本にして、朝鮮内で第二、第三段階へと進む追加の派生的資金まですべてを内地資金のカテゴリーに含めるとすると、

図2－1　日本資金の種別流入構成（%）

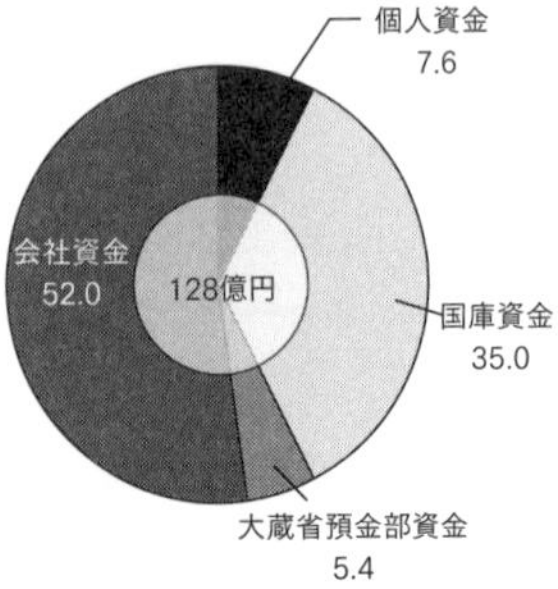

図2－2　政府資金の目的別流入構成（%）

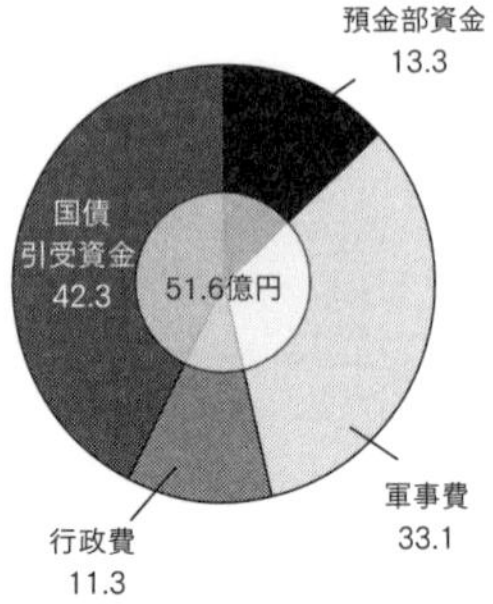

複雑になる。結局、現実的には前記二つの概念を適宜、織り交ぜるしかない。軍事費や大蔵省預金部資金のような国庫資金の場合は、日本資本が朝鮮にどれだけ入ってきたかを示す資金流入の規模の概念を取る。しかし、民間ベースの会社資本や個人資金の場合は、その性格上、調査時点での日本人所有ないし支配下にある資産規模がどの程度かを示す評価額（時価）の概念として扱うしかない。つまり、前者の資産規模が調査時点までに流入した資本の「累積」の概念であるとすれば、後者の資産規模はそれまでの元金償還を差し引き、インフレ効果も反映するなど、調査時点での「評価額（時価）」の概念ということである。言いかえれば、同時点での朝鮮の総国富（wealth of nation）または国内総生産（GDP）における日本人（政府＋企業＋個人）の所有ないし支配の分であると定義できる[23]。

このような点を念頭に置き、一九〇五年に韓国統監府が設置されてから一九四四年までの間、朝鮮に投下された日本（人）の資金について、性質別および投資項目別に流入実際の構成を次頁にまとめてみた（単位：千円）。

23）1941年はまだ、国民所得も国富関連統計もなかった時代である。当時の朝鮮の国民所得や国富における日本人の割合がどの程度かは知るよしもない。ただし、「朝鮮銀行調査課資料」（「資料一」）によると、1931年の時点で日本人と朝鮮人の国富構成は47億円（67%）、23億円（33%）であった。総富力の構成は3分の2が日本人、3分の1が韓国人である（同「資料一」, p.26）。その10年後の1941年、この構成はどの

ア．国庫による投資（1944年末）
　1.統監府時代　（105,223）
　　① 朝鮮経営費（軍事費）　46,213
　　② その他の経営費（行政費等）　43,228
　　③ 韓国政府借入金　15,782
　2.総督府時代　（4,368,049）
　　① 軍事費支出　1,663,957
　　② 行政費（補助金）　538,096
　　③ 総督府特別会計国債発行残高　2,165,656
　　④ 総督府特別会計借入金[24)]
　小計（1+2）4,473,272（35.0%）

イ．大蔵省預金部資金による投資（1946年11月）
　① 朝鮮内の主要機関発行の債券引受　495,043
　② 朝鮮内の主要機関への貸与金　189,148
　小計 684,191(5.4%)

ウ．会社資本による投資（1944年末）
　1）朝鮮内の本店会社に対する日本人投資　(3,073,279)
　　① 払込資本金のうち日本人（株主）の持ち分　1,704,498
　　② 積立金のうち日本人（株主）帰属分　238,628
　　③ 借入金のうち日本銀行・会社借入金　476,023
　　④ 社債発行のうち日本の金融機関の引受額　654,130
　2）朝鮮内支店を通じた日本本社の投資　(876,600)
　　① 東拓の朝鮮への投資　445,000
　　② 朝鮮内にある支店事業のための本社の投資　355,000
　　③ 朝鮮内事業が全部である本社の投資　76,600
　3）1942～44年の会社資本による投資　(2,692,747)
　小計（1+2+3）　6,642,626(52.0%)

エ．日本人（個人）の資金による投資（1941年末）
　① 土地、家屋、建物などに対する投資　179,000
　② 銀行、金融組合など預金　202,226
　③ 金銭信託　29,882
　④ 工場、商店などに対する投資　506,700
　⑤ 個人貸付残高、有価証券投資　60,000
　小計　977,808(7.6%)

オ．その他　1,989(0.0%)

合計（ア+イ+ウ+エ+オ）12,779,886(100.0%)

ように変わったのか。日本資本の莫大な朝鮮流入傾向からして、日本人67%、朝鮮人33%（朝鮮銀行などの資料）という1931年の数値よりも、ずっと日本側の割合が増えているはずである。としたら、解放直後の公式資料やマスコミなどで発表された数値、つまり解放された朝鮮の「富力」（国富）の約80～85%が日本人所有の財産、つまり帰属財産であるという主張は全く根拠がないとはいえない。

日本資金の種別流入、特に日本政府資金（大蔵省預金部の資金を含む）の目的別流入構成をまとめたものが、前々頁の〈図2－1〉、〈図2－2〉である。

2. 流入資金の目的別構成

(1) 公共・民間の資金別構成

植民地期朝鮮に対する日本内地資金の推定総流入額は、おおよそ一二八億円に達する。この金額がどれだけ事実に合致しているかはひとまず差し置いて、これを基準に日本流入資金の性格を分析し、その類型別、目的別構成を見てみよう。

まず、流入資金の公共・民間別性格の構成は、前記の統計から分かるように、日本政府の国庫資金および大蔵省預金部資金からなる公的資金が、全体の四割を占める五一億五七〇〇万円、六割にあたる七六億一七〇〇万円が日本の諸企業または個人による民間資金である。すなわち、植民地統治という政治的目的と直接的・間接的に関連する公的資金の流入が四割、一般会社（企業）の経済的投資活動や日本人居住者の生計のための生業と関連する民間資金の流入が六割である。

第二に、公的資金五一億五七〇〇万円の構成を見ると、日本政府の国庫資金が圧倒的に多く、全体の八六・七％（四四億七三〇〇万円）、残り一三・三％（六億八四〇〇万円）が大蔵省預金部の資金である。国庫資金四四億七三〇〇万円は、朝鮮総督府の国策事業推進のための国債引受額などが二一億八一〇〇万円と全体の四八・八％であり、五一・二％（二二億九二〇〇万円）が植

24）併合当時、朝鮮の旧皇族および貴族などのための報勲的意味で、日本の皇室予算から提供された恩賜金を指す。ある資料によると、韓国併合に伴う日本天皇の恩賜金として次の3種類の目的を帯びた約1740千円が総督府に送られた。総督府はこれを各道府郡面などの地方自治体に配分し、それぞれの責任の下で運営させた。その三つの使用先は、①併合により生計が困難になった朝鮮の両班・貴族・儒生たちに働き

民地経営に関連する軍事費・行政費支出などの消耗性経費である。後者の大蔵省預金部資金六億八四〇〇万円は全額が総督府傘下の公共事業開発の投資と見られ、これを前述の総督府発行額二一億八一〇〇万円と合わせると、全体の公的資金流入額（五一億五七〇〇万円）の五五・六％である二八億六五〇〇万円に達する。したがって、公的資金流入の半分以上が植民地経済社会を建設するための投資を目的としていたといえる。

第三に、民間資金の流入を見てみよう。民間資金の構成は大きく分けて、会社（企業）資金と個人資金である。総流入額七六億二〇四三万円のうち、八七・二％の六六億四三〇〇万円が会社資金、残り一二・八％にあたる約九億七八〇〇万円が個人資金であった。会社資金はその全額を経済的投資の概念と見なせるが、個人資金の場合は経済的投資の概念だけでなく、前述したように生計型資金の性格も持っている。厳密に区分はできないが、敷地や家屋など基本的な生活のための初期定着資金をはじめとし、銀行預金や金銭信託など、一部の余裕資金はひとまず生計型資金とする。また個人資金の中でも、会社ではなく個人の資格で商店や工場、漁場、鉱山などの事業場（営業店）を購入・新設した資金、個人的な経営方式の小額賃貸借行為や有価証券購入などの資金は、すべて投資型資金と見なす。よって、個人資金九億七七八〇万円は、生計型資金が四億一一一〇万円（四二・〇％）、投資型資金は五億六六七〇万円（五八・〇％）に分けられる。

(2)流入目的別構成

日政時代、朝鮮に流入した以上の日本資金を目的別に分けると、大きく次の三つである。〈表

口を用意するための「授産事業」、②普通学校の新・増設を中心とした教育振興事業、③凶年など災難を受けたときの救済のための事業であった。この三つの目的別資金使用の割合は、①の教育振興事業に5分の3、②の教育振興事業に全体の5分の1.5、③の事業に5分の0.5とし、これを正確に守るよう規定した。――「最新朝鮮事情要項」，朝鮮総督府，日時未詳．

2−4〉に示すように、①総督府など政府機関が一般行政を行うための経費の概念としての消耗性資金、②朝鮮に居住する日本人のための生計型資金、③日本の政府・会社・個人など、すべてに当てはまる経済的目的の投資型資金である。これら三つの目的別分類は、項目別に次のような特徴を持つ。

第一に、①の資金規模は、総額の約一八％にあたる二二億九一四九万円（統監府時代の流入額八九四四万円を含む）に達する。これをさらに分けると、軍事費一七億一〇一七万円（七四・六％）、行政費支援など五億八一三二万円（二五・四％）になる。留意すべき点は、全体の四分の三を占める軍事費である。これは果たして、朝鮮植民地経営に直結する「消耗性資金」と見なせるのか。一九三七年の中日戦争までの年間軍事費支出が一五〇〇万円から二六〇〇万円であった当時は、そう見なすことも可能であったであろう。だが、軍事費が年間六〇〇〇万円以上と大きく増加した一九三七年以降は、この軍事費支出が朝鮮という地域的な領域を大きく超え、日本の大陸経営という遠大な目的をもっていたと見るべきである。したがって、純粋な植民地経営費とは、この時期に行政費の名目で入ってきた五億八一三二万円（統監府時代に流入した四四二二八千円を含む）程度というべきではないか。こうした観点から、植民地経営に関連する経費の比重は広義（軍事費を含む）で解釈すれば全体流入額の一八％であるが、狭義（軍事費を除く）では四・五％にすぎないことに注目する必要がある。この二つの資金の性格は区別して扱うべきである点も強調しておきたい。

第二に、②の生計型資金である。一九四四年五月当時、朝鮮に居住していた日本人が移住から

表2-4　日本資金流入の類型別／目的別構成（1944年末基準）

（単位：百万円，%）

	消耗性資金	生計型資金	投資型資金	合計
ア．国庫資金				
1) 軍事費	1,710.2			1,710.2
2) 行政費、その他	581.3			581.3
3) 債券引受、貸与金			2,181.8	2,181.8
小計				4,473.3 (35.0)
イ．預金部資金				
1) 債券引受			495.0	495.0
2) 融資			189.2	189.2
小計				684.2 (5.4)
ウ．会社資金				
1) 本店を通じた投資			3,073.2	3,073.2
2) 支店を通じた投資			876.6	876.6
3) 1942-44年の投資			2,692.7	2,692.7
小計				6,642.6 (52.0)
エ．個人資金*				
1) 家屋、土地、預金など		411.1		411.1
2) 商店、工場、農場、鉱山など			566.7	566.7
小計				977.8 (7.6)
合計	2,291.5 (17.9)	411.1 (3.2)	10,075.3 (78.8)	12,779.9** (100.0)

資料：「資料３」「資料４」に基づく．

注：
1) *は1941年末基準．
2) 合計(**)にはその他資金1,989千円を含む．

定着までにかかった資金は、総流入額の三・二％にあたる四億一一一〇万円にすぎない。当時の居住者七一三千人を基準に、一人あたり生計型資金の規模を算出してみると、わずか五七六円である。初期投入資金であり、また評価当時までの物価上昇効果などにより多くの資産価値増加があったという点を勘案しても、この四億一一一〇万円は現実とかけ離れた低い数値である。個人資金の場合、特に関連統計が不十分である点を勘案すると、前記の項目別推計過程で指摘されているが、例えば、敷地、家屋、土地、店舗など関連不動産の相場、すなわち、その実資産の価値が過小評価されていることが再度確認できる。

第三に、③の経済的投資型資金である。この投資型資金の規模は、なんと一〇〇億七五三〇万円に達する。軍事費を除く総流入額では全体の九〇％以上。軍事費を含めても総流入額の七八・八％という圧倒的な割合を占めることに、特に注目すべきである。いずれの場合においても、投資型資金が流入資金の八〇～九〇％であることを強調しておきたい。

結果的に、以上で述べた莫大な規模の日本資金流入は、そのほとんどが植民地朝鮮の生産力発達の源泉となった。これらが、社会間接資本（ＳＯＣ）の開発や鉱工業をはじめとする各種産業の開発・拡大、さらには全般的な国民経済の発展をもたらす土台になったことは否定できない。たとえそれが私的な利潤追求のために行われた海外植民地投資の一環であっても、朝鮮経済における経済開発のための第一条件といえる所用資金調達という面で、つまり資本の本源的蓄積過程で、非常に重要な投資財源としての役割を果たしたことは高く評価すべきである。

3. 流入時期別特性

では、莫大な規模の日本資金流入は、時期別にどのような特徴があったのか。これを正確に把握するには、まず時期別資金の流入傾向を考える必要がある。調査時点を異にする四つの調査機関、①一九三一年末の朝鮮銀行調査(A)、②一九三八年末の殖産銀行調査(B)、③一九四一年末の京城商議調査(C)、④一九四四年末の大蔵省管理局調査（D）の数値の時期別相互比較表を作ってみた（次頁〈表2－5〉参照）。

以上の調査結果を通じて、日本資金流入の過程で時期ごとにどのような特徴があるのかを調べる前に、まずは四つの調査期間別増加傾向を簡単に整理する。

第一期（調査A）：一九三一年末の流入額二一億二九〇〇万円は、一九一〇年八月の韓日併合から一九三一年までの約二一年間、年平均一億一〇〇万円ずつ各種日本（人）資金が流入した。

第二期（調査B）：一九三二～三八年末の七年間では、前期の二一億二九〇〇万円から三七億四〇〇〇万円に流入額が増大し、年間では約一〇％の増加率、金額では約二億二五〇〇万円と、前期比約二・二倍の流入増加傾向を示した。

第三期（調査C）：一九三九～四一年末までの三年間では、三七億四〇〇〇万円から七三億三〇〇〇万円と、わずか三年間で約二倍に増えるという爆発的な増加傾向を示した。これは年平均増

表2-5　日本資金の調査時点別流入規模の推移

（単位：百万円，%）

	朝鮮銀行調査 (A) (1931年末基準)	殖産銀行調査 (B) (1938年末基準)	京城商議調査 (C) (1941年末基準)	大蔵省調査 (D) (1944年末基準)
国庫資金	898 (100.0)	1,300 (144.8)	2,071 (230.6)	4,473 (498.1)
大蔵省預金部資金	-	288	342	684
会社資金+流動資金*	1,086* (100.0)	1,883 (173.4)	3,941 (362.9)	6,643 (611.7)
個人資金	145	233**	976***	976***
合計	2,129 (100.0)	3,704 (174.0)	7,330 (344.3)	12,776 (600.1)

資料：本文脚注4)～7)参照．

注：
1) ( )内は調査期間（A)1931年末基準の増加率（%）である。
2) *は朝鮮銀行調査（A）のみに見られる「流動資金」の項目で、1086百万円は会社資金434百万円+流動資金652百万円の合計。「流動資金」はその概念がはっきりしていないが、会社の運営資金と深い関連があると判断し、ひとまず「会社資金」に含める。
3) 殖産銀行調査（B）では「個人資金」の項目が抜けていて、233**は朝鮮銀行調べ（A）に期間中の国庫資金および会社資金増加率60.4%を適用して推算した数値。
4) 976***はその他の項目200万円を含み、特に大蔵省（D）には1944年末現在の個人資金調査が除外されているが、この期間、個人資金の新規流入は特になかったと見なし、京城商議（C）の数値をそのまま引用した。

加率が三二・七%、金額では一二億九〇〇〇万円ずつの驚くべき増加傾向といえる。

第四期（調査D）：一九四二～四四年末の三年間、七三億三〇〇〇万円から一二七億七六〇〇万円に、期間中は七四・三%、年間では二四・八%、金額では一八億一五〇〇万円にも及ぶ爆発的な増加をもたらした。

このような日本資金の各時期の流入傾向には、どのような特徴があるのか。第一に、一九一〇年の併合から一九三〇年代初めまでの二一年間（第一期）は、年平均一億円程度と、微々たる流入額にすぎなかった。この時期は植民地開発の前段階として、水資源や鉱物資源など朝鮮の天然資源の基礎調査を行うとともに、貨幣経済ないし市場経済導入のための社会経済制度的な側面の実態調査が政府レベルで積極的に行われた[25]。一方、民間ベースでの鉱工業などに対する投資はまだ消極的であったといえる。

25)1910年代の土地調査事業および林野調査、1920年代の二度にわたる全国的な電源調査事業や農業における産米増殖計画と深い関連がある水利・灌漑事業などをその代表的な事例として挙げる。

第二に、一九三一〜三七年（第二期）、一九三〇年代初頭から半ば、満州事変から中日戦争が起きるこの時期に、年間二億円程度の流入があった。これは第一期に比べて二倍ほど増加しているが、だからといって民間レベルでの長期ビジネス投資まで顕著な増加傾向に転じたとはいえない。

第三に、一九三八〜四一年（第三期）、一九三〇年代後半から四〇年代に入ると、このときから日本資本の流入は予想外に急増する。年間流入規模が前時期に比べて六倍に達する一二億円以上の増加に転じたことは、理由はともかく、驚異的な現象といわざるをえない。

最後に、一九四一〜四四年（第四期）の太平洋戦争期。それこそ国運のかかった戦時期であるにもかかわらず、流入資金の年平均は以前より五〇％以上増加の一八億円に達する、とてつもない流入額であったことは、理由に関係なく、改めて驚かざるをえない。

以上をまとめると、一九一〇〜四四年の植民地時代を通じ、日本資金の朝鮮流入が示す最大の特徴といえば、時間の経過とともに流入資金の規模がますます増加していくことである。中でも、一九三〇年代後半にいっそう顕著になることは注目に値する。

一方、このような日本資金の時期別流入傾向の変化は、朝鮮に対する日本の植民地政策基調が時期ごとに大きく変化していることも特徴である。少なくとも一九二〇年代まで日本の植民地政策の基調は、農業における「産米増殖計画」などを通じた食糧および原料調達のための第一次産業の集中的開発にあったとすると、一九三一年の満州事変をきっかけに、工業も同時に開発する農・工併進政策基調に転換した。また、エネルギー源確保のため、北朝鮮地方における電源開発事業を行うとともに、全国的な金鉱、石炭鉱などの開発にも力を入れる方向に変わった。当時最も先駆的な綿紡工業をはじめとし、肥料、化学、セメントなど、全般的な工業化計画に始動がかかり、日本の産業資本の朝鮮進出がようやく活気を帯び始めたといえる。一九三七年の中日戦争を契機に、大陸進出のための朝鮮の戦略的重要性が強調されると、朝鮮に対する植民地工業化の基調が重化学工業化ないし軍需工業化の方向に変わり、それに伴い一九三〇年代後半（第三期）、日本の産業資本の本格的な朝鮮進出ラッシュを招くことになったと評価できる。

もうひとつの特徴は、一九三〇年代後半になって本格化する日本資金の急増傾向をもたらした時代的背景である。言うまでもなく、それは経済的要因というよりは、中日戦争と太平洋戦争という大きな戦争の非経済的な要因が、その背景に色濃く反映している。ここではさらに、二つの戦争の性格によって、それぞれ異なる二つの特徴が見られる。一つは、一九三七年の中日戦争の勃発とともに、朝鮮に対する日本政府軍事費支出が急増し始めたこと、もうひとつは軍需工業の育成と関連した民間会社資本の進出ラッシュを招いたことである。中でも前者の軍事費支出の拡大は、直ちに経済的投資の概念とは見なせないため論外とし、後者の民間会社資本の流入増加を具体的に見てみよう。

〈表２－５〉に示すように、他のタイプの資金に比べ、会社資本流入の増加傾向がはるかに高いだけでなく、一九四一年末現在、それが総流入額の五三・八％を占めていたことや、一九三〇年代後半に激烈に展開される重化学工業化の過程で、資本と技術の両面において、どちらも中枢的な役割を果たしたことはいうまでもない。さらに、太平洋戦争期間の一九四一年以降の数年間、日本民間資本の朝鮮進出ラッシュが、それ以前に比べてよりいっそう高まったことも、日本資金の時期別流入を扱ううえで、もうひとつの謎であるといわざるをえない。

4．一九四〇年代前半における大規模な資本流入の性格

日本資本の流入過程で現れる特徴は、一九四〇年代前半、つまり太平洋戦争期における新規会社の設立動向においても如実に現れている。一九四四年八月末現在、公称資本金一〇〇万円以上の日本人会社五八五社のうち、その四割にあたる二三五社が一九四〇〜四四年八月の間に新設されている。また、この新設会社の年度別の流れにおいても、一九四〇年にはわずか三二社であったが、四一年に五四社、四二年に五七社、四三年に五六社、そして四四年八月までに三六社など、年を重ねるごとに、つまり戦争が激しくなるにつれて、新規会社設立ブームが衰えなかったという事実を強調しておく。

この時期の民間会社設立ブームは、次の二つの時期、つまり前出の〈表2－5〉上の一九三八年末（調査B）と一九四一年末（調査C）の間の三年間と、一九四一年末（調査C）と一九四四年末（調査D）の間の三年間における民間資本流入額の比較からも、両者の性格の違いが如実に現れているといえる。前の三年間では民間資本の流入増加額が二〇億五八〇〇万円、年平均六億八六〇〇万円であったが、後の三年間では二七億二〇〇〇万円、年平均九億一〇〇〇万円と、前者より三〇％以上も増加した。これは、後者の時期にそれだけ民間会社の新規設立ブームがさらに過

熱していったことを物語っている。

一九四〇年代の日本は、米国と熾烈な戦争の最中であった。産業資本の朝鮮進出は中止されるか、大幅に削減されて当然である。ところが、現実はむしろ拡大の一途をたどった。これはどう理解すべきなのか。戦時下の激しい社会的混乱を考えれば、国内外を問わず新規事業を展開するのは極めて無謀である。その上、朝鮮との植民地関係もほぼ終わりつつあった。にもかかわらず、政府当局の政策要求で強制的に動く公的資金ではなく、市場の法則に従って自由に移動する民間の企業資本が流入し続けていた。実に理解しがたい「特異現象」である。

5. 総合的評価

戦局が大詰めを迎えた一九四〇年代（第四期）、莫大な規模の産業資本が朝鮮に流入した。この現象をどう評価すべきか。普通の国際収支、特に資本収支上のプラス（＋）として現れる貨幣資本の形ではなく、社会間接資本や鉱工業など各種産業施設の導入という実物資本（capital goods）の形で入ってきた点に、まず留意する必要がある。建設の途中であったり、あるいは倉庫に所蔵されたりしたまま解放を迎えた事例も多い。操業には至らなくても産業施設が残されたのであれば、それは次の段階（解放後）において新たな形で活用されうる。この点で、植民地時代の最終段階において産業資本の莫大な蓄積が行われたことを認めざるをえない。このような産業資本の蓄積過程が見られるのは、一九四一年末以降の太平洋戦争期（第四期）の最後の三年間

26）この時期の日本資本流出に伴う産業資本蓄積の過程に関しては、正しい評価がまともに行われていない。植民地という特殊な状況も関係するであろう。20年後の1965年6月、韓日基本条約締結により国交が正常化されると、大規模な日本資本が再び朝鮮に流れ込み、韓国経済の資本蓄積過程は新たな転機を迎える。この第二次大規模資本導入により、1960〜70年代の韓国は類を見ない高度成長（いわゆる「漢江

だけでなく、少なくとも一九三七年の中日戦争から一九四四年までであったと拡大解釈すべきである。この時期に起きた大規模な産業資本の朝鮮進出が、解放後の韓国経済の展開においてどのような役割を果たしたのか、七〇年もの歳月が過ぎたいま、経済学の基本的な命題ともいえる資本蓄積論の観点において、それに対する正しい評価が下されるべきである[26]。

再度強調するが、植民地時代の最後の段階における日本の産業資本の朝鮮進出ラッシュは、一般の想像を絶するほどであった。これは誰にも否定できない歴史的事実である。その理由は何なのか。(一)一般的にいわれる朝鮮の有利な投資条件、例えば豊富な地下資源の賦存《ふそん》、水力資源や石炭埋蔵量など豊富な動力源の確保、安価で有能な労働力の存在のような強力な投資誘因によるものか、(二)一時期流行していた日本企業の朝鮮に対するばら色のニューフロンティアを目指す投資選好傾向によるものか、(三)日本が米国との戦争を繰り広げる過程で、軍需戦略的な面での必要性に応じ、日本の安全地帯として主要軍需産業施設をやむなく疎開させることになったからか。どんな理由にせよ、少なくとも経済史上、重要な歴史的意味を付与すべきである。どのような産業分野に、どのような条件で、どれだけ入ってきたのか、という問題はさておき、程なく植民地から抜け出す新生韓国経済にとって、「資本の本源的蓄積」(primary accumulation of capital)における経済史的意義は軽くない。解放とともに、これらの物的資産(資本財)は「帰属財産」という名で米軍政に没収されたが、その後もそのまま韓国政府に移管されるという、もうひとつの特異現象をもたらした。これは日本資本の激しい進出ラッシュである「第一次特異現象」と並び、「第二次特異現象」と呼べる。この章を終えるにあたり、著者の能力不足により、

の奇跡」)を達成したのである。韓国は国際的に「新興工業国」(NICs：Newly Industrializing Countries)に位置づけられた。1970年代、韓国が代表的なNICsの一員になったことは、植民地朝鮮経済の急速な工業化過程と構造変動に対するそれまでの誤った認識を正す重要な契機にもなった。

この二つの特異現象について適切な答えを見つけられなかったことは残念でならない。重要な「未解決の課題」であるので、後世の研究者に解いてもらいたい。

第三章

帰属財産の形成過程（Ⅰ）：SOC建設

I

鉄道

1. 草創期の鉄道敷設計画

一八七六年の開港とともに海外の文物が自由に入ってくるようになると、外国との人的往来だけでなく物的取引も拡大した。やがて、この地にも近代交通手段の寵児ともいえる「鉄道」を敷設すべきだという声が高まる。しかし、一九世紀後半の朝鮮には鉄道を自ら敷設できる技術がなかった。やむをえず鉄道敷設権を特許契約により他国に委託することになる。六年後の一八八二年、多くの列強の中から日本と英国がまず、鉄道敷設権を自国に渡すよう朝鮮朝廷に要求した。特に日本はこの件で機先を制するために、建設する鉄道線路をどのように確定するかに関し、その準備作業の一環として朝鮮の地形の踏査に乗り出すなど、いち早く動いた。

しかし、最初の鉄道（京仁線）敷設権は一般の予想を覆し、一八九六年三月、米国人モース（J. R. Morse）という民間人に渡った。これは一八九四年八月に朝鮮と日本との間で締結された「朝日暫定合同条款」[1)]の規定を朝鮮が一方的に破ったとして、日本の強い抗議に遭う。では、なぜ

1)1894年8月、日清戦争中に締結された。その第2項が京釜・京仁線鉄道敷設権関連の内容になっている。この条款の締結が伝わると、韓国政府に対する西欧列強の抗議は激しくなる。1895年、ロシア主導のもと、ドイツ、フランスとともに、日本に対する「三国干渉」事件を起こすことになる――朝鮮鉄道史編纂委員会,『朝鮮鉄道史』,第一巻,朝鮮鉄道史,1937,pp.33～38参照.

朝鮮朝廷は日本との協約があったにもかかわらず、京仁鉄道敷設権を米国人のモースに渡したのか。これには、一八九四年の日清戦争後、新興国家日本に対する西欧列強の国際的圧力ともいえる「三国干渉」[2]が大きく作用した。

京仁線敷設権が米国の個人に渡るという予想外の事件が発生すると、これを契機に日本を含む他の列強間の朝鮮鉄道敷設権をめぐる争いは激化する。一八九六年、ソウル－公州間（京釜線鉄道の一部区間）、ソウル－義州間の京義線鉄道の二つの線路敷設権が、フランスのフィーブ・リール（Fives-Lille）という会社に渡される。当時朝鮮に勢力を大きく伸ばしていたロシアは、鉄道敷設権の代わりに咸鏡道《ハムギョン》の主な鉱山開発権と鴨緑江流域および鬱陵島の森林伐採権を勝ち取る。朝鮮で最も大きな幹線鉄道であるソウル－釜山間の京釜線敷設権は、最終的に日本に渡った。このように、この時期の朝鮮鉄道敷設権をめぐる列強間の角逐は熾烈を極めた。そうした中、一八九四－五年の日清戦争で勝利した日本は、朝鮮に対する排他的な優越権を確保し、鉄道だけでなく各種利権争奪戦でいっそう有利な立場を手に入れる。

一方、朝鮮朝廷は一時フランスの提案を受け入れ、自国に「西北鉄道局」という特別機構を設ける。この機構を通じてフランスの支援のもと、自力で鉄道を敷設するという意欲的な計画を立てた。しかし、自力で鉄道を敷設するのはそう簡単ではなかった。当時の朝鮮の財政状態や技術水準などから見て、莫大な資金の調達や技術の問題をどう解決できようか。フランスの手練手管に引っかかっただけで、最初から実践に移せない見せかけの計画にすぎなかった。そうした中、清から満州地域の鉄道敷設権を獲得しているロシアが、朝鮮に対しても、すでにフランス側に渡っ

2)1895年、日清戦争の講和条約「下関条約」に、中国・遼東半島に対する日本の支配権確保条項（第二条第三項）が含まれていたため、ロシアは、ドイツとフランスの協力を得て、日本に圧力をかけ、日本は遼東半島を清国に返還する。これをきっかけに、韓半島でも日本の影響力は急速に縮小する。朝鮮が京仁線敷設権を日本ではなく米国人のモースに渡したのは、このような時代背景による。

ている京義線敷設権を自国に渡すよう要求した。ロシア側の無理な要求は日清戦争後、朝鮮の鉄道事業に対する優越権をすでに確保していた日本に対する露骨な挑戦と見なされた。日本とロシアの両国は朝鮮鉄道敷設権をめぐり、利益関係が正面から衝突することになる。一九〇四年の日露戦争は、このような時代背景から勃発した東北アジア地域の覇権争いといえる。戦争は当初の予想とは違って日本が勝利し、これを契機に日本は朝鮮に対する外交的主権を確保することになる。また、これにより鉄道事業のみならず、朝鮮におけるその他すべての利権事業が全的に日本に一元化される。

2. 京釜鉄道株式会社の設立と朝鮮鉄道

一八九七年に朝鮮最大規模の京釜線鉄道敷設権が日本に渡ると、これを機に日本では朝鮮鉄道事業に対する投資ブームが起きる。朝鮮鉄道事業を担当する経営主体としての「京釜鉄道株式会社」設立が決定し、日本の財界を中心に会社設立のための発起人会が作られ、資金募金運動が活発になる（発起人代表・渋沢栄一）[3]。こうして京釜鉄道株式会社は一九〇二年五月、日本の逓信省から最終設立の認可を受ける。参考までに、同社の当初の所要資金調達計画は次のとおりであった。

まず、公称資本金二五〇〇万円、最初の払込資本金五〇〇万円と定め、一株あたり五〇円で一次的に一〇万株の発行計画を立てていた。株式発行とともに、挙国的な募集運動を展開し、朝日

3）発起人代表の渋沢栄一（1840～1931）は、19世紀後半～20世紀前半にかけて初期日本産業の興隆に大きく貢献した人物。日本初期の「産業化の父」と呼ばれるほどの実業家であり銀行家である。韓国との関連は京釜鉄道株式会社の発起人代表および社長を務めたほか、1902年、大韓帝国（高宗）が日本の諮問により紙幣発行計画を立

両国間のこの歴史的な事業を特別に記念する意味で、朝鮮王室で三五〇〇株、日本皇室で一〇〇〇株をそれぞれ優先株として引き受けるよう、特別に配慮する措置まで取った。このような象徴的な措置などにより、株式募集計画は予想外の好成果を上げ、募集期限内に六〇万九二五一株もの応募実績を上げた。超過株式はそれぞれ案配する方式で処理したが、まずは発起人引受三万三〇三五株、一般公募一七万一七一六株とそれぞれ決まった。

日本国内における関心と期待が高まる中、京釜鉄道株式会社は官民合作事業として苦労しながらも何とかスタートを切る。設立と同時に本格的な建設工事に着手しようとしたが、うまくいかなかった。まずは政治的に解決すべき問題があったからである。日本の立場では、すでに他国に敷設権が渡った京仁線や京義線などの敷設権まで渡してもらわなければ、言いかえると、京釜線だけの単独敷設では、朝鮮の鉄道事業には見込みがないという独自の評価を下した。朝鮮の全鉄道事業が日本に一元化されないかぎり、朝鮮の鉄道事業に対する効率性や採算性などは保障できないと判断したのである。

とはいえ、すでに他国に渡っている鉄道敷設権を奪うのは容易ではない。まずは韓国政府に対しその必要性を納得させて許諾を得なければならないし、京仁線敷設権は米国人モールスに、京城−新義州間の京義線と京城−公州間の鉄道（京釜線の一部区間）の敷設権はフランスのフィーブ・リール社に渡っている。しかし、日本は引き下がらなかった。朝鮮との関係の特殊性を考慮すると、京釜線敷設権を放棄できない以上、いかなる犠牲や代償を払ってでも他の鉄道敷設権を引き渡してもらわなければならない。京釜鉄道株式会社側は幾多の紆余曲折の末、ついに韓国政

て、日本の第一銀行釜山支店を通じて「第一銀行券」を発行するが、そのときに発行された朝鮮最初の紙幣である「第一銀行券」の肖像が渋沢栄一であった。

府の同意を得た。そして、米国およびフランス両国の利害当事者との粘り強い交渉も実を結び、一八九九年、朝鮮でのすべての鉄道敷設権を日本に一元化させることに成功する[4]。

日本政府は、京釜線と京仁線は民間会社の京釜鉄道株式会社に敷設責任を負わせた。京義線と馬山浦線（三浪津・馬山間）の敷設は、当時急迫していた東北アジアの国際情勢を考慮し、建設工期を最大限短縮すべきであるという日本軍部側の要求を反映し、日本軍部（工兵隊）に工事を担当させた。よって、前者は民間鉄道の性格、後者は軍用鉄道の性格を持つという二元体制になった。後者の軍用鉄道は、軍隊の兵力を大挙投入し、最短期間の速成計画で工事を完成させる一方、前者の民間鉄道もそれに合わせてできるだけ工期を短縮させる方向で進められた。草創期の韓国鉄道建設計画は、日本側の東北アジア進出という時代の要求に応じるために最短期日内で完成させた。

このように、民間鉄道と軍用鉄道の二つの方向で進められた日本の朝鮮鉄道建設計画は、どちらも事実上政府の責任の下、政府による強力な速成計画により進められた点で政府事業といえる。朝鮮初期の鉄道事業は、大韓帝国末期（一八九九〜一九〇九年）の約一〇年間で〈表3－1〉のような驚くべき成果をもたらした。

この表からも分かるように、一九世紀末から一九一〇年にかけて、韓日併合が行われるまでの十数年間、韓国鉄道は外国人の手により、事業草創期にすでに主要幹線鉄道の建設を完了していた。一八九九年から一九〇九年までの一一年間、総延長一〇四三㎞、年間では約九五㎞の鉄道路

4）米仏双方との敷設権引き継ぎ交渉は、フランス側よりも米国人モールス側との京仁線交渉のほうが難航した。日本はモールス側との合作により､1897年、京仁鉄道引受組合を設立し、政府の外務省まで動員する積極的な引受作戦を展開した。将来の対米外交関係まで考慮し、非常に高価な引受代金を支払う条件で交渉を妥結する。

表3-1　大韓帝国期における朝鮮鉄道の路線別竣工実績（1899〜1909年）

	区間－距離	竣工 年／月	参考
京仁線	1）ソウル（鷺梁津）- 仁川（済物浦），33.8km 2）ソウル（鷺梁津）- 西大門，8.5km	1899. 9月 1900. 7月	京仁線 全線（42.3km）
京釜線	1）ソウル（永登浦）- 釜山（草梁），431.2km 2）草梁 - 釜山鎮 1.6km 計 432.8.km	1905. 1月 1908. 4月	京釜線 全線（465.9km）
京義線	ソウル（龍山）- 平北（新義州），527.8km	1906. 8月	軍用鉄道
馬山浦線	慶南（三浪津）- 馬山，40.4km	1905. 10月	軍用鉄道
京元線*	ソウル（龍山）- 咸南（元山），222.3km 1905年起工後、工事中断	1914. 9月	軍用鉄道
合計	5路線 1,043.3km		

資料：鉄道庁，『韓国鉄道一〇〇年史』，1999，P.1041，その他の資料．

注：*京元線は1905年起工後、土地の購入難と山岳地帯の難工事などが重なり、計画どおりに進めることができなかった。1914年、総督府時代になってようやく竣工したので、合計には含めていない。

線を整備したと考えられる。前述したように、このような事実は、日本がこの地域における軍事的目的に沿った軍用鉄道敷設の必要性から、最大限の工期短縮を目標とした非常体制下の速成計画として推進した結果である。

ここで問題になるのは、大規模工事にかかる莫大な資金をどのようにして調達したかである。長期施設資金調達のためには何よりも、将来の元利金償還を保障する信頼性ある担保が必要になる。そのためには、鉄道サービスの需要者である韓国政府との間で、最も重要な事案である料金策定問題など鉄道利用に伴う約款のようなものが、事前に具体的に約定されていなければならない。しかし残念ながら、当時の両国間の関連約款の中に、そのような内容は全く含まれていない[5]。

当時の韓日両国の政治的な特殊性を考慮すると、鉄道建設資金の調達と将来の元利金償還問題は、それだけ複雑な性格を帯びていたという点で、その時代史的意味はさらに重要といえる。通常であれば、所要資金

5）これに関連し、京釜線鉄道敷設に伴い韓日両国が結んだ協約の内容を見ると、1898年8月、韓日両国は「京釜鉄道合同条約規」を締結するが、その15の条項のうち、日本側（民間鉄道会社）の投資資金（元利金）に関する将来の回収計画など、財政に関する内容は全く入っていない――『朝鮮鉄道史』，第1巻，1937，pp.90〜96参照．

を二国間で何らかの形で分割する合作方式であるとか、あるいは施工者側から発注者に一定規模の借款を提供し、それを土台に工事を進め、竣工後、鉄道運営により得られる運賃を担保に借款の元利金を回収する方法などが考えられる。これらの事項に関する両国間の具体的な契約内容はよく知られていない。よって、例えば基本的な鉄道敷地の買収などに関する責任は韓国政府が負い、その他建設工事に伴う諸般の費用調達は全面的に日本側が責任を負うという方式を取り、投資元利金の回収は建設会社側が一定期間、直接鉄道を運営してその収入でカバーするような形になっていたのではないかと推測するしかない。

民間鉄道として建設された京釜線・京仁線の場合は、それでも鉄道運営による運賃収入を担保にするという条件が成り立つかもしれない。しかし、軍用鉄道として建設された京義線・馬山浦線・京元線などの場合は、別の策が講じられる必要があった。実はこのころ、日本政府の鉄道管理政策の基調が変わり始めていた。

既存の民間鉄道として建設された京仁・京釜線まで、すべてが国有化されたのである。一部の小規模な支線中心の私設鉄道を除き、すべての鉄道が国有・国営体制で一元化された。民間鉄道の場合、常に困難に直面する資金調達や元利金回収などの財政問題をいったん政府が責任をもって解決しようとしたのである。一つ重要な点は、民間鉄道と軍用鉄道の間には、最初から建設費用に顕著な差があったことである。鉄道敷地の買収などにかかる基礎費用の面では大差ないであろう。しかし、建設工事にかかる人件費や物件費など工事の面では、軍用鉄道なら軍兵力を最大限動員でき、各種建設資材の調達も軍の独自予算（陸軍省予算）で購入できるため、全費用を市場原理に従ってまかなう民間鉄道とは比べ物にならないほど、顕著な経費削減が可能であった。

まず、前者のケースを見てみよう。京釜・京仁線の建設主体であった京釜鉄道株式会社は、莫大な建設資金をどのように調達したのか。会社の当初の計画は、株式発行による自己資金の調達を優先し、足りない場合は社債発行を通じて調達する、という二案を基本とした。後に事業の急膨張とともに急増する資金需要を自らの出資方式では到底カバーできなくなり、結局、社債発行を通じての調達に大きく依存せざるをえなくなった。具体的には、京釜線の敷設工事が行われていた一九〇三〜〇五年間の資金調達計画は、増資（持ち分払込）七三二万二〇〇〇円、社債発行一〇〇〇万円、合計一七三二万二〇〇〇円であった。両者の比率は自己資本（増資）四二%、他人資本（社債発行）五八%であり、社債発行が多かった6)。発行した社債は、社債市場において自力で全額を消化できたのかが重要である。これは当時の京釜鉄道株式会社の対外信用度に関して重要な意味を持つが、いずれにせよ、それを自力で全額消化させることはできなかったとされている。

韓国への進出は、未知の土地（New Frontier）開拓という意味があった。当時の日本において京釜鉄道株式会社は、最も有望な新興会社として認められていた。しかし、実際には経済外的な環境などで将来の収益性に対するリスクが非常に大きいと認識されたうえ、日本の金融事情が非常にひっ迫した状態にあり、同社が発行する社債を自力で消化させるほどの対外信用を得られずにいた。自力で処理できないかぎり、結局、日本政府の支払い保証が必要となる。日本政府の保証が付与されたにしても、当時の社債市場では、普通の一般公募方式で円滑に消化できるような

6) 朝鮮鉄道史編纂委員会,『朝鮮鉄道史』, 第1巻（創始時代）, 1937, pp.309〜310参照.

状況でもなかった。日本政府はしかたなく、政府傘下の日本興業銀行に京釜鉄道株式会社発行の一切を一括で引き受けさせる特段の措置を取った。具体的には、京釜鉄道株式会社が一九〇三〜〇五年（三年間）に一〇〇〇万株相当の社債を発行し、日本政府はその元利金の支払い保証をする条件で日本興業銀行に全額引き受けさせる方法である。これにより、かろうじて消化させることができた。京釜鉄道株式会社に対する日本政府のこのような破格的な特恵措置は、当時の日本が政策的に京釜鉄道株式会社をいかに重視していたかを示す端的な徴表といえる。このような莫大な特恵措置を施した代償として、日本政府は京釜鉄道株式会社に対し、次のような非常に厳しい社債発行条件を要求する。

①前記一〇〇〇万円の社債発行は、年利六％以内、一〇年据え置き三〇年分割償還を基本条件とすること

②金融市場における一般公募が困難であることを考慮し、日本興業銀行による一括引受方法を選ぶこと

③政府が元利金の償還を保証することを条件に、会社は会社所有の鉄道施設をはじめとする総財産を政府に抵当に入れる。また、政府の事前の許可なく第三者から他の借り入れをしないこと

④重要事項は別途の法令により政府の認可を受けること

特に重要な条項は、③の会社総資産に対する日本政府の抵当権設定であろう。これにより京釜鉄道株式会社は事実上、日本政府の管理企業の性格に転落する。要求条件が厳しすぎるという世

論が高まり、一部内容は事後、緩和されたが、会社が社債の元利金償還を怠ったり経営を誤ったりという状況が捕捉されたときは、容赦なく会社の財産を処分するか、会社経営自体を政府が接収するなどの強力な措置を取れることに変わりはなかった。

このほか、日本政府は京釜鉄道株式会社に対し、次の要求事項を通じて会社経営に関与しようとした。①会社が調達する建設関連の資材類はできるだけ国産にすること、②全路線について速成目標を達成するための工事進捗計画を立てること、③事業の進捗状況に合致した会計事務の正確さを期するとともにすべての事務処理を迅速に行うこと、などを指示している。こうしたことから京釜鉄道株式会社は事実上、政府企業として扱うべきであるという指摘が出るほどであった(前掲書、三二一頁)。

民間会社による京仁線とは異なり、軍隊の兵力によって建設される軍用鉄道である京義線と馬山浦線はどうであったのか。これらは工事費一切を日本政府（軍部）の予算でカバーする方式で行われていた。軍部で必要な建設費を具体的に策定し、それを予算当局に要請する方式である。一九〇七年末までに支出された工事費の内訳を見ると、京義線が二九一二万円、馬山浦線が二二六万三〇〇〇円、合計三一三八万三〇〇〇円の資金を日本政府が負担する形で行われた（同、五八二～五八三頁)。

結論としては、韓日併合以前の時期、つまり大韓帝国期において、日本資金による韓国鉄道の建設費用は、民間会社によるものであれ、軍部による軍用鉄道であれ、日本政府からの直接の財政支出か、日本政府の保証下で発行した社債などで調達される金融資金から成っていた。このような方式は併合後の総督府時代も大きく変わらなかった。殖産銀行調査部の資料によると、一九三八年末時点で朝鮮総督府の特別会計上の国債発行規模は六億三三五五万円であり、そのうち七八・二％の四億九五六五万円が鉄道の敷設および改良費の名目、四・二％の二六七五万円が政府の私設鉄道購入費用にそれぞれ使われている。国債発行額の八二・五％が鉄道関連事業費として使われるという絶対的な比重を占めていたのである[7]。

このような事実から、朝鮮総督府が朝鮮の鉄道事業にどれほど力を注いでいたかを推察できる。朝鮮総督府内に交通局が設置されていたにもかかわらず、別途で「鉄道局」を新設し、特別なシステムで運営させるという措置も取った。総督府が運営する国鉄事業の大部分が朝鮮鉄道事業であったといっても過言ではない。

3．朝鮮鉄道運営体制の変遷

(1) 鉄道事業の一元化

日露戦争が一九〇五年、日本の勝利に終わったことにより、日本は統監府を設置して、朝鮮の内政に深く関与する道が開ける。これを契機に朝鮮の鉄道事業の運営体制にも著しい変化が起きた。当時まで朝鮮鉄道を敷設・運営してきた日本側の主体は、民間の京釜鉄道株式会社と政府（軍部）の二つであった。民間は京仁線と京釜線の建設を担当した京釜鉄道株式会社、軍用鉄道事業は京義線、馬山浦線、京元線を建設した日本軍部の臨時鉄道監部である。

7）朝鮮殖産銀行調査部（1940),「資料二」, pp.17～18参照.

日露戦争の勝利で自信をつけた日本は、「大陸経営」という遠大な政策スローガンを掲げ、そのための最初の措置として、既存の鉄道システムを一つに統合する計画を推進した。日本国内の鉄道をはじめとして、朝鮮鉄道、満州の東清鉄道などの運営を一つに結ぶ「鉄道事業の一元化」計画という名の下、日本・朝鮮・満州の三地域すべての鉄道を日本政府（逓信省）が直接統合・運営するという画期的な措置であった。鉄道事業の一元化計画は、すべての鉄道事業の国有・国営化を意味した。

この一元化計画を制度的に支えるには、朝鮮の代表的な民間鉄道会社である京釜鉄道株式会社を国有化しなくてはならない。日本政府は一九〇六年三月、特別に「京釜鉄道買収法」を制定・公布し、その買収および運営担当機構として同年六月、朝鮮統監府内に「鉄道管理局」を設置した。京釜鉄道株式会社所属の京釜・京仁線の二路線を同時に買収したのである[8]。また同年九月には、軍部（陸軍）臨時鉄道監部が管理してきた京義線と馬山浦線という二つの路線に加え、工事中であった京元線に対する財産や運営権もすべて政府が買収する。このようにして、朝鮮の鉄道事業は民間と軍用を問わず、すべて国有・国営体制に移った。要するに、日露戦争の勝利で得た満州の東清鉄道、日本国内の鉄道、朝鮮鉄道の三つの鉄道を統合することは、日本政府が打ち出した鉄道事業の一元化、つまり鉄道の国有化の完結を意味した。

鉄道の統合が完成すると、日本は鉄道運営の合理化を図るという名目で一九〇九年三月、数年前に設置したばかりの統監府内の鉄道管理局を鉄道庁に昇格させ、独立機構に拡大・改編する。ところがその後、日本政府の鉄道院に朝鮮の鉄道庁の機能は移管されたものの、鉄道庁はあらた

8）1906年3月の「京釜鉄道買収法」によると、これら鉄道を買収する条件として、従業員（1791人）など一切の組織を朝鮮統監府が引き受けている。京釜・京仁線369.8㎞の買収代金は3500万円であった――『朝鮮鉄道史（1）』, pp.538～545, 582～583, および『韓国鉄道一〇〇年史』, pp.293参照.

めて鉄道管理局に改編された。日露戦争後、わずか四〜五年の間に、日本政府と韓国統監府は朝鮮の鉄道行政において、なぜこのように朝令暮改式の組織改編を繰り返したのか。理解に苦しむところである。

例えば、こうも考えられる。日本政府は、大陸進出という遠大な歴史的偉業を前に何から先に手を付けるべきかを悩んだ。人的・物的輸送（軍事的目的を含む）の急増を見込み、効率的に対処するには何よりも鉄道の管轄権を中央に統合することが優先であると判断した。日本政府の鉄道行政が右往左往している間に、一九一〇年八月、突然韓日併合という一大政治的変革に見舞われた。日本は再び朝鮮総督府内に独自の鉄道局を設置し、前年一二月に日本政府の直轄体制に移行してわずか数か月で、再び総督府に還元する措置を取らざるをえなかったのではないかと。総督府に還元したのは、日本政府直属の日本鉄道院に朝鮮鉄道の管轄権が移ってからわずか八か月後であった[9]。

いずれにせよ、鉄道の管轄権が総督府の管理体制に移行したことで、朝鮮鉄道は急速な成長を遂げた。迅速な国有鉄道の路線の新・増設に加え、その他の民間鉄道の新設まで加わったからである。一九一〇年の平壌・鎮南浦間の平南線（五五・三㎞）の開通をはじめとし、一九一一〜一四年には湖南線（八八・五㎞）と京元線（二二二・三㎞）の二本の幹線路線、一九一五〜一七年には咸鏡南部線と北部線などが相次いで開通した。一九一〇年代、つまり植民地初期のわずか一〇年で、国内の主要幹線鉄道網のほとんどが構築されたのである（『韓国鉄道一〇〇年史』、一八七頁）。

9）このような鉄道行政の拙速さからすると1906〜09年の統監府時代までは、日本は韓国を植民地として完全に併合する計画を立てていなかったのではないだろうか。1905年の乙巳条約締結当時、すでに将来朝鮮を完全な植民地にしようと考えていたならば、あえて1909年に日本政府（逓信省）内に日本鉄道院を新設し、朝鮮統監府傘下の鉄道庁の機能を早急に移管する必要性はなかったはずである。

(2)併合以降の鉄道管理体制

このような猛スピードともいえる開発過程を経て、一九一五年になると日本・朝鮮・南満州の間の三地域鉄道連結網が構築された。これを契機に、一九一七年には朝鮮鉄道の運営権を相対的に施設規模の大きい南満州鉄道株式会社に引き渡すという委託経営体制に移行する。これは朝鮮と満州を鉄道でつなぐという「鮮満一如」の政治スローガンに沿い、まずは鉄道行政から実践に移すという趣旨で行われた。しかし、この委託経営体制は長くは続かなかった。七年後の一九二四年、この委託経営体制に運営上のさまざまな問題点が露呈し、再び総督府に還元されることになる。このような早期還元措置が避けられなくなった背景には、朝鮮と満州を一つに結ぶという鮮満一如政策自体に根本的な問題点があったと考えるべきである。朝鮮鉄道の管理は、あくまでも朝鮮に対する総体的な植民地政策の一環として扱わなくてはならないという現実的な要求が強く提起されたからであろう。つまり、植民地朝鮮の鉄道管理権を、法的に日本の完全な植民地と見なせない満州の南満州鉄道株式会社に任せるという政策的判断が、大きく間違っていたのである。

４．鉄道の路線拡大と資金調達

(1)鉄道の増設と拡大計画

〈表３－１〉にあるように、併合当時の朝鮮鉄道の総延長は、一〇五三km（私設鉄道一〇kmを含む）

であった。併合以前の大韓帝国期から一九〇五～一〇年間の統監府時代にかけて、日本の民間会社や軍部によって敷設された京仁線、京釜線、京義線、馬山浦線などの線路の総延長である。しかし、一九〇六年、統監府が民営鉄道もすべて国有化し、朝鮮鉄道は早くから国有・国営体制に変わったことを忘れてはならない。では、国営体制になってから朝鮮鉄道事業はどのように展開されたのか。

一九一〇年の併合後も、朝鮮総督府の鉄道事業に対する熱意は少しも衰えていなかった。「国防共衛・経済共通」というスローガンの下、国防を強化し経済を発展させるという二つの基本目標を同時に推進するには、迅速な鉄道網の拡大こそ最も優先すべき課題であると総督府は考えていた。総督府は朝鮮鉄道の新設および拡大に多くの努力を注ぐ。「朝鮮国有鉄道一二か年計画」や「鉄道増強五か年計画」などの大規模な中・長期鉄道拡大計画を立て、強力に推進したことからも分かる。統監府時代を含む約四〇年間の植民地統治期間が終わる一九四五年八月、朝鮮鉄道の総延長（営業線基準）は国鉄五〇三八km、私鉄一三六八km、合計六四〇六kmであった。すでに開通しているが諸事情により臨時休業中の国鉄八〇km、私鉄九〇kmも開通線に含めると、国鉄五一一八km、私鉄一四五八km、総延長六五七六kmに達する。また解放当時、敷設工事や工事を中断した未開業線が国鉄八七五km、私鉄一九九kmであったことを考えると[10]、鉄道の総延長はその分長くなるであろう。この未開業線と臨時の休止線を除く営業線（六四〇六km）のみを基準にしても、解放当時の朝鮮鉄道の延長は、併合当時の一〇五三kmに比べ、なんと六倍以上拡大された。この事実からも、植民地期朝鮮における鉄道事業がどれほど活発に推進されたかが十分推測でき

10）この未開業線には、国鉄では東海線の一部（襄陽－浦項273km）や慶全線の一部（晋州－順天など116km）、私鉄では忠北線（忠州－寧越84km）などが含まれる——(財）鮮交会,『朝鮮交通史』, 1986, pp.4～7(朝鮮鉄道一覧表）参照.

る。

一八九九年の京仁線開通後、一九四五年八月に日本統治から解放されるまでの約四五年間、韓国鉄道は無から有を創造しただけでなく、目覚ましい発展を遂げる。解放当時の開通線は総延長が六五七六㎞に達していた。これらのほとんどは、国鉄中心の基幹線が五一一八㎞と約七八％を占め、残りの二二％にあたる一四五八㎞が私鉄中心の支線で構成されていた。したがって、植民地期の朝鮮鉄道はあくまでも国鉄を中心に開発されたことを明らかにしておきたい。とにかく解放当時の韓国鉄道の総延長六五七六㎞は、鉄道開発期といえる四五年間、毎年平均一四六㎞の新規線路を建設したわけである。植民地期という特殊な事情の中で、日本の鉄道開発の目的が何であったにせよ、これだけ短期間での飛躍的な鉄道建設は、世界鉄道開拓史においても容易にその例を見ない。このようにして作られた朝鮮の鉄道網は、解放とともに南韓・北韓に分かれてしまったが、非常に重要な植民地遺産としてこの地に残された。

(2)鉄道事業のための資金調達

初期の朝鮮鉄道事業の日本側の主体は、民間サイドの京釜鉄道株式会社と政府サイドの臨時軍用鉄道監部の二つであった。前者が京仁線と京釜線、後者が軍事的目的の京義線と馬山浦線をそれぞれ敷設していたことは前述したとおりである。しかし、この主体の寿命も長くは続かなかった。前項で述べたように、日本政府がすべての鉄道の一元化、すなわち国有化に踏み切ったため、これらの機関がすべて政府に吸収・統合されたからである。したがって、その後は地方別小規模支線建設のための私設鉄道を除くほとんどが国営となり、必要な資金も日本政府による国庫資金で支払われる方式に変わった。

では、主に日本政府の国庫資金から朝鮮鉄道事業に投入された資金は、どの程度であったのか。一九一〇年から一九四三年末までに投入された資金規模を年代別にまとめると、〈表3−2〉のとおりである。この期間に一四億八〇〇〇万円に達する資金が鉄道事業に投入されたが、そのうち九〇・八%にあたる一三億四五〇〇円が総督府の投資とされている。さらに初期である一九一〇〜一一年の間に費やされた一億五〇〇〇万円は、それ以前の日本政府（軍部）予算または京釜鉄道株式会社によるものであり、この期間の総督府支援は総投資の八・六%にすぎなかった。この期間を除く一九一二年から一九四三年度までは、総督府の投資が常に九六〜九八%に達するほど圧倒的であった。このように考えると、日政時代、朝鮮の鉄道事業のための所要資金は、ほぼ全面的に総督府の予算による日本政府の国庫資金が充てられたといっても過言ではない。

朝鮮総督府は、この巨額の鉄道事業資金をどのように調達したのか。統監府時代は、一種の鉄道事業用財政資金として、日本政府の一般会計からの繰り入れで賄っていた。鉄道業務が総督府に移管されてからは、総督府が直接調達するシステムに変わった。この莫大な資金を総督府がその年の一般予算に入れ、一つの予算項目として編成することは事実上、不可能であった。よって資金の大半は、鉄道公債を発行して調達するしかなかった。つまり、鉄道の新・増設や改良に伴う施設拡大の費用をはじめとして、私設鉄道の買収費に至るまで、全費用を公債発行を通じて調達する以外に方法はなかったのである。例えば、一九三八年末の総督府事業公債発行額六億三四

○○万円のうち、鉄道建設および改良費が四億九六〇〇万円、私鉄買収費が二七〇〇万円で合計五億二三〇〇万円であり、鉄道事業関連資金が公債全体発行額の八二・五%を占めた[11]。

この五億二三〇〇万円は、一九三八年末までの鉄道関連における総投資額五億九五〇〇万円の八七・九%に上った。このような現象は、〈表3－2〉に示すように、一九三八年以降も続いたと考えられる。当時の朝鮮鉄道事業に対する総投資のほとんど（九〇・八%）が総督府からの投資であるとすれば、投資財源の大部分は鉄道公債発行を通じて調達したものであろう。

鉄道公債をはじめとする、これら総督府発行の各種公債はどうやって消化したのか。例えば、金融市場を通じて民間投資家に売却するような普通の方法で消化できればいいのであるが、当時の事情ではとても期待できない。結局、日本政府が政策的に政府予算（国庫資金）で一括して引き受けるしかなかった。

日政時代、朝鮮に流入した日本の国庫資金は、大きく分けて次の3つである。（1）植民地経営と直接関連し、総督府の行政費を支援する補助金、（2）植民地経営よりは日本の大陸経営と密接に関連した軍事費、（3）朝鮮の経済的開発を目的とする総督府発行の各種公債購入資金。三つ目の公債の中で最も大きな比重を占めたのが、鉄道公債であった。日政時代、このように活発に進められた朝鮮の鉄道建設事業は、表向きの開発・管理などによる一般行政的業務は朝鮮総督府の所管であったが、実際の支配ないし所有していたオーナーシップは事実上、日本政府に帰属していたと見るべきである。このような観点から、植民地時代の朝鮮の鉄道業は、その他の産

11）朝鮮殖産銀行調査部,『殖銀調査月報』, 第20号, 1940, pp.17～18参照.

業とは一線を画す特殊な性格の国営事業であった。

5. 解放当時の鉄道事情

一九四五年八月の解放当時、韓国鉄道の全体像はどうであったのか。全国土をX字型に分ける四本の幹線を主軸とし、そこから多くの支線に分かれるという、全国的に驚くほど広域な鉄道網を築いていた。日政時代の他の産業、例えば農水産業や鉱工業、建設業や金融業、流通業などと比べても、鉄道業ほど飛躍的な発達を遂げた産業は見つからない。鉄道業の発達は、どの産業よりも常に数歩先を進んできたのである。

朝鮮に対する日本の植民地政策は、当初から二つの基本目標を同時に追求していたとされている。一つは植民地の開発という一般論的な植民地政策自体、もうひとつは日本の大陸進出・経営という遠大なビジョン実現のための政治的、軍事的目標である。この二つの目標を実現するためには、まず人的・物的な交通手段の解決が前提とされ、そのためには近代交通の寵児と呼ばれる鉄道の敷設と拡大が必須であった。このような時代の要求を反映し、植民地統治期間、日本政府と朝鮮総督府は一時も欠かさず朝鮮鉄道業育成に心血を注いでいた。解放当時の朝鮮の鉄道事情は、戦後に政治的独立を果たした新生開発国の中ではもちろん、少なくともアジア地域では日本に次ぐ第二の鉄道先進国になったといってよいであろう[12]。

解放当時の朝鮮鉄道の実情は、日本による強力な植民地鉄道開発政策の産物であるといえるが、

12）解放当時の国土面積1000㎢あたり鉄道線路の長さを比較すると、鉄道宗主国といえる英国の12.7㎞を最高とし、フランス7.8㎞、米国5.0㎞、日本5.9㎞であり、韓国は2.9㎞と日本の半分であった。他の開発途上国の統計は把握が難しいため直接比較はできないが、アジア地域では日本に次ぐ第二の鉄道先進国であったといえる——朝鮮銀行調査部,『朝鮮経済年報』, 1948年版, p. Ⅰ－157.

表3-2　年代別鉄道事業投資額に総督府投資が占める割合

（単位：千円）

	総投資額（A）	総督府投資額（B）	B/A(%)
1905～11年	36,521*	9,013**	24.7
1912～19年	74,644	71,520	95.8
1920～29年	192,046	184,334	96.0
1930～39年	488,518	475,703	97.4
1940～43年	618,915	604,038	97.6
合計	1,480,100	1,344,609	90.8

資料：朝鮮総督府鉄道局，『朝鮮鉄道四十年略史』，1940, pp.578～579,（財）鮮交会，『朝鮮交通史』，p.735.

注：
1）合計は1943年末現在の年間投資額累計であるため、各項目の合計とは異なる。
2）*は統監府時代の投資額、**は1911年の総督府による投資額。

重要なのはこれら鉄道関連施設一切の財産が、解放後、米軍政を経て、植民地遺産の一環として残されていることである[13]。

もっとも米軍政の三年間で鉄道施設にかなりの価値毀損があったであろうが、それでも鉄道の線路や車両、駅舎などの基本施設は現状維持できたと考えられ、一九四八年八月の韓国政府樹立とともにそのまま韓国政府に移管された。日本の残した帰属財産は、米軍政期間に大半が亡失するか使えなくなったと主張する者もいるが、それは一部の鉱工業施設に関してであり、鉄道施設に関しては何の関係もない。地上に設置された鉄道線路や車両などは、勝手に韓国領土の外には出られない。若干の故障や老巧化はありえるが、それが丸ごと使えなくなることはないのである。役に立つ状態で国内に残り機能している以上、それは誰かから韓国が受け継いだ一種の遺産であることは間違いない。

ただ一つ残念なのは、解放と同時に国が南北に分かれたことで、重要な植民地遺産である鉄道も南と北に分かれ、鉄道の機能も半分になってしまったことである[14]。真っ二

13）朝鮮に引き渡された植民地鉄道遺産の価値は、日本政府（大蔵省管理局）の資料によると、1945年8月までに日本政府・韓国総監府が鉄道事業に投資した額（累計）は推計18億5000万円。資料作成当時である1947年12月末の時価で換算すると、1200億円に達する。16の私設鉄道会社による投資額2億円を合わせると、朝鮮に残された鉄道財産の実際の価値は少なくとも1330億円に達する――「資料四」（第一八

つに分かれてしまった植民地朝鮮鉄道は、具体的にどのような様相を呈していたのか。

前述したように、総督府による朝鮮鉄道事業は、政策的に南韓よりも北韓に大きな比重が置かれていた。北韓のほうが南韓よりも広く、大陸進出という軍事的必要性においても、また山林資源や地下資源の開発など経済面においても、鉄道の需要が高かったからである。こうした諸事情を考慮し、解放当時の各種鉄道施設の分布状況を比較してみよう。

〈表3－3〉の総営業線路六三六二㎞のうち、五八・五％（三七二〇㎞）が北側、四一・五％（二六四二㎞）が南側に分布していて、北側が優勢である。鉄道駅の数でも合計七六二のうち四六二（六〇・六％）が北側に、三〇〇（三九・四％）が南側に残っている。客車や貨車の保有台数、鉄道関連の従業員数の分布は、逆に南韓のほうが多い。鉄道車両の製造工場をはじめとする鉄道関連の各種付帯施設が、南韓を中心に造られたからであろう[15]。とにかく日政時代の朝鮮鉄道は、線路や駅など基本的な施設面ではどうしても国土面積が広い北韓地域が中心になり、工場をはじめとして研究所、教育訓練所、倉庫、小貨物運送など各種付帯施設や、鉄道業務における総合的な企画、運営など行政関連業務は、鉄道行政本部のある南韓中心に行われていた。

6. おわりに：朝鮮鉄道が残したもの

開港から植民地時代を経て、韓国の鉄道は外国資本と技術による他律的な開発方式に依存してきた。そして、短期間で驚異的に発展する。戦後、政治的に独立した第三世界の新生開発途上国

章：「交通通信の発達」，鉄道），pp.40～43参照．

14）国土が南北に分かれたことで、鉄道の本来の機能を果たせなくなった代表的な路線は、京義線、京元線、東海線である。東海線は完工していなかったため、幸い大きな影響はなかったが、X字型に南北を横切る京義線と京元線の2つの幹線は38度線を境に、完全に機能を失ってしまった。

表3-3　解放当時の鉄道施設の南北分布状況

	単位	南韓		北韓		合計	
営業線路長さ	km	2,642	41.5	3,720	58.5	6,362*	100.0
駅数	駅	300	39.4	462	60.6	762	100.0
機関車保有台数	台	488	41.9	678	58.1	1,166	100.0
客車保有台数	台	8,424	54.9	6,928	45.1	15,352	100.0
貨車保有台数	台	1,280	63.1	747	36.9	2,027	100.0
従業員数	人	56,960	56.7	43,567	43.3	100,527	100.0

資料：鉄道庁,『韓国鉄道一〇〇年史』, pp.518～519参照.

注：
*営業線路6,362kmは、本文の数値とは40~50km程度の差がある。その理由は定かではないが、恐らく北韓地域での南満州鉄道に委託経営していた線路などが除外されたからではないかと思われる。

の中で、韓国ほど自国の領土に近代的な鉄道網が細かく構築されていたケースは見当たらない。代表的な近代的交通手段である鉄道の発達は、韓国の初期近代化過程において社会経済的変化をもたらすリーディング・セクターとしての役割を十分に果たしたといえる。

第一に、鉄道の登場は韓国の伝統的な旧式道路事情に一大運輸革命を呼び起こした。人や牛馬車がやっと通れるほどの道幅、しかも曲がりくねった曲線道路ばかりの状態であり、自動車が通れるような新式道路（いわゆる新作路）すらまともに作られる前に鉄製の車両が通れる鉄路が敷設されたとすれば、誰もが驚くであろう。これ一つを取っても、鉄道の登場が当時の人々の意識革命にもたらした影響は想像できる。また、新作路よりも先に鉄路が作られたことは、先例にない特殊現象である。一つの「交通革命」であり「運輸革命」と称するべきであろう。

第二に、鉄道の登場は、牛馬車を使うなどの交通手段に比べ、運送時間を大幅に短縮させたうえ、運送料金も非常に安価になったことから、従来の旧式交通システムを根本的に崩壊させた。例えば、釜山からソウルへの貨物輸送の場合、従来なら釜

15）鉄道関連の付帯施設とは、電気、通信、建築、運輸（自動車）など鉄道運営に直接関わる施設はもちろん、鉄道病院、鉄道図書館、鉄道博物館、鉄道印刷所、鉄道人養成のための教育訓練所などを設置・運営するための各種教育、文化、保健、厚生関連施設を指す――『韓国鉄道一〇〇年史』、pp.272～284参照.

山から仁川までは船便、仁川からソウルまでは牛馬車か自動車を利用するという二段階の運送システムが一般的であったが、京釜線鉄道の開通により釜山からソウルまで直行できるようになった。どれだけの運送時間短縮と料金節約をもたらしたのか。鉄道の登場による、もうひとつの革命的な事件といえる。

第三に、鉄道の発達は、開発・採取が不可能であった奥地や僻村などにおける山林資源や鉱物資源などの開発を可能にした。例えば、北韓地方の鴨緑江・豆満江流域の場合、この地域で何千年もの間、天然のまま眠っていた原始林が、ようやく一種の森林資源として開発された。それを経済的に利用して林業の発達をもたらし、高山峻嶺に自然の状態のまま埋まっている各種地下資源を採掘、利用できるようにした。これはこの地域を通る鉄道の登場によって可能になったのである。咸境道地域の咸鏡線、恵山線、白茂線や平安道地域の満浦線、平北線（私鉄）などの鉄道敷設は、初めからこのような天然資源の開発を目的として行われたといえる。

第四に、鉄道の発達は、流通の円滑化を通じて市場経済の発達を促進させる効果を持った。遠距離地域間での人と財貨の流通を活発にし、遠距離商業（貿易）まで可能にすることで、従来の自給自足的な閉鎖経済体制から近代的な開放経済体制へと、国民経済の一大体質変化をもたらした。

第五に、交通の利便性向上は立地条件を大きく変え、人口の地域間移動を通じた都市化現象を促進させた。特に朝鮮鉄道の典型的なX字型モデルが、韓国社会の各地域間の異質性克服と社会統合の効果をもたらしたという二次的な影響も重視したい。

16）ここでいう「本来の機能」とは。1930年代、満鉄（南満州鉄道株式会社）の超特急列車「あじあ号」開発の理想から歴史的な発端が見つけられるのではないか。日本の「新幹線」の初期モデルといえる満鉄の「あじあ号」開発の構想は、日本・朝鮮・満州（中国）を結ぶ東北アジア地域を超えてアジアと欧州を結ぶ汎大陸間鉄道網構築にあったのではないか――小林英夫,『満鉄－「知の集団」の誕生と死－』, 吉川弘文館,第六に、鉄道の発達は、社会的・文化的観点から人々の共同体生活の視野を広げ、事物に対する人々の認識の枠（フレーム）も広げた。例えば、地域社会（local）レベルから全国的（national）レベルに、そして国際的（international）レベルへと視野を拡大させた。植民地時代における韓国鉄道の発達は、朝鮮という一国のレベルで行われたのではなく、少なくとも日本（内地）－朝鮮－満州（中国）間を結ぶ三者結合の国際的な広域鉄道網の構築で成り立っていた。それが当時の閉鎖的な国民意識の開放化・国際化に与えた効果は絶大であろう。

最後に、日政時代における朝鮮鉄道の発達は、両国の植民地的統合の次元を超え、一九世紀以降、西勢東漸という時代的背景において韓・中・日を結ぶ東北アジア地域の統合を促した。これも重要な歴史的意義を持つ。戦後、不幸にも韓半島が南北に分断され、三八度線を境に東西両陣営間のイデオロギー的対立構図が形成された。これにより、この植民地的遺産は「本来の機能」[16)]を失ってしまう。しかし、いつか歴史的・理念的対立の構図や、現在のような自国中心の閉鎖的民族主義の壁が崩れる日が来れば、この地域にも域内自由貿易や経済的統合（共同体）の風が吹くであろう。そのときは恐らく、韓国鉄道がこの地域の統合を成し遂げる中心的役割を十分果たしうると信じている。

1996（イム・ソンモ訳，『満鉄』－日本帝国のシンクタンクー，サンチョロム，2008，pp.242～244参照）．

II

道路

1. 近代社会の開幕と「治道論」の台頭

(1)韓国伝統社会の道路事情

一八七六年の江華島条約の締結を機に、韓国社会がついに対外的に門戸を開放し、外国の商品や文物の導入が始まった。ここで重要な問題がある。外国から導入された商品や文物がその意味を持つには、国内に流通のための道路が整備されていなければならない。では、一八七六年の開港当時の道路事情はどうであったのか。

開港以前、つまり一九世紀後半の韓国の道路は、牛馬車の通行どころか、人一人通るのがやっとの狭い路地が大部分であった。曲がりくねっていて路幅も一定ではないうえ、道路がところどころくぼんでいる。雪や雨が降ると道路が水たまりになってしまい、通ることもできない。人工的に造られた道路というよりは、人々が往来し続けることにより自然に作られた道路がほとんどであった。

そのため、どんなに遠くへ行くときでも、歩くか駕籠や牛馬車を利用し、貨物の場合は直接人がかついでいくか（行商）、牛馬の背に載せていくしかなかった。大きな貨物の遠距離移動は、陸運よりは水運（海運や川運）に依存することが多かった。ところが、水運には一つ決定的な弱点があった。冬季になって水量が少なくなったり川が凍ったりすると、――夏も降雨量が少ないときは同じであるが――利用できなくなることである。陸運の場合は逆に、雨が多い夏場は道路に水がたまったり地面がひどくへこんだりして、牛馬車の通行が難しくなることもよくあった。

このように季節や気候の変化によって、陸運と水運の間でやむをえずトレードオフの関係が成立するという構造的矛盾が、韓国の道路の特性であった。結局、韓国伝来の貨物輸送システムは、季節に関係なく常に困難に直面していた。それだけではない。漢城（首都）などの都邑では、直線で路幅の広い道路も時々あったが、人為的に道幅を狭くしたり道を使えなくしたりすることも多かった。

例えば、人の通行が比較的多い道路の場合、沿道の民家は自分の店（商店）を道路側にはみ出して建てたり、生活上の目的のために道路を無断で占拠したりすることがよくあり、道路の実際の幅が狭くなることで効用を大きく下げていた。ただでさえ狭小な道路をさらに狭く不潔にし、人々の道路利用をいっそう難しくしていたのが、一九世紀後半の開港直後の様子であった。開港後、韓国にやってきた外国人、例えば商人や領事（公務員）、伝道師などは韓国にどんな第一印象を抱いたのか[17]。

17）米国人宣教師ハルバートは、「……人々が自分の家の塀や煙突を直すために道路の土を掘ったために道路がくぼんでしまった」と書いており、同じ米国人宣教師ギルモアは「……人々が道路沿いに商店や仮建物などをむやみに建てたため、狭い道路をさらに狭くし、後には占拠した土地を自己所有にした」と嘆いている――H.B.ハルバート,「大韓帝国の滅亡」、G.W.ギルモア『ソウル風物誌』などを参照.

(2)開港以降の治道論の台頭

一九世紀後半、外国の商品や文物が入ってくると、至急を要する最大の課題となったのが、新式の道路を作ることであった。一八七六年二月、日本に対して開港すると、朝廷ではその年の四月に日本の先進文物を視察するために修信使節団[18]を派遣する。このとき使節団長として行った金綺秀は、日本見聞録ともいえる『日東記遊』という本で、当時の日本の道路の事情について次のように描写している。

「……道も通りも平らでまっすぐで……、まるで大工が墨縄を引いたかのようで、その清潔さははだしで歩いても足が汚れないほどであり、道路の下に川辺から採取した小さな砂利を敷き、その上を砂で覆っているため、大雨が降ったあともすぐに水が引いて、ぬかるみにならない[19]。

それから五年後の一八八一年、再び紳士遊覧団として日本に行った朴定陽、魚允中、洪英植らの報告書にも、これと似た話が出てくる。その翌年の一八八二年、やはり日本を訪問することになった先覚者・金玉均により、この道路の改築問題は最優先で扱うべき焦眉の課題として提起された。

代表的な開化派であった金玉均は、一八八二年に日本から帰国するとすぐに、「漢城旬報」に「治道略論」という文章を掲載し、最も至急の国家的課題として伝統的な旧式道路改築の必要性を提唱した。金玉均は朝鮮が直面していた三つの優先的解決課題として、①衛生問題、②農桑(農業

18) 開港後の1876年4月、第一次修信使節団(団長・金綺秀)の派遣に続き、1880年には第二次修信使節団(団長・金鴻集)を派遣し、1881年には紳士遊覧団などを相次いで派遣した。
19) 金綺秀,『日東記遊』(手記本, 1877: 釜山大韓日文化研究所訳注本,『訳注日東記遊』, p.154参照).

と蚕業）の振興、③道路改築を挙げた。③に関しては、関連法規の制定と担当機構の設置が緊要であると主張し、この治道問題について具体的に次のような解説を加えている。

治道がうまくいけば、農業生産物の運搬が楽になる。これまで一〇人でやっていた仕事を一人でできるようになるので、残り九人は工作や技術など他の産業に就ける。いままでぶらぶらしていた人々がついに職業を持てて、それにより国利民福がもたらされるとのことである。また、国を強く豊かにするには産業を開発しなければならず、産業を開発するにはまず治道が必要であるとも主張している[20)]。当時の先覚者であった金玉均の開化思想、すなわち韓国特有の鎖国主義を捨て、一日も早く外国に対して門戸を開き、外来文物を導入しなければならないという彼の開化思想の中心には、このような全国道路の早急な改築問題である「治道論」があったのであろう。

金玉均らによる道路改築問題に対するこうした時代的要求は、一八九四年の甲午改革を機に、ようやく関連制度の法制化が図られることになる。首都漢城府内の道路は路幅をある程度の広さにし、道路沿いの商家は店の大きさや形、屋根などを規制するというのが主な内容であった。しかし、韓国政府によるこのような道路改築計画は、財政および技術の問題により実行できなかった。そうこうするうちに一九〇五年、乙巳条約が締結され、日本の積極的な支援の下、初めて実行に移せたのである。

(3) 新作路の登場

日本は一九〇五年に統監府を設置すると、至急の課題の一つとして道路の改築問題を挙げた。

20）韓国道路公社,『韓国道路史』, pp.175～176 参照.

政府内に「治道局」という機構を設置し、日本の技師を派遣して全国的に最も重要と思われる四つの路線を選定し、モデルとして近代的な道路改築事業を推進した。四つの路線とは、①平壌－鎮南浦間、②全州－群山間、③光州－木浦間、④大邱－慶州間である。総延長二五六㎞に達し、国内主要地域を結ぶ中心路線であった[21]。

一九〇八年には第二期事業として七路線、総延長一九八㎞に及ぶ道路改築事業が推進され、韓国併合後の一九一一年まで続けられた。一九〇七年から一九一一年までの新式道路改築実績は大小約二〇路線、総延長八四〇㎞である。統監府が設置されてから韓国併合までの五年間、一部地域に限定されてはいるが、それでも相当な範囲において近代的な道路網が構築されたわけである[22]。

道路の改築とともに、その構造と性質を改良する作業も同時に進められた。まず道路の両側に幅一mの側溝（道路の両端に排水のために掘る溝）を作り、道路沿いには街路樹を植えた。日差しと風を防いで人々の道路の歩行を便利にし、景観も美しくするなど、単に道路の幅を広げるだけでなく、道路の様子そのものを完全に近代的なものに変えようとした。

近代的な道路の登場により、人々は近代的な自動車文明に、自然に接することになる。首都漢城をはじめとし、仁川、大邱など大都市の道路交通事情が急速に変化しつつあるころ、このような新しい道路を利用する交通手段として自動車が登場する。一九〇三年、米国から高宗（大韓帝国皇帝）の乗る乗用車（リムジン）が一台導入されたのが、その始まりである。車の通れる近代的な道路（新作路）に改築されたことで、近代的な輸送手段が登場した。首都漢城を中心とした地域だけであるが、市民の道路交通に対する認識を根本的に変えることになり、実生活上でもさ

21）韓国道路公社，前掲書，p.181. この頃、韓国社会において「新しく作られた道」という意味で「新作路」という名が使われ始めた。
22）韓国道路公社，前掲書，1981，p.182，「資料4」（第9章：土木および治水），pp.132～133参照.

まざまな利便性をもたらした点で革命的な事件と言わざるをえない。

2. 日政時代の道路建設

(1)道路規則の制定と建設計画

一九一〇年に総督府体制に移行すると、統監府時代から推進してきた道路改築事業はいっそう積極的になる。総督府は本格的な道路建設事業に入る前に、まず道路の等級と管理基準および所要建設費用の策定など、関連事項についての基本的な規準を設けるため、一九一一年に「道路規則」を制定、公布する。

これによると、①全国の道路を一級、二級、三級、等外道路の四つの等級に分け、②各等級別道路の幅も一級七・三m、二級五・五m、三級三・六mなどに区分し、③その管理の責任は一、二級は中央政府（総督府）、三級は道知事、等外道路は府尹（市長）や郡守がそれぞれ管理の責任を負うなど道路管理上の責任所在を明確にし、④道路の補修や改築に伴う費用は、一、二級は国費負担を原則とし、残りは管理責任の官署で負担するものと規定した。しかし、④の費用負担においては、国費で負担すべき一、二等級の道路の場合でも、土木工事は地域住民の賦役に依存するとか、道路用地は当該地主の寄付の形を取ることもあり、道路改築に伴う費用を事実上、地域住民に多く負わせる形で行われていた。次第に状況が好転すると、一九一九年からは完全に国費負担を原則とするシステムに変わった。

以上のような道路規則の大綱を定めるとともに、一九一二〜一五年には道路管理に伴う細部規則も設けられた。例えば、道路の維持・補修のための規定、市街地における道標設置に関する規定、既存の道路規則の改正事項などである。ちなみに、総督府による全国道路の各等級別の性格に関する規定内容は次のとおりである（韓国道路公社、前掲書、一九八一：一八六頁）。

一級道路：①京城から道庁所在地および軍師団（旅団、要塞）司令部所在地、主な鉄道駅および開港場に至る道路、②軍事上重要な道路、経済的に特に重要な道路

二級道路：①隣接道庁所在地を連絡する道路、②道内の各府庁・郡庁を連絡する道路、③道内の重要な港津や鉄道駅を結ぶ道路

三級道路：①隣接府庁－郡庁－島庁所在地を結ぶ道路、②各庁所在地から管内の重要な港津、鉄道駅、地点などを結ぶ道路、③隣接府、郡、島内の重要な地を結ぶ道路

等外道路：前記一、二、三級道路以外の道路[23]

次は、一九一〇年以降の朝鮮総督府による道路改築過程について説明する。前述したとおり、この時期の総督府道路改築事業は、統監府時代の計画をそのまま引き継ぐ継続事業として推進された。違いといえば、第一期、第二期、特殊事業と時期を区分し、治道事業という名の下、政府の計画的事業として推進されたことくらいである。例えば、第一期治道事業（一九一一〜一五年）は、一〇〇〇万円の予算を投じ、一級、二級道路のうち最も至急を要する幹線道路二六の路線、

23）等外道路の性格や範疇について、別途の関連規定を設けていなかったようである。従来の伝統的な旧式道路をそのまま呼んだと考えられる。

総延長二三〇七㎞の道路を改築する五か年計画事業として推進された。ここでは、京城の漢江橋架設計画をその主要開発プロジェクトの一つに入れたことに大きな意味がある。第二期治道事業（一九一七〜二二年）も第一期同様、一級、二級道路を主な改築対象とし、経済的に極めて緊要と判断される幹線道路二六路線、総延長一八八〇㎞の道路改築とともに、主要河川の橋梁九か所を架設するという内容であった。

その他、特殊な性格の道路事業としては、①一九三二年に始まる「北朝鮮拓殖道路改築のための一五か年計画」、②朝鮮・満州の国境道路の建設および鴨緑江・豆満江の橋梁の建設事業、③金鉱開発のための金山道路建設、④一九三七年から四か年計画で推進された咸鏡道地方の国防道路建設、⑤賃金支払いなどを通じた貧民救済事業の一環としての道路や橋梁改修事業の推進などが挙げられる。このうち第一期、第二期の治道事業の内容について具体的に考察する。

第一期治道事業（一九一一〜一五年）：ソウル市街地改修事業と漢江橋架設工事を含む第一期治道事業の内容とその推進過程をまとめると、次のようになる。当初二六路線二三〇七㎞の道路改築計画として編成された第一期治道事業は、予算不足などにより途中で計画を調整せざるをえず、工期を二年延長することになった。事業の性格によって緩急を調節し、一部の事業は第二期事業として先送りする代わりに新規事業が追加されるなど、事業調整を余儀なくされた。結局、一九一七年まで二年延長し、七か年計画として、計三六路線、総延長二六九〇㎞を推進するということで計画を調整した。

第一期事業で竣工された主要路線を挙げておく。一級道路は、①京城—釜山線のうち利川—長湖院間（二九・四㎞）、長湖院—忠州間（三五・三㎞）、忠州—尚州間（八八・三㎞）、尚州—大邱間（七〇・六㎞）など。②京城—木浦線のうち公州—論山間（三九・二㎞）、論山—全州間（八・六㎞）、③京城—元山線（二二三・八㎞）、④平壌—元山線（二一六・〇㎞）、⑤元山—会寧線の清津—会寧間（九二・二㎞）、城津—北青間（五五・七㎞）、城津—吉州間（三九・二㎞）などを含め、計一五路線、一〇一七㎞である。

二級道路は、①京城—江陵線の利川—江陵間（一九〇・四㎞）をはじめとし、②全州—順天間（一二五・六㎞）、③晋州—尚州間（一七二・八㎞）、④天安—洪城間（六二・八㎞）、⑤安州—江界間（二四二・七㎞）、⑥元山—長箭間（一〇六・二㎞）、⑦新浦—恵山鎮間（二一二・〇㎞）など、計一九の道路である。

一九一七年に終了する第一期治道事業の改築実績は、以上の一、二級を合わせて計二六九〇㎞に達する。大韓帝国および統監府時代の実績まで含めると四九八七㎞に及ぶ。これは伝統的な旧式道路を含む全国道路の総延長一万二〇六八㎞の約四一％にあたる。つまり、この時期に全国道路の約四一％を自動車が通れる新作路に変えたわけである[24]。

第二期治道事業（一九一七〜二二年）：第二期の治道事業は総工費三一五九万円を投入し、国道二六路線、総延長二三〇八㎞に及ぶ道路改築と、主要河川の橋梁九本を架設することを主な内容とした。当初の計画は、大邱—釜山間（一二七・六㎞）、開城—平壌間（一八四・五㎞）、平壌

24）韓国道路公社、『韓国道路史』、p.190および「表3-2-4」を参照.

―義州間（三四二・三km）、城津―鏡城間（九八・九km）など、一級道路八路線、合計八二一・二kmの改築、二級道路は咸興―長津間（一四九・二km）をはじめとし、安東―盈岳間（七四・六km）、忠州―江陵間（七六・五km）、春川―金化間（三九・二km）および長津―満浦鎮間（一三三・五km）など七か所の部分的改修などを含む一八路線、一〇五八kmの改築であった。一、二級を合わせた計一八七九・二kmの幹線道路をすべてこの期間内に改築することが計画されていたのである（同書、一九三頁）。

第二期事業は非常に意欲的な計画であったが、実行してすぐにつまずいた。まず資金調達の側面で大きな支障が生じる。推進過程でも国内外で想定外の問題が次々と現れ、当初の計画どおりに進めることができない状況になった。その最も大きな要因は、第一次世界大戦の影響による国際的な原資材価格の暴騰である。一般の物価まで大きく高騰し、労賃の上昇はもとより、道路用地の購入代金上昇、従来の無償ベースで行われていた賦役制の廃止とそれに伴う人件費追加など、予想外のコストアップ現象が起きた。

結論として、資金調達が難しくなり事業は進められなくなった。そして、もうひとつ予期せぬ事態が生じた。朝鮮・満州国境地帯において軍事道路改築の必要が生じたことである。これもまた、第二期治道事業の推進を困難にした要因として作用した。

総督府当局は一九三一年の満州事変以降、北鮮開拓というスローガンの下、朝鮮・満州国境道路の改築、国境橋梁架設、国防道路の建設および鴨緑江・豆満江流域の森林資源開発、鉱山（金鉱）道路の改築などを主な内容とする「北鮮拓殖道路一五か年計画」を立てた。総工費八二八万円を投入し、二級、三級道路を中心に大々的な道路新設および改・補修事業を推進した。この一五か年計画は全部で一二路線、一〇二八㎞に及ぶ新規道路の改築をその主たる内容としていた。突き詰めれば、これは軍事的目的を帯びた道路網拡充事業の中心であったため、これを無視して第二期治道事業計画は進められない。結果的に、第二期治道計画は策定されている予算の範囲内で、一九二二年までに延べ一〇一二㎞に達する道路改築実績と、平壌大同江橋の架設程度にとどまり、残りの事業は次の機会に回さざるをえなくなった（前掲書、一九〇頁）。

日本は当時、北方開拓というスローガンを掲げていた。その基礎作業の一環として、まず朝鮮・満州国境道路をはじめとする国防道路や北鮮拓殖道路などを建設する必要があり、朝鮮・満州国境沿いの道路網拡充に全力を注いだ。これにより第二期治道事業として策定されていた当初の計画事業は、どんどん後回しにされる。それだけでなく、一九一七年から二二年であった計画を一九三八年までとし、事実上、無期延期の状況にまでなった。ただし、朝鮮・満州国境地域における特殊目的を帯びた新規道路の開設や改良、そして新規橋梁の架設事業だけは、この期間に期待以上の成果を収めた。

後者の新規橋梁の架設については、朝鮮と満州国境の鴨緑江・豆満江に一四本もの大規模な橋梁を架設する計画を朝鮮と満州双方の合同で進めるが、そのうち六本の橋梁は朝鮮側、八本は満州側の責任で架設するという協定[25]に従い、同時に計画が進められた。結果として朝鮮側は六本のうち五本を一九四四年までにほぼ完工させたが、満州側は八本のうち四本は着工すらできていない状態で、完工したのはわずか三本であり、両側の橋梁架設の実績には著しい差があった「資

25)1932年に締結された。公式名称は「鮮満国境橋梁協定」。国境道路は共同で改築し、橋梁は一方が責任をもって建設する責任架設制を採択した。自己責任において建設する橋梁は、完成後、そのまま自己所有の財産にする条件で行われた——「資料四」（第19章：土木・治水）, p.137〜139参照.

料四」（第一九章）、一三七〜一三九頁）。

一方、国防道路の建設計画は、そのほとんどが以上の北鮮拓殖道路建設の一環で進められた。実は、この北鮮地域以外にも一九三九年、軍部の要請により、計一六路線の主要道路に対する改善・補修工事も行われていた。その主な線路は、京城－新義州間、京城－清津間、京城－釜山間、釜山－鎮海間、大邱－三千浦間などである。この一六路線のうち、一九四五年の解放当時までに八〇％以上の進捗率があったのは一三路線程度である（同書、一三五〜一三六頁）。

このような道路拡充事業とともに、主な河川の橋梁架設事業も活発に推進された。第一次計画から引き渡された漢江人道橋（路幅一八・四m、延長一〇〇五m）の架設工事が一九一七年に竣工し、洛東江橋、鴨緑江橋、晋州橋、南旨橋、錦江橋、大同橋、釜山大橋など、主に南部にある大規模な橋梁架設が行われた。また、韓国初の海底トンネルといえる統営海底道路（長さ四六二m）の竣工など、これらはすべて一九二〇〜三〇年代の第二期道路改築事業の一環で行われた。このような橋梁の建設が既存道路の効率性を大いに向上させたことはいうまでもない。

第二期道路拡充計画が終わる一九三〇年代末、一、二、三級道路の総延長は二万三六七九㎞（等外道路を除く）に達した。その構成は、一級道路が一二・八％の三〇二八㎞、二級が三七・五％の八八八〇㎞、三級が四九・七％の一万一七七一㎞であり、三級道路が全体の半分を占めている（後出の〈表3－4〉参照）。

(2)総督府による治道事業の性格

朝鮮総督府は道路拡充事業を行い、全国規模の近代的な道路網拡充を積極的に推進した。鉄道に続き、もうひとつの社会間接資本（ＳＯＣ）形成において著しい成果を収めたわけである。このようにして、朝鮮の道路は質と量の両面において比較的短期間で大きな変化を遂げた。一九世紀末に見られる人の通行中心の狭くて曲がりくねった山道や田畑のあぜ道が、牛馬車はもちろん自動車も自由に走れる広くてまっすぐな近代的道路（新作路）に変わったのである。

総督府が社会間接資本の拡充に力を入れたのは、朝鮮に対する植民地政策を効果的に推進するためであったことは確かである。しかし、それだけではなく、日本が追求していた大陸経営という遠大な夢を実現するために、その架け橋の役割として朝鮮の道路網拡充が必要であったことを指摘したい。大陸進出という日本の遠大な理想は、朝鮮に対する治道事業の性格が軍事的目的での道路網構築であるという点から見いだせる。また、北部地域における森林資源や地下資源の開発、南部地域における穀物輸送の必要性など、経済的目的での道路網拡充という性格も強かったことを強調したい。

まとめると、日本の植民地朝鮮における治道事業の性格は、大きく分けて次の三つである。第一に、大陸進出という遠大な理想を日本が実現するために、日本（内地）と大陸（満州）を結ぶ架橋的役割。第二にそれと一部重複するが、韓半島を含む東北アジア地域に対する軍事的・政治的支配のための軍事的目的。第三に、朝鮮における地下資源の開発や穀物（特に米穀）輸出など、日本への物資輸送という産業道路としての経済的な側面。

とはいえ、朝鮮の道路網の拡充が、一般国民の実生活上のニーズを全く反映していないわけではない。人や物資の輸送など、鉄道の利用によりもたらされる国民の便宜性を度外視し、政策的要求によってのみ道路網の拡充が行われたのではない。軍事的目的でも経済的目的でも、朝鮮・満州国境地帯や北部地域の道路網構築は、南部よりも活発に行われていた。しかし、人口が密集しているため人や物資の移動が相対的に多い南部地域での道路網構築も、北部に劣らず活発に行われていたことも否定できない。

一九三〇年代末になると、第一期、第二期道路改築計画が完了し、伝統的な旧式道路（等外道路）から新式道路（新作路）への改築事業がいったん完了する。新作路への改築は、道路輸送の近代化を意味する。早い時期に道路輸送が近代化し、その後は道路の新規建設よりも既存道路の補修と管理問題がより切実な課題として登場した。また、それを支える関連法規の整備がいっそう至急の課題であった。

総督府は一九三八年四月、新たに「朝鮮道路令」を制定し、一九一一年、性急に作られた「道路規則」に代わる措置を取った。従来の道路等級基準であった一級、二級、三級、等外道路の四等級区分方式をなくし、道路に対する建設および管理責任を負う部署別名称によって、①国道、②地方道、③府（市）道、④邑（面）道の四種類に名称を変える[26]。国家政策上、軍用道路の重要性が強まると、道路に対する公共的性格が強化され、鉄道と同様、制度的に民間による私道の建設を一切認めない方向に進んだ。このころの日本は全般的に国家統制体制が強まっていて、道路管理においても国家が直接管理する方式をさらに強化しようとした。道路関連法令の改正も、

26）この4つの道路等級の名称は、従来の一、二級は国道に、三級は地方道に変わった。前者は総督府の責任管理体制、後者は各道庁の管理体制とする。つまり管理の責任所在を明らかにしたわけである――韓国道路公社，『韓国道路史』，1981，p.192参照．

このような時代の要求を反映する一連の措置であったといえる。

(3)年代別の道路改築実績

一九〇六年から約四〇年間、統監府・総督府時代における道路改築事業の推進実績を年代別に見てみよう。まず、統監府時代（一九〇五〜〇九年）の道路改築状況は、次のとおりである。一九〇七年に始まる第一期事業において、当時としては短い距離でありながらも、その利用率が比較的高い幹線道路は次の四つである。①平壌－鎮南浦間五一km、②光州－木浦間八六・九km、③大邱－慶州間七一km、④全州－群山間四六・四km。これらの総延長は二五五・三kmにすぎないが、韓国最初の近代的道路（新作路）の出現という点で、それが持つ歴史的意義は非常に大きい。これを皮切りに、一九一一年まで朝鮮の道路改築事業は続いた。このころ、二〇路線、総延長五四九・〇kmの新式道路が新たに追加され、一九〇七〜一一年に計二四路線、延べ八〇四・三kmに達する新式道路の改築が行われた。これを等級別に見ると、一級道路が八路線、総延長六一二・七kmで全体の二三・八%、二級道路が残り一六路線の総延長六一二・七kmで、全体の七六・二%を占める（同書、一八一〜一八二頁）。

一九一一年末の一級、二級道路の総延長八〇四・三kmは、一〇年後の一九二一年、その二・五倍の二〇一四kmと大幅に伸びる。これに三級道路一六七三kmを加えると、総延長三六八七kmとさらに長くなる。一九二〇年代後半からは、前述のように総督府第二期道路改築計画が積極的に進められ、一九三八年の朝鮮道路令公布までの総道路改築延長は二万三六七九kmに急増する。この数値は、一九一一年当時の八〇四kmの二九・四倍にも達し、道路網は飛躍的な拡張を遂げたことが分かる。一九二一年の三六八七kmと比べると、六・四倍も拡張している。この事実を見るだけでも、一九二〇〜三〇年代に朝鮮道路網の拡充事業がどれだけ活発に行われたかが分かる。

一九三八年の朝鮮道路令の施行により、一九三九年からは道路の等級基準が従来の一、二、三級道路および等外道路という四等級の分類方式から、国道・地方道・府（市）道などに分ける四等級の分類法に変わった。国道・地方道・府（市）道・邑（面）道等への区分基準は以下のとおりである。特記すべき点は、国道、地方道、邑（面）道は道路の種別基準に基づくが、③の府（市）道の場合は当該府（市）の領域内にある国道と地方道とを合わせた概念であり、その性格を完全に異にしていることである[27]。

①国道：ソウルと各道庁所在地との間の道路、道庁所在地相互間の道路、その他のいくつかの主要幹線道路
②地方道：道庁所在地と郡庁所在地との間の道路およびこれに付随する主要道路
③府（市）道：当該府（市）行政区域内の国道、地方道を一括して通称する名称
④邑（面）道：邑面間道路、面相互間の道路、付属道路

以上の分類は、一九三八年以前の一級、二級、三級、等外道路などに分類されていた基準とは等級別カテゴリーが一致しないので、両者間統計を時系列上で直接比較はできない。よって、や

27）ここでの国道と地方道の路幅の基準は、前者6〜7m、後者4〜5.5m。両者間には約2mの差があった。邑（面）道の場合は、これに対する特別な規定を設けていないので、路幅が一定ではなかったようである——前掲書, p.225参照.

むをえず一九三八年までは従来の分類方式で、一九三九年からは新規分類法で、関連統計などを別々に処理するしかない。

(4)所要資金の調達

総督府はこのように意欲的な道路改築事業を行ったが、その莫大な資金は果たしてどのように調達したのか。資金が円滑に調達されなければ、いくら理想的な計画であっても成功は難しい。これと関連し、総督府は一九一一年に「道路規則」を制定した当時、道路の築造、整備、維持、管理などに伴う諸般の費用をどう賄うか、原則を定めている。

これによると、担当部署ごとに必要な経費を負担するのが基本原則である。道路の築造や整備など長期の設備投資における原則は、①一、二級道路（国道）は、総督府が直接国費で支払う、②三級道路（地方道）は、当該府・邑・面など地方官署が自身の担当ごとに費用を負担する。また、道路の維持、修繕、管理等に伴う流動性費用についてはこれとは異なり、①一、二級道路については当該道路の属する道の管轄とする、②その他三級道路や等外道路については当該道路所属の地方官署の自己負担とすることを原則とした。

財源調達の問題に関連して重要な意味を持つのは、流動性費用よりも新規築造や整備など事業のために必要な施設資金調達問題である。主に一、二級道路の改築に責任を負う総督府が、その施設資金をどのように調達するかが大きな意味を持つ。その他三級以下の道路改築に責任を持つ道や府・邑・面の所要資金調達問題は二の次であるといえる。では、総督府による一、二級国道建設のための資金調達問題から見てみよう。

総督府は懸案の道路事業を含め、鉄道、たばこ事業、上下水道、税関開設、都市計画など、大規模投資事業に必要な資金のほとんどは、関連事業の公債を発行し、主に日本の国庫資金で引き受けさせるか、日本国内の金融機関を通じて消化させる方法で解決してきた。総督府は他の投資事業と同様、道路改築のための資金調達もまた、事業公債発行を通じて解決したのである。

ちなみに、一九三八年末時点での総督府の各事業部門別公債発行残高は、六億三三五二万円である。このうち、①七八・二％にあたる四億九五六五万円が鉄道敷設およびその改良事業、②私設鉄道買収が四・二％の二六七五万円、③道路改築および改良費が二五四七万円（四・〇％）、④その他たばこ事業二〇〇三万円（三・二％）、税関業務一七八一万円（二・八％）、治水事業八五四万円（一・三％）に充てられた[28]。

このように考えると、総督府の総公債発行の実に八二・五％が鉄道関連事業であり、道路関連事業は四・〇％にすぎない。これは一九三八年までの道路公債発行累計ではなく、同時点での残高の概念であるので、実際の道路公債の発行実績（累計）はこれをはるかに上回る。

以上の独自事業以外に、総督府は道・府・邑・面など地方官署の道路事業に対し、さまざまな名目で相当規模の補助金を支給した。総督府から各地方官署への道路事業関係補助金の支給状況は、各道庁への補助金が六一九万円、その他貧民救済事業の目的で中小河川の橋梁架設（六五〇か所）事業支援金――主に建設労働者への人件費支援――が三三九九万円、時局関連の応急措置を要する土木事業支援が二一〇万、金鉱開発のための金山道路の改築または森林開発のための

28）朝鮮殖産銀行調査部,『殖銀調査月報』, 25号（1940）, pp.17～18参照.

林道改築事業などへの支援が六〇〇〇万円であり、全部合わせると四八〇〇〇万円に達する（「資料四」（第一九章）、一三九〜一四〇頁）。

道・府・邑・面などによる地方債の発行実績を見ると、一九三八年末の時点で道債が一億二五七三万円と最も多く、次いで府債三五三八万円、邑・面債八七二万円で、地方債の総発行実績（残高）は一億六九八三万円に達する。これは前述の国債発行実績に比べると比重は小さいが、同時点での国公債総発行実績（七六三四七四千円）の二二・二％を占めていることから無視できない規模である。

問題は、この一億六九八三万円のうち、純粋に道路事業に使われた資金がどの程度であったのか、正確に判別できないことである。当時、道債など地方債の発行代金は五つの事業、①土木事業、②勧業事業、③教育、④衛生、⑤救済事業などに主に使われていた。そのうち①では、地方道路の改修や維持のための資金が最大の割合を占めていたと推測でき、残りは砂防・治水事業や河川および港湾などのための資金であったと考えられる。

これら地方公共団体で発行される事業公債も、総督府の国債発行と同様、日本国内の政府資金や一般金融機関を通じて引受ないし消化させる方式が取られた。特に長期施設資金の場合は、利子率など、その発行条件が借入者に有利な大蔵省預金部の引受比重が非常に大きかった。

結論として強調すべきことは、総督府が発行した道路公債であれ、道府邑面が発行した地方債であれ、ほとんどが日本の政府資金あるいは日本国内の金融機関による国公債引受方式で消化さ

表3-4　時期別、等級別道路改築実績

（単位：km）

ア. 1911～1925年

	1・2級道路	3級道路	合計（総延長）
1911*	804.3(100.0)	‥	804.3(100.0)
1921	2,014(250.4)	1,673 (‥)	3,687(458,4)
1925	2,357(293.0)	1,999 (‥)	4,356(541.6)

イ. 1926～1938年

	1級道路	2級道路	3級道路	合計（総延長）
1926	2,766	6,630	7,514	16,910 (2,103.2)
1930	2,906	7,335	8,674	18,915 (2,352.6)
1935	2,981	8,677	10,987	22,645 (2,816.5)
1938	3,028	8,880	11,771	23,679 (2,941.1)

ウ. 1939～1942年

	1・2級道路	3級道路	合計（総延長）
1939	11,370	14,387	25,757 (3,203.6)
1940	11,490	15,008	26,498 (3,295.7)
1941	11,662	15,105	26,767 (3,329.2)
1942	11,731	15,259	26,990 (3,356.9)

資料：1）朝鮮総督府,『施政年報』, 1926, 同『統計年報』、1943.
2）韓国道公社,『韓国道路史』, 1981, p.182,196、その他資料.

注：
1）年度別比較は、その年代内でのみ可能。
2）*表（1911年）は1921年、1925年の数値とは直接比較できない。

れたことである。このように調達された日本の資金により、植民地朝鮮における各種道路の新規改築事業はもちろん、既存道路の整備、改良、維持、修繕など、すべての治道事業が活発に行われたといえる。

3. 解放当時の道路事情

一八七六年に門戸を開放した韓国の旧式道路は、統監府・総督府の積極的な治道事業により、新式道路（新作路）へと変貌を遂げる。このようにして韓国は道路交通の近代化過程を歩むことになるのである。さらにその後、一九四五年八月の解放とともに、韓国は鉄道交通と同様、道路交通においても重要な植民地遺産の継承として相当なレベルの近代的道路網を構築した。

関連数値を通して、これをもう少し具体的に見てみよう。解放当時、全国の道路網は総延長約二万四〇三一km（軍用道路約一七〇〇kmを除く）に達していた。そのうち一級道路（国道幹線）は約五二六三kmで二一・九%、二、三級の地方道が九九九七kmで四一・六%、市・邑・面の道路が八七七一kmで三六・五%であった。舗装、非舗装、未改築の三つの道路状態別構成を見ると、解放当時の事情により、舗装道路は全体のわずか四・四%（一〇六七km）にすぎず、国道の舗装率ですら一四・二%にすぎなかった。国道であっても、ほとんどが非舗装状態であったのである。言いかえれば、全道路のほとんどが非舗装の土・砂利道のままであり、非舗装の砂利道にもなっていない未改築状態の伝統的な旧式道路の割合が全体の一一・一%（二六五九km）であった。この未改築状態の道路一一・一％を新式道路（新作路）に改築する前の旧式道路と見なすなら、残り約八九％の二三〇七二㎞（軍事道路一七〇〇㎞を含む）が結局、開港期、大韓帝国時代、植民地時代を経て、いったん新式道路（舗装道＋砂利道）に改築された実績といえる（『韓国道路史』、一九六頁、〈表三－二－一二〉）。

また、道路の路線拡大および改良という側面だけでなく、都市部における市街地街路網構築という側面でも一大革新がもたらされた。従来の都市地域の街路の姿は、立地条件によって形成された地域の姿そのままの等高線などにより決められる形であったが、新式道路においては、治道事業の一環として市街地改修および整備事業が同時に進められた。中でも京城の場合は、一九〇四年から一九二九年まで続けて総督府が直接管掌する京城市街地の改修工事が行われた。今日のようなソウル市街地街路網の建設と外郭道路への連結は、そのほとんどがすでにこの時期に行われたといっても過言ではない。その他、京城以外の主要都市の街路工事は、一九二〇年代初頭、国内第二の都市であった平壌をはじめとし、鎮南浦、大邱、咸興、開城、釜山などの順に行われた。

これまで南韓・北韓全体を対象にした道路網を見てきたが、解放後の南韓の道路事情はどうであったのか。解放当時、南韓における道路の総延長は、全国道路網二万四〇三一㎞の五七・五％にあたる一万五二六五㎞であった[29]。この構成は国道五二七〇㎞（三四・五％）、地方道九九九五㎞（六五・五％）であり、後者の地方道の比重が国道よりはるかに高かった点が特徴である。Ⅰで考察した鉄道のケースとは明確に異なる。鉄道の総延長は北のほうが南よりも長かったが、道

29）朝鮮銀行調査部,『朝鮮経済年報』, 1948年版, p. Ⅰ－181参照.

路の場合は逆に南のほうが長い。その理由は何であろうか。

鉄道が道路よりも有利な面は、人の移動よりも貨物の移動（物流）においてである。面積は狭いが人口が北側よりもはるかに多い南側は、人の移動を中心とする道路が北側より先に発達した。一方、面積が広く、地下資源や林産物などの天然資源が豊富な北側は、道路よりも鉄道の発達が早くなったのであろうか。日政時代の鉄道と道路を中心とした南北間の交通手段の発達が、このように相異なる方向に進んだことは注目に値する。

道路運送を中心に発達した南韓であるが、解放後、米軍政下の道路はどのような状況に陥ったのか。米軍政初期は諸般の事情により行政が空白となり、社会全般が正常に回らなくなっていた。道路の維持・補修・管理などの面でも十分に手が及ばず、事実上、道路はほぼ放置状態であった。一九四六年の夏、前例にないほどの大洪水が韓国を強打する。これにより解放後わずか一、二年で、最高の一級国道である京釜線の道路までもが崩壊と流失を余儀なくされた。

破壊されたり流失したりした一級国道の施設は、中央政府の支援により補修工事が比較的早く行われたが、二級道路や地方道路の場合は、ところどころ橋梁の破壊と路面の損傷が深刻な状態で放置されていた。道路の改築や補修のための重機が手に入らず、機械で行うべき難工事までも労働力で補うしかなかったからである。

困難な中でも、米軍政は全国第一号の国道である京釜線道路に限っては――軍事的な重要性もあるが――全国土の動脈という側面から、速やかに整備と改良工事を行った。一九四六年八月、米軍政は莫大な予算を投入し、既存道路の整備はもちろん、新たなアスファルトの舗装を含む一大工事を断行し、一九四七年七月頃までにかなりの区間の舗装工事を完了させた。京釜線道路の工事に付随して、中間でいくつかの橋梁の建設に関連した構造物の工事まで同時に行われたことが、解放後の米軍政下における道路事業の大きな成果といえる。しかし、米軍政下において京釜線関連工事以外の道路の整備や改良、舗装工事などの成果は特になかった。一九四八年の大韓民国政府樹立後、すぐに六・二五戦争が起き、全国の道路は空爆によりいっそう破壊と流失が深刻になった。その復旧は、鉄道と同じく、一九五三年の休戦以後、全般的な戦災復旧過程の一環で行われた。

III 港湾

1. 序：港湾の前史

韓国は三方が海に囲まれた半島国である。三面の海岸線の長さはおよそ一万四五三三㎞（そのうち二九九一㎞は北韓の領域）。ほとんどの場所で凍らない（不凍の）港口を造成でき、ある程度の小型船なら出入りできる八つの大河を持っていることから、韓国は早くから海洋国として発展できる天恵の条件を備えていた。にもかかわらず、王朝時代の歴史を振り返ると、韓国の執権勢力はこのような自然条件、あるいは世界的な時代の流れについて無知であったせいか、あえて海洋進出を考えなかった。先祖伝来の守旧的な大陸志向の政策路線から抜け出せなかった点で、重大な歴史的過ちを犯したといえる[30)]。

自ら海洋進出を拒否したことにより、海路を開く港湾や海運の発達を阻む不幸を自ら招くことになる。韓国の港湾事情は長年変化せず、漁港レベルの原始的な港から脱することができなかった。一九世紀後半、外圧によって開港するまでは、港湾施設といっても船舶が波に流されないよ

30）ここでいう大陸指向の閉鎖的、守旧的王朝とは、14世紀から５世紀以上にわたって大陸中国を主人として仕え、後には「小中華」とまで自称した「朝鮮」王朝を指す。

うにつないでおく船着き場の「鉄杭」が設置されていた程度であった。

港湾分野でも他の産業と同様、伝統的な小規模漁港の姿から脱皮できる歴史的契機は、一八七六年の日本との「江華島条約」締結により与えられる[31]。この条約の締結により、まず代表的な三つの港（釜山、元山、仁川）を「通商港」という名で外国に開放することになり、これらの港がそれまでの沿岸港間の往来という前近代的な姿から脱皮する。つまり、この対外開港を通じて、これら韓国の代表的な港口がようやく内陸と海洋の道を結ぶ近代的な遠距離商業（貿易）港の姿に変わるのである。もうひとつ付け加えておくと、この江華島条約締結により朝鮮の対外貿易パターンも、以前の陸地を通じた対清国境貿易から海洋に出ていく対日貿易中心へと、急速な構造転換が行われた（朝鮮貿易協会、一九四三：四〇〜五四頁参照）。

開港を通じたこのような海洋への通商基調の転換は、直ちに陸運と海運を結ぶ接点としての港湾開発の必要性を強く提起させた。では、この時期における伝統的な朝鮮の港湾は、どのような過程を経て近代的な姿に変わるのか。

2. 港湾の段階別改築過程

一八七六年の江華島条約を通じて海洋に目覚めた朝鮮朝廷は、同年、釜山港が開港すると、すぐに日本の有力な商船会社である日本郵船会社や大阪郵船会社所属の外国船舶が自由に立ち入れるよう許可した。続いて元山（一八八〇年）と仁川（一八八三年）の二港が開港する。一八八〇

31）江華島条約の締結により、朝鮮に初めて対外通商の道が開かれることになる。これは伝統的な鎖国体制から対外開放体制への転換を意味するが、それだけでなく、従来の大陸指向の歴史発展の道から海洋指向的発展の道に転換する一大転機を迎えた点で、それが持つ歴史的意義は非常に大きい。

年代に米国、英国、フランス、ロシアなどの欧米諸国とも修好通商条約を締結すると、これら三つの港に加えて、鎮南浦・木浦（一八九七年）、城津（一八九九年）、群山・龍岩浦（一九〇六年）、清津（一九〇八年）などの港も次々と開港した。これによって物流移動が増え、外国船舶の出入りも頻繁になった。人的交流や物流移動の急増に伴い、それを消化できるだけの港湾施設改築問題が緊急の課題として台頭する。しかし、朝鮮王朝はそのためのいかなる具体的な対策も講じることができなかった。それを解決するための財源調達はいうまでもなく、技術的にもそのような港湾改築事業を自力で推進するだけの水準に及ばなかったからである。

(1)施設計画および改築過程

対外門戸開放による対外取引の増加に備え、韓国朝廷は湾港施設を何とかして具備する必要があったが、状況が許さなかった。一九〇五年、日露戦争に勝利した日本が朝鮮に対する影響力を強化し、朝鮮は日本と協定を締結する。これによって日本は朝鮮において広範囲な内政改革を推進する。改革の第一の課題として浮上したのが、朝鮮の鉄道、道路、港湾など各種社会間接資本の緊急開発であり、鉄道と道路の敷設とともに港湾施設の改築も重要な政策課題に含まれた。

大韓帝国時代の一九〇八年、統監府は予算四四〇万円を策定し、最初の開港場として釜山、元山、仁川など、全国の一一港[32]を選別した。この緊急改築事業の着手が、韓国の港湾近代化の始まりであった。港湾改築事業は早急に推進された。こうなると港湾事業だけでなく、対外通商に関連した税関業務の処理施設も設ける必要があった。至急を要するこの二つの事業は、客観的条

32）初期の釜山、元山、仁川の三港の他に、南では木浦、群山、馬山の三港、北では鎮南浦、城津、清津、平壌、新義州の五港が改築事業の対象に指定された。

件の不備により遅延し、結局、一九一〇年の韓国併合とともに関連業務はそのまま朝鮮総督府に移管された。総督府は当初の事業計画に、新たに釜山、仁川、平壌、鎮南浦など主要港の拡張事業を追加し、一種の総合開発計画として推進するに至った。

併合後、植民地朝鮮と日本との間には、人的往来はもちろん、物的取引が自然に急増し、海運に対する需要も大きく増えた。こうして港湾施設の改築と拡張の必要性が高まった。一九一五年の元山港拡張工事をはじめとし、一九二二年の清津、城津港の拡張、一九二六年の群山、木浦、雄基、多獅島港の改築・拡張、一九二九年の仁川、鎮南浦港の拡張、そして一九三三年の清津漁港の改築、城津港貯木場の新設工事などが、その代表的な事例として挙げられる[33]。

以上の主要港湾の改築および拡張事業は、総督府による国策事業として推進された。前述の鉄道や道路のように、朝鮮の社会間接資本拡充の一環として主要事業に指定されたのである。積極的な推進により、一九三四年にはこれらの港湾改築および拡張工事はほぼ完了した。

一九三〇年代後半になっても、港湾の改築および拡張工事は引き続き活発に推進された。一九三五年の仁川港第二船渠築造工事、麗水港防波堤工事、清津漁港第二期工事などをはじめとし、一九三六～四二年の城津、多獅島、海州、三千浦などの改築工事、元山、釜山、馬山、麗水などの拡張工事、清津西、墨湖、端川などの防波堤工事がその代表的なケースといえる。総督府が積極的にこれらを推進したのは、一九三七年に勃発した中日戦争を契機に、朝鮮半島における軍事的、経済的重要性がさらに高まり、当面の戦争需要に応えるための港湾拡充の必要性が大きかったためといえる。また一九四一年に太平洋戦争が勃発し、大陸の軍需物資を日本や南方地域に移

33)（財）鮮交会,『朝鮮交通史』, 1976, p.1073参照.

動させる通路および関門としての朝鮮半島の役割がクローズアップされた。それに伴い、港湾施設の拡張の必要性がより強調されるに至った。

戦時下という非常時局の流れと関連した港湾需要の拡大は、主に南部朝鮮の既存港湾に対する緊急整備の必要性につながった。一九四三年、当時としては大金といえる工事費二五〇〇万円を投じて三千浦港の施設拡張、一九四四年には工事費二〇六三万円を投入して、釜山、馬山、麗水、三千浦など南海岸に位置する主要港湾の整備および拡張工事を集中して行ったことからも分かる。もちろん北部地域においても、東満州地域の鉱産物をはじめとするその他軍需物資の迅速な日本への搬出のため、咸鏡北道地域の羅津、城津、清津、端川などの港湾増設が計画された。だが、急変する時局の影響を受けて実行に移されず、一九四四年一〇月以降は、北部地域だけでなく南部地域での港湾関連工事まで、すべて中断されてしまった。

(2)資金計画

朝鮮港湾の改築および拡張に投入する大規模な資金を、総督府はどのように調達したのか。これに関する具体的な資料は見つからないが、少なくとも初期の釜山、元山、仁川の三大開港と、八つの指定港については、重要な国策事業という観点から、恐らく総督府の責任により政府予算から支払われたと考えられる。その他の地方港の場合は、一次的に道・府・郡・邑（面）など管轄地方官庁の責任で自ら調達したのではないか。

鉄道や道路など他のＳＯＣ部門と同様、港湾においても総督府はその莫大な所要資金を自己予算（歳入）で全額賄うことはできなかったであろう。とすると、その全額または不足分は、国債発行を通じて得た販売代金を充てたと見るべきである。道・府、群・邑（面）などの地方官署においても、当該官署別に道債、府債、邑債など事業公債の発行を通じて資金を調達したと考えられるが、総督府から相当な資金援助があったことも推測できる。

開港および主要港を中心に、これまでの各種工事費の予算規模とその執行状況をまとめると、主要二〇港の規模は合計二億一九九八万円に達した。そのうち約三分の二（六六・七％）にあたる一億四六七五万円は一九〇八～四三年に執行され、残り七三二三万円（三三・三％）は一九四四～四六年に執行される計画であった未執行分である。最後の三年間（一九四四～四六年）の未執行分が、一九〇八年から四三年までの三六年間の執行実績の約半分になっている。一九四〇年代の戦時期、日本政府、朝鮮総督府が朝鮮港湾事業にどれだけ熱意を持っていたかがここから分かる。

以上の投資実績を主要港湾別に見よう。今も昔も韓国の対外関門であり、最大の貿易港である釜山港が、全体予算の三分の一にあたる七三六四万円（三三・五％）を占めている。また一九〇八～四三年の執行実績においても、総投資のおよそ三四・三％にあたる五〇三八万円を占めている。次に首都圏の関門といえる仁川港が、予算では二四六五万円（一一・二％）、執行実績では一七九五万円（一二・二％）、次いで鴨緑江河口の新設港といえる多獅島港が前者で一九四一万円（八・八％）、後者で一二三六万円（八・四％）、南海岸の中心港として脚光を浴びていた麗水港が前者で一六九一万円（七・七％）、後者は一二〇四万円（八・二％）であった。その他、三千浦、元山、海州、清津などの港があとに続く。

総督府はまた、地方港開発のための財政的支援もかなりの規模で行った。総督府は一九一二年、国庫補助金を通じて地方公共団体に地方港の開発を誘導し、それを通じた沿岸商業の振興を図るとともに、水産資源の開発にも熱をあげた。また、一九三〇年には貧民救済事業の一環として二六四万円の資金を策定し、江口港（慶尚北道にある東海岸の漁港）のほか一〇港の改築を支援した。その他、一九三七年には長項港（忠清南道）のほか一六港を対象に、主に港湾施設の整備資金として二五〇万円を補助するなど、地方港湾開発事業と連携し、農・漁村地域での雇用創出と賃金ばら蒔きを通じた救済事業を同時に推進する、多目的の財政支出も相当な規模に達したといえる（「資料四」、（第一九章：土木および治水）、一七七頁）。

3．港湾の等級別状況

港湾施設に対する根本的な改築・拡張整備事業が一九〇八年、日本人によって始められてから、一九四四年一〇月に事業が中断されるまでの約三七年の間に、朝鮮の港湾事業は見違えるほど様変わりした。伝統的な田舎（漁村）の漁港や渡船場の姿から完全に脱皮し、これまでの韓国社会の全般的な変革過程と軌を一にしながら、一方では鉄道、道路など他の交通手段の発達と歩調を合わせながら、（一）国際的な貿易港や、（二）近代的で大規模な国内外客向け旅客港に様変りするという一大変革をもたらした。さらに一九三〇年代後半から日本が本格的な戦時状況に入ると、増えつつある軍需品の輸送など、軍事的目的を帯びた近代的な軍港としての性格まで同時に帯びるようになった。

このように飛躍的な発展を遂げてきた朝鮮の港湾は、どのように管理、運営されたのか。当時、全国の港湾は機能別に、①開港、②指定港、③関税指定港、④地方港（漁港含む）の四つに分かれていた。

まず、代表的港湾といえる開港は、外国との協約により相互通商港に指定され、対外的に開放されている港をいう。一八七六年の江華島条約により最初に釜山港を開港に指定してから、一九四〇年に指定した海州港を最後に、対外的に門戸を開放する「貿易港」に一四港を指定した。この一四港の東西南の海岸別分布を見ると、東海側では咸鏡南・北道を中心に元山、清津、城津、雄基、羅津など五つの港が密集している。西海でも仁川港をはじめ七港のうち、鎮南浦、新義州、龍岩浦、多獅島など四港が北側に偏重している。南海では、釜山と西・南海にまたがる木浦の二港だけである。このように一級港といえる開港が、主に東西に、それも主に北部地域に偏っている理由は何であろうか。それは、日本の満州支配および大陸経営という側面での政治的、軍事的要因がさらに大きく作用したからというべきである。朝鮮の大規模な港湾は大部分、政府が政策的に積極的に育成している意味を考えると、国際的な通商港としての性格と同時に、軍港としての性格を持っているといえる。

第二に指定港は、関連法令[34)]により港湾の築造、施設の管理、運営等に伴う一切の業務関連の

34）日政時代の港湾関連法令は、1923年3月に公布された「朝鮮公有水面埋立令」と1923年6月の同施行規則があり、1927年5月にこれを修正して「朝鮮公有水面取締規則」が新たに制定、公布された。ここで指定港の管理に関する法令とは、同規則第三条の規定を指す。

行政的措置が朝鮮総督の管掌下にある港を指す。総督府によって指定された指定港は、南海岸の麗水、三千浦および西帰浦（済州）、東海岸の浦項、兼二浦（平南）、長箭（江原）、新浦（咸南）、雄基（咸北）など、全部で八港であった。その後、さまざまな対内・対外的環境の変化によって、多くの追加指定が行われ、一九四四年には全部で三八港に増えた。この指定港の中には、前述した釜山、元山、仁川、木浦など、すでに開港の性格を持つ港も多く含まれている。また、規模が大きく地理的に重要な位置にある港は大体この指定港になり、中央政府の統制を受けるよう措置が取られた。戦時下では主要港が軍港として使われる可能性が高いため、意図的に取られた措置であると思われる。

第三に関税指定港とは、日本（内地）を含む経済的意味での「円ブロック」内の地域、すなわち台湾、樺太（サハリン）、南洋群島などの地域と植民地朝鮮間の各種船舶や貨物などの出入りに関する特殊規定に基づき、朝鮮総督の指令で前記一四の開港以外の港に対して、これら船舶や貨物の出入りが特別に許可された港を指す。当初、これは円ブロック内での関税行政上の必要性という経済的理由で制定された。最初は一九港もの港湾が指定されたが、その後、関税行政制度の変更によって次第に減少し、一九四四年にはわずか九港に減少した。朝鮮総督によって許可されたこの九つの関税指定港は、馬山、麗水、鎮海、浦項、統営、西湖津（通称興南）、方魚津（蔚山）、道洞（鬱陵島）、城山浦（済州）などで、大半が南海側に位置している。対外通商が南海中心に活発に行われていたからであろう。

第四に挙げられるのは地方港である。地方港とは、以上の三種類の港に入らない群小港で、沿岸の物資交換や旅客交通、特に漁港の機能を主とする港を指す。港の改築や管理は当該地方官署で直接担当するとされているが、だからといって総督府がその管理を完全に地方官署に一任し、何の干渉も支援もしなかったとはいえない。前述したが、総督府は早くから国庫補助金の支援を通じて、地方官署が地方港の開発・整備などができるよう積極的に働きかけたほか、それにより近海交通や水産業の振興など地域経済の多角的発展をもたらしたといえる。

政府のこのような積極的な努力により、当時かなりの数の地方港がそれなりの規模を備えた中間級の港湾として位置づけられるようになったが、ここには江陵、長項、長生浦、法聖浦、江口などの港が含まれ、その中で法聖浦（全羅南道）、江口（慶尚北道）などは指定港として規定されるようになった。いずれにせよ、ある程度の規模を備えたこれらの地方港として一九四四年現在、全国で三二六に達するといわれている（〈財〉鮮交会、一九七六：一〇七七頁）。

以上四つの種類の港湾を合わせると、計三八七港に達する。中には開港と指定港とが重複するケースも多くあり（一九港）、これを除く朝鮮の大小港湾数は一九四四年現在で三六八港であった。中には漁港の性格が強い小規模の地方港が三二六港あり、数字上、全港湾数の八八・六％を占めている（前掲書、一〇七五〜七七頁）。

4. 解放当時の港湾事情

港湾も鉄道や道路などのように、日政時代を経て近代的な姿に変わった。伝統的に受け継がれてきた小さな漁港のレベルから、近代的な国際貿易港に大きく発展したのである。港湾も鉄道や道路と同様、初期産業化の過程で近代的な社会間接資本（ＳＯＣ）の機能を忠実に遂行できるようになった。北側の多獅島港や南側の麗水港、三千浦港など、多くの港が工事中の拡張・整備計画が終わらないまま解放を迎えはしたが、それまでの改築や整備実績だけを見ても、各種港湾関連施設や荷役能力などの面で、その面目を一新する驚異的な発展を重ねたことは、まごうかたない事実である。

では、このような事実はどういう意味があるのか。同時期、全国的に産業化が大きく進み、それによって国内外物流が拡大した。また、鉄道や道路を通じた陸運の発達と、港湾開発を通じた海運の発達が、相互補完的な関係の下で活発に行われることになった。

朝鮮の港湾は、一九世紀後半の開港まで小さな漁港レベルであった。それが、ほぼ半世紀にわたる外国の統治を経て、一九四五年八月にはどのように変貌していたのか。植民地統治時代を経て、対外的な通商港として開放された一四の開港をはじめ、総督府によってその経済的ないし軍事的重要性が公認された指定港三八か所、そして関税徴収の目的で特別に指定された指定港九か所は、少なくとも近代的施設を備えた国際水準の港湾になったといえる。その他にも、基本的には漁港の性格を持つが、沿岸貨物や旅客運送を主とする地方港という名の港湾も三二六に達する。これらを合わせると、韓国は解放当時、三六八（重複するケースを除く）もの大小港湾を具備していた。三面を海に囲まれた海洋国としての面目が立ったわけである。また、接岸・荷役能力では月間一八九万トン、年間では二三五〇万トンに達するなど、大規模な港湾施設を備えるようになった（「資料四」（第一九章：土木および治水、一五九頁参照）。

このように港湾施設も、前述の鉄道や道路と同様、解放と同時に植民地遺産として朝鮮に残されたのは間違いない。動産である船舶の場合は、日本人が本国に戻るとき、自分たちの輸送手段として持ち帰ったケースが多いというが、港湾施設は不動であるがゆえ、日本には持ち帰れない。意図的に破壊や損傷を受けないかぎり、この地にそのまま残るのである。このようにして残された港湾施設は、残念なことに、解放後、南と北が分断されたことにより、港相互間の連絡が完全に途絶えてしまった。では、具体的にどのような姿で分割されたのか。

開港の場合は、一四港のうち、南韓には釜山港、仁川港、木浦港、群山港の四港だけで、元山港、鎮南浦港、清津港、雄基港など一〇港が北韓にあり、構造が不均衡である。その理由は、これまでもたびたび指摘したが、日本の大陸経営政策路線と密接な関連がある。指定港の場合は、南韓に二〇港、北韓に一八港と、ほぼ同数の分布である[35]。だが、これも海洋進出の必要性の面から見ると、北韓に偏りすぎているといえる。

このように港湾分布が北韓側に偏っているのは、納得できない点もなくはないが、日本・朝鮮・満州の三地域の連結という当時の事情を考えると、北韓側の港湾開発の必要性が南韓側をはるかに上回っていたのであろう。例えば黄海では、朝鮮・満州の国境地域にある鴨緑江河口地域に、新義州をはじめとし、近隣の多獅島、龍岩浦など新規の通商港を開発する必要があった。東海（北韓側）海岸でも、満州およびロシアに隣接する咸境北道北端の雄基、羅津、清津、城津などを通じて、満州－日本間を結ぶ商業港の開発の必要性が高かったからである。一九三〇年代後半の中

35）しかし、その他の群小300余りの地方港の場合は、主に南海岸に位置する数多くの群小諸島と、近隣の済州道までを含む海岸線の総延長を考えると、その大部分が南に分布したといえる。

国（大陸）進出の必要性と、満州地域における急速な産業開発による日本との交易増大という、二つの時代的要求を同時に反映する措置であったといえる。

結論として、解放当時、南韓に所在した主要な数港についてのみ、その施設を簡略に言及しておく。早い段階から韓国一の関門であり、南北合わせて最大規模を誇る釜山港は、埠頭五つ、物揚場六つ、停泊面積八七〇〇㎢、船舶接岸能力年間五六〇〇万トンと、国内最大規模の施設能力を誇った。仁川港は年間接岸能力一二八万トンと、国内第二の港湾に成長し、第三に麗水、馬山、墨湖港が年間一〇〇万トン規模の接岸能力を有している。また、群山、木浦、浦項、鎮海、統営、三千浦、注文津、済州などの港がそれに次ぐ。これらの港湾施設も、鉄道や道路などの社会間接資本と同じく、解放後の南北分断と六・二五戦争、激しい政治・社会的混乱により、たとえ数多くの施設の破壊と流失があったとしても、その原型はそのまま生き残り、重要な社会間接資本形成としてこの地に根付いたことは、誰にも否定できない歴史的事実である。

〈補論〉山林緑化事業[36)]

1. 朝鮮後期における韓国山林の実情

(1) 朝鮮時代の山林利用の慣行

一九世紀後半、朝鮮王朝が門戸を開き、外国の文物を受け入れた頃、国土面積の七割以上を占める韓国の山林は、果たしてどのような姿をしていたのか。「三千里錦繍江山」（絹に刺繍をしたかのように美しい山川という意味で、韓国の自然をたとえて言った言葉）と呼ばれてきた朝鮮の山林は、初めて朝鮮の地を踏む外国人の目にどう映ったのであろうか。

残念ながら外国人の目に映った韓国の山野は、山と呼ぶのも恥ずかしいほど荒廃した黄土色のはげ山であったという。山には木があるべきなのに、当時の外国人のカメラで撮られたソウル近郊の有名な「仁王山」には、松の木の一本も見当たらなかった。このように荒涼とした山容は、仁王山だけではなかった。例えば、朝鮮と満州の国境地帯で見られる原始林や、江原道の一部の高山地帯にある深山幽谷のうっそうとした森林を除いては、程度の差はあれ、全国の山野のほと

36）この「山林緑化」事業は、日政時代の帰属財産の形成問題と関連し、重要な意味を持つと考えられる。だが社会間接資本の範疇に含めるには性格上、不適合であるので、〈補論〉として収録する。この「山林緑化事業」の執筆は、李宇衍著、『韓国の森林所有制度と政策の歴史、1600〜1987』，イルジョガク，1910の先行研究に大きく依存したことを明らかにしておく――筆者．

んどがはげ山であったという。では、朝鮮の山々はなぜ一様に、赤いはげ山になってしまったのだろうか。

これを理解するには、朝鮮時代の山林に対する人々の認識と、当時の政府（朝廷）の山林政策に対する深い省察が求められる。ここでは、当時の人々の山林に対する基本認識に関してのみ、少し触れておきたい。

当時の人々は、政府や公共機関を含め、全般的に山林に対する所有の概念がなかった。すべての土地は王のものという「王土思想」が山林にまで及んでいたからというべきか。山林が誰かのものであるという所有の概念がなく、どんな山林であれ自由に出入りでき、その中にある木や草などの林産物を自由に採取できる「自由接近、自由採取」という行為が勝手に行われていた。当時まで韓国（人）には、山林に対する公・私有の観念が成立していなかったことはもとより、ほとんどの山林は近隣の村落の共有林（公共財）のように認識されていた。村落の住民であれば誰でも、近隣のどんな山であれ自由な入山が許され、伐木したりその他の林産物を採取したりする行為も自由にできると信じていた。しかし、植樹や育林問題に関しては、一般の国民はいうまでもなく、中央政府や地方官庁も、誰も関心を持っていなかった。木というものは伐木して使う以上のものではないというのが、当時の人々の素朴な山林観であった。

一九世紀末に至るまで、山林に対する人々の認識は、伝統的な共同体の生活の枠を完全に脱していなかった。村落近隣にある山林に対しては、誰でも次のような行為ができる権利があると信じていた。山林はもともと村落共有林であるという観点から、①緑肥、堆肥、柴草、燃料などのための共同採取場という認識に基づき、②共同墓地や共同牧場としても利用可能であり、③集姓村（同姓の人々が集まって暮らす同族集落）においても他姓の人に対しての山林の共同利用が必ず許されていたことなどである。

以上の事実から、朝鮮時代の山林荒廃現象の原因として、次の二つが挙げられる。一つは、山林に対する所有の概念や利用権がきちんと成立していなかったため。もう一つは、木を植えて育てず、自然に育つ木までも切ってしまったため。つまり、種はまかずに収穫のみを得ようとする、極めて誤った認識と社会慣行のせいである。

(2)山林荒廃化の原因

このように考えると、山林荒廃化の直接的な原因は結局、人々の山林に対する誤った認識と慣習、言いかえれば「植樹のない伐木」という誤った慣行に見つけなくてはならない。木を植えることなくむやみに伐採することを「乱伐」とすれば、人々はなぜそのような乱伐に明け暮れたのであろうか。その主な原因として次の三つが挙げられる。

第一に、燃料用薪に対する需要の増大である。一八世紀頃から人口が増加し、一般民家にまで「温突《オンドル》」が普及すると、日常の炊事用の薪だけでなく、冬場の暖房用の薪の需要も急増した。つまり、炊事用と暖房用の二つの目的で家庭用薪の需要が大きく増えたからである。

第二に、建築用資材としての木材を手に入れるためであった。建築用の木材に最も適しているのは松であり、当時松の乱伐が他の雑木に比べてひどかったのは、このような理由による。政府は松の乱伐を防ぐための特別措置として、松の伐採を禁止する「禁松政策」を強行した。しかし、政府のこのような強力な措置にもかかわらず、松の乱伐を防ぐことはできなかった。当時の人々の松に対する需要が絶対的であったからである。

第三に、以上の乱伐とは性格を異にする、山林毀損をもたらす重要な原因がもうひとつあった。耕作する田畑のない窮民たちの火田である。一七〜一八世紀、江原道をはじめとする多くの山間地域には、火田をしてでも生きていこうとした人々(火田民)が、山地をやたらと焼き払い開墾するという事態が急速に増えた。これが山林荒廃化の重要な原因である。

(3)山林荒廃化の実情――「松」の場合

では、朝鮮後期における山林の実際の姿はどうであったのか。韓国人が最も大切に考えていた松の木の荒廃について書いた、当時の文献を一つ紹介しよう。一八世紀末〜一九世紀初頭の朝鮮の性理学者、丁若銓が記した「松政私議」に出てくる内容である[37]。「松の木の政策に対する私の見解」といえるこの小冊子によると、丁若銓は人間が生きていくうえで必要な松が全国的に姿を消していることを慨嘆し、このように書いている。「……一〇〇万戸の民が、生きている間は住む家がなく、死んでからは体を覆う棺がなく、川には舟がなく、日常生活では農器具がなければ、……陸地には魚と塩が無くなり、農事と工業がともに止まり、商人は商売ができないであろう。これでどうして変乱が起きないといえるか……」と嘆いている。また、「……民が松の木を見て毒虫や伝染病の病菌のように思い、密かに伐採してしまったため、個人所有の山には松の木が一

37）丁若銓（1758〜1816）は朝鮮後期の性理学者。天主教を信奉したかどで、南海の黒山島に配流された。長年にわたる配流生活の間に、「玆山魚譜」「松政私議」など多くの貴重な著書を残した。

表3-5　地域別材木蓄積量（1910年）

	山林面積 （千、町歩、%）(A)		林木蓄積 （推計）(k㎥、%) (B)		1町歩あたり蓄積量（㎥）(B/A)
南部（7道）	5,422	34.4	54,269	9.0	10.0
そのうち　全羅南道	983	6.2	5,171	0.9	5.3
慶尚北道	1,309	8.3	6,779	1.1	5.2
慶尚南道	887	5.6	6,796	1.1	7.7
北部（6道）	10,328	65.6	547,593	91.0	53.0
そのうち　咸鏡南道	2,518	16.0	234,408	38.9	93.1
咸鏡南道	1,600	10.2	80,360	13.4	50.2
平安北道	2,295	14.6	124,890	20.8	54.4
合計（平均）	15,750	100.0	601,862	100.0	38.2

資料：ペ・ジェス、ユン・ヨチャン,「日帝強占期朝鮮における植民地山林政策と日本資本の浸透過程」,『山林経済済科』2(1), 1994, pp.1～37.
(A)：『朝鮮総督府統計年報』, (B)：ペ・ジェス、ユン・ヨチャンの推計値（李宇衍, 前掲書, p.175)

注：
1）南部7道……京畿、忠南・北、全南・北、慶南・北、2）北部6道……黄海、江原、平南・北、咸南・北

本も見られず、……禁山の民があらゆる知恵を尽くし、団体で松を密かに切り倒したことで、何里にもわたる青い山を一夜のうちに完全に裸にし、大小の公山も松一本すら無くしてしまった……」と述べ、激しい語調で政府の松の木政策（松政）を批判している。

なぜ山林はこんなありさまに陥ってしまったのか。その理由として、丁若銓は次の三つを挙げている。（一）木を植えないから、（二）自然に育っている木までも切って薪として使ってしまうから、（三）火田民が山を燃やしてしまうから。言いかえれば、植える人は一人なのに使う人が一〇人いれば到底材木は足りなくなる。ましてや植える人が一人もいないのに使う人は無限であるから、木材に窮して当然であろう。植えずに運よく育った木があっても、一、二尺ほど育つとすぐ鋭利な斧で切ってしまうから、一つの材木として使えるほど育たないのである。さらに、深い山中の人影ま

ばらな谷間に、自然と育った木がたまにあったとしても、火田民の「山火事」に見舞われたら、樹齢一〇〇年の松の木も一瞬にして灰の山と化してしまう現実を大いに嘆いている。

2. 総督府の山林政策と緑化事業

(1) 山林基本法制定と林相調査

日本は一九〇五年、日露戦争での勝利をきっかけに直ちに韓国に統監府を設置し、韓国の内政に深く関与するようになる。これを受け、韓国政府は外交と財政、二つの分野に顧問官制度を導入し、その他の教育や治安分野などでも日本の官吏を招聘して諮問を受けるという方法で、国政全般にわたって一大改革を進めることになる。こうした改革措置の中で第一に施行しようとした分野は、これまで知られていなかったが、このようなはげ山を青くする山林緑化事業であったことに注目する必要がある。

韓国政府は一九〇八年に、統監府の要請を受け入れ、「森林法」を急いで公布し、全国山林を対象に林籍調査に着手することになった。これにより、韓国では初めて近代的な山林関係の基本法が制定され、山林に対する私的所有権が付与されるとともに、全国の山林に対する一斉調査が行われる。ところが、この調査過程で一つ重要な問題点が露呈した。森林法に定める内容が、韓国の山林の現実とあまりにかけ離れていて、まったく当てはまらなかったのである。一九一〇年にスタートした総督府はやむをえず森林法に代わり新たに「森林令」を制定し、これを山林政策の基本法とせざるをえなくなった。では、前者の森林法と後者の森林令の間には、内容上、どのような違いがあったのか。

後者の森林令では森林法のように、山林に対する所有権の確定や林相調査などに森林政策の基本目的を置いていない。それ以前の段階といえる山林・林野自体をどうすれば一日も早く青くすることができるかという、いわゆる「山林緑化主義」に基本を置いている。荒廃した森林をどうすれば一日も早く青くできるのかを政策の最優先目標に据えたのである。それゆえ、山主はもちろん、誰であろうと責任を持って山林を青くした者には、その山林に対する所有権を付与するというような特典を与えてまでまず山林を青くしようというのが、政府の基本的なスタンスであった。山林が青くならなければ、山林に対する私的所有権を与えるとか、山林への課税を通じて租税収入を得るなどの措置が何の意味もないということを悟っていたのであろうか。とにかくこのような理由で、統監府時代の森林法はじきに総督府に引き継がれ、その立法の趣旨を完全に異にする森林令に取って代わられた。

(2)林相調査と近代的山林制度の導入

総督府は一九一〇年、韓国の伝統的な山林の所有関係を正確に把握するため、林相調査を実施した。だが、その現実はあまりにも複雑であり、まともに把握することは到底不可能であった。とはいえ、林野の所有関係と林相の実態把握においては、ある程度の成果があったといえる。所有関係把握の面では、国有と民有に分け、国有はさらに、別の管理機関が存在する林野（A）と

表3-6　林籍調査による所有別・林相別の林野面積構成（1910年調査）

（単位：町歩、%）

	成林地（A'）		稚樹発生地（B'）		無立木地（C'）		合計	
国有林（A）	626,840	4.0	186,909	1.2	221,624	1.4	1,035,737	6.5
国有林（B）	3,661,561	23.1	1,987,851	12.5	1,613,589	10.2	7,268,001	45.9
民有林	829,284	5.2	4,444,713	28.0	2,272,248	14.3	7,546,245	47.6
合計	5,122,685	32.3	6,619,473	41.8	4,107,461	25.9	15,849,983	100.0

資料：李宇衍, 前掲書, p.206.

注:国有林（A）は別途の管理機関を置いている場合で、（B）はそのような機関がない場合

そのような機関がない林野（B）に分けた。林相調査の面では、成林地（A'）、稚樹発生地（B'）、無立木地（C'）の三つに分けて調査した。林相形態のA'、B'、C'の区分は、純粋に立木の密度を基準にしたものである。例えば、立木の密度が完全な状態を一と仮定すると、A'はそれが〇・一以上の場合、B'は鎌で切れるくらいの大きさの木（稚樹）の密度が〇・一以上の場合、C'は前の二つを除いたもの、つまり大小すべての木の密度が〇・一以下の場合を指す。このように、林相の形態を三つのカテゴリーに分けて調査した結果、〈表3－6〉のような結果となった。

この表によると、国有林と民有林の割合は五二・四%対四七・六%で、面積はほぼ同じである。しかし、国有林の中で管理機関を設けてきちんと管理されていた林野（A）はそれほど多くなく（全体の六・五%）、全体の四五・九%にあたる残りの国有林は、特別な管理機関を設けていないだけでなく、ひどい場合、自然状態のまま放置された無主空山（所有者のいない山）も同然の林野であった。林相別に見ると、ある程度木が生えているといえる成林地が全体の三二・三%、かろうじて若木が生えている稚樹の発

生地が四一・八％で、残り二五・九％は木の影もない裸山であったことが分かる。一九一〇年の併合当時の山容がいかなるものであったか、想像に難くない。

総督府が登場すると、すぐにこのような山林の実情に対する全般的な林野調査事業を推進しようとした。当初は総督府設置後、直ちに着手する土地調査事業において、農地だけでなく林野も調査対象に含める計画であった。だが前述したように、林籍調査の結果、当時の林野の所有関係があまりにも複雑であったため、農耕地中心の一般の土地とは分けて調査するのが望ましいとの判断から、林野は同調査事業からいったん除外した。だからといって、この林野調査事業をいつまでも棚上げにしたりうやむやにしたりはできなかった。結局、土地調査事業が最終段階に入った一九一七年から林野調査事業も同時に行うことにし、土地調査事業で得た経験と人力を最大限活用する形で推進することになる。

これまで土地調査事業に対する歴史的意義を強調するあまり、人々はこの林野調査事業についてはよく知らないばかりか、相対的に等閑視する傾向がある。しかし、この林野調査事業も土地調査事業に劣らず、極めて重要な歴史的意義を持つ。全国土の七割が林野であることを考えると、林野調査事業のない土地調査事業は、その経済的意味が半減してしまうからである。では、一九一〇年代後半に行われる林野調査事業が、実際にどのような過程で展開されたかを見てみよう。

調査事業の概要を見ると、二五〇万筆地（区画）に及ぶ全国の山林すべてを調査対象としている。先に実施した土地調査事業とは異なり、調査事業費の受益者負担を原則としたことが特徴である。総事業資金三億八六〇〇万円のうち、国庫支援は全体の三一・三％（一億二一〇〇万円）

にすぎず、残り六八・七％の二億六五〇〇万円は、すべて山林所有者やその他縁故者の負担とした。また、総督府内に同事業のための特別機構を別途設置せず、通常の行政機関を最大限活用する方式で進めた。調査業務の相当部分を市・道など所管の地方官署に委任し、彼らの責任の下、処理する方式を採ったことも、土地調査事業とは異なる。林野調査事業もそれ自体、全国の山林を対象とする大規模な事業であったにもかかわらず、このように費用と人員を少なく抑え、短期間で比較的容易に事業を進めることができたのは、土地調査事業をモデルとし、その経験を十分に活用できたからであろう。

林野調査事業を通じて、韓国もようやく近代的な山林制度を確立できたことになる。長年の間「無主空山」として放置されてきた林野であるが、〈表3－6〉に示すように、管理機関のない国有林（B）に属する山林は、制度的に民間への払下げができるようになった。払下げを受けた山主には、自己の山林開発を促す山林政策を取る道が開けたのである。この民間払下げを通じて、長年の伝統と慣行により、誰もが勝手に山に出入りし、自由に利用していた「無主空山」の概念は消え去り、特定の縁故者に造林の権利と責任を同時に取らせる制度が設けられた。また、その造林事業の成功いかんによって、その山林に対する所有権まで認めるという、山主に非常に有利な造林貸付制度を広く導入、普及させたことが大きな成果といえる。

結論を言うと、全国山林の約半分（四五・九％）を占めていた国有林（B）を果敢に民間に払い下げる民営化措置、すなわち国有林を払い下げて民有林に転換させるという原則を立てたこと自体を高く評価すべきである。

このような原則の下、政府の推進する造林事業に参加して成功すれば、誰であろうとさまざまな恩恵を受けることができた。例えば、その造林地上の立木はもちろんのこと、そこの地物の所有とその地盤までも無料で利用できるという恩恵を享受できたのである。したがって、この造林貸付制度を通じた政府の積極的な造林奨励政策は、まず山林の民有化のための強力な誘引策となり、期待以上の成果をもたらした。このような方式で造林および育林事業が立派な成果を収めると、これを通じて林産物所得が生まれ、政府はそこに税金を課すことができて税源作りが可能になるという、一挙両得の効果を享受した。こうして林業を一つの収益性のある近代的な第一次産業として育成する道が開かれたわけである。

自由放任のまま長年放置されてきた無主空山の国有林問題を根本的に解決し、ほとんど役に立たなかった林野を役に立つ民有林に転換できたことで、韓国も近代的な山林制度を法的に確立できることになった。これにより、山野を基盤として人工造林を行い、後に林産物を採取し収益を上げるという林業の発達を促したのである。このようにして、鉱業や漁業のように林業も一つの重要な第一次産業として位置づけられ、発展させられる基盤が整った。

(3)民有林収奪論の虚構性

林相および林野調査事業という二大基礎事業を通じて、全国山林の近代的な私的所有権が制度として確立された。その歴史的意義は大きい。にもかかわらず、韓国の学会の一部では、総督府の林相・林野調査の目的は朝鮮山林の収奪であり、民有林を収奪して国有林にした、というような突拍子のない主張が出ている。李宇衍博士の研究を通じても明らかになったように、それは歴史的事実に符合せず、根拠のないデマである。

収奪論においては林野調査における「申告主義」の原則の持つ弊害が、その代表的な事例として挙げられる。申告主義の原則に基づき、実際の山林所有者またはその縁故者は、定められた期日内に林野に対する自己の所有関係を申告することになっている。何らかの個人的事情で期日内に申告できなかった場合、当該林野は直ちに国有林に編入されたと言われていたが、実際にはそうではなかった。未申告の林野の場合、法律的解釈ではひとまず「国有林野と見なす」としただけで、それがすぐに民有林→国有林への所有権移転を意味するわけではない。未申告の場合でもそれに対する縁故権を認め、林野の利用や収益享受などにおいても特に制限を設けず、さらに該当林野を第三者がむやみに処分できないようにするなど、実際に所有権を申告した場合と大差のない措置が取られていた。それも知らずに、未申告の場合は直ちに国有林に転換されるというような主張をするのは、歴史的事実を大きく歪曲することになる。

3. 総督府の山林政策と人工造林

(1)山林政策の基調と人工造林事業

一九世紀末までの朝鮮の林政をひと言で規定すると、政府の政策であろうと民間の山主の立場であろうと、人工的な造林を一度も行っていないということである。林政不在の「造林なき山林採取」の歴史であったといえる。このような林政不在の歴史の中で、どのようにして山林が一様に荒涼としたはげ山になったのであろうか。

開港期に韓国を訪れた外国人の目に映った山林は、「本当にあそこには木が生えていたのであろうか」と疑うほどのはげ山であった。これは多くの記録を通じてよく知られている[38]。にもかかわらず、韓国人はその事実をごまかし、日本がやってきて韓国の山林の実態を調査し、制度を見直す過程で膨大な山林資源を無慈悲にも開発し収奪した、という主張を繰り返している。これは一体どういうことなのか。何もない裸の山野から、何をどうやって収奪していったのか。何もないはげ山という事実と、その山林から何かを略奪するという事実の間には、到底両立できない矛盾関係が成立する。韓国の学界では、なぜこのようなでたらめな論理が定説になってしまったのであろうか。

以上のような韓国山林の実情を前提として、一九〇五年以降、日本（統監府・総督府）による初期の山林政策がどのように展開されたのかを見てみよう。併合以前の統監府時代、すでにはげ山一色に変わっていた韓国の山林を一日も早く青くしなければならないという立場で、日本政府は「山林緑化主義」を韓国朝廷の最優先政策目標に掲げさせ、山林行政に対する一大改革を断行させた。歴史的に長い間、乱伐を日常としてきた採取中心の山林行政から、木を植えて育てる植木と育林行政へと一大政策転換を促したのである。

人の手がまったく入らず自然のまま長年放置されていた朝鮮の林政は、二〇世紀になり、日本という外国勢力によって、ようやく人工造林を通じた人為的な林政へと劇的な変化を遂げた。荒

38）一例として、1898年に韓国に赴任した米国の外交官（W. F. Sands）による仁川（済物浦）⇔ソウル間の京仁街道の山やソウル近郊の野山の荒廃した姿に関する記述がその代表といえる――W. F. Sands（シン・ボクリョン訳注,『朝鮮備忘録』, 集文堂, 1999, pp.41～42）。

涼としていた山野が、人工造林によって見違えるように変貌する。

その後、総督府による人工造林事業はさらに活発に行われた。具体的な内容は次のとおりである。林政の根幹を人工造林とし、政府が計画的に種子と苗木を量産し、山主をはじめ多くの農民にそれを普及し、播種や植栽を可能なかぎり奨励した。種子や苗木の播種と植栽は、第一段階である。植えた木の世話を続け、地物をむやみに掘り起こさずに保護する。不必要な木は間伐や枝打ちするなど、第二段階の育林過程までが事業にはすべて含まれていてた。ちなみに広義の造林とは、このような人工造林だけでなく、自然に種子が出てきて苗木が育つ若木（稚樹）を一緒に育てる天然造林も包括している。

(2)総督府の人工造林実績

人工造林事業はその性格上、初めから官（政府）主導で行われるしかないというべきである。逆説的ではあるが、これは民間の山主や農民に任せ、任意で植栽させるやり方では、造林の本来の目的を達成できないからである。初代総督の寺内正毅が、赴任と同時に「治山・治水・治心」という独特の政策スローガンを掲げ、この人工造林事業を一つの挙国的な国民運動レベルに昇華させる計画を立て、果敢に実践に移そうとしたのも、そのような趣旨からといえる。

総督府は併合翌年の一九一一年、四月三日を「植樹の日」と定め、国を挙げての国民造林運動推進を図った。政府は各学校や官庁を動員する方式で積極的に記念植樹を推奨した。特に各学校の生徒を積極的に動員させたのは、生徒たちに「愛林思想」を吹き込む目的も含まれていたという。制度的には総督府の主管であるが、実際の推進主体は総督府をはじめとし、各道庁、府・郡庁、邑・面事務所、各学校まで、可能なかぎりすべての機関をあまねく推進単位として組み込んだのが特徴である。こうして、事業単位ごとに模範林を指定・運営した。例えば、邑・面の模範林はもちろん、部落林や学校林などの模範的なケースを選定し、そこにモデルケースとして記念植樹を施行する方式で行われた[39]。

記念植樹事業を始めるにあたり問題となったのは、急に必要となった多量の苗木をどうやって適期に適量を供給するかであった。とりあえず苗木は政府が無料で供給するが、足りないときは地方費で追加購入する方式を取った。最初は供給量が非常に少なく、一人二〜三本の苗木しか植えられなかった。その後、一九二〇年代になると、種苗業の発達により苗木の生産が大きく増え、それに伴い、記念植樹に参加する人員や植樹量も大きく増えた。統計によると、一九二八年には記念植樹の参加者が五八万人であったが、一一年後の一九三九年にはその倍である一一三万人となった。

このような国民造林運動には、基本的に総督府の強力な政策意志が、エンジンの役割を果たした。その一方で、これに対する一般国民の積極的な支持も、またその重要な成功要因であった。朝鮮では「造林」という用語すらなじみのない時代であったが、人々が日常生活上の要求に関連して次第に山林の重要性に気付き、造林事業が成功するかどうかが後に山林に対する所有権の獲得につながる点、造林の成功はそこで育つ林産物の採取を通じて農家の収入になる点などが、人々に造林の重要性を悟らせたからであると解釈される。高まる国民の自意識の発露が、既存の

39）総督府による朝鮮山林復旧のための治山治水事業は、1911年に「植樹の日」を指定し、1922年に「林業試験場」（洪陵所在）を設立することで、さらに本格化する。この林業試験場と関連して知っておかなければならない日本人がいる。浅川巧（1891〜1931）である。

山主など山林縁故者はもちろん一般国民に至るまで、当局の計画的な造林事業に積極的に参加させたことが国民造林運動を成功に導いた大きな要因であった。

総督府の積極的な人工造林事業は、事業の性格上、一九一〇年の併合から少なくとも一九三〇年代末まで、三〇年間にわたり続けて実施されてきた。

結果的に、併合前の一九〇七年（統監府時代）から一九四二年までの約三五年間で、二三六万町歩の山野に八二億一五〇〇万本もの驚くべき植栽実績を上げた。これは人工苗木の植樹の実績であり、毎年種が落ちて芽吹いた自然の植栽は除外されている。植栽面積二三六万町歩は、当時の韓国の総山林面積の一四・五％にあたる。特に注目したいのは、一九三〇年代から解放前まで（一九三〇～四二年）の一二年間にかけて行われた植樹が、植民地全期間の六一・四％にあたる一四五万町歩に達したことである。植民地後期、すなわち一九三〇年代以降、戦時下の極めて困難な時期に、総督府は他の政策事業をほとんど中断させても山林緑化事業だけは強力に推進したことを、どう理解すべきか。日本の朝鮮統治の根本理念がどこにあったかを如実に物語るものである。

(3)造林貸付制度の成果

総督府が一九一〇年に森林令を制定し、それとともに導入された造林貸付制度とは、どのようなものか。誠実に造林すると約束をした者に対し、造林対象の山林を貸す契約を結び、契約期間終了後、造林実績を評価し、「成功」したと判断されれば当該山林を造林した者に無償で譲与する。

一種の造林貸与方式による山林払下げ制度である。これは、総督府が保存する必要なしと判断した国有林を対象とする、民間の責任造林方式を通じた条件付き山林緑化制度といえる。専門家はこの造林貸付制こそ、総督府が山林緑化主義を掲げ、山林政策を成功に導いた卓越した制度であると評価している。早急な山林緑化と国有林の払下げという二兎を同時に捕らえた最善の制度であった。

このような驚くべき成果をもたらした造林貸付制度は、具体的にどのように運営されたのか。まず造林における費用処理問題を見ると、国庫補助五〇％、当該地方政府予算五〇％と、折半での負担を原則とした。しかし、実際にはその対象がほとんど第一種国有林であり、縁故権者が全くいないうえ、林相が非常に良くない林野を対象としていたので、緑化事業を支援する意味で総督府が直接種子や苗木を無償で提供するケースが多かった。つまり、そのための国庫補助が五〇％を超えるケースが多かったといえる。

総督府の林政の中核的事業であり、山主など林業の需要者にも人気の高かったこの造林貸付制度は、どれほどの成果を上げたのか。資料のある一九一〇～三九年の造林実績（累計）から推測してみよう。この期間の造林実績は、造林貸付件数八万六〇〇〇件、貸付面積一六七万四〇〇〇町歩である。そのうち造林貸付に成功し、当該山林を造林農民に直接譲与した実績は五万四〇〇〇件、造林面積九一万町歩である。この譲与面積九一万町歩は、貸付面積の約五四％にあたる。面積基準で、当初の計画の半分以上を成功させたことになる[40]。残り四六％にあたる七六万四〇〇〇町歩は、さらに二つに分けられる。一つは造林に失敗し林地を政府に返還したケース、もう

40）岡衛治、『朝鮮林業史』, 朝鮮山林会, 1945（イム・ギョンビン訳,『朝鮮林業史、上巻』, 山林庁, 2000, p.421 参照）.

一つは将来有望という評価とともに造林事業をさらに続けた場合である。

このうち事業を続けた後者は、全体の三五・四%にあたる五九万二〇〇〇町歩であった。後者のうち、その半分ほどが造林に成功したとすると、造林貸付制限度の最終的な成功率は七二%に達する。このように造林貸付制度が予想外の成果をもたらしたため、造林を奨励する必要はもうないと判断した総督府は、一九三〇年代、造林計画事業を部分的に緩和する。計画的造林事業そのものは緩和するが、それ以上の治山治水のための山林緑化政策の趣旨だけは、一九四五年に植民地状態が終了するまで続いたといえる。

最後に、この造林貸付制度に関して明らかにしておくべき問題がある。この制度がこれだけの成果を上げるのにかかった資金は、どのように調達したのかである。これには二つのルートが考えられる。一つは北側の鴨緑江流域など天然の国有林伐木から出た林業収益を、南側の民有林を対象とした造林事業の財源に転用するケースである。

人工造林事業や治山治水のための防砂事業を必要とする山野は、主に南部の民有林であった。国有林中心の北側の山林は、すぐに造林事業を行わなければならないほど荒廃していなかったし、鴨緑江・豆満江流域の膨大な原始林は造林どころか、むしろ伐木しなければならない状態であった。つまり、北部の国有林伐木を通じた収益を、南部での造林・防砂事業のための政府補助金に活用するメカニズムである。これが当時の造林貸付制度運営のための一次的な財源になったといえる。これに関する具体的な数値は見つからないが、一九三〇年代を見ると、北側の国有林運営の収益の相当部分が、南部の造林事業や砂防事業の資金に充てられたことは確かである[41]。

41）ただし、1929〜31年の3年間は例外である。1933〜40年は北部の国有林経営収益（黒字）の50%以上が南部の造林・防砂事業のための資金（補助金）に充てられたとされている――李宇衍，前掲書，pp.354〜355，＜表6-9＞参照．

こうした観点から、総督府が北部の両江流域の原始林を乱伐し、不法に日本に搬出したという、いわゆる「両江流域の原始林収奪論」も歴史的事実とは全く異なる。実際には、北部の国有林伐採を通じた収益（国有林の経営黒字）は、南部での造林事業および砂防事業のための補助金に使われ、山林緑化事業を成功させるうえで重要な土台になったのである。したがって、日本がこの両江流域の原始林を乱伐して収奪したという主張は、一九一〇年代の林野調査事業当時の民有林略奪・国有林創出という第一次山林収奪論の延長線上にあり、その第二弾といえる（イム・ギョンビン訳、『朝鮮林業史、上巻』、五四四頁）。

4．おわりに：解放当時の山林の姿

このような造林貸付制度は、植民地時代のほぼ全時期にわたり継続事業として地道に実施されてきた。総督府による朝鮮の山林政策の根幹であったといえる。この制度こそが、先祖伝来のはげ山を極めて短期間で、木が繁茂する青山にしてくれた立役者である。一九四五年八月解放当時の山野は、かつての黄土色のはげ山から深山幽谷に虎が生息するほどの鬱蒼とした森林になり、近隣の野山では人々が必要とする燃料薪ぐらいは十分に採取し利用できるほどであった。

一方、一九一一年、総督府によって山林緑化のための母法格として制定された森林令が、日政時代の三五年間はもちろん、解放されてからもずっと韓国の山林保護、規制のための基本法としての法的機能をそのまま行使してきたという事実と、同年に制定された植樹の日も、名称を「植木の日」に変えるという侮辱を受けたが、国民の植樹を奨励するための記念日として継承された。前述の森林令は、終戦後一六年もたった一九六一年五・一六軍事クーデターの直後、朴正熙軍事政権によりようやく新規の山林法に替えられる。だが、旧森林令の中核的内容といえる造林貸付制度の骨格だけは失われず、そのまま新規の山林法に引き継がれ、それ以降も引き続き韓国の山林政策の根幹となっていたことを強調せざるをえない。

日本から受け継いだ韓国の青い山野は、解放後、長くたたずしてすぐにかつての赤黒いはげ山に戻ってしまった。解放直後の政治的・社会的大混乱により、治山治水・山林緑化に関する行政システムが崩壊したからでもあるが、臨時政府の性格を持つ米軍政三年間に、山林問題にまで注意を払う余裕がなかったからでもある。だからといって、昨日までの青山が一瞬にしてはげ山に変わった責任を米軍政や解放政局の混乱のせいにはできない。当局の手が緩んだすきに乗じて、むやみに山林を掘り起こし荒廃化させた国民の誤った認識と慣行に大きな責任がある。何の罪もない山林に対して乱伐、盗伐などの分別ない行為をほしいままに行ったからではないだろうか。

一九五〇年代、このような悲惨な状態の韓国の山林が再び青さを取り戻すには、かなりの時間を要した。一九六〇年代初め、五・一六軍事政権は山林緑化のための国を挙げての砂防工事と人工造林事業を展開したが、そのたびに客観的な環境の条件が整わず、失敗に終わった。その理由は、政府側の植樹や育林のための努力よりは、農民の当面の薪採取のための伐木がさらに激しく行われたためといえる。結局、韓国の山林が再び本然の青さを取り戻したのは一九七三年から始まる朴政熙政権の第一、二次山林緑化事業からだといえる。一九七〇年代、政府の第三次経済開発五か年計画の一環として推進されることになる、この挙国的な山林緑化運動が、予想外の驚くべき成果を収めたことで、やっと韓国の山野はかつてのはげ山という汚名を脱し、再びその本然の青い山の姿を取り戻すことになる。

第四章

帰属財産の形成過程（II）：産業施設

I 電気業

1. はじめに——韓国電気業の始まり

韓国で最初に電灯がついたのは記録によると、一八八七年三月、米国のマッケイ（William McKay）が、景福宮《キョンボックン》の乾清宮《コンチョングン》でともした家庭用電灯となっている[1]。電気業が一つの産業として韓国で成立したのは一八九八年である。米国のコールブラン（H. Collbran）とボストウィック（H. B. Bostwick）の二人が、漢城《ハンソン》（ソウル）市内の路面電車の敷設と街路の街灯を架設するため、大韓帝国政府（王室）と共同で韓米合作の「漢城電気会社」を設立した。

大韓帝国の皇室（高宗《コジョン》）の内帑金《ないどきん》（君主の所持金）から出資金を出し、韓国人（李采淵《イチェヨン》）を社長に据えることで合意した。しかし、実際の会社の設立・運営は米国人二人が管掌していた。例えば、事業の基本設計から関連機械や施設の導入、設置などの基本的事項まで、すべて米国側（コールブラン）が担当していたのである。会社設立後、米国人二人は非常に意欲的に会社を運営した。設立二年後の一八九九年四月には、西大門《ソデムン》－清凉《チョンリャン》里《リ》（洪陵《ホンヌン》）間の七・五㎞の路面電車が開通、

1）重要なのは、1887年、日本の皇宮や中国の紫禁城よりも2年ほど早く、朝鮮の王室で電灯がついたことである——韓国電力公社,『韓国電気百年史（上）』, pp.81～84,『韓国電気主要文献集』, pp.48～50などの資料参照.

一九〇一年五月には路面電車の沿道の街路を中心に、漢城市内に約六〇〇の街灯を設置する。外国人の手によるものではあるが、一九世紀最後の年（一八九九年）に、近代的な電気文明の時代が開かれたことに重要な意味を付与したい。

鉄道業や鉱工業など他の産業部門とは異なり、電気事業では日本人よりも米国人が先に近代化の道を切り開いた。その点で電気関連事業は、韓国の初期近代化過程における例外的なケースといえる[2)]。一九〇五年の韓日保護協定の締結および日本の統監府設置を機に、外国人に与えられていたすべての利権（特許）事業が日本に一元化される過程で、電気事業も日本に移管される。韓米合作の漢城電気会社は、一九〇四年に新たに設立された米国系の韓米電気会社にすべての財産を移管した。同社は一九〇八年に日系会社の日韓瓦斯（株）に財産の一切を売却する。このようにして米↓日間で二段階の所有権移転が行われた。参考までに、朝鮮の電気業の登場とその発展過程について、さらに具体的に見てみよう。

韓国最初の電気会社である漢城電気会社では、韓国王室と米国のコールブラン側との間でさまざまな問題が生じる。最初の問題は、韓国側がコールブラン側に支払うべき工事費用（二〇万円のうち残額一〇万円）を支払わないことから始まった。コールブラン側は工事代金が支払われないため、直ちに会社の財産に対する抵当権設定と任意処分の意思を韓国側に通告する。韓国側はその対応策の一環として、米国の電車に乗らないようソウル市民に呼びかけた。双方の葛藤がますます深まると、米国側は会社の財産と従業員の安全を保護するという名分で、韓国政府の許可もなく一〇〇人余りの米軍（海軍）兵士を漢城に呼び入れる。このように事態が悪化すると、双

2）実際に電灯をともし電車を動かすなど、電気事業を朝鮮で始めたのは米国人であるが、電気の基礎知識は日本から入ってきたというべきである。1881年、朝廷は日本の先進文物を視察するために紳士遊覧団を派遣し、随行員として同行した姜晋馨（カン・ジニョン）は日本見聞記である「日東録」という著書を残し、そこに「発電之法」「電信之法」などが書かれている——『韓国電気主要文献集』, pp.19～21参照.

方は解決策として、一九〇四年八月、米国の国内法に基づく法人「韓米電気会社」を新設し、株式の半分を高宗に割り当てることを条件に、韓米電気会社に漢城電気会社を買収させる。

　韓米電気会社は設立後、新規事業として漢城市内に路面電車の路線を一本増設し、慶運宮《キョンウングン》（徳《トク》寿宮《スグン》の本来の名称）内に新たに電灯を架設するなど、朝鮮における事業領域を拡大した。一九〇五年には米国人経営の雲山《ウンサン》鉱山（平安北道《ピョンアンプット》所在）で、韓国最初の自家消費用水力発電所建設事業を推進する。米国側が朝鮮での電気事業を拡大していくにつれて、日米間で利権争いが起きることになる。一九〇五年の日露戦争以降、さまざまな事業分野において朝鮮に進出する日本企業は増えていて、電気業も続々と進出していた。一九〇八年一〇月、日本の東京瓦斯（株）は、韓米電気会社と事業領域が完全に重なる日韓瓦斯（株）を漢城に新設する。これにより両社間はもちろん、日米両国の国家レベルでも対立関係が激化した。両国間の葛藤は、朝鮮王室の宮殿内電灯架設事業をめぐって起きた紛糾がその出発点であったといえる。

　この葛藤関係は長くは続かない。朝鮮に対する日本の勢力が拡大すると、朝鮮にいた第三国企業と日本企業との衝突が避けられなくなった。両者は利害関係を調整するための協商を行うが、大抵は日本企業が第三国企業を買収する形で妥結した。韓米電気会社も例外ではなく、交渉の結果、日韓瓦斯（株）に会社は売却された。

　もっとも日米双方の交渉が最初から順調に進んだわけではなかった。問題の中核は売却額の決定にあった。韓米電気会社側の提示額があまりに高額で、日韓瓦斯（株）にとっては受け入れ難かった。交渉が難航すると、日本政府（統監府）が仲裁に乗りだす。日韓瓦斯（株）側が損をし

3）韓米電気（コールブラン）側が日韓瓦斯（株）に売却した実物資産は、次の三つの事業から成っていた。①漢城市内の電車事業（2路線）：西大門－清涼里間、鐘路－龍山間、②発電機2基：東大門発電所（蒸気発電所）、龍山発電所、③電灯事業：朝鮮宮殿内一帯および市内の日本人商店などへの電気供給。

てでも買収作業を早期に完了させることが、日本の国益にかなうという政治的理由を掲げ、交渉の早期妥結を促した。コールブラン側は一九〇九年八月、日米両国の政治的友好関係を前面に押し出し、予想外の高値で自らの韓米電気会社を日本側に引き渡した3)。会社を高額で売却したコールブラン側は、合弁パートナーであった朝廷（高宗）には売却過程に関して何も言わず、待ち構えていたかのように帰国してしまう4)。

以上が、韓国で初めて電気がつき、電気産業が一つの産業として登場するに至った時代背景である。一八八〇年代後半、米国人（資本）によって始まった韓国の電気事業は、国内情勢の変化により一九一〇年代後半、事業権（利権）を日本（資本）に渡すことになった。電気業関連のこのような利権争いは、一八九六年に韓国鉄道最初の京仁線の敷設権が米国人のＪ・Ｒ・モースに渡り、一八九七年、日本の京釜鉄道株式会社の設立とともに日本側に渡された過程の再来ともいえる。このようにして日本は、韓国に対する政治的支配権を確立する過程で、第三国（人）に渡っていた鉄道や電気など主要産業開発に対する利権事業も、異常なほどの高額を甘受してまで買収し、引き継がざるをえなかったのである。

2. 日政時代の電気業の発達

(1) 初期電源調査と朝鮮の水力資源

一九一〇年の韓国併合当時、朝鮮の電気事業はどのような状態であったのか。併合初期の朝鮮

4）同社の売却をあとになって知った高宗は、日本側（日韓瓦斯）に対し、自身の保有している韓米電気会社の持ち分（5000株）の行方を問い合わせた。日本側はこの事実をすぐにコールブラン側に知らせた。事実確認を要請した結果、コールブラン側からはそのような事実は認められないという回答を受け、それを朝鮮王室に伝えた。

の電気事業といえば、京城（旧漢城）市内の電車架設事業とともに、王の住む宮殿、京城など主要都市数か所の電灯架設事業だけであった。最初の宮殿の電気は米国人によって、京城、釜山、仁川などの大都市は日本人によって、併合前から電気がつけられていた。その後、大邱、平壌、元山、鎮南浦、木浦、群山、大田、清津、新義州などの大都市を中心に電気がつき始め、炊事用や暖房用ガスの供給もいち早く普及した。このように初期の電気事業はほとんどが日本人によるものであった。一九一〇年は日韓瓦斯（株、京城）、釜山電灯（株）、仁川電気（株）の三社程度で地域を分けて運営していたが、四年後の一九一四年には一三社と飛躍的に増加した。また当時の発電施設は大半が小規模な蒸気力（タービン式）のものであり、発電能力は七四八〇kW程度であった[5]。

朝鮮総督府は、朝鮮における電気開発事業を朝鮮施政の最優先にした。総督府は直ちに朝鮮に賦存する水力電源開発のための一斉調査に着手する。この水力電源調査事業は三回にわたって大々的に行われた。

第一次電源調査：併合直後の一九一一年から一九一四年まで、三か年事業として進められたこの第一次電源調査事業は、朝鮮内の主な河川に対する年中流量調査を中心に行われた。特に冬季の渇水期の発電可能地点と、その発電能力がどの程度かを探ることに主眼が置かれた。一九一四年六月に終了した第一次調査結果によると、発電地点八〇か所、理論発電能力五万六九六六kWであった。この結果は、朝鮮の水力電源開発の見通しを極めて悲観的にした。経済性が保障される

5）朝鮮電気事業史編纂委員会,『朝鮮電気事業史』, 1981, p.8, 韓国銀行, 1954, p.65 など参照.

有効地点のみを見ると、三九地点、二万五〇〇〇kW程度にすぎず、朝鮮では水力発電を起こすだけの水資源包蔵能力が非常に貧弱であるという結論に至った。しかし、その調査方法においていくつか重大な過ちを犯したことが明らかになり、調査方法および結果に対して大きな反論が起きた。重大な過ちとは、河川流量の調査において日本で通用していた年中流量が最も少ない「渇水量」基準の水路式発電方式をそのまま採用したことである。

日本は流量の年間変動幅がそれほど大きくないため、渇水量基準でも発電能力に大きく影響しない。しかし朝鮮は、年中渇水量と夏季の豊水量（または高水量）の水量差が非常に大きいため、渇水量を基準に発電能力を策定すれば大きな錯誤が発生するという主張が提起された。朝鮮の場合は渇水量ではなく、年間平均的な平水量を基準にし、渇水期にはそれを火力で一時補充する水力・火力併用システムを採択するべきであるという新たな主張が起きた[6]。

第二次電源調査：第一次調査の方法論上の限界を克服するために実施された第二次調査事業は、一九二二年から二九年までの八か年という長期計画で行われた。総督府内には特別担当部署を設置し、業界の専門家まで招聘して諮問を受けるなど、国を挙げての大々的なプロジェクトとして調査が進められた。しかし、期間中に大洪水に遭い、当初の事業計画を変更せざるをえなかったうえ、期日遅延に伴う財政難まで重なり、事業は一時中断された。第二次調査は、第一次調査で欠落していた小規模な河川までを含み、全国の大小河川をすべて調査対象にした全数調査が行われたことに意義があった。また河川の流量調査において、以前の渇水量調査だけでなく高水量と

6）韓国電力公社,『韓国電気百年史（上）』, 1998, pp.258～260参照.

豊水量まで調査し、朝鮮の気候や地勢、ダム建設問題に至るまで、その調査対象を第一次調査とは比較できないほど大きく広げた点が特徴である。

ほかにも一九二五年ごろから、河川の流れを変える「流域変更方式」の発電方式についての技術的な可能性を打診することが、重要な調査項目として追加された。同調査よりも一足早い一九二四年、鴨緑江支流である赴戦江《プジョンガン》で、日本窒素（野口コンツェルン）が川の流域変更を通じた貯水池発電に成功していることが、総督府調査チームに決定的な影響を与えた。流域変更による貯水池発電方式が可能になったことで、渇水期でも火力の補充なしに平均的な発電水準を維持できるようになったのである。こうした流域変更方式は日本では全く類例がなく、朝鮮のような特殊な地形の条件でのみ可能な、特殊な発電方式である点で特に注目したい。

いずれにせよ第二次調査の結果、地点一五〇、理論発電能力二九三万六七一七kW（発電能力二二〇万二五三九kW）という、第一次調査結果の五〇倍もの規模の水力発電包蔵能力があることが分かった。これにより総督府は、第一次調査での水力発電に対する悲観的見通しを完全に覆し、豊富な水力電源の開発を通じた朝鮮の産業化計画に対し、楽観的な見通しを下せるようになった。また、第二次調査を通じて総督府は、朝鮮の電源開発に対する政策方針を完全に転換した。これを機に、その後のすべての電気事業を民間に任せず、政府主導の公営体制にすべきという要望が沸き起こり、電気業に対する一大政策基調の転換をもたらした。

第三次電源調査：一九三六年から六か年計画事業として実施された。一九三一年の満州事変以

降、朝鮮・満州国境地帯に対する共同開発の必要性が提起されたことによる。まずは国境を流れる鴨緑江・豆満江の水資源関連の調査を行った。この二つの大河の本流に関する基礎データを得るのが目的であった。そのほか、朝鮮内の大河川の中・下流地域における巨大ダム（ハイダム）発電方式に対する可能性や、ハイダムの築造を通じた水量増加をもたらす発電方式の可能性を検討、付随的にダム地点の地質や経済的価値（建設および発電単価の算定など）に関する調査も同時に進めた。

この調査は、途中、諸事情により当初の六年で終わらず、一九四四年になってようやく完了する。この調査により、地点一五四か所、包蔵水量六四三万六六〇〇kWもの大規模な電源を確認することができた。包蔵水力基準では、第二次調査時の最大発電能力（二二〇万二五三九kW）のほぼ三倍増である。これをさらに両大国境の河川のものとその他の群小河川のものに分けると、前者が二五三万五一〇〇kWで三九・四％、後者が三九〇万一五〇〇kWで六〇・六％であった（韓国電力公社、一九九八：三一三頁）。第三次電源調査の特徴は、調査地点選定から地質、気象、付近の森林状態に至るまで各地域の自然的特性を調査し、次に本調査として河川の各種流量調査を行うという二段階の調査から成っていたことである。ここからさらに次の二つの特徴を引き出せる。

（一）地点選定のための基本要素は、河川の流量と落差の大きさという二つである。これには精密な地形調査が必須であり、地質や気候などの自然的条件も含まれるが、一、二年の実績だけでは正確な評価は難しい。よって、少なくとも数年以上の長期にわたる調査が行われた。

（二）韓国の地形・地勢上の特徴は、脊梁山脈が東海に連なって延びている。ほとんどの大きな川は東北部高山地帯から黄海のほうに流れることを考えると、大規模な発電のためには河川の流域を人為的に変更するための「ハイダム方式」を選ぶしかなく、それにふさわしい特殊な工法を開発しなければならない。例えば、雨期に氾濫する豊水量をうまく貯蔵・調節し、再利用できるような大規模貯水池を作り、渇水期の不足流量を補うと同時に最大限の高い落差を利用できるような方法である。その代表的な事例が、国境河川の鴨緑江（本流）流域に建設された水豊発電所である[7]。

これは大容量貯水池の効能を極大化する方式で発電量の増大をもたらし、予期せぬ電力需要をカバーし、電力の常時化にも寄与した。その他の波及効果としては、水害地域に対する洪水の予防、農業用灌漑事業の発展、工業用水をはじめとする各種産業用水問題の解決などである。

(2)総合的評価

総督府の主管で三回にわたって行われた朝鮮の水力電源に対する実態調査の結果は、どうであったか。当初の予想以上に大規模であり、非常に良質な水資源を莫大に包蔵していることが確認できた。鴨緑江・豆満江の国境河川を含み、総包蔵水力は四八地点、三七三七千kWであり、可能な発電量は年間約一九五一万五〇〇〇mW（一九四五年八月現在）に達した。これらを開発段階別に分けると、①すでに開発されたものが二九地点、総発電力一七四五千kW、②開発工事中のも

7）水豊発電所の規模は、堤高106.4ｍ、ダム容量3.231千㎥、総貯水容量11600百万㎥（有効貯水容量76億㎥）であり、当時世界最大といわれていた米国のフーバーダムやグランドクーリーダムの規模に匹敵する。その技術水準も、軍事機密保護の関係で外部に知られていないだけで、世界最先端の水準であったといえる——同編纂委員会,『朝鮮電気事業史』, 1981, pp.119～123, pp.126～127参照.

図4-1　主要発電所別発電量の構成

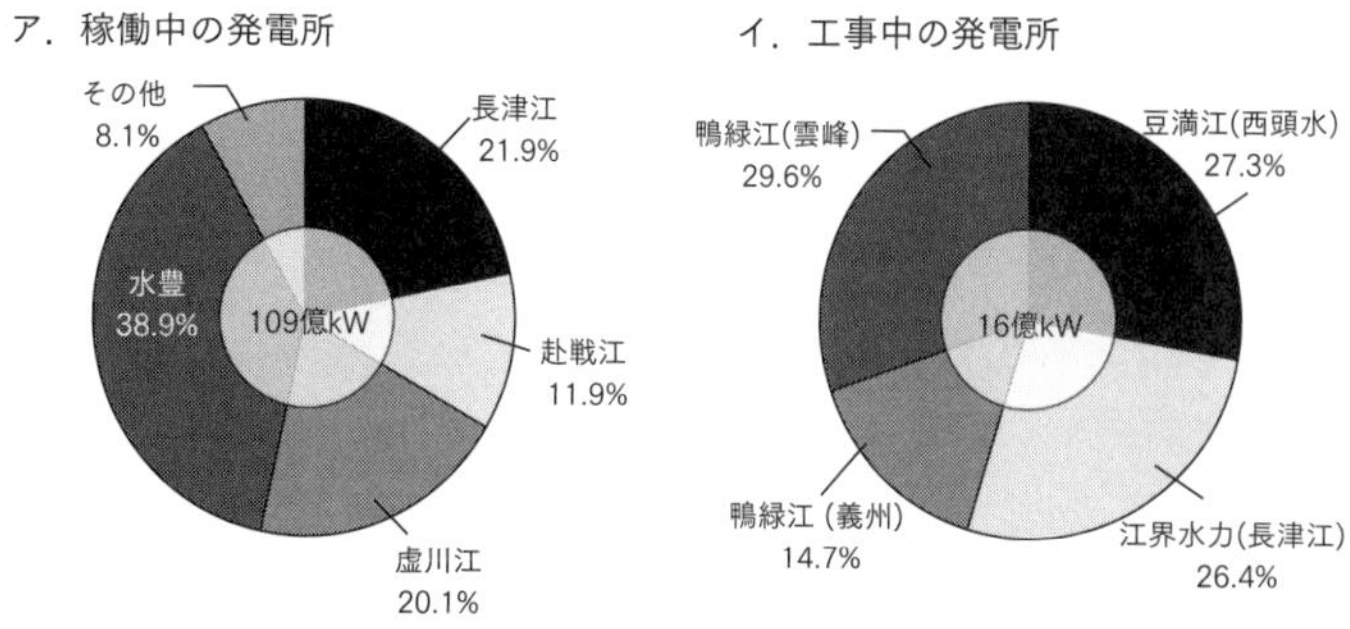

のが一〇地点、総発電力一三四七千kW、③開発許可は得ているが未着工のものが九地点、総発電力六四五千kW。

　これらの包蔵水力は、八割が北側に偏在している。一地点あたりの平均発電力が一〇万kWに達し、当時の日本の平均発電力七〇〇〇kWと比べると一四倍以上も大きく、「規模の経済（economy of scale）」の側面で、朝鮮の水力発電がいかに有利な自然条件を備えているかを確認できた（前掲書、一二八頁）。以上を念頭に置き、総督府が調査した朝鮮の水資源の各水系別、地点別水力発電能力の分布状況をまとめてみよう。

　水源に関する調査はすでに完了しているが、当局から開発許可が下りていない水力地点や、地図上に水力地点を指定しただけの状態のものも含めると、解放当時の水力資源の規模はさらに拡大するであろう。水力地点としては、前記の開発許可を受けている四八か所から大幅増の一五四か所となり、全包蔵水力では前者の三七三七mWに比べて約七〇%増の六四三七mWに達する。可能発電量基準もまた一九兆五一五〇億kWhから三二兆六〇四〇億kWhへと大きく増加する。韓国は解放当時、莫大な規模の天然の水力資源を内蔵していたことになる。

3．発電事業の展開過程

⑴水力発電所の建設過程

日政時代における水力電源に関する探査作業は、国家機関（総督府）が直接行ったが、発電所建設や送配電事業などの電気事業自体はあくまでも民間部門が担当するという二元的システムで成っていた。民間の発電事業自体も、最初から電気業を専業とする企業ではなく、電気を大量に消費する産業である化学工業、金属工業、非鉄金属などを運営する大企業が、自家消費電力を自ら調達するための付帯事業として発電所を建設したケースがほとんどであった。

例えば、日本窒素肥料株式会社（日窒）は、大規模な窒素肥料工場を建設する際に、所要電力を自ら調達する計画も同時に立てて事業を始めた。鴨緑江の支流である赴戦江を利用して水力電気を開発するために、一九二六年、資本金二〇百万円の朝鮮水力電気株式会社を設立したのである。近代的な発電所建設の嚆矢ともいえる日窒の赴戦江発電所建設計画は、総工費五五〇〇万円を投入し、黄海方面に流れる赴戦江の流れを反対側の東海に変えるという流域変更方式で建設された最初の発電所であった。この工法は史上初めての試みであり、技術的に多くのリスクを抱えていた。さまざまな難関にぶつかりながらも最後には克服し、一九二九年、初めて発電に成功する。一九三二年までに四地点、総発電力二〇万七〇〇〇kW、年間発電量一二億kWを誇る大規模な発電所を完工させるという快挙を成し遂げた。もちろん、ここから出る電力は全量、興南窒素肥料株式会社の需要に充てられた。

日窒はまた、同じ鴨緑江支流の長津江を開発するため、一九三三年に資本金二〇百万円で長津江水力電気株式会社を設立した。総工費六五〇〇万円を投入、前述の赴戦江の水力よりもはるかに大きな規模で、総発電力三三万四〇〇〇kW（発電所四か所）、年間発電量二四億kWに達する第二発電所の建設に成功する。長津江水力から出る電力も、本来は自社の需要に充てる目的であった。しかし、日窒は一九三五年、遠距離送電のために朝鮮送電株式会社を設立し、その一部を東側の興南から西側の平壌にまで送電した。これにより日窒は、北韓の内部にかぎってではあるが、電力の東西交流を成し遂げることができた。

日窒の第三の発電所建設計画は、鴨緑江水系である虚川江の水力開発であった。一九三七年、長津江水力電気株式会社を資本金七〇百万株に大きく増資し、社名も朝鮮水力電気株式会社に変え、四地点、総発電力三三万八八〇〇kW、年間発電量二二億kW規模という大規模な発電所の建設に成功した。

かくして日窒は自社の事業上の必要に応じ、関連産業として電気業の開発に乗り出した。赴戦江、長津江、虚川江の三つの水系の総発電電力（一二地点）九〇万kW、年間発電量六〇億kWもの大規模な発電所の建設に成功し、初期段階に停滞していた朝鮮の電気業の発展において奇蹟ともいうべき偉業を成し遂げたのである。日窒によるこの先駆的な流域変更方式という新規工法の導入は、世界の水力発電史において一つの明確な道標を示した。興南窒素肥料株式会社を中心とする日窒の総合的な電気化学鉱業コンビナートの開発においても、先駆的な役割を果たしたといえる。ともあれ、これら三つの水系が同時に発電所建設に成功したことは、咸鏡南道（東海）方面に伸びた鴨緑江支流地域を朝鮮の「電気の聖地」にしたものと評価したい。

もうひとつ特記しておきたい水力発電事業といえば、鴨緑江水系の水豊発電所建設プロジェクトである。すでに指摘したとおり、水豊発電所の開発は地理的条件上、朝鮮側の単独事業として進めるのは難しく、朝鮮と満州との共同開発プロジェクトとして推進された。その開発に伴う義務や責任はもとより、開発後の権益（電力の使用）分配においても双方が折半するという条件であった。七地点にそれぞれ一〇万kW、七つの発電所を段階的に建設する計画を立て、一九四一年八月、発電に一部成功し、計画どおり朝鮮と満州側にそれぞれ一〇万kWの送電が行われた。解放当時までに六地点で六〇万kWの発電施設を完成させた[8]。水豊発電所の建設が終わるころ、鴨緑江上流の雲峰発電所（五〇万kW）と下流の義州発電所（二〇万kW）という二大発電所の建設計画に着手したが、戦時下という情勢もあって進まず、解放を迎えることになる。

このころは水力発電のための電源開発事業が、全国各地で活発に展開されていた。一九四〇年には豆満江上流の富寧水力による三地点、発電能力二万八〇〇〇kWの小規模発電所建設に成功、南側も漢江水系を中心に一九四四年に華川発電所八万一〇〇〇kW、清平発電所三万九六〇〇kW、合計一二万六〇〇kWの水力発電所を建設した。火力発電の分野でも、江原道三陟《サムチョク》・寧越《ヨンウォル》地方の豊富な無煙炭生産により、一〇万七〇〇〇kWの寧越火力発電所が建設され、一九三七年から稼働した。これにより火力発電においても、韓国最初の近代的で大規模な発電所を持つことになった。

8）水豊発電所は当初、発電機7基の製作を計画し、伊藤忠に5基、ドイツのシーメンス社に2基発注した。シーメンス社2基のうち1基が第二次世界大戦の影響で間に合わず、残り6基（60万kW）のみ完工することになった。

一九二六年六月に日窒が赴戦江第一発電所建設に着工してから、一九四五年八月の解放までの一九年間における近代的発電所建設事業の成果でいえば、この期間、水力発電を中心に莫大な規模の発電能力が開発された。水力電力が発電所二五か所、発電能力一六三万三四〇kWで、全体発電能力（一七三万七三四〇kW）の九三・八％を占めているのに対し、火力電力の場合はわずか六・二％の一〇万七〇〇〇kWにとどまっていて、水力中心構造であることが特徴である。これを南北に分けると、北側が八三・二％と圧倒的に多く、南側が一六・八％と、北韓中心の地域偏重現象であることが、もうひとつの特徴といえる。とにかく、これらの水力・火力発電所をすべて合わせた南北朝鮮の総可能発電量は約一一四億kWhに達する（『朝鮮電気事業史』、一九八一：二二二～二二三頁）。

(2)新規水力発電方式の開発と応用

日政時代のわずか二〇年足らず（一九二六～四四年）で、非常に多くの大規模水力発電所が建設された。これは、朝鮮の地形・地勢や降雨量など、自然的特性に合った特殊な発電方式を創案し、現実に合わせて活用できたからこそ可能になった。

朝鮮の気候はというと、年間降雨量はそれほど多くなく、降雨量の六七％が夏の雨期に集中している。雨期（豊水期）と乾期（渇水期）の降雨量に大きな差があるため、雨期の降雨量をそのまま川や海に流してしまうのは惜しい。冬の渇水期のために貯蔵できるよう、できるだけ巨大なダムを構築し、大規模な貯水池を造成しなければならない。

また地形・地勢は、東海岸に沿って南北に高い山脈（太白山脈）が伸びていて、ほとんどの河川がこれらの山脈の高山地帯から発源し、黄海側に平らに流れている。例えば、朝鮮・満州国境の鴨緑江をはじめとし、清川江、大同江、漢江、錦江など、比較的規模の大きな河川の大部分がそうである。西側の平野地帯をゆっくりと流れているため、水の落差が小さく、急勾配（水流）が見つからないという共通点が、これらの河川にはある。

このような自然的特性に合った特殊な電源開発方式とは何か。朝鮮の降雨量や地形・地勢など、自然的特性を十分に考慮して創案された発電方式である。「流域変更方式」と呼ばれ、川の流れる方向やその流域を逆にすることで発電を可能にした。これについて具体的に説明しよう。

川の上流部に大規模な貯水池を作り、トンネルを利用して、水路を従来の西側から逆の東側に向かって流れるようにすると、そこに大きな落差ができる。この落差を利用することで、安価で豊富な電力を作り出すことができる。地形上、西側に流れる水流を東側に変えることで急勾配の落差を利用できるという、奇抜で斬新な発電方式といえる。分水嶺を貫通する水路を長くすればするほど、水路を通じた落差を利用した、より大規模な発電が可能になる。発電コストを下げられることで規模の経済を享受でき、電力消費者にも良質の電力を豊富に安価で供給できるようになるのである[9]。

この流域変更方式で建設された発電所としては、日窒が開発した鴨緑江水系の赴戦江、長津江、虚川江の三大発電所が挙げられ、その他豆満江水系の富寧発電所も含まれる。一九四五年の解放当時、これら四つの発電所の施設能力は計一五地点、発電能力九〇万一五〇〇kWであった。工事

9）前記三つの発電所の建設単価および発電原価は、①赴戦江：kWあたり建設単価251円、kWhあたり発電原価4銭5厘、②長津江：kWあたり単価200円、kWhあたり原価2銭9厘、③虚川江：kWあたり単価520円、kWhあたり原価8銭1厘で、鴨緑江の水豊発電所は前者が344円、後者が5銭4厘であった（『朝鮮電気事業史』, 1981, p.329）。朝鮮のこのような発電単価は日本の3分の1であり、非常に安価であった。

表4-1　流域変更方式による発電所建設の概要（1945年8月基準）

	水系別	流域面積 (㎢)	有効貯水量 (×106㎥)*	水路延長 (m)	総有効落差 (m)	発電所出力 (kW)*
完工	赴戦江（鴨緑江）	814.47	496.9 (3)	45,972	1,072.83	200,700 (4)
	長津江（〃）	1,700.00	896.4 (2)	44,667	893.10	334,000 (4)
	虚川江（〃）	2,479.00	894.0 (4)	62,577	868.40	338,800 (4)
	富寧（豆満江）	224.00	51.4 (1)	19,641	613.30	28,000 (3)
	小計	5,217.47	2,338.7 (10)			901,500 (15)
工事中	江界（鴨緑江）	1,444.81	677.7 (1)	49,655	590.25	218,900 (3)
	西頭水（豆満江）	911.90	340.4 (1)	71,624	779.60	308,400 (3)
	蟾津江 水力	763.00	426.0 (1)	7,531	154.00	28,800 (1)
	小計	4,119.70	1,444,1 (3)			555,300 (7)
合計		9,337.17	3,782.8 (13)			1,456,800 (22)

資料:『朝鮮電気事業史』, p. 242.

注:*有効貯水量の( )は貯水池数、発電所出力の( )内は水力地点の数

が進行中であったものは①豆満江水系の西頭水水力②鴨緑江の支流を流域変更した江界水力③南部地域では蟾津江水力(全南)であり、発電能力(計画)は計七地点、五五万五三〇〇kWであった(〈表4−1〉参照)。

以上の「流域変更方式」とともに、もうひとつ特殊な発電方式として「大規模ダム建設方式」が挙げられる。前述したように、朝鮮の大河は国境を流れる鴨緑江をはじめとし、ほとんどが東側の脊梁山脈など白頭《ベクトゥ》大幹《デガン》の高地で発源し、西方に流れる特性を持つ。支流は別として本流の場合、河川の中・下流部分には、大規模なダム建設とともに発電に適した地点も少なからず見られる。ダム方式の発電のためには、一般的に河川の流域面積ができるだけ広く、貯水や使用水量も多くなくてはならない。この方式による代表的な発電所は鴨緑江の水豊ダム、漢江水系の華川と清平ダムで、これら三つの総出力規模は八二万六〇〇kWである。解放当時、この工事中であった発電所は、鴨緑江本流の雲峰(上流地域)と義州(下流地域)の二つと、鴨緑江支流の禿魯江発電所の三つが代表として挙げられる。総出力

表4-2　大規模ダム式発電所の建設概要（1945年8月基準）

	水系別	流域面積（㎢）	有効貯水量（×106㎥）*	使用数量（最大，㎥/sec）	総有効落差（m）	発電所出力（kW）*
完工	水豊（鴨緑江）	45,535	7,600.0	990.00	93.0	700,000
	華川（漢江）	4,145	541.0	131.31	70.6	81,000
	清平（漢江）	10,138	82.6	182.00	26.0	39,600
	小計	59,818	8,223.6			820,600
工事中	雲峰（鴨緑江）	17,211	3,000.0	550.00	115.3	500,000
	義州（鴨緑江）	48,163	56.0	1,200.00	20.3	200,000
	禿魯江（など支流）	5,105.7	433.0	200.00	51.7	86,100
	小計	70,479.7	3,489.0			786,100
合計		130,297.7	11,712.6			1,606.700

資料：<表4-1>と同一，p. 243参照．

規模は、前述の三つの発電所に匹敵する七八万六一〇〇kWとされている（〈表4－2〉参照）。

大規模ダム建設方式と関連し、中部地域にある漢江水系の華川・清平発電所の建設過程に関して、少し説明を付け加える。水力資源の八割以上が北部地域に偏在する中、一九三〇年代には京仁地域における重化学工業中心の急速な工業化とともに人口が急増し、産業用・家庭用電力の需要も急増した。これら南部地域で必要な電力は、はるか遠くにある鴨緑江水系（支流）の赴戦江、長津江、虚川江などの発電所から引き込むしかなかった。

総督府はこのような困難を克服するため、南部地域の電力需要は北部地域に依存し続けるのではなく、南部独自で電源を開発することで解決する道を模索した。さらにこのころ、日本高周波重工業株式会社が大規模な仁川工場建設計画を発表すると、これがまた南部地域における発電所建設をあおる大きな契機となった。同社が必要とする莫大な電力需要をどのように解決するかという問題が当然生じて、一九三九年に朝鮮殖産銀行の主導により「漢江水力電気株式会社」が設立される[10)]。その第一期事業として北漢江水系である華川・清平の二大発電所建設計画が本格的に推進された。

10）1939年2月、公称資本金2500万円（払込資本金1250万円）、最大出力12万kWの開発などを目標に設立された漢江水力電気株式会社は、資本金の約95％を殖銀、京春鉄道、貯蓄銀行など朝鮮内機関投資家の出資で賄うことになっていた。さらに、朝鮮人資本家3人が重役として参加するなど、朝鮮人中心に作られた、当時としては非常に特殊な会社であった――同編纂委員会，『朝鮮電気事業史』，1981，p.227参照．

しかし、この発電所建設計画は、戦時下という時局のせいで遅れ続け、一九四三年の時点での完成率は清平九九％、華川八五％程度であった。電気関連事業はすべて国家管理体制に統合されたため、既存の事業主体である漢江水力電気株式会社は、新たに設立された朝鮮電業株式会社に強制的に吸収された。なお、これらの建設計画は、朝鮮電業株式会社によって一九四四年にようやく完成する（華川は一部未完）。いずれにせよ、この二つの発電所は、一九三七年に建設された寧越火力とともに、解放後、南韓に残ったわずかな主要電力供給源としての機能をそれなりに果たしていた。

(3)国境河川（鴨緑江・豆満江）の電源開発

水豊発電所開発計画：前述したように、赴戦江、長津江、虚川江の三大河川を利用した流域変更方式の発電所建設は、西に流れる鴨緑江の支流を東に変える方式で行われた。当時、これら三大発電所は規模や技術の面で東洋一を誇り、最新式の発電モデルであった。しかし、もし鴨緑江本流を利用するようになれば、水量やその他諸条件を見るかぎり、少なくともこの数倍以上の大規模な発電所建設が可能になるとの見通しが、総督府の水資源調査（第二、三次）の結果で分かった。

これと関連して、一九三〇年代後半、鴨緑江本流による発電所建設計画があちこちで競うように推進された。この鴨緑江――豆満江も含む――流域は、朝鮮・満州国境を分ける大規模河川であるうえ、その大部分が前人未踏の原始林に覆われた密林地域である。

朝鮮（総督府）と満州国は一九三七年、鴨緑江流域に対する共同開発計画を立てた。その開発の中核事業は、鴨緑江の流水を利用した発電能力七〇万kWという東洋最大の水力発電所建設計画であった。しかし、克服すべき難関は一つや二つではなかった。まず朝鮮と満州の当局間で、政治的に開発の合意が行われなければならない。それよりも根本的な問題は、こうした太古の原生林を征服し、大規模なダム式発電所の工事を成し遂げられる技術があるかどうかであった。当時の日本の土木工事、特に堰堤築造技術レベルは、果たしてこのような前代未聞の巨大ダム工事に耐えられるのかという疑問が湧き起こる。

このような根本的な技術問題に対する疑問はあったが、朝鮮と満州はひとまず共同開発の原則に合意した。そのための事業主体として、双方で同一名の「朝鮮満州鴨緑江水力発電株式会社」の設立を決め、開発に伴うすべての権利と義務を双方が折半するという基本原則にも合意した。しかし、具体的に解決すべき事案は山積みであった。国境という障壁により、統治主体が互いに異なることが一番の障害であった。相互の利害関係を調整し合意を導き出すことは、非常に難しかった。技術的にも、例えば双方の使用していた周波数が異なり――朝鮮は六〇ヘルツ、満州は五〇ヘルツ――、まずはこれを統一すべきであるが、それほど単純な問題ではなかった。いずれにしても、双方の間で共同の電源開発事業に対する行政の一元化を実現することは、――特に満州側の事情により――容易ではなかった[11]。

しかし一九三七年八月、さまざまな困難を克服し、双方はそれぞれ京城と新京（いまの長春）に公称資本金五〇〇〇万円の朝鮮満州鴨緑江水力発電株式会社を設立することで合意した。運営

11）朝鮮側は電気行政をはじめ、すべての行政体系が朝鮮総督府に一元化され、行政的に特に問題はなかった。しかし満州側は、行政府（日本官僚）と関東軍司令部という二つの主体が併存し、両者間の事前合意が難しかった。

上の摩擦を防いで運営効率を極大化するため、会社（法人）は二つであるが、社長以下の経営陣はすべて同じ人物で構成することにした。法人の名前を別々にしただけで、実際の人的構成は一つの法人も同然といえる特殊な組織の会社を作ったのである。具体的には、両社の代表者（名称は朝鮮側は社長、満州側は理事長）はどちらも日窒（興南窒素）の代表・野口遵《したがう》が務め、その他九人の経営陣の構成も同じであった[12]。

鴨緑江開発に伴う以上のような基本骨格を確立すると、朝鮮総督府は総督府内に「鴨緑江開発委員会」という特別機構を直ちに設置し、鴨緑江流域に対する地質調査目的の特別予算を編成するなど、可能なかぎりすべての支援を行うことを決めた。日本政府にとっても一度も経験したことのない事業であり、先端技術が求められる初めての国策事業であるため、開発主体の日窒が保有する技術陣だけでなく、日本全国から電気・土木系統の最高技術陣を総動員する形で行われた。

全八か所の水力地点の中で最も規模が大きく、さまざまな面で代表的なケースといえる水豊地点をまず開発すると決め、一九三七年一〇月、第一段階の工事に着手した。万端の準備を整えて着手したが、時期的に中日戦争の勃発と時を同じくし、その後すぐに太平洋戦争が起きたため、人員の動員はもちろん原資財の調達などにおいても非常に困難な状況に置かれた。また想定外の気候条件、例えば冬の極寒や結氷現象、夏の大規模な洪水など、克服しがたい自然的条件が一つや二つではなかった。さまざまな困難を経て、四年後の一九四一年八月には発電機二基（第一、二号機）の試運転が開始され、当初の計画どおり、朝鮮と満州にそれぞれ一〇万kWずつの送電が可能となった。一九四四年二月までに、残り五基のうち四基が竣工し、計六基、六〇万kWに及ぶ

12）代表者は両社とも日窒の野口遵が務め、常務取締役の久保田遵をはじめとする九人の経営陣もすべて同じ構成であったため両社は「一卵性双生児」または「頭の二つ付いた蛇」などと皮肉られた。

大規模な施設能力を備えた最新式の発電所が完成した[13]。

最初は施設容量一〇万kW、発電機七基、計七〇万kWの発電所を建設する計画であったが、ドイツのシーメンス社に発注した第五号機が都合により導入できず、六基のみの建設に終わったため、水豊発電所の総施設能力は六〇万kWにとどまった。一九三七年一〇月から一九四四年二月までの六年五か月にわたり展開された、名実ともに東洋最大の水力発電所建設計画であった。この事業の完成には、一日に最大一万人、延べ二〇〇〇万人が動員され、総工費二億三七〇〇万円が投入された。世界的に見ても、二〇世紀前半の超大型土木・建設工事であったといっても過言ではない[14]。

水豊発電所の威容：水豊発電所はダムの規模や発電所の施設内容、発電量の大きさなどの面で、日本国内では類を見ない特出した規模と設計を備えていた。そればかりか、世界的に見ても、一九三〇年に大恐慌の対策として実施した米国ルーズベルト大統領の「ニューディール政策（New Deal Policy）」の一環であったＴＶＡ（テネシー川流域開発公社）の「フーバーダム」に匹敵するプロジェクトであった。水豊発電所は日本の既存の水力発電所と比較して、次のような優越性を持っていた。

第一に、発電単位が非常に大きいこと。大規模な発電単位は大規模な電力を出力でき、大規模な出力は一kWあたりの建設費を節約できるだけでなく、安価な発電単価は他の電気化学工業のような関連産業の発展を促進させられる。

13）計六基の発電機別の発電開始日は以下のとおりである。
第1号機：1941年8月26日、第2号機：1941年9月1日、第3号機：1942年4月8日、第6号機：1943年2月6日、第4号機：1944年1月25日、第7号機：1944年2月7日。ただし残りの第5号機は未建設。
14）水豊発電所の建設工事は日本にとって非常に重要なプロジェクトであった。国

第二に、大規模な貯水池を利用する発電方式は、流量の調節を通じて常時電力が維持できるため、渇水期にも別途で火力補充を必要としないこと。

第三に、水力資源の調査結果によると、将来の電源を開発するための余分な包蔵水力を十分に保有していること。そんな余力が全くない既存の発電所に比べて、これは非常に有利な自然的条件といわざるをえない。

第四に、火力の場合は炭田開発と並行して進めることができるという点で、燃料炭を最も有効に利用できるので、大規模な発電所が建設できたこと。需要地により分散建設が避けられず燃料炭の問題で常に悩んでいた日本と比較すると、相対的に大きな利点である（資料四（第一四章）、六〇〜六一頁参照）。

では、水豊ダムを米国のＴＶＡのフーバーダムと比較してみよう。米国が世界に誇るフーバーダムの発電量は、水力一二二億kWh、火力四三億kWhで、合計一六五億kWh（ただし、陸軍工廠など三二億kWhを除く）とされている。これに対し、一九四五年八月、水豊発電所をはじめとする赴戦江、長津江、虚川江などを含む鴨緑江の本・支流の総発電量は、――所要資機材が正常に調達できるという前提で――約一五〇億kWhに達し、フーバーダムの一六五億kWhとほぼ同等の水準である。ここからも朝鮮・満州国境を流れる鴨緑江流域で行われた水力発電の威容がどの程度であったかを十分に推し量ることができる（『朝鮮電気事業史』、五五一〜五五四頁）。

雲峰発電所と義州発電所：以上が鴨緑江本流で行われた第一段階の水豊発電所建設プロジェク

を挙げて同事業を讃える意味で「鴨緑江水電の歌」という歌（3番）まで作り、普及させていたほどである――前掲書，p.372, 395, pp.440〜441参照．

トの経緯である。第一段階がおおむね完了すると、鴨緑江（本流）での第二段階の電源開発事業が進められた。ここではまず次の二つの地点が選ばれ、開発に着手することになる。鴨緑江上流の雲峰発電所と下流の義州発電所であった。一九四二年という戦時下であり、時局は厳しかった。しかし、雲峰発電所は水路の長さや落差の大きさなど、客観的条件が非常に良好であったため、水豊発電所に次ぐほどの大規模な施設能力（五〇万kW）のプロジェクトとして始めた。工事に必要な各種機械施設も、水豊ダム建設時代のものを借用する形となり、建設の原価面でも大きな利点があった。しかし、不幸にも未完成のまま終戦を迎えることになる。

後者の義州発電所（施設能力二〇万kW）は鴨緑江下流に位置する。前出の〈表4－2〉で見るように、流域面積四万八〇〇〇㎢に及ぶ莫大な流量をどのように調節するかという問題が重要課題となった。また、夏場の洪水調節問題など、技術的に解決すべき難題も山積みであった。そのため、平常時の設計図と夏の洪水時の設計図をそれぞれ別個に作らなくてはならなかった。このように難問が多かったため、雲峰発電所と比べて相対的に工事は進まず、一九四五年八月、基礎的な掘削作業がようやく完了した段階で工事は中断される。

豆満江流域開発計画：では、もうひとつの国境河川である豆満江（中国名・図們江）流域の電源開発事業は、どのように進められたのか。鴨緑江とは異なり、豆満江は朝鮮・満州両国だけではなく、下流はロシアの国境を流れている。三か国間の国境河川であることが、自由な開発を困難にする要因として作用した。日・露・満三国間の関係が良くなかったため、ロシアも含めた三国間の共同開発を推進するなどということは、発想自体が困難であった。こうした中、一九三四年、三菱財閥は所有する茂山鉄鋼の開発問題と関連し、豆満江開発計画書をすでに総督府に提出していた。一九三六年、三菱は同地域の総合開発計画の一環として豆満江支流（城川水、輸城川、西頭水など）を利用し、富寧水力と西頭水水力という二つの発電所建設に着手した。富寧水力は施設能力二八千kWで、一九四五年八月以前に完成していた。西頭水水力は施設能力三一二千kWに達する大規模な工事であり、全工程の約四〇％を終えた状態で終戦を迎えた。鴨緑江のケースとは異なり、豆満江流域においては、このように三菱財閥という民間企業による独自の電源開発計画が早くから推進されたことで、結果的にその後の政府レベルでの豆満江流域に対する総合的な電源開発計画樹立をさらに困難とする障害として作用した。

4. 電源開発の波及効果

一九三〇年に赴戦江第一発電所が稼動して近代的な水力発電が始まってから、一九四四年の水豊発電所の第七号機発電所稼動に至るまでの一五年間、朝鮮では水力・火力を問わず「電気革命期」と呼べるほどの驚異的な電源開発ブームが起きた。一九二〇年代末までの朝鮮の電力事情は、水力電気といえば金剛山電鉄による一万三五七〇kW程度の自家発電しかなかった。もちろん、このほかにも小規模企業や鉱山などが行う自家消費用の発電も時々あったが、そのほとんどが汽力やディーゼルなどを利用した火力発電であり、施設能力もわずか三万三〇〇〇kW程度であった。

しかし、それは産業用電力需要を賄う以前に、主に都市部における家庭用電灯用として供給されていたものと見るべきである。

こうした状況で一九三〇年代、鴨緑江支流の赴戦江、長津江、許川江などで流域変更方式の大規模な水力発電に成功したのは、画期的な事件であった。続いて、国境河川（鴨緑江）本流に対するハイダム築造方式による大規模な水豊発電所建設が成功し、わずか一五年間という短期間で一七三万七〇〇〇kWというとてつもない容量の発電施設を誇るようになったのであるから、「電気革命期」と呼んでも過言ではなかろう。

かといって、すべてが最高の条件で行われたわけではない。何よりも発電構造の面で重要な問題を抱えていた。水力中心に偏重しすぎた発電構造、つまり激しい「水主火従」現象である。地域的な偏差もあった。発電構造が北韓に寄りすぎていたため、南北間にひどい地域差が生じた。このような問題点はあったが、一九三〇年代の飛躍的な電力産業の発展は、電気業だけでなく、電力を必要とするさまざまな関連産業にもプラスの効果をもたらした。

具体的には、最初の近代的な水力発電所といえる赴戦江発電所建設の場合、それによってもたらされた最も重要な波及効果といえば、伝統的な農業中心の朝鮮社会を産業社会に急変させる決定的な契機を作ったことである。良質で安価な電力を十分に供給できる基盤を設けることで、興南（咸南）に東洋一の化学工業団地を造成できた。また、咸鏡道地域に埋蔵された豊富な金、石炭、鉄鉱石などの主要地下資源を、容易かつ大量に開発できる必須条件である動力（エネルギー）問題を解決できたことも、大きな波及効果といわざるをえない。

一九三〇年代後半、長津江および虚川江発電所の相次ぐ竣工により、咸鏡道地域は化学肥料（窒素）工業だけでなく、油脂、鉄鋼、軽金属、化学、カセイソーダ、有機合成工業などの建ち並ぶ大規模な重化学工業団地（コンビナート）を形成するに至った。元山、城津、羅津、雄基など興南近隣地域において、当時珍しかった先端技術を要する機械、金属、非鉄金属、石油などの各種重化学工業が建ち並んだ。それもすべて、重化学工業にとって何よりも大事なエネルギー問題が解決できたからである。

こうして咸鏡道一帯は水力発電によるエネルギー問題が解決することで、大規模な「北鮮工業地帯」を形成し、朝鮮工業全体の心臓部としての役割を果たすことになった。中には、日本内地でも見られない世界的規模の工場や、技術面でも最先端を誇る新式工場まで建設されたという。例えば、興南窒素肥料（硫安）工場をはじめとし、油脂工場、火薬工場、製鉄・製鋼・圧延工場、軽金属（アルミニウム、マグネシウム）製品工場、メタノール合成工場、燃料（液化油）工場などを中心に、いわゆる総合的な「興南電気化学コンビナート」が形成された[15)]。

咸鏡道地方だけでなく黄海道、平安道など西鮮地方においても、鉄鋼やセメント工業などを中心に、電力多消費産業である重化学工業の企業が多く進出した。水豊発電所の建設とともに、豊富な電力を利用する金属（軽金属）、化学、窯業系統の工場が、平安道の鎮南浦、平壌、順川、新義州、多獅島地域などに順次建設され、そのほかにも黄海道の海州、江原道の三陟にもセメント工場やカーバイド工場などが相次いで建設された。このように工業化が進む中、朝鮮電力の消費構造は全体の八〇％が重化学工業中心の産業用に使われ、二〇％が一般の民需用に回されると

15）野口系工場としてはこのほか永安工場（メタノール合成、ホルマリン生産）、阿吾地工場（石炭液化によるガソリン生産）などが挙げられる。これら野口系工場のうち約10か所が、当時の日本内地を含めても最大規模の工場に仲間入りしたほか、世界的にも特に水電解工場は世界第1位、アンモニア合成工場は世界第3位を誇るほどの最先端工業に属する工場があった――前掲書，pp.486～487参照．

いう、産業用中心の消費構造を成していた。電気業の先行的発展が、他の関連産業の発展を誘導する原動力（エンジン）となったのである。

電気業の先行発展がもたらした波及効果は、これにとどまらない。水力資源開発のためには、前人未踏の河川上流や険しい山岳地域のような奥地に、車の通れる道や鉄道をまず敷設することが必須条件となる。周辺の交通の利便性を高めることで、地中に埋まっていた各種の鉱物を採掘できるようにしたり、放置されていた林産物を採取、運搬できるようになったりしたという副次的効果も重要な点である。天然状態のままの鴨緑江流域の原生林開発を可能にし、それを通じて林業を重要な一次産業として発展させたのは、いままで一度も人が足を踏み入れたことのない山間の僻地に、道路と鉄道が敷かれたからであろう。一方、当時の、国際金本位制への復帰とともに、植民地朝鮮に対する産金奨励政策を強化した結果、朝鮮における金鉱業の飛躍的な発展をもたらしたことも、突き詰めれば産金用電力の供給が十分にあったからといえる。

この他、大規模な発電用貯水池を作ることによって可能になった付随効果も無視できない。例えば、夏場の慢性的な洪水被害を予防できるようになったこと、農村での幅広い灌漑事業を通じて、当面の農業用水はもとより、工業用水まで供給が可能になったことなどである。

結論として、一九三〇代の朝鮮における電気業の発展は、それ自体でも大きな産業的意味を持つが、鉱工業や農林業の発展を誘導するだけでなく、交通の利便性、商業の発達、観光の振興に至るまで、それらの持つ付随効果は言い表せないほど大きい。また、多くの人々に近代的な電気文明の恩恵を与えるなど、国民生活を便利にするという福利厚生にも大きな波及効果をもたらした。

5．解放当時の電気事情

(1)発電施設の現況

一九四五年八月の解放当時、日本人の撤収とともに朝鮮に残された電気業関連施設の現況を見てみよう。発電施設だけでなく送・配電施設まで含めた全関連施設を取り上げるべきであるが、資料の不備により、ここでは発電施設のみとする。

次頁〈表４－３〉は解放当時に稼働中であった全国の全発電所の施設現況を、南北の地域別および発電所別にまとめたものである。これによると、全国の発電設備総容量は一九三八千ｋＶＡであり、最大出力は一七二三千kW、平均出力（一九四四年四月～一九四五年三月）は九八五千kWに達する。これを南北の地域別に見ると、施設容量は南一二・四％、北八七・六％、最大出力は南一一・五％、北八八・五％、平均出力は南四・三％、北九五・七％となり、発電施設（容量）や発電量（実績）でも圧倒的に北韓偏重の構造になっている。

全国的な構成は水力九一・二％、火力八・八％であり、前に指摘したように、日政時代の朝鮮の電源開発システムは、徹底した「水主火従」の発電構造または水力一辺倒の発電構造になっていた。火力は南韓地域にのみ三か所、寧越、唐人里、釜山の小規模発電所があったが、首都の唐人里と釜山の二か所は終戦当時、すでに稼働停止状態にあり、寧越発電所だけが何とか稼働している状態であった（〈表４－３〉参照）。

表4-3　解放時における発電所別発電施設・発電量の現況

発電施設／水／火力別	施設容量（kVA）		最大出力（kW）		平均出力（kW）（1944. 4~45. 3）	
ア．北韓 所在						
水豊　（水）	600,000	31.0	540,000	31.3	412,662	42.0
長津江（〃）	371,444	19.2	334,300	19.4	196,458	20.0
赴戦江（〃）	223,000	11.5	200,700	16.3	80,466	8.0
虚川江（〃）	394,000	20.3	354,600	20.5	217,682	22.0
華川　（〃）	60,000	3.1	54,000	3.1	17,102	2.0
富寧　（〃）	35,800	1.5	28,640	1.7	9,137	1.0
金剛山（〃）	12,970	0.9	11,673	0.7	8,775	1.0
小計	1,697,214	87.6	1,523,913	88.5	942,282	95.7
イ．南韓 所在						
清平　（水）	44,000	2.3	39,562	2.3	18,793	1.8
七宝　（〃）	16,000	0.8	14,500	0.8	3,945	0.4
霊岩　（〃）	6,400	0.3	5,120	0.3	1,603	0.2
宝城江（〃）	3,900	0.2	3,100	0.2	836	0.1
寧越　（火）	125,000	6.4	100,000	5.8	17,343	1.8
唐人里（〃）	28,125	1.5	22,500	1.3	-	-
釜山　（〃）	17,500	0.9	14,000	0.8	-	-
小計	240,925	12.4	198,782	11.5	42,520	4.3
ウ．合計*	1,938,139	100.0	1,722,695	100.0	984,802	100.0
水力	1,767,514	91.2	1,585,195	92.1	967,459	98.2
火力	170,625	8.8	136,500	7.9	17,343	1.8

資料：朝鮮電業式会社，『朝鮮電業式会社10年史』，韓国産業銀行調査部，『韓国の産業』，1962年版，pp.32～33より再引用．

注：*済州島200kW、鬱陵島40kWなど小規模な諸島の発電は除く。

このほか、解放当時、工事中だった未完成の発電施設もかなりあった。水力は、鴨緑江本流の水豊発電所第七号機（施設容量一〇万kVA）、鴨緑江上流の雲峰発電所（同五〇万kVA）、同下流の義州発電所（同二〇万kVA）など計八か所、総施設能力一四〇万九四〇〇kVAに達した。これら工事中の発電施設まで含めると、韓国が日本から受け継いだ植民地遺産としての総発電施設の容量は、三三四万七五三九kVAとなる。

(2)電力需給の現況

以上の数値からも分かるように、解放後の南韓の電力事情は「豊穣の中の貧困」、つまり南北全体の電力は豊富であるが南韓は足りないという「構造的矛盾」(paradox of composition) に陥っていた。

解放前年である一九四四年、南韓の総電力需要は八六千kWであったが、そのうち四〇千kWを南韓内の発電で賄い、残り四六千kWを北韓からの送電で賄っていた（『韓国電気一〇〇年史（上）』、三四八〜三四九頁）。

南韓の電力需給構造は、解放後、南北分断によって北韓からの送電がままならなくなると、直ちに破綻してしまう。また、南韓内の火力発電所も諸般の条件の悪化により、唐人里と釜山の二か所は完全に稼働が停止した。寧越発電所だけが稼働していたが、水力のほうも政局の混乱などで原資財の調達が困難になり、正常な稼働ができなくなったことから、南韓の電力不足はますます逼迫していった。

南韓の電力不足は、米国が発電艦を導入したことで何とか持ちこたえていたが、一九四八年五月の北韓による五・一四送電停止[16]によって危機は最悪となる。日政時代、北側中心に行われた発電所建設計画、過度な水力中心の電源開発方式による電力産業の構造的矛盾が、分断された南韓の電力事情をどれほど厳しくしたか、独立後、改めて実感させられることになる。

一夜にして電力飢饉に陥った南韓は、不足する電力をどのように解決したのか。米軍政当局は一九四六年、寧越、唐人里、釜山などの火力発電所を応急修理し、再び発電を可能にした。また緊急で、米国から発電船の導入を推進し、当面の電力を工面した。一九四八年八月の韓国政府樹立とともに、政府は電力不足に関する根本的な対策として、小規模な新規発電所建設を積極的に推進した。

まず木浦に重油発電所（施設容量五mW）を建設し、三陟、京畿道徳沼の火力発電所建設計画、

16）北韓はそれまでも、供給した電力に対する料金支払い問題などを理由に、南韓に対する送電量を任意に縮小、調節してきた。同年5月、韓国が単独政府樹立のための「5・10総選挙」を実施すると、これに言いがかりをつけて北韓は韓国への送電を全面中断した。

蟾津江ダムの拡大工事などを進めていた。ところが、思いがけず六・二五戦争が勃発し、すでに完工していた木浦の重油発電所を除き、残りの発電所の建設計画はすべて中断せざるをえなくなる。六・二五戦争中に、稼働中であった火力発電所すらほとんど破壊され、また発電船（仁川沖に停泊中であったエレクトラ号）が自爆したため、電力事情はさらに悪化した。戦争が小康状態になった一九五一年になると、米国の援助資金で再び小型の発電船を多数導入し、当面の危機を克服する。

Ⅱ　鉱業

1．開港期の鉱業開発と外国人特許制度

(1)韓国鉱業の初期条件

韓国は地下資源が比較的豊富な国とされていたが、具体的にどのような鉱物がどれだけ埋蔵していたかという数値を裏付ける記録文献は、まだ見つかっていない。ただ、歴史的遺物と関連し、三国時代に新羅王室で使われていた金冠や金属製の宮中装飾品、金、銀、銅、鉄などで作られた各種器具類が発掘され、それが海を渡って倭（日本）などと取引された記録がある。三国時代、高麗時代、朝鮮時代の仏教寺院で見られる多くの金銅製仏像や大型の鉄製梵鐘のような遺物を見ると、地下資源が豊富であったと考えられる。

地下資源に対する調査、採掘、事後管理などに関して、歴代朝廷の施策は極めて消極的であった。民間の採掘や利用に対する行政的支援や奨励をするどころか、そのような活動を阻止、抑制するケースのほうが多かったとされている。高麗時代と朝鮮時代には、中国の歴代王朝から金、

銀などの貴金属の朝貢を頻繁に要求されると、朝廷は朝貢の負担をできるだけ減らすため、国内の民間鉱業人に当該鉱物の採掘を控えるよう要求したという。国が国民の鉱物採掘を奨励し支援すべきであるのに、むしろ邪魔をしていたとは情けない。鉱業行政も、鉱山に役人を派遣して産出量を点検し、適当に鉱税を課す程度が精いっぱいであった。

このような環境では、鉱業が一つの産業として発展することなど、とても期待できない。鉱業は相当な規模の資本と技術が求められる産業であることを考えると、昔はさておき、近代の韓国鉱業の実情は十分に察せられる。さまざまな地下資源が豊富に埋蔵されているにもかかわらず、手っ取り早く採取できる砂金くらいしか産出されていない。朝鮮の鉱業政策は、鉱物が地中で安らかに眠れるように放置していた[17]。

このような実情は一八七六年に門戸を開くまで続いた。門戸を開放するやいなや、日本や西欧列強が押し寄せてきて、各種の経済的利権争奪戦を繰り広げたことで事態は急変する。利権を先占するための列強の進出は、鉄道敷設や森林開発などの分野における利権の確保、朝鮮に埋蔵される主要鉱物に対する鉱山採掘権の獲得という二つであった。一八八〇年代から始まったこのような利権争奪戦は、後者の鉱物採掘では真っ先に金鉱採掘権の争奪で触発された。金鉱はこのころ、すでに外国の専門機関によって埋蔵状態が調査され、その採掘の経済性に楽観的な評価が下っていた。

17）山口精編著,『朝鮮産業誌』（上）, 1910, 第三編（鉱業）参照.

(2)外国人の鉱業権特許制度

朝鮮王室は、当面の国家財産を確保するという名分を掲げ、一八九六年、国内最大規模の金鉱である雲山鉱山（平安北道）の採掘許可権を米国人モース（J. R. Morse）に許可する。これを皮切りに、ロシア、ドイツ、フランス、イタリア、日本などに対しても、さまざまな種類の鉱山採掘権を許可した。許可件数は増え続け、日本による一九一〇年の韓国併合当時、大韓帝国時代の国内鉱山採掘の特許件数はなんと四一件に上っていた。国別分布（事例）は次頁〈表４－４〉に示すように、英国、米国人が多く、その他ドイツ人、フランス人、イタリア人、日本人など多様な構成になっている。鉱種は金鉱が圧倒的に多く、その他砂金、銅鉱などが続いた。

では、外国人に出した採掘の許可条件とは、どのような内容なのか。ケースごとに異なるが、以下の二点は必ず含まれていた。

（一）採掘の特許期間を事業開始日から二五～三五年間という長期で設定、契約締結後一年以内に事業に着手しなければならない。

（二）特許料の支払条件は、最初から一定して付けられてはいなかったが、年間鉱産額の一〇〇分の一を鉱山税、鉱区の大きさによる鉱区税を納付する。

最初に特許を出した国内最大規模である雲山金鉱には、特別に株式の二五％を朝鮮王室に寄贈するという条件が含まれていた。また必要とあらば、政府が官吏を派遣して会社の帳簿などを検査できる権限まで持つなど、朝廷は自己の権益を守るため、かなり厳しい条件を付与した。それは、これらの鉱山のほとんどが朝鮮王室（宮内府）の所管であり、鉱山の所有権や許可権を行使

表4-4　大韓帝国期の外国人に対する鉱山開発権特許（事例）

許可年月	鋼種	鉱山名	国籍
1896. 4月	金鉱	雲山鉱山（平北）	米国
〃	炭鉱	鍾城鉱山（咸北）*	ロシア
1897. 4月	金鉱	金城鉱山（江原）	ドイツ
1898. 5月	金鉱	殷山鉱山（平南）	英国
1900. 8月	金鉱	稷山鉱山（忠南）	日本
1901. 6月	金/銅鉱	昌城鉱山（平北）	フランス
1905. 3月	金/銅鉱	厚昌鉱山（平北）	イタリア
1905.11月	金鉱	遂安鉱山（黄海）	英国
1908. 6月	銅鉱	甲山鉱山（咸南）	米国

資料：「資料四」（第一三章），pp.70〜71参照.

注：*鐘城鉱山ロの場合は1896年4月、ロシア人（ニスチンスキー）が咸北の慶源、鐘城の2郡にまたがる銀・銅・石炭など鉱物採掘の特許を獲得したが、期限内に施工会社を設立できずに権利が自動消滅してしまった。

する権限が朝廷（政府）ではなく王室にあったからである。朝鮮側に有利な条件を付ける代わりに、鉱山開発に必要な進入路の敷設や追加の土地購入などにおいてなるべく便宜を図るなど、外国人企業側に有利な条件も付けて均衡を取った。

外国人に対するこのような鉱山採掘特許方式は、一九〇五年に日本が韓国統監府を設置したあとも続いた。しかし、日本が韓国経済全般の実権を掌握すると、韓国は一九〇六年、韓国統監府の諮問を受けて鉱業法および砂金採取法を制定し、実施するようになった。これにより外国人に対する採掘権の特許は徐々に消滅していく。日本の鉱業法に倣って作られた前記二つの鉱業関連法規の制定により、韓国も鉱業に対する政府レベルの近代的な法制管理システムをやっと設けられた。同法規の中に外国人の鉱業権所有に対する何らかの差別条項が含まれていたわけではないが、同法の制定自体が外国人の鉱業権取得の特許制度に何らかの影響を及ぼしたのは事実である。日本以外の外国人に対しては、朝鮮の鉱業への新規投資を難しくし、既存の外国人投資家に対しても当初の事業計画の推進が困難になった場合は特許権を韓国政府に返納するか、新たに登場した日本人（会社）に適当な条件で売り渡して、韓国から離れさせようとした。

外国資本と技術に依存して鉱業を開発する韓国政府の計画や、政府（王室）の財政補塡という税源確保の観点で導入した外国人鉱業権特許制度は、韓国統監府の設置と時を同じくして事実上、その意味を失う。一九一〇年の韓国併合とともに、鉱業も他の産業と同様、全的に日本による独占開発体制に移行した。

2. 総督府の鉱床調査と鉱業制度の整備

(1)朝鮮鉱床に対する一斉調査

併合時における朝鮮の鉱業の実情はどうであったのか。金、銀をはじめとし、銅、鉄鉱石、黒鉛、無煙炭など一部の鉱物を、極めて小規模で採掘していた。特許契約による外国人鉱山といえる雲山金鉱を例外的ケースと見なすなら、ほとんどの鉱山はその技術水準から見ても生産実績から見ても、伝統的な手作業による採掘レベルであった。どの鉱物がどこにどれだけ埋蔵されているのかも分からず、地下資源の分布状態に関する基礎調査すら行われていない状態であった。

総督府の登場とともにまず推進したのが、分布状況を正確に把握するための全国鉱山一斉調査であった。一九一一～一七年の七年間、日本から鉱業専門家を招き、「朝鮮鉱床に対する一斉調査」

という名で行われた。同調査はまず、全国の鉱床の分布状況と鉱物の性状を正確に把握し、その採掘に伴う経済的価値を測定するのが第一の目的であった。具体的には、鉱床を開発するかどうかを判定するにあたり、許可権を持つ行政官庁に、それを開発するだけの経済的価値があるのかを政策的に判断させる基礎資料を提供することである。鉱業に投資したい民間業者も、事業の収支を検討する際の基礎資料としてこれを活用できた。つまり、鉱業開発のための総合ロードマップの作成が、鉱床調査の根本的な目的であった。

七年にわたる一斉調査の結果、朝鮮の鉱業に関する有意義な知識と情報を多く得られた。これにより、今まで知られていなかった多くの鉱種が分布していると分かる。それも豊富な埋蔵量であった。そのうちいくつかは、世界的にも遜色がないほど良質である。こうして朝鮮は、世界有数の鉱物分布国と評されることになる。では、具体的にどのような種類の鉱物がどれだけ埋蔵されていたのか。世界有数の鉱物分布国といわれるには、多種多様な鉱物が広く存在し、経済的に意味があるほどの埋蔵量でなければならない。

韓国で中心となる鉱物はあくまでも金鉱である。そのほか、鉄鉱、無煙炭、銅鉱、亜鉛、鉛、重石、黒鉛はもちろん、モリブデン、石綿、雲母、ニッケル、クロム、マンガンなど、各種の希少鉱物に至るまで、二〇〇種あまりの鉱物が豊富に分布していた。このような調査結果から、地下資源の分布条件に関する重要な特徴が見つかった。

（一）全国に分布している鉱物の種類の数と、経済性のある鉱床の数が非常に多い。

（二）「鉱床」が比較的、全国に均等に分布している。金鉱の場合は、全国の郡単位で見ると、存在していない郡がない。

（三）日本には存在していないか、存在していても埋蔵量が極小であり意味のない希少鉱種が、意外にも朝鮮に多く分布している（「資料四」（第一三章）、七八～七九頁）。

(2)鉱業権登記制度の導入

鉱床に対する一斉調査の次に重視すべき総督府の鉱業関連政策は、一九〇六年、大韓帝国統監府時代に作られた「鉱業法」と「砂金採取法」を時代に合わせて大幅に改正したことである。規定により法規名を「鉱業令」と「砂金採取令」に変え、内容も鉱業（鉱山）に対する所有権（オーナーシップ）を王室の「王有権」から民間鉱業者の私的鉱業権を基本とする制度に変えた点が重要である。これにより、鉱業権を一つの私有財産として認める法的土台ができ、鉱務を施行するための制度的基礎を築いたことは、総督府の業績であろう。鉱業関連法令の改正により、これまで民間に恣意的に与えられてきた鉱業権を法的に私有財産の一種として公認することになり、それを法的に保護するため、一般不動産関連法規を鉱業にまで拡大、準用させた。これにより、韓国鉱業発展のための重要な制度的基盤が構築されたといえる。

不動産登記制度に匹敵する鉱業権に対するこのような登記制度の導入は、それ自体でも非常に重要な意味を持つ。まず私有財産としての鉱業権が法的保護を受けられること、それを通じて一種の質権として認め、金融機関で担保とし、それを通じてお金を借りられるという副次的権利まで付与されたからである。また、鉱業の効率的な発展のために、鉱山用の土地収用令の道を切り開いたことにも注目したい。このような措置が、時には一般土地所有者にとっては不本意な土地の地上げなど、不当な権益侵害がもたらされる素地があったとはいえ、それが時代の要求を反映する鉱業の振興に役立ったことは確かである。また、鉱業という産業の振興を民間に委ねるための政府施策の一環として、総督府所有となっていた主要な金鉱や炭鉱を民間に払い下げる民営化の措置も、鉱業の自由な発展のために大いに役立ったといえる。

(3)研究所設立と技術開発

法令の改正を通じて制度が整備されるとともに、第三に挙げるべき鉱業振興に関する措置は、一九一五年、総督府の傘下に国立朝鮮地質調査所を設けて運営したことである。同調査所は、全国鉱床に対する調査事業を維持するためだけの目的ではなく、次のような遠大な趣旨と目的をもって設立された。①朝鮮に対する総合的な地質調査②有用な鉱物の分布状況③全国的な岩石の分布および土質の調査④その他水利および土木関連の地質学的特性などの総合的調査・分析。

もう少し具体的に見てみよう。朝鮮地質研究所の場合、設立目的は次の三つである。①朝鮮の地質構造に関する総合的な精密分析を通じて、地下資源の分布状態を正確に把握すること②地下資源開発の技術的、経済的可能性を診断することにより、鉱物を原料とする関連製造業——特に重化学工業を中心に——の発展に寄与すること③土木水利事業や水力発電事業などに有用な情報や資料を収集し、関連機関に迅速に提供すること。一九二二年には総督府内に燃料選鉱研究所を設置した。その設立目的は、無煙炭および褐炭の増産を目的に石炭の埋蔵状況や性状を研究し、その開発および利用に関する深層調査・試験・研究を通じて正しい燃料製作の樹立に貢献すること、また金鉱をはじめとする黒鉛、タングステン、蛍石などの希少鉱物に関しても新しい選鉱方法や製錬法などを開発することであった。

研究所を作るとともに、国民産業としての鉱業の重要性をさらに高めるため、正規の高等教育課程に鉱業関連の専門学科を設置し、鉱業関連の専門家を養成するために多くの努力を傾けた。例えば、一九一六年に設立された京城工業専門学校に、特別に鉱山科を設置した。鉱業および製錬関連理論と実践を教える正規過程を通じて、高級技術者の養成はもちろん、現場実習などを通じた鉱業および製錬関連専門家養成プログラムを同時に運営したのである。

このようにして養成された鉱山技術者は、民間の鉱山（会社）に採用の斡旋をするか、直接採用できない小規模の鉱山については、派遣ないし出張の形で技術指導を受けられるよう政府が斡旋した。このような積極的な鉱業および製錬技術の研究・開発と、それを通じた教育および訓練システムの運営のおかげで、民間サイドでの鉱業の発展は早くなり、一九三〇年代後半から展開される飛躍的な重化学工業化の過程においても、技術・技能支援の面で一翼を担うことになった[18]。

18）正確な地質調査の結果、新たな鉱物と鉱床の新規発見は絶えず行われ、豊富な水資源に基づく大規模な水力発電の可能性が開かれたことで、1930年代以降の朝鮮の工業化戦略が脚光を浴びた。中でも鉱物資源を原料とする重化学工業の発展の見通しが期待されるようになった。なぜならば、主原料である鉱物および所要燃料（エネルギー）の供給条件が容易に充足されたからである――「資料4」（第13章）、pp.73～74参照．

3. 韓国鉱業の発展過程

(1) 第一次大戦の特需と朝鮮の鉱業

一九一〇年の併合後、特に一〇年代後半、朝鮮の鉱業は体質変化を求める対内外的環境の変化に直面する。対内的には、鉱業関連の近代的な法令制定と制度の改善が行われるとともに、鉱業問題に関する調査、研究、教育、研究開発などの事業が積極的に行われた。対外的には、第一次世界大戦の影響により、軍需用鉱物から平時の産業用鉱物に至るまで、あらゆる鉱物に対する要求が急増し、朝鮮の鉱業もかつてない発展の契機となった。第一次世界大戦の戦争特需という外的要因が大きく作用したからではあるが、この時期の飛躍的な発展は驚異的な水準といえた。これを数値を通じて確認してみよう。

まず鉱区の出願・許可・稼働関連の件数であるが、一九一〇〜一二年（第一次世界大戦勃発前の三年間）の平均値と一九一六〜一八年（戦時中の三年間）の件数を比較すると、この時期の約八年間で鉱区件数は大きな変化を遂げた。①鉱区出願件数は約五・四倍増（七八五件→四二〇二件）、②許可件数は約三・〇倍増（同三四〇件→一〇〇五件）、③稼動率は約二・七倍増（同一九七件→五二五件）という驚異的な増加である。また④鉱産額は約三・三倍（六三五六千円→二〇六五八千円）増となるほど大きく変化した[19]。これは戦争特需による国際鉱物価格の急騰が朝鮮の鉱業にも影響を及ぼし、朝鮮の鉱山開発を促進させたと見るべきである。

19）朝鮮総督府殖産局鉱山課,『朝鮮金属鉱業発達史』, 1933, pp.60〜77にある各表の数値を用いて、項目ごとの増加率を算出したものである。

しかし、一時的な外部からの衝撃による朝鮮の鉱業の活況は、長くは続かなかった。一九一八年に第一次世界大戦が終わると戦争特需は消滅し、世界経済は不況が激化する。当然、朝鮮の鉱業も不振を免れなかった。鉱区の出願・許可・稼働の数的変動を基準に、戦時中である一九一六〜一八年（三年間）と比べて、戦後である一九二二〜二四年（三年間）の鉱区出願は一〇分の一、許可は六分の一、稼働は三分の一にまで暴落したのである。このように、朝鮮の鉱業景気は一瞬にして底まで落ちた。新規鉱山の出願件数が一〇分の一以下に暴落したことから、既存鉱区の休業や廃鉱も起きていたと見られる。その点で、戦争特需後の事態の展開は深刻であった。

(2)金の輸出解禁措置と鉱業の活況

このようにパニック状態に陥った鉱業景気は、一九二〇年代後半になると、やや回復し始めた。北韓地方を中心に国境河川（鴨緑江、豆満江）を利用した豊富な水力電力源が開発され、朝鮮の工業化の可能性に楽観的な見通しが下されたからである。これにより原料産業としての鉱業開発にも一筋の光が見え始めた。また、日本が金本位制を導入したため、政府はできるだけ多くの金保有量を確保しようと、朝鮮に対する産金奨励政策を強化したことも大きく作用した。これは市中金価格の上昇をあおり、朝鮮の代表的鉱物といえる金鉱の採掘に拍車をかけた。このような時代の要請に応えて、一九二五年から金鉱業を中心とした新規鉱区の出願件数が次第に反騰し始めると、それに刺激された日本の大規模鉱業資本の流入が急速に拡大し始めた。

一九三一年に金輸出が解禁され、金塊の海外輸出が自由になったことで国際金価格は再び上昇し、朝鮮の金鉱開発ブームが巻き起こった。日本政府は、探鉱、採鉱、選鉱、精錬の過程と関連し、朝鮮の鉱業に対する特別奨励金の交付を通じた産金奨励政策を積極的に展開した。それに刺激された日本の財界では「朝鮮版ゴールドラッシュ」と呼ばれるほどの朝鮮金鉱業に対する一大投資ブームが起きた。これは朝鮮の金鉱業の飛躍的な発展をもたらし、史上最大の黄金期を謳歌する状況にまで至った。

朝鮮の金鉱山は全国にまんべんなく分布していたため、採掘は山間地域から村の小河川に至るまで全国各地で行われた。選鉱場や金製錬所、砂金採取船の立ち並ばない場所がないほど、国中が金鉱の世界に変貌していた。実際の産金量も一九三五年の一万七八一五kgから三七年には二万四一八九kg、三九年には三万一一七三kgと、わずか四年で一・七五倍も増加した。一九三七〜三九年は、朝鮮の産金量がついに日本（内地）を追い抜くという破格の記録まで打ち立てた（「資料四」（第一三章）、八〇頁参照）。

金鉱業のこのような活況は、他の鉱業にも自然と影響を及ぼした。日本内地の鉱山投資家にとって魅力的な投資対象として浮上し、新規鉱山の開発だけでなく、既存の鉱山も買収して手入れし、操業を再開するケースも多かった。一九三七年から総督府が従来の金鉱業に対する産金奨励政策を他の鉱業にまで拡大する措置を取ったことで、鉄鉱、鉛鉱、重石鉱、さらには炭鉱に至るまで、同時並行的に活発な開発ブームとともに増産ブームを巻き起こした。では、指標を通じて、当時の朝鮮の鉱業がどれほど拡大・発展したのかを具体的に見てみよう。

(3)飛躍的な鉱業発展の背景

鉱区出願件数では、不況の終焉といえる一九三〇年の一三九二件から、完全に好況期に入った一九三八年に一万五七二一件と、実に一一倍以上も増加した。稼働鉱山数でも、同期間に四五六鉱区から五三四六鉱区へと、一二倍も増加した。鉱産額基準でも、同期間に二四・二百万円から二〇二・〇百万円と八・三倍増えた（「資料四」（第一三章）、七五頁、一一〇〜一一四頁）。八年という短期間で成し遂げた鉱業の飛躍的な発展は、他の産業分野では類を見ない特殊な現象といえる。その他の産業のうち、鴨緑江で多くの大規模な発電所が建設されて飛躍的な発展を遂げていた電気業とも比較にならないほど、他の追随を許さない驚異的な発展であった。

この点と関連して、植民地時代の産業化が本格的に展開される一九三〇年代を中心に、朝鮮の各産業別成長を比較してみよう。まず、一九三〇年から一九四〇年の一〇年間、会社数（本店会社のみ）で、農林業二一三％、製造業二二〇％、水産業二八一％、商業一三三％などの増加率であるが、鉱業はなんと八五六％という驚異的な勢いで増加している。会社の払込資本金の規模においても、同期間の製造業四六二％、水産業六五八％、そして当時輝かしい発展を遂げていた電気・ガス業の二六三二％と比べ、鉱業はなんと三八七四％と爆増している[20]。これは相互産業の関連性が高いとされる製造業と比較しても、会社数において約四倍、払込資本金においては実に八・四倍もの膨大な増加率である。想像を絶する驚異的な発展である。

次に、産業構造上の鉱業の比重がどのように増大したかを見てみよう。正式な国民所得（GNP）の統計が出る前であり、推定の数値ではあるが、一九二〇〜三〇年代の各産業別算出額（gross

20）朴基炷「朝鮮における金鉱業の発展と朝鮮人鉱業家」，ソウル大学経済学博士学位論文，1998，p.137の〈表３－13〉参照．

表4-5　1920～30年代の産業別産出額の比率の推移（経常価格基準）

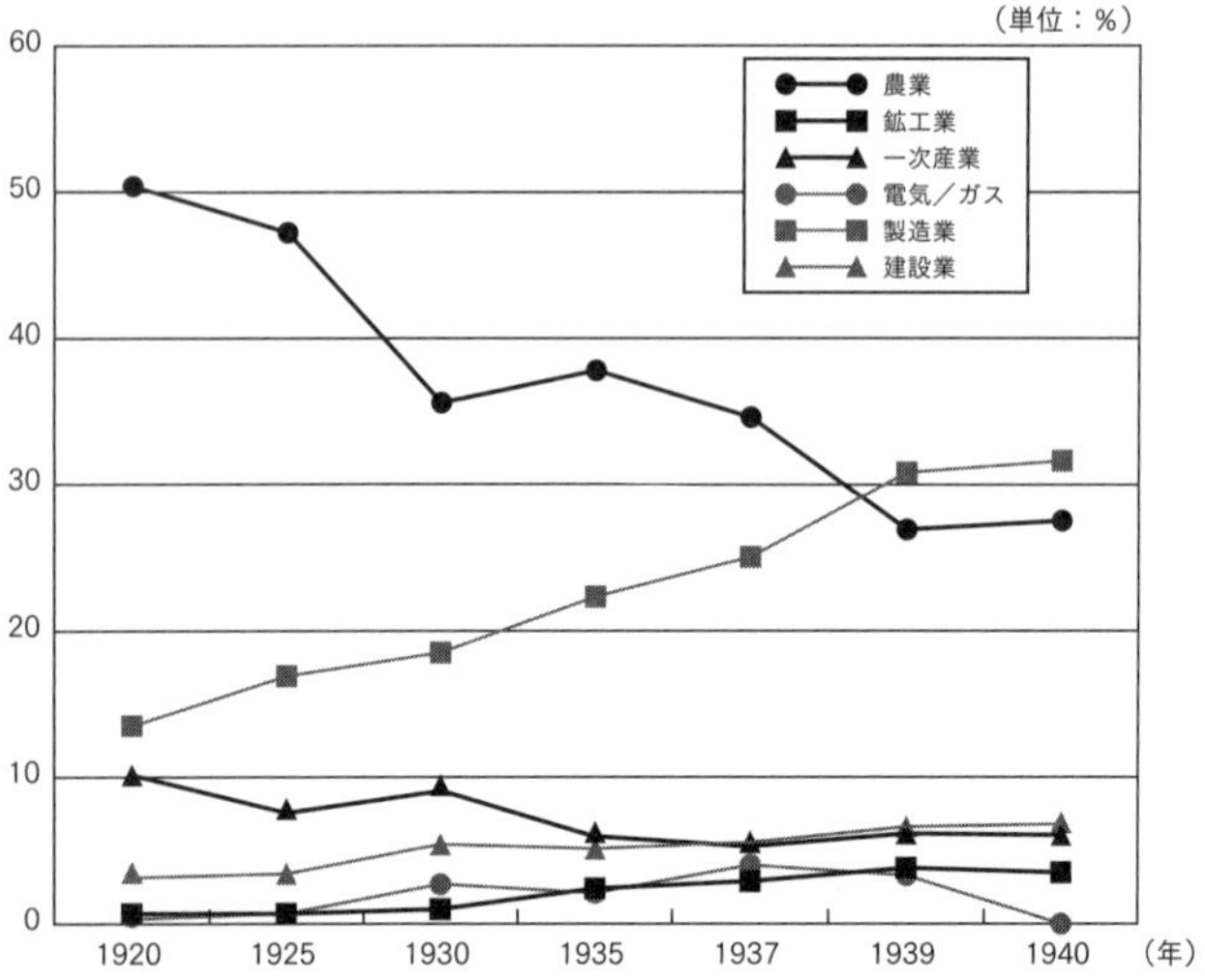

	農業	林業	水産業	鉱工業	製造業	電気／ガス	建設業	その他*	全産業
1920	50.4	7.4	1.5	0.7	13.5	0.5	3.6	22.5	100.0
1925	47.2	5.5	2.1	0.7	16.9	0.7	3.5	23.4	100.0
1930	35.6	6.6	2.6	1.0	18.5	2.7	5.5	27.5	100.0
1935	37.8	3.6	2.2	2.4	22.3	2.1	5.2	24.4	100.0
1937	34.6	3.2	2.1	2.9	25.0	4.0	5.7	22.5	100.0
1939	26.9	3.2	2.7	3.8	30.8	3.3	6.7	22.6	100.0
1940	27.5	3.2	2.6	3.5	31.6	2.8	7.0	21.8	100.0

資料：キム・ナクニョン編『韓国の長期統計：国民経済計算 p.16、1911-2010)』、ソウル大学校出版文化院、2012、p.435参照
注：*その他には運輸・倉庫業、卸・小売業、金融業およびその他のサービス業が含まれる。

output）の推移は、〈表4－5〉のとおりである。この表で見るように、全産業に占める鉱業の割合は経常価格ベースで、一九二〇年代までは全体のわずか〇・七％であったが、一九三〇年には一・〇％に増加、一九三五年には二・四％、一九三七年には二・九％、一九三九年には三・八％と増え、過去一〇年間でなんと五倍以上も増加した。当時の実情からすれば、産業上の比重がほぼ同じである林業と水産業のそれと比較すると、一九三〇年までは鉱業の比重が林業の一五％、水産業の三八％にすぎなかったが、一九三五年には林業の六六％、水産業の一〇九％にまで増え、水産業を追い抜いた。また一九三九年には林業の一一八％、水産業の一四一％に達し、両者を大きく凌駕した。一九三九年の各産業別構成では、鉱業が全産業の三・八％を占め、林業の三・二％、水産業の二・七％、電気・ガス業の三・三％をすべて追い抜き、製造業（三〇・八％）、農業（二六・九％）、建設業（六・七％）に次いで第四位の産業にのし上がった〈表4－5〉参照）。

4．総督府の朝鮮鉱業振興政策

(1)日本政府の積極的支援

以上の数値を通じて分かるように、少なくとも一九三〇年代における朝鮮の鉱業の飛躍的な発展は、想像を絶するほどであった。一九四〇年代になって戦時下の強力な統制経済体制に入り、主要経済統計の対外的公表が禁止されたことで、主要鉱物の生産と消費関連の統計も軍事機密として扱われた。そのため具体的な数値は不明であるが、一九四〇年代になっても、日本政府の朝鮮鉱業開発のための各種支援施策については何も変わりはなかった。戦略的に重要性が認められる金鉱開発のための特別支援措置がいっそう積極的に行われたことに鑑みて、金鉱だけでなく鉱業全般において一九四〇年代以降も同様のペースで朝鮮の鉱業は発展したと推測できる。日政時代の朝鮮鉱業の驚異的な発展は誰も否定できない。では、他の産業に比べて鉱業だけがこのような圧倒的な発展を成しえた背景は何であろうか。

本題に入る前に、まず一九三七年の中日戦争勃発後、日本政府の朝鮮鉱業に対する各種支援施策を見てみよう。前述したように、朝鮮鉱業に対する日本政府の支援は、単に代表的鉱物である金鉱に対する支援だけでなく、鉄鉱、銅鉱、炭鉱、その他希少鉱物など、鉱業全般に対する支援であると考えられる。主に鉱床の開発と鉱物増産のための支援であったといえる。政府支援施策の中でも特に重要な意味を持つのは、各種交付金および奨励金の支給を通じた財政的支援である。その具体的事例を挙げよう。

①金鉱の場合、低品位鉱石の売鉱に対する補助金　②目標量以上、増産した金に対する買上割増金　③タングステン鉱など重要な鉱物の増産奨励金　④乾式製錬所建設に対する補助金　⑤製鉄用原料炭の値上げに伴う補助金　⑥製鉄用銑鉄の購入に対する補助金　⑦製鋼原単位の切り下げに伴う補償金　⑧鉄鋼、石炭、その他の特別価格に対する補償奨励金　⑨石炭生産補助金および増産奨励金

このように多くの種類の補助金や奨励金が、政府予算から支給されていた。もっとも、すべてが当該鉱山の開発や鉱物増産のためのものではない。日本政府のデフレ政策による鉱業の採算性悪化を補塡する意味で、鉱物販売価格を支援するケースも含まれていた。このような金銭的な補助金・奨励金の支給以外にも、朝鮮鉱業に対して日本政府・朝鮮総督府は副次的な支援施策も同時に行った。

（一）交通の不便な鉱山地帯への進入路建設と送電線架設、また鉱山運営合理化のための各種機械化事業に対する支援、（二）教育面においても既存の京城工業専門学校鉱山科を独立させ、新たに京城鉱山専門学校に拡大改編するとともに、鉱業技術者養成のための大同専門学校（平壌所在）を新設、（三）政府が直接出資あるいは経営に関与する形で、朝鮮鉱業振興株式会社および朝鮮石灰株式会社の設立、日本産金振興株式会社の朝鮮支社の設置などを通じ、各種鉱山用資材の調達を斡旋、または工業用原料鉱物を買い上げたり販売したりするなどの業務を直接担当することもあった。

最後に、もうひとつ強調したいのは、鉱業関連法令の改正問題についてである。一九一五年に制定された朝鮮の鉱業令の改正（一九三四年）をはじめとし、朝鮮産金令の制定（一九三七年）、朝鮮重要鉱物増産令の制定（一九三八年）などを通じて、日本国内ですでに施行されていた関連法令の内容をそのまま朝鮮にも適用しようとした。つまり、朝鮮の鉱業に対しても法規および制度的に、日本内地でのそれと同じ効果を収められるような特別措置を講じたのである。

(2)時局産業としての指定

では、日本政府はどのような目的で、鉱業振興のための特別支援を惜しまなかったのか。一九三七年の中日戦争開始とともに戦時体制に突入する日本政府の軍需産業育成政策と、密接な関連があると考えられる。例えば、軍需産業関連の重化学工業に関しては、国家が直接統制する戦時経済体制へと移行する過程において、特に軍需産業用の各種原料鉱を確保するため、関連鉱業開発の必要性がより重視されざるをえなかった。

前述したように、朝鮮の鉱業は希少金属類など鉱種が多様なうえ、埋蔵量も豊富である。日本内地の鉱業の短所を補えることから、朝鮮鉱業の開発の必要性が強調された。また当時は、各国ともに徹底した自給自足経済を追求するアウタルキー経済体制を目指していた。戦略的な主要鉱物の国際的取引がほぼ中断されていたことを考慮すると、日本にとって鉱物の円滑な調達は、軍需工業育成以前の段階で必要不可欠であった。

戦前戦中の緊迫した時代の要求とともに、当時の朝鮮鉱業が飛躍的に発展した背景を理解するには、日本国内の鉱業との関係における朝鮮鉱業の位置を理解すべきである。二〇〇種あまりの多種多様な鋼種、豊富な埋蔵量、全国的に等しく分布していて、採掘条件が有利、採掘費用が安いなど、さまざまな面で日本国内のそれよりも有利であった（内在的条件）。一方で、相対的に資源不足の日本は、当面の重工業・軍需工業化に必要な各種地下資源（原料鉱）をやむをえず外部から調達せざるをえない事情（外部的条件）があったため、朝鮮鉱業に政策的支援を積極的に行った。これらが朝鮮鉱業の驚くべき発展を可能にする必要・十分条件として作用した。もちろんここでは、日本政府側の積極的な開発および増産奨励政策に対し、日本の民間企業側も莫大な所要資本と技術を提供した事実も同時に強調したい。

(3)日本資本による開発体制

日本政府側の立場で要求される必要・十分条件が朝鮮側に有利であっても、それだけでは鉱業の飛躍的発展は望めない。実際その原動力になったのは、前述したように、民間企業からの莫大な所要資本の調達と、鉱業開発を直接担当した革新的企業家の役割といえる。つまり資本と技術の多くが日本から流入し、企業の経営も主に日本人が担っていた。ここでの特徴は、他の産業とは異なり、鉱業においては異様に朝鮮人の比重が高かったことである。その数値を見てみよう。

鉱区の出願件数の場合、一九二〇年は総出願件数一一三二件のうち七五％が日本人、二五％が朝鮮人であった。ところが一九三〇年になると、一三九二件のうち日本人五五％、朝鮮人四五％とほぼ同等になる。さらに一九三八年には、一万五七二一件のうち日本人三〇％、朝鮮人七〇％と、完全に逆転する。朝鮮鉱業権の出願は時間とともに、日本人中心から朝鮮人中心へと比重が移っている。稼働鉱区数の場合も、一九二〇年には総稼働鉱区一七八区のうち日本人所有が八三・四％(一五〇区)、朝鮮人所有は一二・九％(二三区）であった（五区は外国人所有)。これが一九三八年になると、五三四六個のうち日本人所有は二七〇四区と、全体の五〇・六％に減少し、朝鮮人所有が二六四一区で四九・四％を占めるなど、勢力図が塗り替えられる（「資料四」（第一三章)、一一〇〜一一三頁の〈表4－5〉参照)。

しかし、鉱業への投資額や産出額などの面では、日本人と朝鮮人の割合が同等になるほどの著しい変化はない。一九四五年八月の朝鮮鉱業に対する総投資額（二〇億三四一〇万円）は、日本人が九五・六%（一九億四五六〇万円）、朝鮮人は四・四%（八八五〇万円）と、日本人が圧倒的であった。また鉱産額の構成においても一九三八年の時点で、日本人と朝鮮人の割合は八五・九%、一一・〇%（残り三・一%は外国人）であり、やはり日本人の割合が多かった（前掲書、一一〇、一一四頁など参照）。

(4)鉱業における朝鮮人の比重

前述した二つの数値の顕著な違いは、どこから来るのか。朝鮮人と日本人の間の資本力と技術力の差に、その原因を求めざるをえない。そのためには朝鮮鉱業の実際の運営がどのように行われていたのか、実情を知る必要がある。朝鮮人は現地人としての経験を生かして鉱区を発見し、鉱業権出願を通じて当局の許可を受ける過程までは比較優位を持つ。しかし、地中の鉱物を採掘するなど、鉱区を直接運営するだけの資本と技術力を持っていなかった。大規模な鉱山であるほどそうである。そのため、自分が取得した鉱業権を適当な価格で日本人に引き渡す朝鮮人（企業家）が多かった。前述した「鉱区出願」において、朝鮮人の比重が高い理由はこのような事情からであろう。

参考までに、一九三八年末または一九四五年八月の時点で、日本人と朝鮮人の間の鉱区所有および運営をめぐる技術的、経営的条件を比較すると、次のとおりである。

①許可された鉱区数八六二一個は、日本人所有五二・四％(四五一四個)、朝鮮人所有四七・六％(四一〇七個)（一九三八年）。
②稼働中の鉱区数五三四六件は、日本人経営五〇・六％(二七〇四件)、朝鮮人経営四九・四％(二六四一件)（一九三八年）。
③鉱業従事者（鉱夫を除く）二万四四五九人は、日本人四四・二％(一万八一〇人)、朝鮮人五五・八％(一万三六四九人)。
④技術者九九六七人は、日本人五二・二％、朝鮮人四七・八％であるが、このうち高級技術者は日本人が圧倒的に多い（一九四五年八月）[21]。
⑤鉱産額では全体（四一〇・七百万円）の九六・二％(三九五・一百万円)が日本人、三・八％(一五・七百万円)が朝鮮人（一九四一年）。
⑥最も重要な事項は、前述した鉱業関連総投資額（二〇億三四一〇万円）の九五・六％(一九億四五六〇万円)が日本人（一九四五年八月）であること。

特記すべき事項は、⑥の鉱業関連投資額約一九億円である。これは、日本の朝鮮に対する民間投資総額（官業除く、推定値）約一〇〇億円の一九・五％を占めるほどの規模である。約二割が鉱業であったことになる。鉱業と密接な関連性を持つ精練業など、鉄鋼部門への投資まで含めると、日本の朝鮮に対する民間投資総額の二六・五％を占める。ここからは戦時経済体制下で、代表的な時局産業としての朝鮮鉱業および鉄鋼業の発展のため、日本が多くの民間資金を投入したことが分かる。

21）1945年8月を基準にした③、④、⑥は、終戦当時に作られた何らかの手記資料を引用したものである――同書，pp.113～114参照．

5. 解放当時の鉱業事情

一九一〇〜二〇年代の二〇年間は、朝鮮内の鉱物に対する一斉調査と、鉱業関連の法規および制度の整備が行われた。鉱業自体の開発と採掘が本格的に行われることになった契機は、一九三一年の満州事変勃発と日本の金輸出解禁であった。したがって、日本によって鉱業が本格的に開発されたのは一九四五年八月までの約一五年間となる。前項で書いたように、この一五年間という短期間で朝鮮の鉱業はどの産業よりも速く、驚異的な発展を遂げることができた。これは世界的にも類を見ない奇跡といえる。

解放とともに、朝鮮の鉱業発展の主体であった日本人企業家・経営者・技術者、そして一般従業員に至るまで一斉に帰国してしまう。彼らが投資・採掘・経営していた「鉱床」をはじめとする全施設は韓国に残された。鉱床など直接の生産関連施設だけでなく、鉱山進入のための鉄道、道路、発送電施設、専門教育機関、地質研究施設など、諸般の付帯施設もすべてである。これらの各種施設は、解放後、その所在地を中心に南北に分割されるが、自然の条件によって北韓地域に偏在せざるをえなかった。

次々頁〈図4－2〉のとおり、そのような事実は主要鉱物生産量の南北分布状況からも十分推測できる。解放後、北側も同様であったと思われるが、南側に残された鉱業施設の場合は、政治・社会的混乱や米軍政三年間の管理不足、六・二五戦争の被害などにより、その資産的価値が破壊、毀損された。しかし、それにもかかわらず経済的に有用な財産は残った。結局、重要なのは、米軍政からそのような施設の移管を受けたあと、韓国政府がそれを国民経済にいかに有効に活用したかである。

まず、鉱業関連施設能力の南北分布状況を見てみよう。一九四四年の全国鉱産額の道別構成を見ると、総鉱産額四億三四〇〇万円のうち、韓国の七道（江原道半分追加）が二一・三％（九二六〇万円）、北朝鮮の五道（江原道半分追加）が残りの七八・七％（三億四一六一万円）を占めるなど、極めて不均衡な分布になっている。もちろんこれは推計であるが、いずれにせよ北韓側が鉱業生産全体の約八〇％を占めていることは確かである（『朝鮮経済年報』、一九四八年版：Ⅰ－八四頁、〈表四〉参照）。

次に、鉱区数の南北朝鮮の分布状況を見ると、一九四四年の全国総鉱区数一万一七五五個は、南韓四六・七％（五四九三個）、北韓五三・三％（六二六二個）に分かれ、数的には南北の比重にそれほど差はない。しかし、鉱区のサイズやその資産的な価値などを考慮すると、事情は大きく違い、北側中心にならざるをえない。なぜならば、資産的価値の大きい大規模な鉱山がほとんど北側に位置していたからである。

最後に、主要鉱物の生産の分布を基に、南韓と北韓の施設（生産）能力の分布状況を類推してみよう。〈図4－2〉を見ると、一九四二年度の生産量を基準にした鉱種別生産量の南北分布状況と、その施設（生産）能力の分布状況を推測できる。

〈図4－2〉から分かるように、解放前の鉱物の南韓と北韓の産出構造は、金、鉄鉱石、無煙炭、

図4－2　主要鉱物生産量における南韓・北韓の構成（1942年）

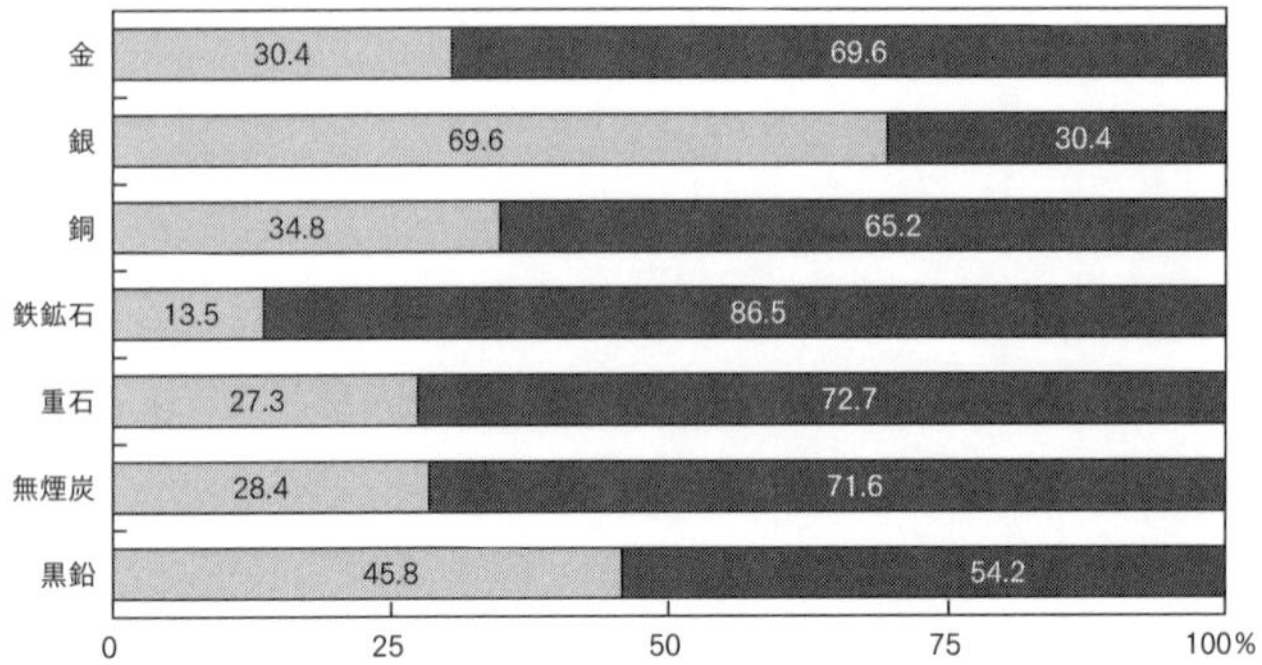

資料：朝鮮銀行調査部『朝鮮経済年報』,1948年版、pp.I-96、＜表28＞およびその他の資料から作成。

重石など、重要な鉱物であるほど北韓に偏重している。鉱区が全国に広く散在している金鉱でさえ、一九四二年の生産量を基準にすると、南三〇%、北七〇%という顕著な差がある。また、韓国の三大鉱物といえる無煙炭、鉄鉱石、黒鉛なども程度の差こそあれ、一様に北韓に偏重している。硫化鉄、雲母、蛍石、マグネシウムなどの非金属類においても、高麗土や石綿を除いてほとんどが北韓にある。このような中で、例外的に南韓側の生産が優勢である鉱物は、経済的価値の比較的低い銀、水銀、高麗土、土状黒鉛、石綿などしかない。

　結論として、鉱業の植民地遺産は、北韓側に偏重していたため、相対的に南韓側に残されたものは貧弱であった。だからといって、植民地時代、特に一九三〇年代後半に成し遂げた朝鮮鉱業の飛躍的な発展が南韓側にもたらしたものが取るに足らないものと解釈すべきではない。そうではないことは、解放直後から一九五〇年代半ばまで韓国の主流となった輸出商品の構成を通じて十分に立証できる。

　こうした中、一九四七〜四八年の輸出統計を見ると、米、海苔などの輸出が主となり、鉱産物の輸出は全体の約一五％であった。鉱産物の輸出が低迷していた理由は、主要鉱産物が米軍政による輸出許可品目に指定されず、輸出禁止状態にあったからである。その後、一九五〇年の六・二五戦争を経て、韓国の輸出商品の構造は画期的に変化する。まず、戦争の影響により、戦略物資である重石（タングステン）の国際相場が急騰し、良質な韓国の重石が国際的に注目を浴びるようになった。一九五二年三月には、米国が韓国の重石を独占的に輸入するために「韓米重石協定」を締結し、韓国の重石輸出は対米輸出を中心に予想外の好況を享受することができた。

　一九五〇年代、韓国にとって独占的な輸出品といえる重石の国際相場が一〇倍以上急騰したときもあるが、米韓重石協定により米国が価格に関係なく全量購買したため、このころから重石を筆頭とする鉱産物の輸出が韓国輸出品のメインとなった。時間の経過とともに重石輸出の比重は減少していくが、それでも鉱産物輸出の比重は一九五〇年代を通して輸出全体の五〇％前後を維持できた（次頁〈表4－6〉参照）。具体的には、総輸出に占める鉱産物の輸出のシェアは一九五二年の七五・八％を頂点とし、五三年の五一・六％、五六年の五三・〇％、五八年の四三・五％と減少傾向にある。その中で特に重石輸出のシェアは一九五三年に四三・九％、五六年には四〇・六％を維持していたが、五七年から著しく低下した。しかし、輸出第一位の品目としての重石の地位はずっと続き、また第二、三位の輸出品目も鉱産物である鉄鉱石と黒鉛が交互に占めていた。

一九五〇年代の韓国輸出は、全面的にこれらの主要鉱産物が主導する輸出構造であったといって

表4-6　解放直後〜1950年代の産品別輸出構造

（単位：%）

	農畜産物	水産物	鉱産物	工業製品・その他	総輸出（千ドル／百万圜）
1946	1.2	80.1	−	18.7	100.0(3,181)
1947	11.6	30.6	16.9	40.9	100.0(22,225)
1948	9.5	68.5	10.7	11.3	100.0(14,200)
1951	13.0	20.8	64.9(…)	1.3	100.0(11,335)
1952	9.5	12.7	75.8(…)	2.0	100.0(25,774)
1953	11.6	19.7	51.6(43.9)	24.8	100.0(39.6)
1955	19.4	11.9	44.0(31.8)	24.7	100.0(18.0)
1956	13.4	9.7	53.0(40.6)	23.9	100.0(24.6)
1958	9.6	16.2	43.5(14.8)	30.7	100.0(16.5)
1960	20.6	10.4	29.4(14.2)	39.6	100.0(32.8)

資料：韓国貿易協会『韓国貿易史』, 1972、pp.242, 272, 312、その他朝鮮銀行調査部『経済年鑑』1949年版、1955年版、統計編

注：
1）主要輸出品のみで算出した数値であるため、産品別全体の輸出比重を示すものではない。また、計上されていない残余品目の比重は「工業製品・その他」の欄に含まれていて、この項目の比重が過大評価されている。
2）総輸出の（　）内は当該年度輸出額（単位:1946〜52年は1000ドル、1953〜60年は100万圜）を指す。
3）鉱産物欄の（　）内は全体における重石の比重であり、1951〜52年は不明。

も過言ではない。これら三大輸出品目のほか、鉛鉱、亜鉛鉱、蒼鉛、蛍石、滑石、高麗土などの輸出もそれに一役買ったといえる（韓国貿易協会『韓国貿易史』、一九七二：二七二、三一二頁）。

以上のように、重石、黒鉛、鉄鉱石をはじめとする主要生産物の輸出が、少なくとも一九五〇年代までは、韓国の輸出を完全に主導していたこと、この点に関連して解放直後に韓国経済が直面したこのような特異な輸出構造をどのように理解すべきかについては解くべき課題である。

すでに強調したことだが、朝鮮鉱業の全盛時代といわれる一九三〇年代から約一五年間、日本が朝鮮の鉱業を戦略的に育成すべき対象産業（時局産業）に指定し、あらゆる政策的支援を行った。この結果、朝鮮の鉱業は驚異的な発展を遂げ、解放後しば

らくは鉱産物輸出を通じて経済を支えるという、予想外の役割を果たすことになったのである。

III 製造業

1．植民地工業化の性格

ⅠとⅡでは、植民地朝鮮の電気業と鉱業がどのような過程を経て自己発展の道を歩むようになったのかを考察した。ここでは、すべての産業の根幹といえる製造業が、植民地時代にどのように発展したのかを見てみよう。

周知のように、第二次産業の中核といえる製造業については、植民地工業化という問題意識の下、韓日両国だけでなく欧米諸国の学界でもさまざまな観点から、研究が相当なレベルまで行われ、研究実績も積まれている。ここでは、既往研究レベルをしのぐ新しい研究実績を出すわけではない。既往研究に対する批判的検討を通じ、既存の研究視点や研究方法論上にどのような問題点があるのか、それをどのように解決していくのか等を模索したい。この本の主題である帰属財産の中核は、製造業に属する財産である。よって、帰属財産の中でどの部門（産業）にも増して重要な研究対象といえる。

まず、日政時代の植民地工業化問題に関する研究実績を振り返ってみよう。研究の主体を基準に、次の三つに分けられる。①韓国人が行った国内派による研究、②工業化の当事者格である日本人研究者による研究、③英語圏を中心とした第三国の研究者による研究。①については、植民地侵略・収奪論に基づき、日本による工業化それ自体を否定する極端な立場や、工業化自体は認めるが、全的に日本の資本と技術により日本のために行ったものであるから、韓国人としてそこに意味を付与する必要がないという立場など、植民地工業化に対する否定的立場が韓国の学界の主流を成していることを指摘したい。

植民地時代の朝鮮工業化に対する代表的な観点は、日本経済の単純な外延的拡張という意味の「飛地（enclave）工業化論」、日本帝国主義の大陸侵略のための前進基地構築という意味の「軍需（基地）工業化論」、逆に民族経済の発展を阻んだという意味の「民族経済論」などが挙げられる。

これらの見解は程度の差こそあれ、植民地下における工業化は、韓国人の暮らしや福祉とは全く関係なく展開されたという共通の前提が背景にある。例えば韓国人が日本人の工場に就職して給料をもらい、そのお金で工場の製品を買って使うなど、実際に起きている現実には意図的に目をつぶる。しかも、かつて日本が敷設した鉄道や道路を現実に韓国人が利用しているのを目にしながらも、そのような鉄道や道路が存在することすら認めようとしない。そして、日政時代に作られた全国会社（企業）の名簿を見て、社長や役員、株主の中に朝鮮人の名前が何人いるかを数える。それ自体を重要な研究課題とし、朝鮮人の名前がなければそれ見ろというふうに、朝鮮人が関与しない工業化に何の意味があるのかと主張し、研究そのものの不要論まで持ち出す。それが、これまでの韓国側研究者の基本的な立場である。

第二に、日本側の研究者の立場はどうであったか。研究者の理念的性向によって立場の違いは顕著であるが、大きく分けて次の二つである。一つは日本史的観点から、例えば帝国主義の対外膨張史・侵略史、または日本の資本主義の発達史の面で、植民地朝鮮の工業化を扱おうとする傾向であり、もうひとつは徹底して朝鮮史的観点から、工業化が植民地朝鮮の社会経済全般にどのような変化をもたらしたかということ、つまり朝鮮の近代化ないし資本主義の発展にどのように寄与したかという面で朝鮮の工業化問題を扱っている。後者の場合、植民地という条件下で歪曲された形で行われてはいるが、それでも植民地工業化の過程を通じて朝鮮経済の発展、ひいては朝鮮の資本主義的な市場経済の成立と発展をもたらしたという工業化の肯定的意味を付与しようとしている[22]。

日本側の研究において、朝鮮の植民地工業化がほぼ全的に日本の資本と技術によって行われたことは厳然たる事実であるが、それが鉄道と道路の敷設や発電所の建設、そのほか水利事業、電信・電話事業など社会間接資本（ＳＯＣ）の開発とともに、朝鮮社会が伝統社会から近代的な産業社会に移行する物質的土台を構築したとしている。また精神的側面でも、無限の学習効果を通じて国民の意識構造を改革し、近代的な制度と法令が作られ、近代的な資本主義の市場経済制度を導入する契機になったと見ている。

第三に、一九六〇年代以降、米国を中心とする欧米人学者が行った研究である。一九六〇年代、

22）堀和生,『朝鮮工業化の史的分析』, 有斐閣, 1995, 序章など参照.

韓国、台湾などのアジア新興工業国（ＮＩＥｓ）が高い経済成長を遂げたのは、何らかの歴史的背景があるという前提の下、植民地時代の日本が行った工業化に着目した。その成功の歴史的ルーツを植民地工業化に見出そうとしている。特に朝鮮の場合、一九三〇年代後半から一九四〇年代初頭にかけて日本の産業資本が大規模に流入し、これによって重化学工業化が飛躍的に発展した。それが解放後の韓国の工業化過程において有用な歴史的経験として作用したということである。

これらの主張の中核は、一九三〇年代以降の朝鮮の工業化過程を成功に導いた根本的な原因を、当時の政府（総督府）当局の強力な統制体制下での計画的、先導的な役割に見出すものである。総督府による工業化のための強力な政府統制機能と、一九六〇年代以降、朴正熙時代の経済開発五か年計画を通じた政府の先導的な工業化戦略を、同一線上で認識しようとしている。つまり、一九六〇年代以降の工業化の成功は、植民地時代の日本による工業化にそのルーツを求めるべきであるという主張である[23]。

以上から見た植民地時代の朝鮮の工業化に関する三つの認識方法は、研究者の国籍や理念的性向によってかなり偏差がある。ただし問題がある。①の韓国人研究者は、決して見逃してはならない深刻な認識上の誤謬を犯していることである。自分の目で直接見ることのできる歴史的事実についても、意図的に見ようとしない研究者としての不誠実な姿勢である。身近な例を挙げると、自分が利用してきた国内の鉄道や新作路、または自分が通っていた小・中学校や大学の建物や運動場、日本人が作った制度や法令、そして数多くの科学技術や学術研究のための理論や概念・用語などの存在自体を否定するならば、それはすでに客観的事実の否定という側面で、科学の領域

23）C. J. Eckert, Offspring of Empire : The Koch'ang Kims and the Colonial Origins of Korean Capitalism, 1876-1945, University of Washington Press, 1991 ; 朱益鍾, 『大君の斥候』, プルン歴史, 2008など参照.

から外れていることを意味する。特に経済学の領域で見るならば、植民地時代に韓国は驚くべき水準の工業化または重化学工業化を経験し、その過程で相当な水準の資本および技術の蓄積がなされたということ、すなわち西欧的概念ではいわゆる「産業革命」の段階に至るほど、経済構造が高度化したことを意図的に否定することにほかならない。

2．工業化の段階別展開過程

(1)工業化の段階区分

一九一〇年の併合から三五年間——一九〇五年の第二次日韓協約を基準とすると約四〇年間——の日本統治期間において、植民地朝鮮に対する日本政府・朝鮮総督府の工業化政策が展開された過程は、次の四つの区分論が一つの通例になっている。

第一期は一九一〇年の併合後から会社令の撤廃が行われる一九二〇年までの約一〇年間である。この時期は工業化が本格化する前の時期、つまり工業化のための各種基盤を構築する時期といえる。第二期は一九二〇年代以降、産米増殖計画の導入とともに、農耕地の開墾や灌漑事業をはじめとし、水利施設の拡充、畑の田への形質変更（地目変更）などを通じた産米増殖計画に優先順位を置き、工業化には特に関心のなかった時期である。第三期は一九三一年の満州事変以降で、満州国の成立とともに日本帝国内における朝鮮の地位の変化をもたらす一方で、朝鮮内の大規模な水力電源の発見により、工業化に対する楽観的な見通しが開かれた。農業と工業を同時に開発

24）このほか別の区分方法論もある。その一つは、併合から1920年代まで総督府の産業政策は農業優先であり、工業化は完全に後回しにされたので、工業化は1930年代以降に始まったと見るべきという主張である。韓国植民地研究専門家である堀和生教授（京都大学）は、1930年代前半（1930〜36年）を第1期、1930年代後半（1937〜40年）を第2期、1941〜45年を第3期としている——前掲書，pp.85〜87参照．

するための農工業並進の方向に政策転換した時期といえる。第四期は一九三〇年代後半に入り、一九三七年の中日戦争勃発を機に国全体が戦時体制に転換し、それに伴い朝鮮も軍需産業基地としての重要性が浮上し、各種軍需関連の重化学工業化が急速に展開した時期である[24]。

以上の四期を経て活発に展開される植民地朝鮮の工業化過程は、時期別にどのような様相を呈したのか。この問題に入る前にまず、何のために日本は朝鮮で、西欧列強の植民地では決して見られなかった植民地工業化をそこまで強く推進したのかということについて、確固たる問題意識を持つべきである。

(2)第一期：工業化のための基盤構築（一九一〇〜一九年）

一九一〇年の併合後、総督府は朝鮮を近代化させるための先行措置の一環として、次の二つの制度改革を急いだ。一つは一九一一〜一九一八年という長期にわたる全国的な「土地調査事業」であり、もうひとつは朝鮮の貨幣である葉銭（銅銭）を新しい紙銭に変える、いわゆる「幣制改革」である[25]。

前者の土地調査事業は、全国すべての土地（林野を除く）を対象に、土地の面積・地形地貌・地目・地価・所有関係などについて一斉調査を行う、まさに大規模な国策事業であった。この事業は統監府時代に一度試みられたがうまく行かず、結局併合と同時に実行に移すことになる。これには八年もの長い時間とともに、莫大な資金と労働力が費やされたことは言うまでもない。これにより総督府は朝鮮の土地（不動産）に対する私的所有権を確立し、それを法的に保障すると

25）この二つの事業は、1905年の第二次日韓協定以降、またはそれ以前にも甲午改革（1894年）や光武改革（1901年）で国政改革を試みているが、客観的条件の不備により失敗し、結局1910年の併合と同時に本格的に施行された。

いう意味での不動産登記制度を導入するに至った。この不動産登記制度こそ、韓国史上初の私有財産制度を法的に確立することになる、非常に重要かつ画期的な措置といえる。

後者の幣制については、当時の朝鮮は伝統的に受け継がれてきた金属貨幣（銅銭）が使われていた。葉銭（常平通宝）や当五銭、白銅貨などである。一般の商取引において限定的な範囲ではあるが、交換の媒介手段として使用されていた。しかし、これらの銅銭は重くてかさばるため運搬や携帯が難しく不便であった。時代の流れによって開港後、急激に増えた外国商品の輸入やその他商取引をこのような銅銭ではカバーできない。

開港後、外国との交易が急増するにつれ、主な交易対象国である清国や日本、ロシアなどは自国の貨幣を持ち込んで開港を中心に通用させた。これらの貨幣と既存の韓国貨幣が混用される形となり、時間がたつにつれ、朝鮮の銅銭が取引から外される現象が起きた。結局、朝廷は商取引と貨幣流通の円滑化のため、重くて持ち運びが難しく使用に不便な銅銭を廃止し、軽くて便利な紙銭制度に転換すべきという時代の要請により、近代的な幣制改革を行うことになる[26]。

また、社会間接資本の早期形成も工業化の必要条件である。併合以前から推進されてきた京仁線、京釜線、京義線など幹線鉄道の開通や、全国に広がる幹線自動車道路網（新作路）の敷設、開港場など主要港湾の構築、電信・電話網の架設などがその代表である。一方、北側の鴨緑江と豆満江、南側の漢江などを含む河川流域における大規模な水力電源の開発や、北韓地域を中心に石炭、鉄鉱、銅鉱、鉛・亜鉛鉱など各種多様な地下資源の埋蔵の確認など、工業化に向けた豊富なエネルギー源と原料鉱の確保も重要な必要条件といえる。工業化のためにはまず鉄道、道路、

26）不動産登記制度の導入と貨幣制度の転換という二大改革を通じて、朝鮮では20世紀初頭、法的な私有財産制度の確立と紙幣を媒介とする自由な商取引が保障される市場経済制度が成立する。

港湾など輸送手段の発達が前提となり、電力や石炭など動力（エネルギー）資源の確保、原資材が円滑に調達できるような地下資源（原料鉱）の開発なども前提となることは再論の余地がない。

(3)第二期：工業化のための制度整備期（一九二〇～二九年）

一九二〇年代、朝鮮の工業化のために解決すべき問題がもうひとつ残っていた。合併直後の一九一一年一月、総督府が朝鮮における新規会社の設立を抑制するために実施した「会社令」をどうするかという問題であった。この会社令があったため、朝鮮人であれ日本人であれ、朝鮮で新たに工場や会社を設けるには、総督府の事前許可を受けなければならなかった。しかし、一九一九年の三・一運動を機に、総督府はこの規制を存続させる必要がないと判断し、一九二〇年四月、果敢に会社令を撤廃する。これにより、日本資本の自由な流入が可能になり、朝鮮人でも日本人居住者でも自由に会社や工場を設けられるようになった。一九二〇年代の代表的な朝鮮人企業家・金性洙の家系（全羅北道・高敞《コチャン》）が設立した京城紡織、京城製糸など韓国最初の近代的工場が生まれたのもこのころである。

この時期に工業化が発達した前提条件をもうひとつ挙げておく。一九一〇年、総督府は日本と朝鮮との間の商取引に関して、一〇年間を期限に関税を課すことを決定したが、これが一九二〇年八月の期間満了とともに廃止されたことである。これにより日本と朝鮮の間の通商関係がより自由になり、朝鮮での新規会社設立もさらに容易になるという付随効果も生まれた。

会社設立を抑制してきた会社令と関税賦課という二つの制度的装置が同時に撤廃されたことで、

朝鮮における会社設立は次第に活気を帯びていった。ただし、制度的装置が解除されたことよりも、第一次世界大戦により、世界経済が全般的に活況であり、日本経済も好景気を迎えたという外部的な影響のほうが大きかった。世界経済の好況により日本経済が新規投資の余力を相当な水準で備えられたことが、日本企業に朝鮮への投資に目を向けさせる外部的要因になったのである。

日本資本の朝鮮進出が活気づいたとはいえ、それが朝鮮の工業化を始動させたとは断定できない。なぜならば、一九二〇年代、産米増殖計画からも分かるように、投資の優先順位は工業化よりも朝鮮米増産のための農業開発であり、工業部門への日本資本の流入はさまざまな制限を受けざるをえなかったからである。

具体的には、一九二〇年代に新規設立された製造業関連の主要会社（公称資本金一〇〇万円以上）は、小野田セメント、日本硬質陶器、豊国製粉、太平醸造、龍山工作所など、わずか七社であった。一方、同期間、農畜産・林業など一次産業分野で新規に設立された会社は、規模は大きくないが、朝鮮明治乳業、北鮮開拓興業、朝鮮開拓、大林農場、東亜蚕糸、北鮮産業など一〇社もあった（後出〈表4－8〉参照）。このような事実は、一九二〇年代における朝鮮に対する経済政策の基調が、朝鮮米の増産を中心とする農業および関連加工業の開発に優先順位が置かれていたことを物語っている。

(4)第三期：農工並進と工業化の発動期（一九三〇～三六年）

朝鮮を食糧および原料供給基地として位置づけた日本の植民地政策の基調は、一九二〇年代後半のいわゆる「昭和恐慌」という長期不況を経験して、徐々に変わり始める。まず、日本国内の米価が暴落したため、朝鮮からの米穀輸入に制限をかけざるをえなくなった。日本国内の農業事情が変化したことで、朝鮮の産米増殖計画は続けられなくなった。朝鮮米の内地輸出の道が閉ざされたことで、日本は植民地政策の方向転換を余儀なくされた。

これにより総督府は、南綿北羊事業（南では綿花を育て、北では羊を飼う）や産金奨励のような風変わりな産業政策スローガンを掲げることになる。産米増殖のための農業振興だけでなく、牧畜業や鉱工業などの育成も並行する、いわゆる農工並進政策に方向転換したのである。おりしも第二次水力電源調査（一九二二〜二九年）の成果が、第一次調査のときの悲観的な見通しを完全に覆し、朝鮮の水力発電の包蔵能力がほぼ無限大に近いという極めて楽観的な見通しが出ていた。これは朝鮮の工業化政策に対する従来の疑いを払拭するに十分であった。そして、日本窒素コンツェルンの朝鮮子会社といえる朝鮮窒素株式会社は、自家消費用の赴戦江第一発電所の建設に成功し、ここで作られる電力を利用して東洋最大規模の興南窒素肥料工場を操業させた。この驚くべき成功事例により、政策当局は朝鮮工業化に対する確信を持ったのである。

一九三一年の満州事変とそれに伴う満州国の樹立は、世界大恐慌からの脱出を願う日本国民の対外進出世論と相まって、当初から満州開発計画を積極的に推進するよう促した。また、朝鮮・満州間の共同開発の必要性が、日本の朝鮮に対する工業化政策をいっそう早めた。地理的に、満州進出には朝鮮が関門となる。朝鮮と満州の国境地帯を流れる鴨緑江・豆満流域に対する共同開発の必要性、それを通じた大規模な水力発電所の共同建設および利用の問題、両者間の鉄道の連結と共同運営の問題、国境地帯の地下資源の共同開発および利用の必要性など、両者間で共同推進すべき開発プロジェクトが、時間の経過とともに増えていった。

朝鮮・満州間の共同開発の必要性により、工業化は北韓地域中心に行われた。また、豊富な電力エネルギーが必要な重化学工業中心の開発体制に向かわせる構造的特性を持つことになった。このような観点から見ると、一九三〇年の赴戦江発電所の建設とそれによる興南窒素肥料工場の稼動は、一九三〇年代の朝鮮の工業化計画をリードしていく牽引車の役割を果たしたといえる。

一九三〇年代の朝鮮の工業化問題に関して、もうひとつ指摘しておく。工業化のための資金調達に関して、総督府は制度的に調達する権限を持っていなかった。総督府が公債発行などを通じて資金を調達する権限を有していることが、工業化の重要な前提条件であるにもかかわらず、制度的に権限を持っていなかったことが大きな制約条件として作用した。そのため総督府は、やむをえず日本国内の民間実業（資本）を朝鮮への投資に拡大できるよう、彼らが必要とする投資環境をできるだけ有利に整えるしかなかった。

日本内地で適用していた工場法や重要産業統制法のような、企業投資に不利な影響を及ぼす関連法規を朝鮮では適用しないとか、投資企業のために①豊富で安価なエネルギー資源（電力、石炭など）の調達②主要な工業原料（原料鉱）の調達③安価で豊富な労働力の活用④安価な工業用地購入など当面の問題をなるべく有利な条件で解決できるよう支援する、などであった。

このような状況の中、一九三〇年に赴任してきた宇垣一成総督（第六代）は、新しい政策目標二つを同時に推進した。強力な農漁村振興運動を展開し、朝鮮農民の間違った生活慣習と意識構造を改革、それを通じて農民生活の向上と農業の発展を追求した。その一方で、朝鮮の速やかな工業化のための諸支援施策も積極的に行った。農業と工業を同時並行的に発展させるという農工並進の政策方向に進んだのである。その一方で、前任総督時代とは異なり、経済に対する政府の統制をできるだけ排除し、企業の自由な投資活動を保障しながら、日本国内の大企業（財閥）を積極的に誘致して民間主導の工業化を推進する方向に進んだ。そのため、一九三〇年代前半の宇垣総督統治時代を「宇垣自由主義時代」、朝鮮を「起業しやすい自由な楽土」などと称えた。まさに宇垣スタイルの自由化政策の産物といえる（金洛年『日本帝国主義下の朝鮮経済』、二〇〇二：一二四頁）。

総督府の積極的な工業化支援策に支えられ、一九三〇年代、朝鮮はアジア版「ゴールドラッシュの地」と呼ばれるほど、日本企業（資本）にとって魅力的な投資対象として浮上した。豊富な地下資源の存在、電力や石炭など動力源の確保など、朝鮮本来の有利な工業化条件に加え、総督府の積極的な工業化支援施策まで重なったことで、一九三〇年代前半期の朝鮮の工業化は当初の悲観的な見通しを完全に覆し、予想外の成果をもたらした。

具体的には、一九三一年と一九三七年で各産業別生産額がどれだけ増加したかを比較すると、農産物は二・二倍、林産物は二・三倍、水産物は二・四倍それぞれ増加しているが、工業製品は三・八倍も増加している。しかも鉱産品の増加率は五・一倍に達していて、工業製品の増加を原料面で支えたとも考えられる。総生産額に占める割合も、この期間中に農産物の比重は六三・一％↓五二・五％に減少した代わりに、工業製品は二二・六％↓三二・七％と顕著に増加した（「資料四」（第一四章）、一一〇頁）。

以上をまとめると、一九三〇年代前半における朝鮮の工業化の特徴は、次のように要約できる。第一に、産業政策的側面から見て、この時期の植民地朝鮮の工業化問題が、一つの時代の要求として大きく浮上していること、第二に、南側の地域を中心とした紡織工業の急速な発達と対照的に、北側地域では電気工業と化学工業の飛躍的な発達をもたらしたことである（資料四（第一四章）、一一二〜一一三頁）。後者の代表例として、南側の紡織工業部門では東洋紡績（仁川）、鍾淵紡績（平壌、光州）、大日本紡績（清津）、朝鮮紡織（釜山）、泰昌織物、大邱製糸などの設立、北側の電気・化学工業部門では朝鮮窒素肥料を中心とする興南化学コンビナート、王子製紙（新義州）、北鮮製紙化学（吉州）、朝鮮油脂（清津）、日本高周波重工業（城津）、朝鮮人造石油などの設立が挙げられる。

(5)第四期：本格的な重化学工業化の時期（一九三七〜四五年）

一九三〇年代前半、南側の繊維工業、北側の化学工業がそれぞれ独占的な発展を遂げたとはいえ、朝鮮の工業化が全分野にわたって拡大したとはいえない。日本政府や朝鮮総督府は植民地朝鮮に対する産業政策の基本を、農業優先から工業優先にするというように、政策基調の転換を政府レベルで公言せず、工業化よりはむしろ農工並進を前面に押し出し、実際には農業・農村の開発に大きな比重を置いているように見えたからである。こうした点を踏まえると、一九三〇年代前半の総督府の産業政策は、基本的な方向付けが行われないままの中途半端な状態に置かれていたといえる。

産業政策の基本方向が明確ではない状態で一九三七年に中日戦争が起きた。これにより日本は、朝鮮に対する産業政策の方向性を決めなければならなくなった。中日戦争の勃発により、日本の戦時経済体制への急速な転換は避けられなかった。同時に、軍需産業の速やかな育成という当面の時代の要求も考慮しなければならない。同年、日本は満州の総合的開発計画といもいえる「産業開設五か年計画」（一九三七〜四一年）を策定、推進した。これにより、日本・朝鮮・満州・中国を結ぶ広域の自給自足体制としての円ブロック経済を早急に構築する必要性が生じた。日本はこの円ブロック構築のために、まず域内での総合的な生産力拡充計画を立て、主要物資の需給に対する政府自らの統制強化と総合的な物資動員計画を樹立した。一九三〇年代後半、日本を主軸とする東北アジア地域におけるこのような情勢の激変に応じ、朝鮮経済も日本政府が推進する戦時統制体制下の円ブロックに自動的に組み込まれた。

中日戦争が勃発した一九三七年、日本政府は朝鮮の特殊性を勘案し、施行を先送りしてきた重要産業統制法を朝鮮にまで延長・適用した。また、戦時下の国家総動員法や臨時資金調整法などの戦時統制法規も拡大・施行し、朝鮮も内地と同様、強力な戦時統制経済体制の下に置かれたといえる[27]。

戦時統制経済下における朝鮮の工業化は、各種軍需産業関連業種の生産力拡大計画を優先的に推進する方向に自然と進んでいった。朝鮮で軍需産業を直接開発するのではなく、それを間接的

27）各種戦時法令の朝鮮施行をめぐり、日本政府と朝鮮総督府との間でかなりの葛藤が生じていた。総督府側は、朝鮮の工業化水準が日本内地に比べ低い状態なので、強力な戦時統制法令に反対した。しかし本国政府側は、例外措置は認められないとし、職制改編で、朝鮮総督の法的地位を天皇直属から内務大臣の指揮下へと大きく降下させた――「資料4」（第14章），p.18，金洛年，前掲書，pp.123〜125参照．

表4-7　工業化第４期の産業別、年度別主要会社の設立動向（1937〜44年８月）

（単位：会社数）

	1937	1938	1939	1940	1941	1942	1943	1944.8	合計
農林/水産業	1	1	-	-	- (2)	1	- (1)	1	4 (3)
鉱業	7 (1)	14	8 (2)	2	3	6	6 (2)	6 (1)	52 (6)
工業	17 (1)	9 (2)	17 (3)	13 (3)	12 (2)	18 (5)	16 (4)	6 (3)	108 (23)
金融/保険	- (1)	- (3)	- (2)	- (2)	- (1)	- (1)	- (8)	- (5)	(23)
運輸/倉庫	6	1	3	-	1 (2)	(1)	3 (1)	6	20 (4)
電気/ガス	-	-	-	-	-	-	-	-	-
商業	3 (1)	- (3)	1 (6)	- (9)	3 (17)	1 (14)	- (5)	- (4)	8 (59)
その他（雑業）	3 (1)	1	1	1 (1)	2	1 (7)	4 (1)	2	15 (10)
特殊会社*	3	-	6	3	5	2	4	3	26
合計	40 (5)	26 (8)	36 (13)	19 (15)	26 (24)	29 (28)	33 (22)	24 (13)	233 (128)

資料：朝鮮商工会議所,『朝鮮主要会社表』, 1944年8月から作成.

注:
1）タイトルの主要会社の「主要」の基準は、公称資本金100万円以上の会社であること。
2）*の特殊会社は法的に政府の統制を受ける会社であり、政府統制の性格によって再び特殊会社と準特殊会社に区分される。
3）表上の（）外の数値は本店会社の設立数、（　）内は支店開設の数。

に支援するための措置が取られた。非鉄金属や鉄鋼などの素材産業の開発に力を置き、電力や石炭などのエネルギー資源の開発、鉄道や港湾などの輸送手段を拡充するなど、軍需産業育成のための生産力拡大事業の一翼を担ったのである。前者の素材産業育成の対象業種は、アルミニウム製錬、軽金属、工業機械鉱業、自動車・鉄道車両・船舶・航空機製造、爆薬・硫安製造、ソーダ工業などが特に重要である。素材産業育成のためには基礎原料確保のための地下資源開発も必要となり、これも生産力拡大産業の中に含まれる。

統制経済体制に移行した一九三七年以降、朝鮮の工業化はどのように展開したのか。朝鮮商工会議所の資料を用いて、公称資本金一〇〇万円以上の主要会社を対象に、一九三七年から一九四四年八月までの年度別、業種別の新設会社数の推移を見ると、〈表4―7〉のとおりである。この期間は本店会社の新設と支店の設置のどちらも、それ以前とは比較にならないほど活発であった（次頁〈表4―8〉参照）。

その中でも特に目を引くのは、鉱工業分野における新規会社設立ブームである。鉱業の分野ではこの期間に五二社もの大手鉱業会社が新たに登場する。既存の鉱業会社総数七九社の六六％増となり、一九三七～三九年の三年間に二九社の設立が集中している。鉱業における増加傾向は、総督府の積極的な産金奨励政策の影響により、金鉱業に対する国民の関心が高まったことが背景にある。そのほか、当面の軍需産業関連の重化学工業を迅速に育成するために、鉄鉱石や石灰だけでなく、重石、黒鉛、マグネサイト、モリブデンなど、主要な原料鉱物の確保が重要な先決条件になったのも大きな影響を与えた。

表4-8　工業化時期別主要産業の会社設立推移

（単位：会社数）

	第1期（~1919）	第2期（1920～29年）	第3期（1930～36年）	第4期（1937～44年8月）	合計
農林/畜産業	6 (3)	10 (3)	6 (1)	2 (2)	24 (9)
水産業	1	1	- (1)	2 (1)	4 (2)
鉱業	1(2)	5	21	52 (6)	79 (8)
工業	9 (4)	7 (5)	31 (10)	108 (23)	155 (42)
金融/保険	2 (6)	2 (4)	2 (4)	- (23)	6 (37)
運輸/倉庫	2 (1)	5 (1)	10 (2)	20 (4)	37 (8)
電気/ガス	3 (1)	1	-	-	4 (1)
商業	2 (8)	4 (5)	15 (3)	8 (59)	29 (75)
雑業	- (1)	10	14 (1)	15 (10)	39 (12)
特殊会社*	2	2	3	26	33
合計	28 (26)	47 (18)	102 (22)	233 (128)	410 (194)

資料：朝鮮商工会議所,『朝鮮主要会社表』, 1944年8月.

注：＜表4-7＞の脚注参照.

製造業の設立動向も、鉱業とさほど変わらない。〈表4—8〉に示すように、計一五五社の新設会社の約七割に当たる一〇八社が第四期に集中していて、同期間の総新設会社数二三三社のほぼ半数近い四六・四%を占めている。一九三七年以降の工業化第四期では、鉱業と製造業を合わせた鉱工業（一六〇社）の割合が全新設会社（二三三社）の三分の二を超える六八・七%に達していることから、鉱工業に対する育成政策がいかに強化されたかが理解できる。

結局、植民地朝鮮の工業化は、中日戦争とその後の太平洋戦争開戦を経た、いわゆる工業化第四期である一九三七～四四年の約八年間で最も激しく展開される。しかし注意したいのは、第四期に大規模な会社が多く新設されたからといって、それらの会社がすべてこの期間に工場を設立し、稼働段階にまで至ったわけではないことである。一九四二年以降に設立された会社の中には、日本本土に対する米軍の空襲に備えるなど、軍事的必要性から工場施設を相対的に安全といえる朝鮮に移転させたケースも少なくない。施設を移したあと、工場の設置・稼動に入る前に終戦を迎えたケースも多かった。よって、第四期の新設会社数の比重だけをもって、朝鮮全体の工業化過程において比重が高いとか重要などと見なすことはできない。

また、〈表4－8〉などの「特殊会社」関連についても明らかにしておきたい。戦時下で政府の統制を直接受けたこれら特殊会社は、どんな性格の会社なのか。特殊会社三三社のうち二六社が第四期に設立されているが、それ以前からあった七社はどのような会社であったのか。この七社は、朝鮮銀行、朝鮮殖産銀行の二大国策銀行、朝鮮信託株式会社、朝鮮貯蓄銀行、朝鮮火災海上保険など、ほとんどが金融機関であり、残り二社は朝鮮米穀倉庫株式会社、朝鮮海陸運輸株式会社である。

第四期に設立された二六社はすべて、一九三七年以降、統制経済体制下で新設されている。電気関連の二社（鴨緑江水電、朝鮮電業）と鉱業関連の四社を除くほとんどが、石油、石炭、木材（林産物）、畜産物、水産物、原皮、革製品などの主要物資（原資材）を調達するためのものか、主要物資の円滑な配給と流通を目的として設立された会社であった。これら特殊会社の大量設立が、主要物資の需給統制を通じて産業生産に直接的な影響を及ぼし、生産力拡大に大きく貢献したことは確かである。しかし、それ自体の生産活動を通じて工業化に寄与した点は大きかったとはいえない。

この時期の支店設置についても詳しく説明しておきたい。一九一〇年から一九四四年八月までに一九四の支店——本社はほとんど日本にある——が設置された。そのうち六六％にあたる一二八の支店が、一九三七年以降の工業化第四期に集中している。産業別構成を見ると、本店設立の構成とはやや異なる〈表4－8〉参照）。金融では本店設立が一つもなかったのに二三もの支店が設置されていて、商業でも本店設立は八社であるが、支店は五九も設置されている。一方、本店設立が一六〇と圧倒的に多かった鉱工業の場合は、支店の設置がわずか二九社にすぎない。

鉱工業の支店設置が意外と少ないのは、当時の時局の流れから見て、朝鮮の未来が非常に不透明であるのに、新しい鉱山開発や工場設立のために莫大な設備投資をしてまで支店を設置する必要はなかったためである。では、第四期に鉱工業で本店会社が大量に設立されたことは、どう解釈すべきか。それは長期的な事業見通しに沿った正常な投資行為ではない。戦時下でひとまず工場施設を安全な場所に移すという趣旨で行われた、逃避性投資の性格を持つ「工場移設」のようなものである。

3．工業構造の変動と重化学工業化

(1)産業別成長と構造の変動

植民地時代を通じて、全体産業の中で製造業が占める割合は、どのように変動したのか。関連資料の制約上、サービス業を除外せざるをえないが、実物生産としての第一、二次産業のみを対

表4-9　産業別生産額の構成比の推移（1918〜40年）

（単位：百万円，％）

	1918		1925		1930*		1935		1940	
農業	984	79.5	1,178	73.3	686	62.4	1,105	57.3	1,971	42.9
水産業	33	2.7	54	3.2	52	4.7	69	3.6	191	4.2
林業	26	2.1	52	3.2	61	5.6	111	5.8	198	4.3
鉱業	15	1.2	15	0.9	19	1.7	74	3.8	357	7.8
工業	180	14.5	308	19.2	280	25.5	568	29.5	1,874	40.8
合計	1,238	100.0	1,607	100.0	1,098	100.0	1,927	100.0	4,591	100.0

資料：金洛年,『日本帝国主義下の朝鮮経済』, p. 128, pp. 186〜193,『図表5-3〜7』より再引用.

注：*1930年の数値（生産額）は、それ以前の1918年と1925年の数値、またはそれ以降の1935年と1940年の数値と比較すると、全体的に信頼できないほど数値が小さい。原資料にはこれの説明がないが、各産業別構成比の変化を見るには支障がないであろう。

象にするという前提で、一九一八〜四〇年を五年ごとに区切り、各産業別生産額の構成比がどのように変動したかを見てみよう。

〈表4－9〉に示すように、一九一八年は農業生産が第一、二次産業総生産額の八〇％近い。水産業と林業まで含めると、第一次産業の割合は総生産のおよそ八四・三％を占める。第二次産業である鉱工業の割合は一五・七％にすぎず、そのうち製造業は一四・五％、鉱業が一・二％であった。

一九一〇年代後期に至るまで、これほど脆弱であった鉱工業、その中でも特に製造業の割合は時間がたつにつれて驚くほどの伸び率を見せた。一九一八年には一四・五％であったのが、一九二五年には一九・二％、一九三〇年には二五・五％、一九四〇年には農業（四二・九％）に次ぐ四〇・八％にまで急上昇したのである。製造業に原料を供給する鉱業の割合も同様に増加した。一九三〇年までは全体の一・七％であったのが、一九三五年には三・八％、一九四〇年には七・八％にまで急増し、水産業や林業を大きく上回った。こうして一九一八〜一九四〇年の間に、第三次産業を除く第一、二次産業の総生産額は約三・七倍に増え、製造業は実に一〇・四倍と驚くほど増加した。鉱業はさらに大きく増え、製造業の二倍以上の二三・八倍も増加している。このように考えると、この時期に製造業と鉱業が相互製品・原料産業としての同伴成長を深化、発展させたと解釈することもできる。

しかし、これにはいくつか考慮すべきことがある。一つは、〈表4－9〉の統計が一九四〇年までしかカバーされていないため、太平洋戦争期である一九四〇年以降の工業化の様相はどうであったのかという問いに対して答えられないこと、もうひとつは朝鮮の場合、特に伝統的な家内工業の比重が引き続き高水準を維持してきたが、これは統計に入っていないことである。

前者の場合、〈表4－8〉に見るように、一九四〇年以降はそれ以前よりも新規会社がはるかに多く設立されたが、直接生産する段階にまで至っていないケースが多かったことはすでに指摘している。たとえそうであっても、全体的な工業生産実績は一九四〇年以降も増加傾向が続いたと見るべきである。生産額に関する正確な統計は分からないが、この期間も工場の職工数が大きく増え続けたことが、これを裏付けている。ある推計によると、一九三九年一二月の朝鮮全体の職工数二一万二四五九人は、一九四三年六月には三四万三九三九人と、四年間で六二％もの高い増加率を示している[28]。

また、家内工業[29]に関して付け加えておく。朝鮮でも工場制工業の生産が急増していた。それ

28）堀和生，前掲書，p.288，〈表終－11〉より引用。

でも農村地域を中心とした家内工業は簡単には消滅せず、全体の工業生産の中で無視できないほどの割合を占めていた。韓国の農村では、自家消費のための簡単な消費財類を中心に、①醤油、味噌、コチュジャンなどの醤類、②綿織、麻織、絹織などの製糸および織物の製造、③濁酒、清酒、果実酒などの酒類および食用油の製造、④藁工品や竹細工など農事器具や家財道具など、生活用品を直接作って使い、余剰分は一部市場に売りに出すのが昔からの習慣であった。中には優秀な工場製品の登場により市場を失って消滅するケースもあったが、製品の特性上、工場製品では代替できないか、価格競争でも負けずに生き残ったケースもかなり多かった。工場生産の急速な発達にもかかわらず、一部の家内工業は農家固有の消費パターンによって生き残れる余地があったのである。

これら家内工業の生産の割合は時間とともに減少するはずであるが、それでも一九三〇年代後半までは総工業生産の三割を占めるなど、かなりの割合を堅持したという主張もある（金洛年、二〇〇二：一二八～一三四頁）。

(2)構造変動の実状

次は工業内部の業種別構造の変動を見てみよう。日政時代の工業関連の統計では、工場統計と工業統計の二つが重要に扱われる。工場統計はさらに、工場数と従業員（労働者）数の二つの基本指標から成るが、ここではまず工場数と労働者数の推移を取り上げる。

次頁〈表4－10〉は、一九一五年～四三年まで五年ごとの工場および労働者数の推移を表して

29）「家内工業」は農家の副業の程度より、その範囲はずっと広い。当時「工場」の定義を見ると、平均5人以上の従業員を雇用する場合、または原動機を使用する場合などと定められている。5人未満の他人の労働力を使用する場合は、正式な工場の統計には入れず、家内工業に属することになる。したがって、家内工業での生産は、「工場」の統計には入らず「工産額」の統計には含まれるという二重性を示している。

表4-10　工場数および従業員数の推移（1915～43年）

	工場数(A) (個)	総従業員数(B) (千人)	B/A (人)	工産額(C) (百万円)	C/A (万円)
1915	782 (100)	24.5 (100)	31.3	46 (100)	5.9
1920	2,087 (267)	55.3 (226)	26.5	179 (389)	8.6
1925	4,168 (546)	80.4 (328)	19.0	320 (696)	7.7
1930	4,261 (545)	101.9 (416)	23.9	263 (572)	6.2
1935	5,635 (721)	168.8 (689)	30.0	644 (1,400)	11.4
1940	7,142 (913)	295.0 (1,204)	41.3	1,645 (3,576)	23.0
1943	13,293 (1,700)	363.0 (1,482)	29.5	2,050* (4,456)	15.4

資料：溝口敏行／梅村又次,『旧日本植民地経済統計』, 東洋経済新報社, 1988, p. 51,
朝鮮銀行調査部,『朝鮮経済統計要覧』, 1949, p. 70.

注:
1)「工場」の概念は、①1915～25年は製品製造に見習工を含む平均5人以上の職員を使用するか、原動機を持っている場合または年間5,000万円以上の生産をする場合。
②1930～40年は、5人以上の職工を使用し設備を備えている場合または通常5人以上の職工を雇用している場合。したがって、1925年の数値と1930年の数値の間には統計時系列上の「断絶」がある。
2)（　）内は1915年（100）基準の成長指数である。
3) *は推定値

いる。これによると、この期間における工場数は約一七倍、従業員数は約一五倍と、どちらも大きく増加している。工場数は一九三〇年代以降急増し、特に一九四〇～四三年のわずか三年間で七一四二から一万三二九三と二倍近く増加した。また従業員（労働者）数も、一九一五～三〇年（一五年間）は約八万人の増加にとどまったが、一九三〇～四三年（一三年間）には、その三倍を超える二六万人も増加している。工産額統計では、一九一五～三〇年（一五年間）は四六百万円から二六三百万円と約五・七倍増加したが、一九三〇～四三年（一三年間）はそれをはるかに上回る七・八倍の増加となり、増加傾向は強くなっている。

以上、工場統計および工産額統計の趨勢を見ると、植民地時代の朝鮮の工業化は結局、堀和生（京都大学教授）の指摘のように、一九三〇年代から本格化したといっても過言ではない。工業化を表す複数の指標がこのときから激しく変動しているからである。植民地時代の研究者が「一九三〇年代工業化論」あるいは「一九三〇年代植民地工業化論」などと、研究の焦点を一九三〇年代に合わせているのも、この時期の工業（鉱業を含む）部門で起きた大きい構造変動に基づいている。もうひとつ強調すべき点は、この時期における工業化を通じた構造変動の背景には、資本・技術サイドでの蓄積だけでなく、労働サイドでもそれにふさわしい労働力の社会的移動が見られたことである。

一九三〇〜四〇年の間、農村・農業部門から都市・非農業部門への人口移動は、想像を絶するほど激しかった。まず農村→都市への人口移動を物語る農業・非農業部門間の有業者構成の変化を見ることにしよう。一九三〇年と一九四〇年の有業者構成を見ると、農業部門は七六六五千人から六六八五千人と、九八〇千人減少しているのに対して、非農業部門の有業者はこの期間に二〇一千人から二五一一千人と、四一〇千人増加している（堀和生、前掲書、一〇九頁参照）。増加した四一〇千人のうち、少なくともその半分近い一九三千人は、いったん工業部門に流入していると推定できる（〈表4－10〉の総従業員数の欄参照）。

このようにして見ると、一九三〇年代という時期は、伝統的な農業社会から産業社会への移行、または経済的・技術的変化の側面における産業革命の過程としての転換期でもあったが、激しい人口移動が起きた点で、伝統社会から近代社会へと向かう社会変革過程としての転換期でもあったと拡大解釈することもできる。

次に、一九三〇年代の製造業内部の業種別構成がどのように変わったかを見てみよう。〈次頁表4－11〉に示すように、長期趨勢における業種別変化の様相で見られる特徴として以下の点が

表4-11　製造業生産額の業種別構成の推移

（単位：%）

	1914	1920	1925	1930	1935	1940	1943
食料品	43.2	38.0	41.6	46.2	34.7	25.0	19.5
紡織	11.6	16.0	14.8	16.1	15.5	18.6	16.8
製材/木製品	1.1	3.8	4.3	1.7	1.4	1.9	5.8
化学	9.1	11.5	15.6	15.3	25.4	33.7	29.3
金属	14.9	6.0	6.0	6.2	12.5	8.0	14.6
機械/器具	2.0	3.6	3.4	2.0	2.0	4.0	5.6
窯業	3.7	4.1	3.3	3.4	2.9	3.7	4.4
印刷/製本	2.8	3.8	4.3	1.7	1.4	1.9	1.2
その他*	11.6	16.9	11.0	9.2	5.6	5.0	2.8
合計**	100.0 (32.8)	100.0 (179.3)	100.0 (320.9)	100.0 (263.3)	100.0 (644.0)	100.0 (1,645.0)	100.0 (2,050.0)

資料：溝口敏行／梅村又次, 前掲書, p. 48, 朝鮮銀行調査部,
『朝鮮経済統計要覧』, 1949, p.70参照.

注:
1）*その他には、電気・ガス業を含む場合がある。
2）**原資料に業種別合計が100.0%を超える場合がある。
3）合計欄の（）内の数値は、当該年度の工産額（工場生産, 単位:100万円）である。

挙げられる。まず、製造業の中で当初圧倒的な比重を誇っていた食料品工業は、その比重が低下する反面、化学工業をはじめとする金属や機械工業など重化学工業の比重が上昇するという現象である。また、国民衣料産業としての紡織工業は大きな変動がなく一〇%台を堅持していること、食料品・化学・繊維の三つの業種が植民地期を通じて朝鮮工業を代表する中心的業種の地位を守り続けていることなどである。

この期間にまた、消費財工業・軽工業と生産財工業・重化学工業の間で比重がどのように変化したかを見てみよう[30]。一九一四年の軽工業と重化学工業の相対比率は五八・七%、二九・七%で、軽工業中心の構造である。一九三〇年にはこれが六五・七、二六・九%となり、軽工業の割合がある程度増加した。恐らくこれは、初期工業化の過程でよく見られ

30）両者の包括範囲は次のとおりである。
①軽工業…食料品工業、紡織工業、製紙工業、製材・木製品、印刷・出版業。
②重化学工業…金属工業、機械工業、化学工業、窯業で構成される。セメント、ガラス、陶磁器、煉瓦・瓦などを製造する窯業は重化学工業に入れず、軽工業に分類することもある。

る新しい消費財に対する人々の衝動的購買心理が大きく作用し、紡織工業や食料品工業など日常の生活必需品に対する需要が押し上げられたからであろう。これが五年後の一九三五年になると、同比率は五三・〇%、四二・八%、一九四〇年には四七・四%、四九・四%となり、一九四三年には四三・三%、五三・九%と、時間がたつにつれて重化学工業中心の構造に逆転する。一九三〇年代、特にその後半に激しくなる朝鮮の工業化の過程が、重化学工業系統の業種開発を中心に行われたことを如実に表している。この時期の工業水準は、ホフマン法則により、消費財産業よりも生産財産業のほうが優位にある。数値上はすでに時期尚早の「工業構造の高度化」（W. Hoffmann の数値では工業化の第三段階）となっていた。

(3)主要工業地帯の形成

一九三〇年代後半から本格化する朝鮮の重化学工業化は、まず地域的には南部よりは北部を中心に、また北部でも平安道よりは咸鏡道を中心に展開された点で、その地域的な偏重性を強く帯びていたという特徴を持つ。こうした工業の地域的分布状況と関連して、植民地時代の朝鮮における工業化が、地域的にどのような特徴があるのかを見てみよう。工業化が次の六つの工業地帯を形成しながら展開されたといえる。

①ソウル－京畿－仁川のいわゆる首都圏を結ぶ京仁工業地帯
②元山・咸興から北側に城津、清津、吉州、羅津、雄基など、咸鏡南・北道一帯を結ぶ北鮮工

③その他の工業（雑工業）はここからは除外されるが、軽工業に含める場合もある。

業地帯
③海州－沙里院－鎮南浦－平壌－新義州など、黄海－平南・北をつなぐ西鮮工業地帯
④江原道墨湖－三陟－太白など良質の炭鉱地帯を背景にした三陟工業地帯
⑤釜山を中心に、馬山、鎮海などの海岸地域と大邱・慶北地域を一つに結ぶ嶺南工業地帯
⑥麗水－木浦－光州－群山など、南・西海岸地帯を結ぶ湖南工業地帯

これらの工業地帯を見ると、さまざまな関連業種を狭い地域（場所）に集中させて業種相互間のシナジー効果を図ろうとする工業団地（industrial complex）の性格よりは、各地域（行政区域）別に工業が業種別に分布し集中している一種の工業地帯（industrial area）の性格といえる。したがって、各工業地帯の規模や性格を知るには、まず各道における工業を業種別に見る必要がある。

〈表4－12〉は、一九四一年の各道別に存在する工業の工場数、職工数、生産額などをそれぞれ比較したものである。これによると、北鮮工業地帯（咸南・北）が生産額ベースで全体の二八・三％を占め、六地域のうち最大規模になっている。次に、京仁工業地帯（京城・京畿・仁川）が二一・三％で二位、西鮮工業地帯（黄海／平南・北）が二〇・〇％で三位、嶺南工業地帯が一四・六％で四位である。しかし、職工数ベースでは事情が変わる。京仁工業地帯が全体の二八・三％と、北鮮工業地帯の二二・八％をはるかに超えている。次いで嶺南工業地帯と西鮮工業地帯がそれぞれ一六・九％、一五・九％である。職工数ベースでは京仁工業地帯と嶺南工業地帯が、北鮮工業

表4-12　工業地帯別（道別）工場数・職工数・生産額の構成（1941年）

	道別	工場数（個、%）		職工数（人、%）		生産額（百万円、%）	
北鮮工業地帯	咸北	598	6.3	22,696	8.0	125.6	7.3
	咸南	817	8.5	41,928	14.8	361.5	21.0
西鮮工業地帯	平北	671	7.0	11,341	4.0	85.2	4.9
	平南	762	8.0	22,796	8.1	129.7	7.0
	黄海	312	3.3	10,784	3.8	150.8	8.1
京仁工業地帯	京畿	2,475	25.9	79,980	28.3	394.3	21.3
三陟工業地帯	江原	572	6.0	11,892	4.2	68.9	3.7
嶺南工業地帯	慶北	941	9.8	17,495	6.2	91.8	5.0
	慶南	1,045	10.9	30,152	10.7	177.4	9.6
湖南工業地帯	全北	548	5.7	12,535	4.4	49.2	2.7
	全南	423	4.4	11,874	4.2	47.8	2.6
忠清圏	忠北	138	1.4	2,377	0.8	11.0	0.6
	忠南	264	2.8	6,634	2.3	29.1	1.6
合計		9,566	100.0	282,484	100.0	1,722.2	100.0

資料：堀和生、前掲書、p.160、<表 4-5>より再引用.

地帯と西鮮工業地帯に匹敵しているのは、それだけこの二地域に紡織工業や食料品工業など労働集約的な消費財工業が集中しているためといえる。いずれにせよ、これら四か所を朝鮮の四大工業地帯と称している。

以上の各工業地帯別に、業種別構成と特徴を見てみよう。まず京仁工業地帯は、首都圏の人口密集地域という点を反映し、食品工業や紡織工業など各種生活用品を生産する消費財工業が中心である。ビールや飲食料品工業、製材・木製品工業、印刷・出版業などは、特にこの地域に集中している。しかし一九三〇年代後半には、特に永登浦や仁川地域を中心に、軍需工業の性格を持つ金属・機械・化学などの重化学工場が多く建ち始めた[31)]。そのため、従来の消費財工業中心から、ほぼすべての工業が総合的に集中する構造に変わったといえる。

31）このころ、京仁地域に建った代表的な重化学工場は、東洋製鋼、朝鮮アルミニウム、朝鮮製鋼所、朝鮮機械製作所、龍山工作所、朝鮮ベアリング、朝鮮自動車製造、朝鮮油脂、仁川火薬工場、朝鮮化学肥料など23社に達する――朝鮮銀行調査部,『経済年鑑』, 1949年版, p. III -79参照.

北鮮工業地帯は、豊富な電力と地下資源の生産を好条件とし、韓国産業革命の聖地となる興南総合化学コンビナートを筆頭に、最新式技術を誇る電気化学、鉄鋼、非鉄金属、人造石油など、大規模な重化学工業の本拠地として定着した。また、咸北地域の清津、羅津、雄基などの良港を中心に、日・満を結ぶ北鮮交易ルートが開発された。日・鮮・満の三者間の交易仲介の役割を含め、朝鮮を代表する対外交易の中心地としての地位を構築した。

西鮮工業地帯も金鉱、炭鉱など、豊富な地下資源と、鴨緑江水豊発電所などによる非常に安価で豊富なエネルギー資源があったため、製鉄・精練・セメント・化学など、重化学工業中心の構造といえる。ただし、平壌を中心とするこの地域の高い人口密集現象を反映し、繊維、食料品などの消費財工業も相当な比重を占めている。その他、鴨緑江流域で採取される良質の原木を豊富に利用して、製材・木製品工業、製紙工業のような軽工場も同時に建ち並んでいることが、北鮮工業地帯とは異なる。

南側の嶺南工業地帯および湖南工業地帯の場合は、いくつか例外的なケースはあるものの、そのほとんどが紡織工業や食料品工業など消費財工業を中心に形成された。ただし、嶺南工業地帯は南海岸を中心に造船、機械工業などの生産材工業が一部発達し、湖南工業地帯は米作農業の中心地という特性を反映して、精米業、醸造業など食品加工業が集中的に建ち並んだ。

最後に、江原道の三陟工業地帯は、寧越炭田、三陟炭田など、豊富な石炭資源と良質な石灰石といった地下資源の産地であるうえ、日本などとの交易のための良港があるという有利な地理的条件を持っていた。国内唯一の産業用寧越火力発電所が建設されてエネルギー問題が容易に解決

32）当時この地域に作られた代表的企業としては、寧越火力発電所、三陟セメント株式会社、北三化学株式会社、東洋化学株式会社、三和製鉄株式会社など、有数の重化学関連工場が挙げられる。

されたことで、早くから鉄鋼、セメント、化学肥料など有数の重化学工場が建ち並んだ特殊なケースである[32]。

(4)工業化の主体性の問題

植民地時代の工業化は、政府と民間、そして民間では日本人と朝鮮人のどちらによって、どのような方式で行われたかという「工業化の主体性」問題について、若干の説明を加える。一九三〇年代から本格化する朝鮮の工業化過程が、果たして誰の資本と技術によって行われ、誰の責任の下で企業経営が行われたのかという問題である。

これまでこの問題は、徹底した民族主義理念に基づき、日本人（資本）と朝鮮人（資本）の間における企業数や資本金、投資額、生産額などの比重がどうであったのか、朝鮮人がどれだけ企業経営に参加したのかなどが、研究の主な関心事として取り上げられた。それが全面的に日本の資本と技術によって成り立っていることを最初から知りながら、人々はそこに「資本の民族性」や「工業化の主体性」といった、もっともらしい類似の概念を付与し、それがまるで植民地経済史研究において何か重要な意味を持つかのように扱ってきた[33]。

この点を念頭に置き、工業化の主体問題を日本人（資本）と朝鮮人（資本）に分けて、その構成（比率）関係がどのように変動するかを見てみよう。

そのために以下の二つの先行研究の事例を引用、説明する。一つは『朝鮮銀行会社組合要録』（東亜経済時報社刊、各年版）の会社別基礎データ（公称資本金など）を基準とした許粹烈《ホスヨル》の研究「事

33）この時期の朝鮮の工業化の性格を規定するにおいて、二重構造論、飛地（enclave）工業化論、軍需工業化論、民族経済論などさまざまな見解があるが、これらの見解には一つの共通点があった。工業化を担った主体が誰であったかという問題を理論の基本としたことである。これは工業化に対する評価基準を工業化の主体としての資本（家）の民族性に求める主張であり、成立すら難しい謬見である。

例Ⅰ」[34]である。もう一つは『主要朝鮮会社表』（京城商議刊）の会社別データ（払込資本金など）を基準とした朱益鍾《チュイクチョン》の研究「事例Ⅱ」[35]である。これら二つの事例を比較・検討する方式で、一九三〇年代の工業化過程における朝鮮人資本の比重がどの程度であったかを類推してみよう。

まず、「事例Ⅰ」によると、総会社資本に占める朝鮮人資本（払込資本金基準）の比重は、一九二一年は一三・八％、二五年は一三・三％、二九年は一一・五％の水準を維持していたが、一九三五年には一〇・一％、四〇年には九・四％、四二年には八・三％と、年を重ねるにつれて減少している。

「事例Ⅱ」でも朝鮮人資本の比重は、一九二六年は一五・七％、三二年は一〇・八％、三六年は一四・八％、三九年は一一・二％と、長期的に減少している。この二つの事例をまとめると、日政時代の朝鮮における会社資本の民族別構成は、朝鮮人資本の比重が全体の一〇％前後を占める（残りの九〇％前後が日本人資本）と見られ、それは次第に減少していくものと解釈できる。ここで留意すべき点は、一九三〇年代以降、工業化が本格的に推進される段階に入って、朝鮮人資本の比重が明らかに下降する傾向にあることである。

両者間におけるこのような傾向をどのように理解すべきか。次の二つの観点から説明できる。第一に、一九三〇年代以降、合作事業が進んだことにより、朝鮮人と日本人の資本を区分するのが難しくなったことである。事実上、朝鮮人資本であるにもかかわらず、日本人資本としてカウントされるケースがよくあった。第二に、朝鮮人資本の絶対的規模が減ったのではなく、この時期に日本内地資本の流入が急増したことにより、朝鮮人資本のシェアがその分減少したという相

34）許粹烈,「朝鮮人資本の存在形態」,『経済論集』6（忠南大学）, 73-110, 1990およびその他の論文
35）朱益鍾、「日帝下朝鮮人会社資本の成長」,『経済史学』, 15号（経済史学会）, 1991.

対的な現象である。

一方、会社資本全体の九〇％を占める日本資本に関しては、①日本から直接流入した初期資本、②すでに朝鮮に渡ってきた日本人（資本）によって二次的に形成された派生資本と、その性格を区分する必要がある。②の場合は、たとえそれが日本人資本であっても、前者の初期資本のケースとはその性格が大きく異なるからである。朝鮮に渡って行われた派生資本は、どのような形であれ、資本と労働との両面において朝鮮人（資本）との連携の中で行われた。この二つの日本人資本のうち、絶対的比重を持つのは①の初期資本であるが、朝鮮で二次的に形成された②の派生資本も決して無視できない規模であろう。ある資料によると、一九四二年におけるこの二つの資本の相対比率は、①が全体の七四％、②が二六％である。また②の二六％の構成は、朝鮮内の主要産業資本系列（特殊会社、殖銀系、その他日本人系）によるものが一八％、その他小規模な日本人会社のものが八％を占めている[36]。

(5)巨大資本系列（財閥）による重化学工業化

日本から直接流入した初期資本の比重がどれほど絶対的であったのかについては、日本国内の独占的巨大企業系列（財閥）の朝鮮に対する投資比重でも裏づけられている。戦後、連合国軍総司令部（ＧＨＱ／ＳＣＡＰ）が戦後処理の一環として、日本の対朝鮮投資の内容を調査したところ、製造業全体への投資の中でこれら大企業系列（財閥）の投資の比重が非常に高かった。その中でも特に興南窒素肥料株式会社の日窒系列が二八・三％を占めていて、東拓一六・五％、三菱

36）「資料4」（第14章），pp.25〜27，朝鮮銀行調査部（1949），p.73参照．

五・八％、日鉄四・七％、三井四・四％など、計二一の巨大資本系列の比重が製造業全体の投資の七七・六％に達していた。これらの投資のほとんどが、製鉄、機械、軽金属、石油・ゴム、化学、電気・ガスなどの重化学工業部門に集中していた点も重要である。巨大資本系列が行った重化学工業と軽工業間の投資比率は八九％と一一％であり、主に大規模な投資が必要な重化学工業中心の投資パターンであった[37]。

植民地朝鮮の工業化が、このように日本から直接流入した巨大資本系列（民間財閥、国策会社）によって主導されていたからといって、朝鮮の日本人居住者や朝鮮人の投資がそれほど縮小・減少したとはいえない。数値上の相対的比重は減少していても、絶対的投資規模自体はそうではなかった。朝鮮人企業の場合は、日本の巨大資本系列の投資が流入し、工業化が活発になったため、小規模企業であっても企業数や生産額、従業員数などが増加し続けた。

一九一二年の朝鮮人工場数はわずか九八社であったが、三年後の一九一五年には二〇五社と二・一倍、一九二〇年には九四三社と九・六倍、一九二五年には二〇〇五社に急増した。わずか一三年間で二〇倍以上も工場数が増加した事実は重視すべきである。数的には同年の日本人工場数二〇八五社に九六％まで接近している一方で、一九二八年には二七五一社に増加し、日本の二四二五社を追い越している。生産額推移においても、一九一二年に二・九百万円だった朝鮮人工場の生産額は、一九二八年には九〇・一百万円と、なんと三一倍も急増している。日本人工場の生産額は九・七倍の増加にすぎず、増加率は朝鮮人工場の三分の一であった。従業員数においても一九一二〜二八年に、朝鮮人工場は三六〇〇人から二万九一〇〇人と八・一倍増加したのに対し、

37）許粹烈,「植民地的工業化の特徴」,『工業化の諸類計（Ⅱ）』（金宗炫編著）, 耕文社, p.196〈表５〉参照.

日本人工場は一万二八〇〇人から五万三四〇〇人と四・二倍増にとどまった。

以上の数値はもちろん、一九一〇～二〇年代までの工業化の初期段階での流れであるが、その後の事情はどうであろうか。一九三二年と三九年は根拠とする資料が異なるため、一九二〇年代までの数値と直接比較はできないが、一九三九年における朝鮮人工場数は三九一九社と、同年の日本人工場数二五四六社よりも五四％多い。ただし工場の規模では、従業員五〇人未満の小企業の比重が日本は八〇・一％であるのに対し、朝鮮は九五・一％、従業員二〇〇人以上の大企業の比重は日本が四・九％（一二五社）を占めるのに対し、朝鮮はわずか〇・四％（一五社）にすぎないことを見逃してはならない。

次に、日政時代の末期となる一九四四年、朝鮮に本店を置き、公称資本金一〇〇万円以上の製造業をはじめとする電気・ガス・水道・土木・建設業を対象とした会社数および払込資本金の民族別構成を見てみよう。まず会社数において二一三社中、朝鮮人会社は一八社と全体の八・五％にすぎず、残り九一・五％（一九五社）が日本人会社である。払込資本金においても一三億一一〇〇万円のうち、朝鮮人会社の割合は全体の二・九％である三八〇〇万円にすぎず、残り九七・一％（一二億七三〇〇万円）がすべて日本人会社のものとなっている[38]。さらに払込資本金を基準にすると、朝鮮人会社の産業別構成は全体の五一・六％が軽工業、四一・〇％が重化学工業、残り七・四％が土木・建築業であるのに対し、日本人会社は重化学工業が四四・〇％、電気・ガス・水道および土木・建築業が四一・七％であり、軽工業にはわずか一四・三％しか投資されておら

38）朝鮮銀行調査部,『朝鮮経済統計要覧』, 1949, p.73〈表12〉参照.

ず、朝鮮人会社のケースとは正反対の投資パターンを示している。つまり、日本人の会社は朝鮮人の会社とは異なり、大部分が巨大規模の重化学工業と電気・水道、土木・建築業などのような重厚長大な産業に対する投資が主流を成していたのである。

以上の事実は、あくまでも資本金一〇〇万円以上の大企業、または従業員五人以上の工場制生産の場合のみを対象とした調査結果であることに留意したい。製造業の性格を官営工場・民間工場・家内工業の三部門に分けて考察する際、前記の分析結果は三つ目の家内工業を完全に排除し、残りの二つだけを対象にしたものである。家内工業の場合、全体製造業生産において無視できないほどの大きな比重であるとともに[39]、そのほとんどが朝鮮人の所有ないし支配下にあった。

4. 解放当時の製造業の実態

植民地期朝鮮における製造業（鉱業を含む）が、史上類がないほどの驚異的な発展を遂げてきたことは、厳然たる歴史的事実である。それが政治的に「植民地」という特殊な条件の下で行われたことはひとまず認めても、その点を論外にして経済的側面だけを考えると、植民地期の朝鮮で行われた高度な産業化は、経済史的な観点から十分に産業革命の過程と見なすべきである。鉱工業の単純な量的膨張だけでなく、各産業の構造的な質的高度化までを同時に実現することになったからである。鉱業において主要鉱物の採掘・選鉱・精練・貯蔵・運搬の全過程がほとんど機械化・自動化されている点で、単なる量的変化だけでなく質的変化をもたらし（第二節「鉱業」

39)1939年における製造業全体の生産の実に22%が家内工業担当である（官営工場5%、民間工場73%）。家内工業の比重が特に高い業種は、食料品工業46%、製材・木製品工業49%、紡織工業22%などが挙げられる――「資料4」（第14章）, pp.30～31参照.

参照）、製造業においては重化学工業の比重がすでに軽工業のそれをはるかに上回るほどの工業構造の高度化を実現するに至った。

しかし一部では、このような発展が植民地的性格を持つとして、その実際の意義まで意図的に否定する声もある。では「植民地的特性」とは一体どういう意味なのか。

植民地関係の断絶とともに工業化のプロセスも断絶するとはいえ、成し遂げられた工業化の実績までもが消滅するわけではないことを明確にする必要がある。解放後、南北分断と米軍政、六・二五戦争などの政治・社会的な混乱が続き、これにより破壊と毀損を受けたとはいえ、それらの実績が経済的価値を完全に失うほど破壊されたわけではない。また、解放と同時に国が南北に分かれたことで、これらの工業化の実績が本来の機能をまともに果たせなくなってしまったことも付け加えておきたい。

経済領域の分割に関していうと、国土と人口、地下資源や水力電源などの自然的存在ないし埋蔵状態はすべて半分に分けられ、鉄道・道路・港湾・水利施設などのＳＯＣ関連施設や発電所と送・配電施設などは三八度線を境に連結網が断絶された。

(1)産業別生産額における南韓・北韓の構成

農業、製造業をはじめとする第一、二次産業における産業別生産額の南北分布状況を見てみよう。一九四〇年の実績をベースに、その生産額の地域別分布状況を見ると次頁〈図４－13〉のとおりである。農業生産では、農地の南北分布が南韓側に大きく偏っていて、農産物の生産も南韓

図4-13　産業別生産額の南北構成（1940年）

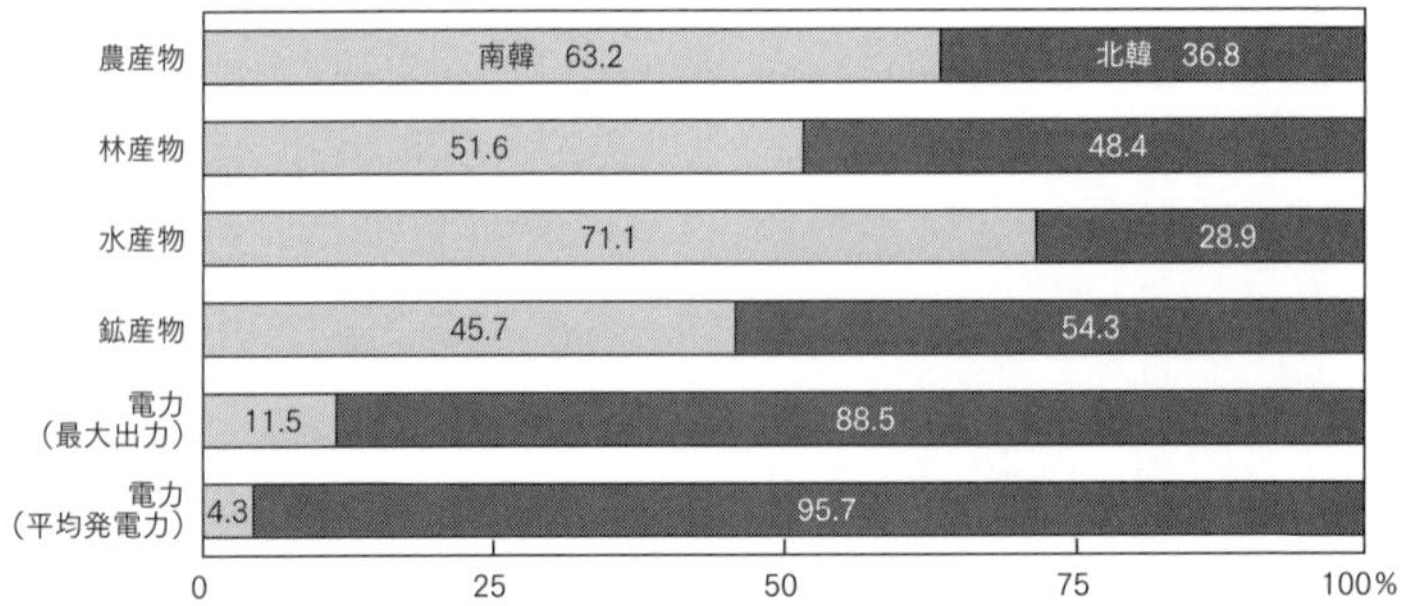

資料：「資料4」（付録：鈴木武雄「『独立』朝鮮経済の将来」、p.167参照
注：
1）水産物の場合、原資料では北韓の生産が217.8百万円、合計が372.7百万円となっていたが、筆者が修正した。
2）鉱産物の場合、保安上、1936年以来、鉱産額統計を一切発表していないため分からないが、合計750.0百万円は1943年生産額基準の推定値。また、南北の分布状況は全く分からないが、第2節（漁業編）の<表4-8>のように、主要鉱産生産量の地域別分布を参考にする必要がある。
3）南北間の合計では鉱産物が除外される。ただし、全国合計には含まれる。

六三%、北韓三七%と不均衡である。一方、工業品の場合は逆に南韓四六%、北韓五四%と北韓側に偏重している。電力に関しては北韓偏重現象が言い表せないほど深刻である。最大出力は南韓一一・五%に対して北韓八八・五%と、さらに平均発電量においては南韓四・三%に対して北韓九五・七%と、圧倒的な格差がある。このような電力の北韓偏重現象は、解放直後の南北間の電力事情を「南韓電力飢饉、北韓電力豊饒」と呼ぶほど対極的で非正常な状態であった（Ⅰ「電気業」参照）。

(2) 製造業の南北分布と南韓の製造業

一九四〇年を基準に、製造業の各業種別生産額が南北でどのように分布しているかを見てみよう。〈図4－14〉に見ら

図4-14　製造業の業種別生産額の南北構成（1940年）

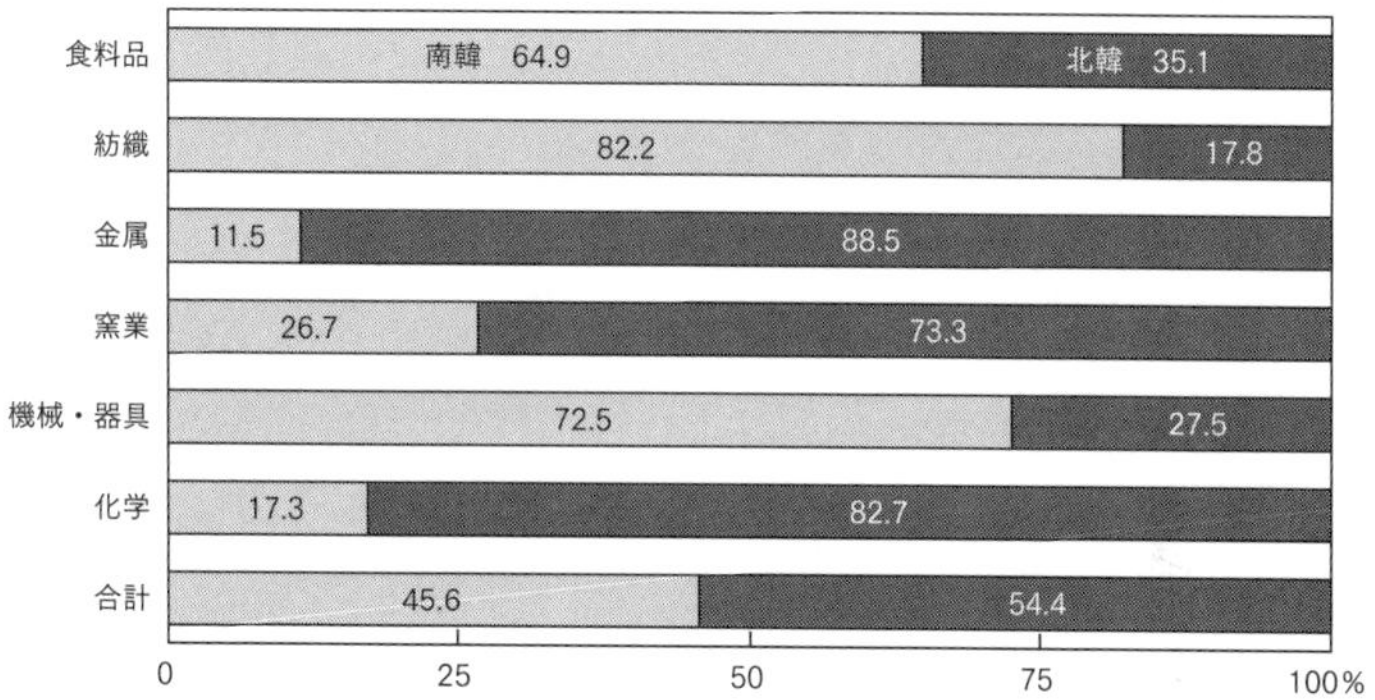

資料：朝鮮銀行調査部『朝鮮経済年報』1948年版、pp.I-96, ＜表28＞およびその他の資料から作成。

れるように、人口密集地域である韓国は、紡織工業や食料品工業、印刷・出版業、その他の雑工業で優勢であり、特に各種の機械・器具においてもひとまず優位を占めている[40]。その代わり、各種の地下資源や電力、石炭などのエネルギー資源が豊富に存在する北韓は、先端技術を要する電気化学工業や金属・製錬・重機械・窯業などの重化学工業分野で全般的に確かな優位を占めていることは異論の余地がない。つまり、南韓は消費財工業・軽工業中心、北韓は生産財工業・重化学工業中心に分かれるという産業の偏重した構造であり、一方で相互補完的に密接に結びついている。

解放後の韓国にとって国土分断が経済にどれだけ致命的であったのかは、徹底した補完性を見れば明白である。具体的には、農業中心の南側で農業を営むためには北側で量産している化学肥料の供給が必要であり、農土の少ない北側は南側で栽培されてい

40）機械・器具工業で南韓が優勢な理由は、生産手段としての「機械」分野（生産材工業）ではなく、消費手段としての「器具」分野（消費財工業）で、南韓の比重がはるかに高いからである。

る食料や衣料など生活必需品の供給を受けなければならないという不可分の依存体制を構築していた（〈図4－14〉参照）。

重厚長大な重化学工業施設はほとんどが北側にあり、相対的に軽薄短小の軽工業施設だけが南側に残されたという製造業の分布状況が、解放当時、日本から受け継いだ植民地遺産の現状であった。ならば、南北がそれぞれ受け継いだ産業施設に対する経済的な価値も、北韓のほうがはるかに高くなるはずである。一九四〇年における製造業生産額の南北分布を見ると、南韓四五・七％、北韓五四・三％と（〈図4－14〉参照）、両者の比重はそれほど大差ないように見えるが、質的には顕著な差がある。

重厚長大な重化学工業施設のほとんどが北側に位置しているため、産業施設の資産的価値は、生産額ベースで比べたときよりもはるかに北側に傾くであろう。もうひとつ考慮したいのは、北側の重化学工業部門よりも南側の軽工業部門のほうが業種の性格上、朝鮮人資本（企業）の取り分が大きくなることである。南韓の主力業種である食料品、繊維、機械・器具、製材・製紙工業などの場合、大規模な資本や高度技術がなくても新規参入（new entry）が比較的容易であり、従業員五人未満の家内工業の場合も、主に以上の業種とその他の雑工業に集中すると予想されるからである。こうしたことから、解放後、韓国に残された製造業の比重が企業数、従業員数、生産額などにおいて、北韓よりも必ずしも少ないわけではない。

第五章

帰属財産の管理（Ⅰ）：米軍政時代

Ⅰ　解放時における日本人財産の状況

1．日本人財産の種別構成

一九四五年八月の終戦とともに、朝鮮の日本人居住者は、軍人、総督府の職員から民間人に至るまで、直ちに日本に帰らなければならなくなった。同年九月に米軍が進駐すると、朝鮮総督府を閉鎖し、そこに米軍政庁が立ち入った。米軍政に与えられた最初の任務は、日本人居住者をなるべく早く本国に撤収させることであった。日本人はこれまで自分が住んでいた家屋や田畑、工場など、すべての財産を残したまま、身一つで朝鮮を去らなければならなかった。

これまで見てきたように、日本は朝鮮に対する植民地経営において驚くべき経済開発の成果を上げた。これが朝鮮における日本人財産の蓄積につながったことはいうまでもない。では、日本人が朝鮮に渡ってきて財産を形成し、資本を蓄積するようになったのは、歴史的にいつからなのか。

恐らく一八七六年の江華島条約の締結により、日本に対する門戸が開放されたときからであろう。江華島条約の締結を機に、朝鮮は頑固な鎖国政策から対外開放へと路線を一大変更する。主要三港（釜山、元山、仁川）の門戸が開放され、日本資本はこの開港場を通じて朝鮮に流入し始める。

このように朝鮮進出のきっかけを得た日本資本は、一九世紀末の開化期と二〇世紀前半の植民地過程を経て、七〇年間、国・公・私のさまざまなルートで蓄積を重ねた。このように形成された物質的所産が、一九四五年八月の「朝鮮内日本人の資本蓄積」（Japanese capital accumulation in Korea）という概念で規定される。敗戦の報いというべきか分からないが、終戦後、蓄積された財産を韓国に残したまま、日本人は本国に強制送還された。歴史のアイロニーである。

では、韓国に残された日本人の財産は、どのような種類と形態で構成されていたのか。上は朝鮮総督府の建物から下は民間人の個人住宅に至るまで、それこそ大小さまざまな財産があった。その財産の法的、経済的、実物的性格によって、次のいくつかに類型化できる。

第一に、軍事施設を含む各種国公有の公共的性格の財産である。公共財産は、①朝鮮に駐屯していた日本軍部の各種軍事施設をはじめ、兵器廠、道路、港湾などの軍用財産、②朝鮮総督府庁舎をはじめとする政府傘下機関の行政・司法・治安・教育・保健・厚生など各種国公有財産、③鉄道、道路、発電所、電信・電話、港湾、空港など、国公営の各種事業体の財産、の三つに分けられる。

第二に、民間部門における私有財産に属する各種事業体、そして個人財産が挙げられる。例えば、①農耕地、牧場、鉱山、漁場、工場、銀行・保険・無尽・信託など各種金融機関、大小の民間企業（法人、団体）所有の各種産業施設、②家屋、敷地、店舗、工作所、倉庫など日本の民間人所有の個人財産、③学校、病院、寺社、劇場、図書館、孤児院、養老院など、公共的性格の非営利団体の財産、④自動車、自転車、船舶、航空機など運搬用器具、⑤漁船および漁労道具、農畜産用器具や林業・工業用器具など各種生産手段、⑥田畑で栽培中の農作物、牧場で飼育中の動物、養殖中の魚介類、果樹園の果実、農家で育てている家畜類、⑦一般商店の在庫、個人の家財道具、会社の事務機器や用品などの動産類。このような私有財産のカテゴリーは、それこそ多種多様に構成されている。

第三に、以上の実物（有形）財産とは別に、各種無形（intangible）の財産が挙げられる。例えば、会社の株式（持ち分）および社債をはじめとし、国公債などの有価証券、各種債権、特許権・商標権・著作権・知的所有権、技術資格証などを含む各種無形財産である。

日本が撤収したあと、以上の財産所有権および管理権は米国（駐韓米軍政庁）に渡る。朝鮮総督府のすべての権能をそのまま接収した米軍政が、最初に直面した最大の課題は、この莫大な日本人財産をどのように処理するかであった。米軍政はこれに対し、日本の国公有の公共財産については米軍ないし米国政府（軍政庁）の所有に移管させ、民間の私有財産も米軍政の法令により「帰属財産（vested property）」の名で米軍政傘下に接収された。移管であれ接収であれ、重要なのはそのこと自体ではない。財産の所有権、つまり財産権が日本（人）から米国政府（米軍政庁）に移ることが重要な意味を持つ。前者の軍用財産など政府公共財産の移転は大きく問題視しなくてもよいが、後者の民間の私有財産の移転は、法的にも経済的にも非常に重要な意味を持つ。ここでは後者の資産を中心に、その財産権が具体的にどのように米軍政に移転されたかを見てみよう。

前記の分類において、第一の国公有財産における③国公営の各種事業体の財産と、第二の民間人の私有財産が、米軍政の法令により帰属財産という名で米軍政に帰属する。これらの財産の規模と状態が当時はどうであったかを中心に考えてみよう。帰属財産の原住所ともいえるこれらの問題は、解放後、新たに出発する韓国経済にとって、その初期条件の規定要素という点で極めて重要な歴史的および経済的意味を持つ。

このような観点から、財産の法律的性格を基準に帰属財産をさらに分類すると、次のようになる。①政府所有の国公有財産(governmental ownership property)、②法人所有の企業体財産(corporate ownership property)、③個人所有の財産(individual ownership property)の三つである。このうち、①の国公有財産については、資料の問題などで具体的な実態把握は事実上、困難である。ここでは主に、民間サイドでの②の企業体財産（農耕地、果樹園、漁場、牧場、鉱山などを含む）と、③の個人財産（家屋、敷地、商店、工作所、流通業者など）を中心に、可能な範囲内で詳細に取り上げる。

2. 企業体財産の実態

(1)産業別生産額の構成

日本が韓国に残した各種財産のうち、前記②の企業体財産における産業別生産額の規模がどの程度であったかを見てみよう。生産額規模はその国の生産力の発達水準を意味し、生産力の発達水準はその国の国民経済の発展段階を測る尺度になるからである。統計が許す範囲内で解放前の各産業の生産高構成を見ると、〈図5―1〉の（ア）のとおりである。一九四三年の時点で全産業の総生産物価額は約六五億円に達し、そのうち製造業の占める割合が全体の四一・五％と最も高く、次いで農業（畜産業を含む）三四・四％、鉱業一一・六％、林業七・一％の順になっている。

一部推定値が含まれてはいるが、解放直前に朝鮮の産業構造は、すでに全産業の主軸ともいえる製造業の生産が、第一次産業である農業（畜産業を含む）の生産をかなり上回っていた。また、その原料産業としての鉱業まで含む鉱工業を基準にすると、全産業の五三％を占めるほど比重が高くなる。製造業の内訳では生産財工業を中心とする重化学工業の比重は一九四二年の時点で全体の半分を超え、すでに生産財工業が消費財工業を上回っていた。これらの事実は何を意味するのか。数値の上では一九四五年八月の時点で、韓国経済はすでに相当な水準で産業構造ないし工業構造が高度化されていたことである。

図5-1　解放前の産業別、業種別生産額の構成

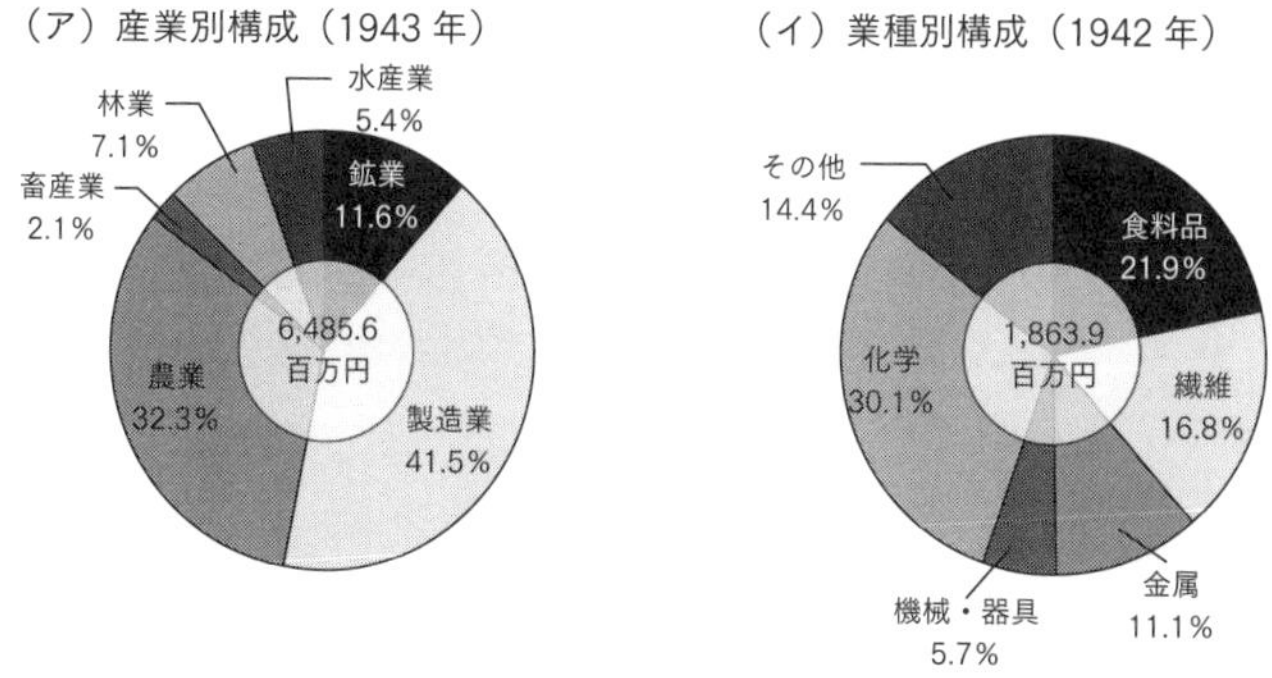

資料：「資料4」（付録編）, pp.108〜110 参照 .

以上の産業構造ないし工業構造変動を通じて、特徴をいくつか引き出せる。第一に、植民地的関係という特殊な条件下でも、韓国経済は産業間、業種間で激しい構造変動を経たことである。具体的には、伝統的な農業中心の前近代的な産業構造から、鉱工業中心の近代的な産業構造へと大きく変わったこと、工業の中でも比較的労働集約的な軽工業（消費財工業）中心の開発段階を超え、資本集約的な産業を中心とする「資本の有機的構造」(organic composition of capital) がかなり高まったことなどである。

第二に、このような激しい産業構造の変動を可能にしたのは、その前提条件として、鉄道や道路、港湾、電気、電信・電話など社会間接資本の形成であり、合わせてそのような産業関連上の関係の支えがあったからである。「帰属財産の形成（I、II）」で見たように、この時期の鉄道・道路など各種社会間接資本の建設や電気・ガス業の発達は、農水産業はもとより鉱工業や建設業などよりも激しくなっている。特に一九三〇年

代以降、満州国との共同開発事業として進められた国境河川（鴨緑江）の水力発電所建設プロジェクトは、その規模面でも技術面でも、当時としては世界に類を見ないほどの驚くべき成功を収めた。

第三は、鉱工業の急成長や、社会間接資本の拡充にかかる莫大な資金の調達に関してである。資金のほとんどが日本（内地）から流入したことは容易に察知できるが、問題はそれだけの大規模な資金をどのようにして流入させたかである。さまざまな要因が複合的に作用した産物ではあるが、第六代朝鮮総督宇垣一成（一九三一～三六年）が積極的に朝鮮工業化政策を行い、日本の財界に宣伝活動を行った影響は大きいであろう。

宇垣総督は朝鮮工業化の資金調達のため、朝鮮が持つ有利な条件を掲げ、日本の民間企業からの投資を積極的に呼びかけた。例えば、工場建設の土地収用を有利にするため、当時の日本企業が忌避しようとしていた日本国内の工場法や重要産業統制法などの法規を朝鮮では適用しないことで、朝鮮こそが日本企業にとって起業しやすいかけがえのない楽土であるという認識を植えつけようとした[1]。総督のこのような積極的な企業誘致政策により、朝鮮という土地は日本企業にとって一種のニューフロンティア（New Frontier）のような投資対象となった。ある程度リスクは伴うものの、朝鮮という土地は野心に満ちた投資先であるという雰囲気の中で、朝鮮に対する投資ブームが起きたといえる。

1）金洛年，「植民地期の朝鮮工業化に関する諸論点」，『経済史学』，第35号（経済史学会），2003年12月，p.34参照．

図5-2　解放当時の日本人会社数および投資実績（1945年8月）

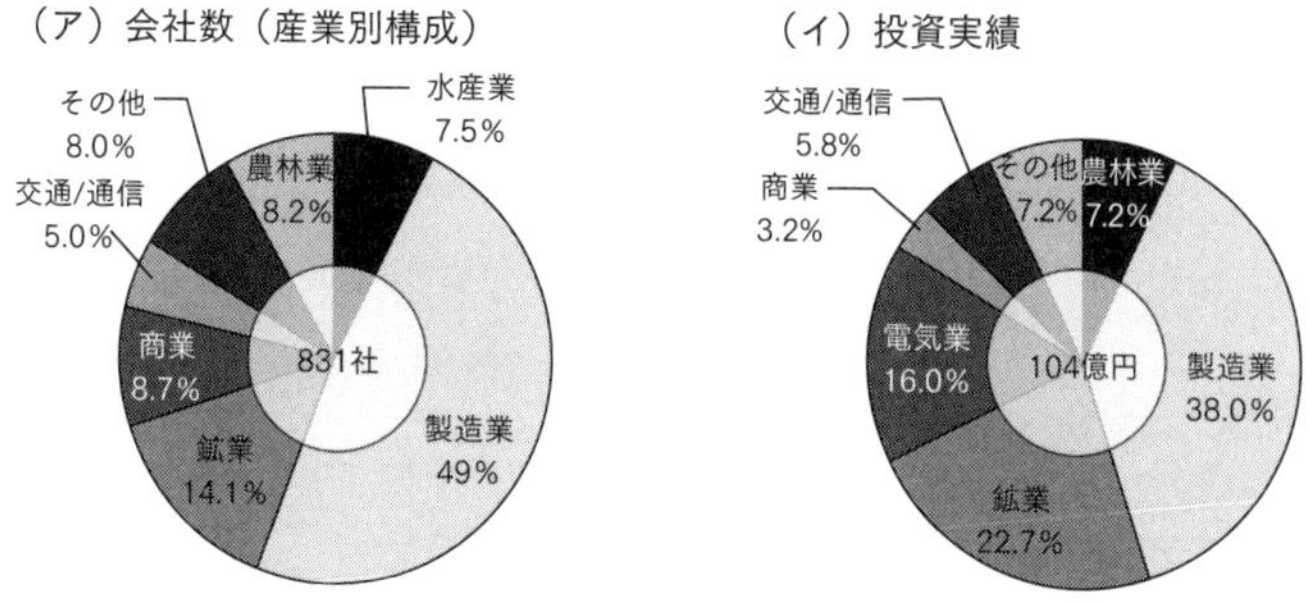

資料：<図 5-1>と同一 . pp.111～112 参照 .

(2)産業別投資実績

一九四五年八月までの日本資本の朝鮮に対する投資実績は、〈図5―2〉（イ）のとおり総額一〇四億円に達する。しかし図の金額は、各産業別事業者会（組合・協会）に登録された会員会社の中から、投資関連資料を提出した会社のみの帳簿価格による実績である。投資した会社の全数調査の結果ではなく、かなり低く見積もられている。また基準が帳簿価格であり、過去の一定時点での投資実績を意味しているため、実際の評価額をきちんと反映できていない点にも留意したい。

では、このグラフに基づいて、各産業別の投資規模とその構成比を見てみよう。最も投資が多いのは製造業部門で総投資額（一〇四億円）の三八・〇%にあたり、その次の鉱業が驚くことに全体の二二・七%という予想外の高実績となっている。この二つの業種を合わせた鉱工業に対する投資が、全体の六一%という圧倒的な比重を占めている。その他、電気業が一六・〇%、農林業が七・二%、交通・通信が五・八%などの順である。このように鉱工業に電気業を加えたこれら三業種の投資額が、全体の四分の三を超える七六・七％であることには驚きを隠せない。

一方、鉄道や道路、港湾（船舶）および電信・電話、水道、都市開発など、広義の社会間接資本分野での投資実績、そしてSOCおよびサービス部門における日本人所有財産は、どの程度であったのか。これらの部門において、実物財産の規模が大きく増えたことは十分に理解できるが[2]、それに対する投資実績や現実の評価額がどの程度であったかを把握するのは容易ではない。政府事業ともいえる電信・電話事業や水道事業などにおいても相当な規模の財産が形成され、それがそのまま韓国に残されたことは厳然たる事実であるが、残念ながらその財産規模や評価額がどの程度であったのかは正確に把握できない。

3．日本人財産に対する資産価値評価

(1)総督府の日本人企業の実態調査

一九四五年八月、朝鮮総督府は日本への撤収を控え、朝鮮を去る企業に対する実態調査を緊急に実施した。朝鮮総督府内に「終戦事務処理本部」（本部長、塩田鉱工局長）という臨時機構を本国の指示で設置し、有能な幹部職員を総動員して約一か月にわたり、朝鮮に置いていく日本人企業の財産その他権益に関する一斉調査を行ったという。

調査要領としては、①調書名は「朝鮮にある日本人企業の現状概要調書」（〈写真5－1〉参照）

2）朝鮮銀行調査部,『朝鮮経済年報』,1948年版, p.Ⅰ-184参照.

写真5-1　在朝鮮日本人企業現状概要調書（1954年8〜9月作成）

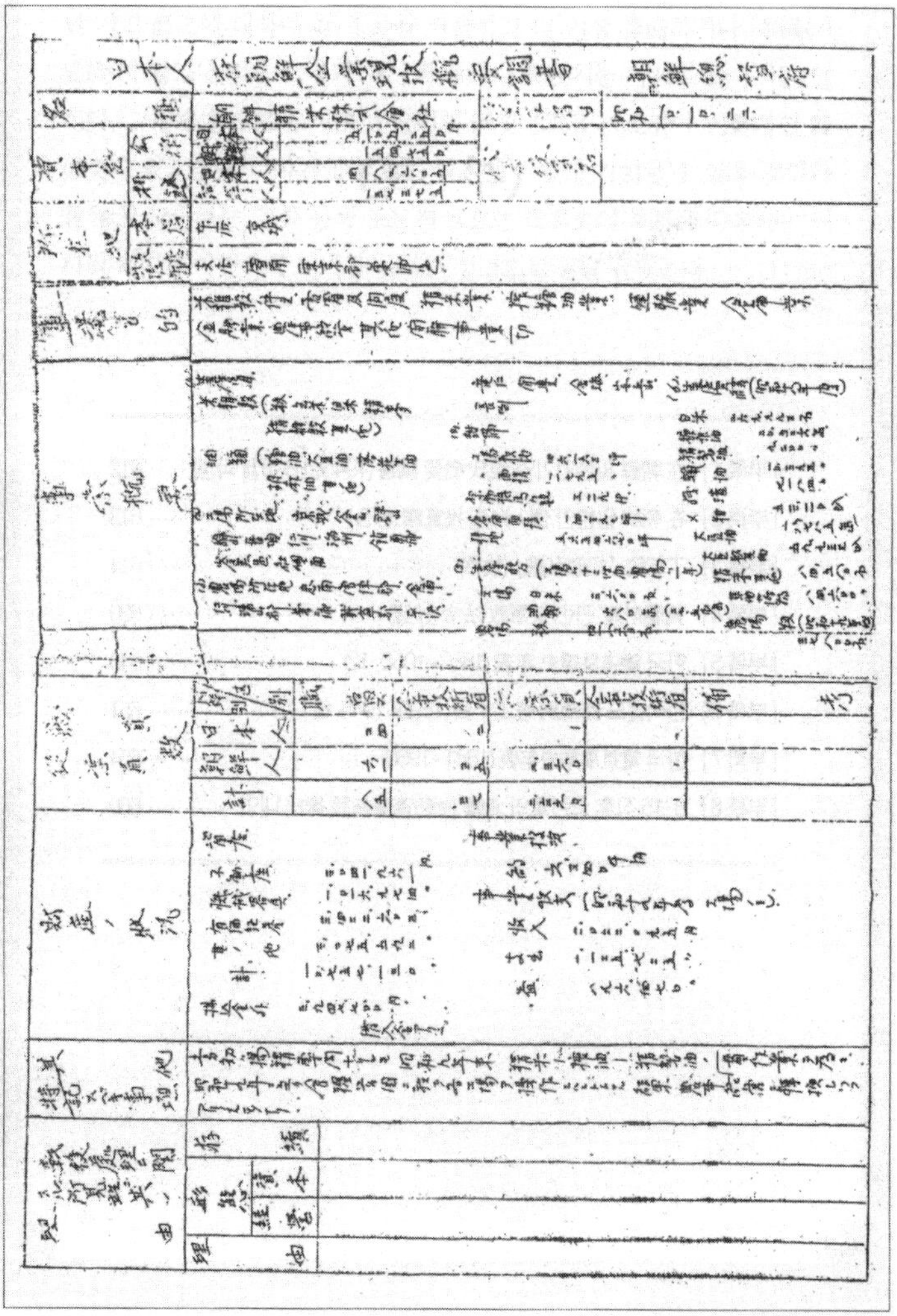

とする、②公称資本金五〇万円以上の企業を調査対象として産業別、企業別に調査を行う、③記載要領としては、（i）企業体の名称、設立年月日、本・支店所在地および企業体沿革、（ii）総投資額、資本金の内訳（公称資本・納入資本の別、および日本人・朝鮮人の区分）、主要株主名簿および役員名簿、（iii）従業員の一般職・技術職別および国籍別現況、（iv）事業目的と概要（設備能力、生産実績、収支状況、投資額など）、同種業界における地位、（v）会社財産の概要、（vi）その他参考事項、例えば戦後処理問題に対する会社の立場、特に企業体の存廃などに対する自社の見解など、非常に多様な内容であった[3)]。

総督府としては、後日起こりうる戦争賠償問題に備えるため、帰国日を約一か月後に控えるという緊迫した中、時間に追われながらも同調書六部を急いで作り、日本に帰還する際に直接持っていく計画であった。しかし米軍政の方針は、帰還する日本人はいかなる場合も一般書類を持参できないというものであった。この調書も一般書類の一種と規定され、日本への搬出が不可能になった。総督府はしかたなく、同書類を総督府内の韓国人高級官吏[4)]に預けて保管するよう指示し、後日渡してもらう約束をして朝鮮を去ったという。

資本金五〇万円以上の中堅・大企業のみを対象にした調査ではあるが、この資料は解放当時、朝鮮にあった主要日本人企業の実態を把握するうえで重要な基礎資料であった。もしこの資料が原状のまま保存されていたら、解放後、朝鮮に残した日本人所有の企業財産、つまり本書で扱っている帰属財産の実態を把握するうえでも、より貴重な資料として活用されていたであろう。しかし、事情は違った。同資料の保管を任された任文桓氏の回顧によると、この資料はその後、米

3）「山口文書」, No.78, 1992年, 学習院大学（資料室）で、「在朝鮮日本人権益等調査に関する件」（朝鮮関係残務処理事務所長, 1946年5月3日）などの資料を確認した。
4）同調書の保管を委任された韓国人官吏は、当時総督府鉱工局に勤務していた任文桓書記官であった。任文桓氏は担当課長（牧山正彦）から同日本人財産調査書3部を渡されて保管していたが、その後、米軍兵に押収されたという――『財界回顧4』（任文桓編),

軍政に奪われてしまった。その後、偶然本人が確認したところによると、米軍政側が管理を怠ったため、ほとんど使用できないほど毀損されていたという[5]。

(2)日本政府の海外財産実態調査

終戦後、日本政府は海外各地に置いてきた財産に対する大々的な実態調査を行う。朝鮮だけでなく、植民地（属領）であった満州、台湾をはじめとし、中国、サハリン、南洋群島など、日本が進出していた全地域を調査対象とした。この調査は、連合国軍総司令部（GHQ／SCAP）傘下のCPC（Civil Property Custodian：民間財産管理局）との共同作業で行われた。日本政府はこのために、一九四六年九月、外務省と大蔵省の合同で「在外財産調査会」を設置し、①朝鮮部、②満州部、③台湾部、④その他中国部、⑤その他の地域、という五つのエリアに分けた。エリアごと、日本が置いていった財産の利害当事者（政府、企業、団体、個人など）に、自分たちが所有していた海外財産に関する資料をすべて提出させ[6]、それに基づき財産の実態を推定する形で作業を行った。

日本政府のこの海外財産実態調査は、日本と米国と植民地という三者間の直接的な利害関係が複雑に絡み合っていたこと、特に日本にとっては同財産が米国への戦争賠償問題と直接結びついていたことから、その財産に対する現在価値の評価作業は非常に重要な意味を持っていた。そのため、日本政府は利害当事者に誠実な資料提出を要請し、積極的な協力を求めざるをえなかった。

韓国日報社, 1981, pp.281～282参照.
5）著者は1988年8月、当時、釜山に住んでいた任文桓氏を訪ねて直接インタビューを行った。書類（調書）関連を確認し、終戦当時の状況について多くの話を聞いた。
6）その際、「朝鮮関係残務整理事務所」では、調査が非常に困難な状況にあり、むしろ朝鮮総督府が米軍政に委ねた前記の「日本人企業現状概要調書」の1部でも返し企業財産の場合は、可能なかぎり会社の財務諸表を提出させ、会社の帳簿価格（balance-sheet value）を基準に評価することを原則とした。個人財産の場合は、個人所得税などの納税書類があれば幸いであるが、ない場合は当事者の自己申告などを通じて財産の価値を決定する推計方式を取った。

国を挙げて実施された同調査事業に対する利害当事者たちの積極的な働きかけで、一九四六年一〇月から一九四八年九月にかけての満二年で、計四七五千件に達する有形・無形の海外財産に対する申告が寄せられたという。この調査事業は日米共同作業の形を取っていたが、実際の作業過程は米国側の諮問の下、主に日本側によって行われた。当初は日本円ベースで報告書が作成されていたが、後にそれを米ドルベースで換算し、最終的には英文版報告書が作られたものと考えられる（当時の適用換算率：一ドル＝一五円）。

(3)日本政府の在朝鮮財産の評価

日本の海外財産のうち、朝鮮に置いていった財産に対する日本政府の評価を見てみよう。当時、在外財産調査会の朝鮮部会責任者であった水田直昌（旧総督府財務局長）は、一年以上にわたって実態調査を行った結果を以下のように報告している。国公有財産はひとまず除外し、民間における私有財産の評価額は、企業体財産五〇〇億～五五〇億円、個人財産約二五〇億円規模に達すると推定。終戦当時、日本が朝鮮に残した民間部門の総財産価値を公的に七五〇億～八〇〇億円であると確定した[7]。

てもらったほうがはるかに効率がいいとの意見を示した――「山口文書」，第78号．

7)『朝鮮近代史料』――朝鮮総督府関係重要文書選集（3)，「朝鮮財政金融史談」（第8話)，編述：水田直昌、土屋喬雄，p.141参照．

しかし当時、ＣＰＣ側は企業体財産五〇〇億～五五〇億円についてはその算出根拠などに特に異議を唱えなかったが、個人財産二五〇億円についてはその算出方式に問題があるとし、約九〇億円程度に大幅に削減するよう日本側に通告した。これに対して日本側は、米国側の要求を部分的に受け入れ、当初の二五〇億円を一五〇億円程度に削減し、これを企業体財産五〇〇億～五五〇億円と合わせて総規模六五〇億～七〇〇億円に再調整したとされている[8)]。

個人財産に対する評価をめぐる日米双方の葛藤は、どこに由来するのか。ＣＰＣ側の主張は、企業体財産五〇〇億～五五〇億円が各社の財務諸表（balance-sheet）を算出根拠としているように、個人の場合も個人所得税などの納税資料を基にして、財産・所得を算出する方式で評価すべきということである。その場合、個人財産の評価額は九〇億円程度にすぎないと主張した。

これに対し、日本側（水田直昌）は、自己申告によるものであっても、当時、納税（個人所得税）を申告する人は全体の三分の一にも満たない現実を考慮すべきであり、納税規模自体が特に意味を持っていない。よって、当初策定した二五〇億円も実際は非常に低く評価されていると主張した。しかし、ＣＰＣ側は日本側の主張を受け入れなかった。

個人財産の評価をめぐる日米間の論争と関連し、その算出根拠の客観性を議論するのは非常に難しい。個人財産の場合は、その実際の取引価格を一つ一つ確かめることができないからである。

個人財産に対する推定がどれほど至難の業であったかを表す一つの証拠がある。次頁〈写真５－２〉にあるように、「在朝鮮日本人個人財産推定額」は、朝鮮に残していった日本人財産の項目別推計がいかに複雑かを端的に示している。

8）米国CPC側は90億円程度にすぎないという立場を崩さず、水田はその妥協案として当初の250億円を150億円程度に削減し、総規模650億～700億円に調整したという――前記『朝鮮近代史料』, pp.140～141参照．

写真5-2　在朝鮮日本人個人財産推定額（総合）

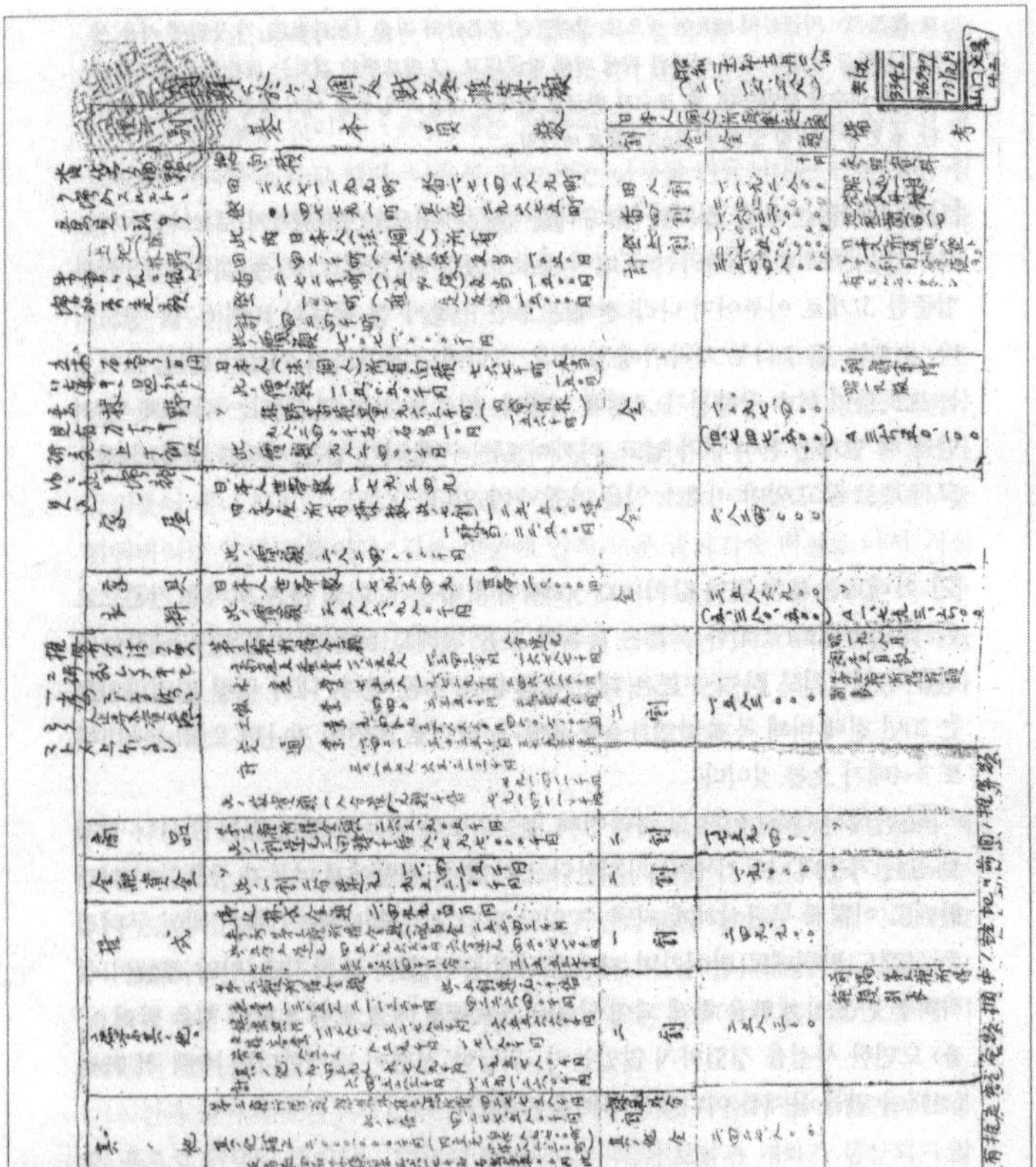

(자료：「山口文書」－제42號)

では、当初の個人財産推定額二五〇億円の財産項目は、どのように構成されているのか。一九四七年三月、朝鮮引揚同胞世話会が発表した内容によると、次のとおりである。個人財産をその性質別に、土地、家屋、家財道具、預貯金など八項目に分け、項目別に財産価値を推定するに至った算出根拠およびその推定額をまとめた〈表5－1〉参照）。推定の過程においては、朝鮮の諸事情に詳しい専門家で構成された在外財産調査委員会を設置し、彼らの諮問を受けるなど、推定の正確性を期するために多大な努力をしたという。しかし、企業財産の場合に比べると、どうしても資料上の客観性に欠ける感は否めない。

いずれにせよ、解放時、約七一万人に上る日本人居住者が有していた個人財産の総規模は約二五七億円と推計され、農耕地、林野、敷地、家屋など不動産類が全体の三七％を占め、その他各種家財道具や骨董品、書籍、衣類など動産類が全体の一四％、収益性のある資産が三五％、預貯金、株式保有など金融資産が七％などで構成されている（次頁〈表5－1〉および〈写真5－2〉）。

(4)在日米軍（SCAP／CPC）側の在朝鮮日本人財産の評価

以上で見てきた日本政府の海外財産に対する実態調査は、朝鮮に対するものだけでなく、満州、台湾など、日本の植民地属領全般に対する一斉調査であった。そして、それは当時、在日米軍（SCAP／CPC）当局との日米協力体制の下、共同で行われた。作業の性格上、日本主導であったと考えられ、財産の評価も日本の円ベースであったと思われる。後日、米軍側によって英文版（ドルベース）に換算されたのであろう。いずれにせよ、この英文版報告書（GHQ／SCAP,

表5-1　在朝鮮個人財産に対する項目別推定額

（百万円，%）

	金額（百万円）	構成比（%）	算出根拠
1. 土地	6,780.3	26.1	1) 耕地*：畑 166,800町歩×ⓐ1,500=2,502百万円 田 108,800町歩×ⓐ1,050=1,142百万円 2) 宅地*：7,000町歩×ⓐ15,000=1,050百万円 3) 林野（林木を含む）：2,086百万円
2. 家屋	2,823.8	10.7	125,500棟（総世帯数 179,349の 70%が自己所有）× ⓐ 22,500円
3. 家財道具、衣類などの動産	3,587.0	13.8	総世帯数 179,349×ⓐ 20,000円
4. 企業収益資産（1）**	7,112.1	27.3	1) 商工業などその他企業：6,437.9百万円 2) 金融業：28.6百万円 3) 庶業などその他雑業：645.6百万円
5. 企業収益資産（2）***	1,890.0	7.3	個人所得税の課税対照ではない世代：45,000世帯× ⓐ 42,000円
6. 未収穫の農作物など	2,000.0	7.7	1) 未収穫の水稲立毛：1,357.7百万円 2) 雑穀、果樹園、その他未収穫の果実など：642.3百万円
7. 預/貯金	1,331.0	5.1	1) 預/貯金 現在高：2,182.0百万円 2)（控除）終戦後、既支払額：851.0百万円 3) 2,182.0 - 851.0 = 1,331.0百万円
8. 株式	499.8	1.9	終戦当時、総払込株式額2,499百万円× 20%（日本人個人の分）= 499.8百万円
合計（1）（総財産）	26,023.9	100.0	
（-）負債（2）	-252.7	-1.0	終戦当時、総銀行融資額 5,054百万円× 5%（日本人個人の分 = 252.7百万円
純財産（1-2）	25,771.2	99.0	負債を引いたあとの純個人財産額

資料：「山口文書」41号,「在朝鮮日本人個人財産額調」, 朝鮮引揚同胞世話会, 1947年3月調査.

注：*耕地および宅地の単価は段歩あたりの単価。
**企業収益資産（1）は表の1、2、3項以外のもので、個人所得税の課税対象となる資産、
***企業収益資産（2）は個人所得税の課税対象から除外されたその他の資産を指す。

9）同資料は、連合国軍総司令部（GHQ/SCAP）が1952年に日本を離れる際、秘密文書として扱い、米国国家記録院（NARA）に保管させたが、資料集は全部で3冊（第1巻：朝鮮関係、第2巻：満州関係、第3巻：中国、台湾および付録編）から成っていた。2005年には韓国学中央研究院が第1巻（朝鮮編）および付録部分をまとめて『解放直後の韓国所在の日本人資産関連資料』という名で影印本として出版している。本

図5-3　戦後日本の海外財産の地域別構成

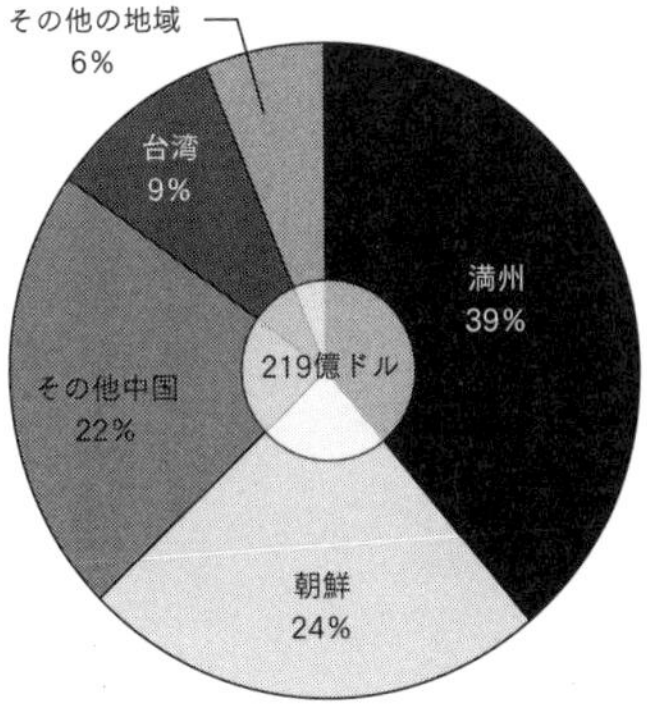

資料：韓国学中央研究院，前掲書，p. 37（69）参照．

"Japanese External Assets as of August 1945", Prepared by the CPC, External Assets Division, 30 Sept. 1948）に基づき[9]、一九四五年八月、朝鮮に残された日本人財産の実態を見てみる。

まず、一九四五年八月に日本が朝鮮に置いていった総財産のドルベース評価額は五二億四六〇〇万ドルと推定されている[10]。これは敗戦により、日本が満州、台湾などすべての海外植民地・属領に置いていった総財産二一九億ドルの二四％を占めた。ちなみに、日本のこの海外財産二一九億ドルの地域別・国家別構成を見ると、半植民地であった満州が全体の三九％である八五・四億ドルと最も多く、第二位が朝鮮で二四％の五二・五億ドル、第三位が関東州などその他中国で二二％の四八・二億ドル、第四位が台湾で九％の一九・七億ドルなどと推定されている（〈図５－３〉参照）。

では、朝鮮に置いていった日本人の財産五二・五億ドルの種類別構成は、どうであったのか。第一に、財産の所有関係（ownership）を基準に、①政府（公共）

稿における日本人財産の実態関連の統計は、主にこの資料に基づいている。
10）この金額は、戦後の日本政府（大蔵省）・米軍司令部（CPC）の間の合同調査による結果である。詳細は韓国学中央研究院，前掲書，p.xiv参照．

財産、②民間企業財産、③個人財産の三つに分けると、これらの財産の構成比は、①一九・〇%：②六七・六%：③一三・四%の比率となり、民間企業の財産が全体の七割に迫るという圧倒的比重を占める。第二に、南北間の地域別では、南四三・四%、北五六・六%と、北側が三〇%以上多い。第三に、財産の類型別では、①動産、②不動産、③無形（intangible）財産が二四・九%：六七・〇%：八・一%となり、②の不動産が全体の七〇%程度を占める[11]。したがって、財産の所有の関係では、企業（法人）所有（corporate ownership）財産、類型別では不動産（immovable property）がそれぞれ全体の三分の二以上を占めていること、政府所有の公共財産といえる鉄道、道路、港湾、電気、電信・電話、山林緑化事業などの巨大な国営体制の企業比重が格段に高いことが特徴である。

民間企業の財産の場合、企業規模別財産構成は、次のように分類される。まず、相対的に規模の大きい一五〇〇社を絞り込み、それをさらに大企業五〇〇社、中企業五〇〇社、小企業五〇〇社に分け、個別に名称・業種・財産規模などを提示する。特に上位五〇〇企業については各地域別（道別、南北別）、産業・業種別、財産類型別（動産・不動産・無形）の財産額を逐一具体的に記載している。そのほか、この一五〇〇に入っていない小企業や零細企業三八〇〇社を一つにまとめ、そこにも入らないごく小さな企業は「その他残余分（miscellaneous）」とした。いずれにせよ、企業規模別の財産構成とともに、その南北間の割合および財産の類型別構成比などをまとめると、〈表5−2〉のとおりである。

まず、一定規模以上の一五〇〇社に対する南北の分布状況を見ると、南三五%、北六五%と北

11）無形財産には、銀行などの金融機関の預貯金、受取手形、株式および公私債、保険証券、外貨計定上の評価残額、投資額、持ち分、配当などの金融財産、そして著作権、特許料、天然資源採掘権などの無形資産（intangible assets）が含まれる。

表5-2　解放時に残された日本人財産の構成

（ア）財産種類別、南北別構成　（百万ドル，％）

	南韓		北韓		合計		
1. 企業財産							
1)大企業 500社	1,032.3	32.6	2,130.5	67.4	3,162.8	89.2	67.6
2)中企業 500社	99.5	80.9	23.6	19.1	123.1	3.5	
3)小企業 500社	43.7	78.7	11.8	21.3	55.5	1.6	
4)零細企業 3,800社	94.8	80.0	23.7	20.0	118.5	3.3	
5)その他残余分	63.2	75.0	21.1	25.0	84.2	2.4	
小計	1,333.4	37.6	2,210.7	64.4	3,544.1	100.0	
2. 政府財産	449.2	45.0	549.0	55.0	998.2	100.0	19.0
3. 個人財産	492.9	70.0	211.3	30.0	704.2	100.0	13.4
合計	2,275.5	43.4	2,971.0	56.6	5,246.5	100.0	100.0

（イ）財産種類別、企業希望　（百万ドル，％）

	不動産		動産		無形財産		合計	
1. 企業財産								
1)大企業 500社	2,187.0	69.1	738.6	23.4	237.2	7.5	3,162.8	100.0
2)中企業 500社	71.8	58.3	42.2	34.3	9.1	7.4	123.1	100.0
3)小企業 500社	26.9	48.6	24.5	44.2	4.1	7.4	55.5	100.0
4)零細企業 3,800社	65.1	55.0	42.7	36.0	10.7	9.0	118.5	100.0
5)その他残余分	7.6	9.0	51.4	61.0	25.2	30.0	84.2	100.0
小計	2,358.4	66.5	899.4	25.4	286.3	8.1	3,544.	100.0
2. 政府財産	678.8	67.9	239.6	24.1	79.9	8.0	998.2	100.0
3. 個人財産	478.9	68.0	169.0	24.0	56.3	8.0	704.2	100.0
合計	3,516.0	67.0	1,308.0	24.9	422.5	8.1	5,246,5	100.0

資料：韓国学中央研究院，前掲書，p.37(69) 参照.

が圧倒的な優位を示す。そのうち上位五〇〇企業は、南三二・六％、北六七・四％と北の割合が南の二倍以上高い。しかし、中規模五〇〇企業と小企業五〇〇企業および三八〇〇の零細企業の場合、南の比重が北より相対的に高くなっている。特に零細企業三八〇〇社の場合、南八〇％、北二〇％程度と完全に南に集中していることが分かる。このように上位五〇〇企業の北韓偏在現象は、一九三〇年代に推進された植民地工業化――特に重化学工業化の過程――が全面的に北韓地域を中心に展開されたことを示す端的な指標といえる。また、この五〇〇企業の財産規模が全体企業財産の八九・二％を占めていることから、植民地朝鮮の工業化は北韓地域が中心であり、資本集約的で重厚長大型の重化学工業を中心に成り立っていたことを如実に物語っている。

第二に、政府財産の場合も、例えば、国有・国営による電力や鉄道、山林開発、軍需関連の大規模鉱工業の北韓偏重現象を反映し、これも南四五％、北五五％と、北が優勢である。一方、総督府をはじめとする政府関連公共機関や各種研究所、教育院などの付属機関は主に南に位置していた。それに伴う土地や建物などの実物資産が南に偏在していたことが、それでも南韓の比重を四五％にまで引き上げたといえる。

第三に、個人財産においては、企業財産や政府財産の場合とは性格が明らかに異なる。南韓七〇％、北韓三〇％と、南韓側の圧倒的な偏重現象を示しているのである。これは何よりも、日本人居住者の南北の分布が、南六五・四％、北三四・六％と、南の数がはるかに多いだけでなく[12)]、日本人（個人）が営んだ個人的な店舗、小型の工作所、私設金融業（質店など）のような個人事業の舞台も、人口が密集する南側中心になったからである。一つ留意すべき事項は、日本政府が

12）1944年5月における日本人居住者総数712,583人の南北の分布は、南466,208人（65.4％）、北246,375人（34.6％）である――森田芳夫『朝鮮終戦の記録』1964，参照．

図5-4　解放当時における日本人企業の産業別財産の南北分布
（上位1500社基準）

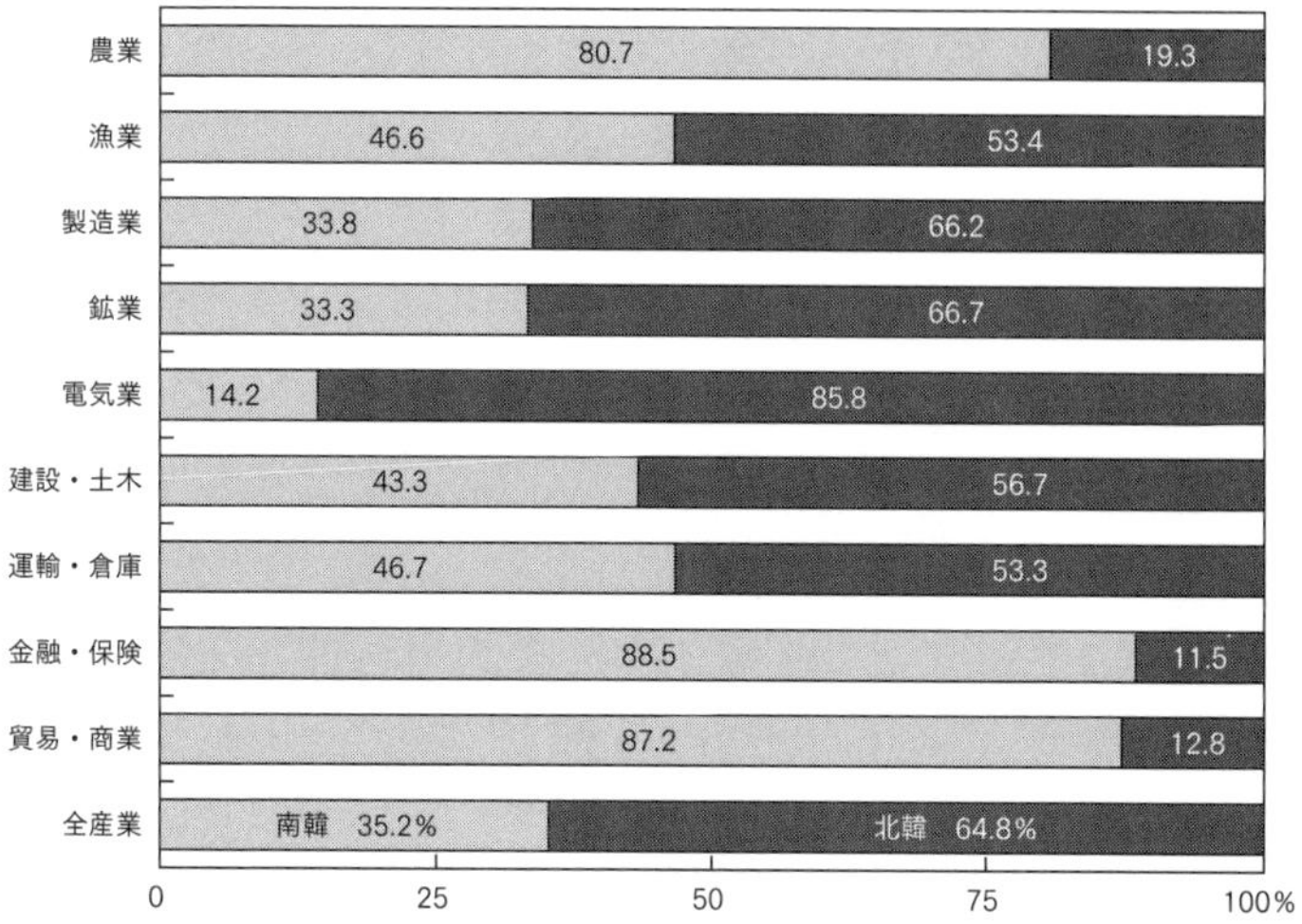

当初推計した個人財産の規模について、米軍（CPC）がその算出根拠を問題にし、事後的にその規模を大幅に縮小したことである。

　次に財産の無形・有形別構成を見てみよう。〈表5―2（イ）〉によれば　①不動産②動産③無形財産の三つの類型別構成は、企業体・政府・個人財産のいずれのカテゴリーを問わず、ほぼ同じ比率になっている。具体的には、不動産が総財産の六七〜六八%と三分の二以上を占め、動産が二四〜二五%、残り八%前後が金融機関の預貯金や株式・社債の保有額、各種債権などから成る、無形財産で構成されている。

　各産業別企業財産の南北分布状況を見てみると、〈図5―4〉のとおりである。

　総計五三〇〇社以上の企業の中で、比較的規模が大きい上位一五〇〇社を基準にすると、各産業別、業種別の南北間の財産分布状況は、南韓三五％、北韓六五％であり、北側に偏重している。特に製造業をはじめとする鉱業や電気業などの偏重が著しいことに注目したい。

第三次産業である建設・土木業や運輸業、金融・貿易業に加え、言論や印刷・出版などの社会サービス業は、南韓のほうが北韓よりも優勢である。人口が北韓のほぼ二倍であり、首都（ソウル）が南側にあったため、行政・教育・治安・娯楽施設などの公共サービス業が南側中心に発達した。したがって、第三次産業が北側より優勢であるのは当然といえる。

Ⅱ　米軍政の帰属財産接収過程

1. 米軍政の登場と日本人財産の運命

(1)軍政法令第二号・第四号の発動

一九四五年八月の時点で、この地に残された日本人財産――当時の価格での評価額を約五二・五億ドルとして、それが解放とともにどのような運命をたどったのか。このうち北韓に所在する財産（約二九・七億ドル、五六・六％）については論外とし、南韓側に残された財産、全体の四三・四％にあたる二二・八億ドルの財産についてのみ見てみよう。

一九四五年九月、朝鮮総督府の法統を継承し、新たに登場した米軍政は、これら日本人の財産の法的財産所有権を米国（米軍政）に一括で引き渡す財産権移転措置を断行する[13]。その中には、日本の軍部財産や朝鮮総督府をはじめとする各種日本政府傘下の機関の財産、または鉄道、道路、電信・電話、電力などの国公有企業（法人）の財産は言うまでもなく、一般の民間人所有の家屋や土地、農場、漁場、鉱山、商店などに至るすべての私有財産も含まれている。こうした日本人

13）この日本（人）財産の米軍政への権利移転に関する表現をめぐり、公式的には米軍政に「帰属される」（vested）という用語を用い、その帰属する財産を「帰属財産（vested property）」という名で呼んでいた。その他、米軍政が日本人財産を「接収する（take over）」、「没収する（confiscate）」などの用語も使われたが、慣例にのっとり、本稿では帰属するという意味での「帰属財産」と称する。

財産権の移転措置は、新たに登場した米軍政自体の法令による一種の「緊急措置」の形を借りて行われた。だからといって、それがすべての日本人財産に対して一度に行われたわけではなく、米軍政の政策基調の変化によって順次接収される過程を踏んだといえる。

周知のとおり、一九四五年九月、旧朝鮮総督府のすべての権能をそのまま承継する形で米軍政は成立する。韓国の統治権に対するこのようなやり方の政権交代に対し、当事者である韓国はひと言も意思表示をする資格は与えられなかった。なぜならば、日本領土の一部としての韓国に対しても、日本本土と同様に米軍が進駐し、米軍政を展開することは国際法的に何の落ち度もなかったからである。米軍政はすぐに自らの軍政法令（ordinance）の制定、公布を行い、韓国に対するすべての統治行為を行ったが、最初に取った措置は朝鮮内の治安確保とともに、日本が残した各種財産に対する財産権の取得であったといえる。

一九四五年九月、米国は米軍政を樹立すると、直ちに軍政法令第二号（一九四五年九月二五日付）を公布し、日本人財産に対する最初の行政措置といえる「財産の移転禁止」の措置を取った。つまり日本の国公有財産は無条件で米軍政庁に接収されると宣言したのである。ただし民間人の私有財産は、これに含まれなかった。私有財産の場合は、同法の規定にのっとって自由に売却、譲渡でき、必要ならば米軍や朝鮮警察によって財産の法的保護も受けられた。また関係書類の作成と整理、保管などを財産の所有者（日本人）に徹底させるなど、民間の財産権に関しては確実に保障する立場を取った。

法令第二号が公布された時点（一九四五年九月）で、日本人（民間）の私有財産の権利は、米軍政がその接収対象から除外することが再度確認されたことになる。このような事実は、米軍進駐と米軍政樹立の前から、米軍側の空中ビラ散布という形ですでに知られていた。マッカーサー連合国軍総司令官の名義による「朝鮮住民に告ぐ」という「布告」第一号（一九四五年九月七日付）によると、朝鮮における「住民の所有権は尊重される」という内容が含まれていた（同第四条）からである。これに対し「住民」の中に日本人も含まれるかという日本側の質疑に対し、米軍側ははっきりと「含まれる」という肯定的な回答を下したことになる。

これにより、民間人所有の私有財産は米軍政の手続きの対象ではなかったこと、すなわち、私有財産はあくまでも財産権の法的保護を受けることが確認されたのである[14]。このような趣旨に沿って、同年九月二八日に公布された軍政法令第四号は、日本の軍部財産に対する没収のみを断行したものと思われる。日本の陸・海軍所有のすべての財産はその売買・取得・譲渡を禁止し（第一条）、同時にこれらの財産はすでに米国の所有になっているため、米国やその他連合国の許可なくこれらの財産を占有するなどの行動は明らかに不法であることを明確にし（第二条）、これを破った場合は容赦なく米軍法会議に付して処罰する、などの内容が盛り込まれていた[15]。

(2)軍政法令第三三号の発動

米軍政はそれから三か月後の一九四五年一二月、法令第三三号（一二月六日付）の公布を通じて、日本人財産に対する従来の立場を完全に覆した。すなわち、「朝鮮内にある日本人財産権取得に関する件」とされたこの第三三号法令は、同年九月二五日付の法令第二号による日本人の私

14）太平洋米陸軍最高司令部布告第1号(1945.9.7日付)；'朝鮮住民に告ぐ'(To the People of Korea)タイトルのビラ第4条──『米軍政法総覧（英文版）』, 韓国法制研究会, 1971, p.1参照.
15）驪江出版社,『米軍政法令集（国文版）』, 1971, p.124参照.

有財産に対する売買および譲渡などを許可した以前の布告を完全に覆し、米軍政庁に帰属させたのである。私有財産を含むあらゆる種類の日本人財産について、それも公布当日ではなく、一九四五年八月九日付で遡及して凍結するというのが、第三三号法令の骨子であった。さらに、一九四五年八月九日以降に行われたすべての財産上の権利義務の変動行為は、日付を遡及して完全に無効であることを宣言する、まさに法律の常識を超える破格の措置を断行したのである。この措置により、当時すでに財産を処分して日本に帰還した人も帰国準備中であった日本人も、大きな衝撃と混乱に陥った。

軍政法令第三三号の発動は、少なくとも次の二点で納得できない内容であった。一つは、米軍政が日本人の財産、特に私有財産に対する既存の政策路線を簡単に覆した背景が何であったのかについての説明がまったくなかったこと。わずか三か月前の法令第二号（九月二五日付）の内容を自ら否定し、民間人の私有財産まで対象に含めなければならないほどの切迫した事情があったはずであるが、それが何かを明かさなかったことである。もうひとつは、財産の名義移転などを禁止する、すなわち財産凍結の時点を通念上の法令公布日、または日米間の公式的な終戦日である一九四五年八月一五日とせずに、なぜその六日前である八月九日に遡ったのかである。米軍政が法律の常識を無視して、遡及立法を強行した理由は何なのか。

このような問題が起こりうるにもかかわらず、米軍政は公に釈明することがなかった。いくら戦勝国であっても、敗戦国の国民の私有財産まで勝手に没収するのは国際法違反であるという日本側の抗議に対し、米国が困惑せざるをえなかった事情もここにある。日本側の問題提起に対して、米国側の返答はかなり苦しいものであった。日本がカイロ宣言やポツダム宣言に従い「無条件降伏」を受け入れたからには、どんな措置を取られても異議申し立てはできないのではないか、という返答であった。そして、法令の効力起算日を発令公布日やその年の八月一五日とせず、それ以前の八月九日に遡及したことに対しては、日本政府が公式的に降伏を宣言したのは同年八月一五日であるが、日本政府が閣議を通じて事実上降伏を決定したのは八月九日であること、したがって八月九日以降は不当な財産の移転がいくらでも起こる蓋然性があるため、その日付に遡及して凍結措置を取らざるをえないという説明であった[16]。

このような米国側の釈明は、問題の核心に触れていない。例えば前者の場合、日本が「無条件降伏」を宣言したとしても、それはあくまでも軍事的行為と関連した性質のものであって、国際法の規定を破ってまで戦勝国が好き勝手をするのは許せないのではないか、という反論が起こりうるからである。また法令第三三号上の財産凍結の時点を八月九日に遡及することになった説明も、日付の遡及の不可避性についての説明にはなりえるかもしれない。しかし、米軍政が登場して三か月以上もたった時点で、日付まで遡及して誰も予想すらしなかった法令を突然発動した背景についてのきちんとした釈明にはなっていない。

(3) 法令第三三号発動の背景

確固たる根拠を提示することはできないが、米軍政の理解できない措置の背景が何であったのかを考えてみよう。

16）水田直昌、土屋喬雄編述,「第8話：終戦時における財政非常措置とその状況」, p.137 参照.

第一に、解放直後の日本人居住者に対する処理問題に関連したものである。もし米軍政が日本人居住者の私有財産を日本人の所有ないし支配下に置き続けたら、どうなるであろうか。ややもすれば、私有財産を処分するまで日本人を韓国に残留させなければならないという厳しい措置を取ることになる。日本人が適当な条件で迅速に財産を処分して去ってくれればいいが、そうでない場合は米軍政が責任を持って有償で買い取り、日本に帰さなければならないという、苦しい立場に立たされるかもしれない。米国（米軍政）の基本方針が日本人の早期帰還にあったとすれば、一日も早く追い出すために、やむをえず日本人の私有財産まで没収せざるをえないという論理が成立する。このような現実的な要求が、法令第三三号発動を不可避にさせたというものである[17]。

第二は戦後、米国の対日戦争賠償問題と関連したものである。当初の「実物賠償主義」の原則に基づき、米国はできるだけ多くの賠償用実物財産を徴収しておくため、海外植民地にある日本人の財産まで――国公有財産だけでなく民間の私有財産まで含め――没収の対象にせざるをえなかった。すなわち、対日賠償問題と関連して当初の方針の変更が避けられなくなったというものである[18]。しかし、この主張は説得力に欠ける。なぜならば、そのような考えであれば最初（一九四五年九月二五日付法令第二号公布時）から私有財産まで含めるとすべきであったからである。また、より多くの徴収財産を確保するためという説明も、私有財産の規模や性格に照らし合わせて、それほど大きな意味を付与できない。

第三は、韓国内の政治・社会的な混乱に関連するものである。解放後、米軍政が入ってわずか数か月の間に、この帰属財産をめぐり、韓国内では不法・脱法などさまざまな不当な方法で財産

17）法令第33号の発動に際して発表されたアーノルド軍政長官の声明（1945年12月27日付）によると、米軍政は韓国に対する日本人の支配力を排除するために同措置を取ったのであり、同財産は米軍政が保管し、韓国政府が樹立され次第そちらに移管すると明かしている点に留意したい。

を無断占拠、横取り、闇取引するなど、社会的不正・腐敗・不条理の現象が手のつけられないほど横行した。それによる財産の破壊と毀損、消滅などの現象が起き、米軍政はこの状態を放置できないという立場から、やむをえず選択した苦肉の策であったというものである。

この主張と関連して、もうひとつの理由が挙げられる。当時、大規模な帰属事業体の場合、韓国人従業員を中心に「工場自治委員会」などの名で違法な組織が作られ、これらの組織はほとんどが当局の企業管理システムを無視し、自ら工場の運営権を掌握しようとする目的での過激な労働運動に発展した。従業員（労働者）中心のこうした自主的な工場管理運動は、大部分が社会主義の政治理念を帯び、米軍政の政策路線に真っ向から抵抗することになると、米軍政としてはこのような過激な反米路線の不法な労働運動を容認できない状況に置かれる。さらに、帰属事業体に対する労働者の不当な破壊や毀損行為を防がなくてはならず、正常な企業運営を保障するためには、このような不法行為に対する何らかの強力な対策が求められるようになった。こうした時代の要求が、米軍政に民間の私有財産を含む日本（人）の財産の一切を米軍政傘下に帰属させる法令第三三号の発動として現れたというのである。

(4) 法令第三三号発動の影響

米軍政の法令第三三号の公布により、韓日両国の人々にとっては不本意ながら、財産上の債権・債務関係をめぐるひどい紛争に巻き込まれた。解放直後、本国に帰る日本人は、財産を韓国人に適当な条件で売却するか、親しい同業者や知人に贈与、または譲渡する形で処分して帰ったケー

18）米国の戦争賠償使節団長ポーレー（E. W. Pauley）は1946年5月に来韓、同年5～6月にかけて北韓を訪問し、北側に残された日本人財産に対する実態調査を行った。南北両方での（旧）日本人財産（帰属財産）に対する現地踏査に際し、帰属財産は今後、米国の対日戦争賠償用として処理しうるというポーレー団長の言及があったからである。

スが多かった。特に財産を売却した場合は、ほとんどが売却代金を前渡金として一部先に受け取り、残りは後日、日本に送金してもらう約束をして帰っていった。帰国後、韓国から残金が一日も早く送金されることを待ちわびていたが、米軍政による法令第三三号の公布により、財産売却代金の送金は言うまでもなく、当初の財産売却行為自体が法的に無効となったという知らせを耳にして、どれほど驚いたであろうか。

韓国側の財産を買った人も事情は同じである。財産購入資金の一部または全部をすでに支払った状態で、売買契約自体が無効であるといわれたのであるから、どれほど当惑したことか。米軍政が軍政法令第二号の発動で日本の国公有財産を没収したときに、民間の私有財産も没収する措置を取っていたら、去っていく日本人であれ彼らと取引をした韓国人であれ、物質的にも精神的にもこのような予期せぬ損害と苦痛を被らなくて済んだであろう。

(5) 法令第五二号の発動：新韓公社の設立

日本（人）が残していった財産は、鉱工業や、鉄道・道路・電気・上下水道などの産業施設や、民間の住宅、商店、工作所などの生活の場ばかりではない。一つ重要な財産があった。それは日本人所有の農耕地である。鉱工業やその他の産業とは異なり、農耕地に対する米軍政の接収および管理政策は少し違っていた。

日政時代における日本人の朝鮮農地所有関係はまず、個人（地主）所有と会社（法人）所有に分けられる。会社所有の農耕地は、ほとんどが大規模な不動産開発会社である東洋拓殖株式会社の所有であった。米軍政は一九四六年二月、法令第五二号を通じて、軍政庁の傘下に「新韓公社」(New Korea Company) という名前の新しい会社を設立する。資本金一億円は米軍政が全額出資する形とはいえ、その財源は東洋拓殖株式会社所有の財産（農耕地）と、その傘下の子会社などが保有する日本人所有の持ち分をすべて米軍政が引き受け充当する形で処理した。

米軍政は最初、公社の社長に米軍将校を任命し、業界の専門家で構成される理事会と各地方の有志で構成される顧問会が運営を担当する形を取った。しかし数日後、この公社設置令（第五二号）に対する韓国側の反対世論が強まると、米軍政は一九四六年五月、公社の名前を「新韓株式会社 (New Korean Company, Ltd.)」に変えた。会社の法的性格も、米軍庁の直属機関ではあるが、韓国の商法上の株式会社に変更した。会社の運営方式も社長制を廃止し、理事会の理事長が各界の著名な人物で構成される顧問会の諮問を受けて運営する方式へと根本的に変えた。

2. 帰属財産のカテゴリーと規模

(1) 帰属財産のカテゴリー

振り返ってみると、植民地時代の日本の代表的な二つの経済政策といえば、一つは農業部門における産米増殖計画を通じた食糧（米穀）の増産であり、もうひとつは鉱工業における強力な植民地工業化政策である。総督府がこの二つの政策を最優先の国策事業として強力に推進した必然的な帰結といえようが、非常に広大な面積の土地（耕作地）が日本人（地主）の所有に帰し、日本人事業家は多くの工場や鉱山、農場や牧場、漁場、そのほか鉄道や港湾、発電所、水利事業など大小多くの事業所をこの地に建設することになった。

これら日本人の財産は、解放とともに新たに登場した米軍政によって「帰属財産」という名で強制的に接収され、この地にそのまま残された。米軍政に接収される過程で、農耕地の場合は帰属農地、一般事業体の場合は帰属事業体という新しい名前に変わっただけである。このほか、解放当時、南韓に住んでいた日本の民間人約四六六千人が個人的に所有していた土地、家屋、農耕地、工作所、商店、その他各種サービス業者など、生計維持型のすべての私有財産も帰属財産の一環として括られることになったのは前述したとおりである。

帰属財産の概念をこのように解放直後、米軍政法令によって「米軍政に帰属する一切の（旧）日本（人）の財産」と規定すると、「日本人の財産」というカテゴリーでは、いくつか問題が提起される。まず一つは、米国（連合国）との戦争における主力敵国であった日本だけでなく、その他の敵対国であったドイツ、イタリア、ブルガリア、ルーマニア、ハンガリー、タイなどの政府やその他関連機関などの所有財産も凍結措置が行われ、日本人財産と同様、敵国財産として扱われたこと（軍政法令第二号第一条）である。もうひとつは、日本人財産としたとき、それが個人財産の場合は特に問題はないが、企業財産の場合はたとえ日本人企業と称していても、朝鮮人との合作投資や共同経営の形をとったケースが想定外に多かったことである。このような日本人と朝鮮人の合作・提携事業体も、その合弁比率とは関係なく、一律で帰属財産として処理された。

また、日本に本社を置き、朝鮮に支社を設置していた企業（財産）も非常に多かったが、これも同様に帰属財産としてまとめられた。特殊な事例として、米軍政は一九四五年一二月、日本系銀行の朝鮮におけるすべての支店財産を朝鮮の金融機関に吸収・統合させ、帰属財産の一環として接収したことが挙げられる[19]。

このほか、もうひとつ帰属財産として縛られた特殊なケースがあった。太平洋戦争当時、日本は朝鮮内にあった外国人の財産――ほとんどが日本の敵国であった米国や英国などの宗教団体所有の財産、そして米国系の石油会社など一部民間企業の財産であった――を、軍事的目的などのため、一九四一年一二月に「敵産管理法」を制定して強制的に接収し、日本政府の管理下に置いた。解放以降、米軍政は日本によってこのように「敵産」とされていたこれらの外国人の財産に対しても、いったん現在の状態から解除し、帰属財産の一環として管理してきたが、これも一九四八年九月に韓国政府に一括して引き継がれる形を取った。この連合国側の財産は一九四一年一二月の凍結当時の価格で二五五〇万円程度と評価されたが、一九四五年八月に韓国政府に移管されたあと、政府は元の所有者には同財産を原型のまま返還するとともに、現所有者（韓国人）には適切な価格で報償するという措置を同時に取った。

以上のように、解放後、米軍政により帰属財産として処理された財産の種類や性格は、非常に多様かつ複雑であった。この点を念頭に置き、無形財産の中から商標権、特許権、著作権などの一部を除いた残りの財産を動産と不動産の二つのカテゴリーに分け、その財産の種別、形態別に分類してみた。

19）米軍政は、日本国内にあった朝鮮銀行の各支店財産を日本銀行に吸収させ、その資産的価値を一括で相殺した。しかし、資産的価値では、朝鮮にあった日本側の銀行（証券、保険含む）は、日本国内にあった朝鮮銀行の支店とは比較にならないほど大きかった。朝鮮では日本側の銀行三か所（第一、安田、三和）、証券会社七社、保険会社二八社が、すべて京城に支店を置いていた――朝鮮銀行研究会,『朝鮮銀行史』,

〈動産類〉
①通貨、預貯金、株式、社債、国公債など各種有価認証から成る広義の金融資産
②金、銀、白金、装身具など貴金属類
③家庭用の家財道具などの消費財、商店における販売用商品の在庫、工場や倉庫などでの原材料および製品・半製品などの在庫品
④船舶、自動車、自転車、航空機などの運搬手段
⑤以上の各種財産から生じる副次的な収益
〈不動産類〉
①各種国公有の建物と施設、国公営の各種産業施設
②民間人居住用の家屋、敷地、店舗、工作所、質店などの個人事業所や飲食店、旅館、風俗店、娯楽施設、理髪店、銭湯などの生活施設
③学校、病院、幼稚園、孤児院、養老院、劇場、図書館などの公益施設
④田畑、果樹園、林野、牧場、種苗、養魚場、塩田などの土地・産業生産施設[20]
⑤工場、鉱山、牧場、漁業権、発電所、倉庫、鉄道、道路（進入路）などの企業財産
⑥組合、協会、連合会および社団・財団法人など社会団体の財産
⑦日本人所有の寺院、神社など宗教団体の財産

1987. pp.777～784参照.
20）施設ごとに栽培・養育・熟成過程にある農作物をはじめとし、家畜、魚類、果実、材木、塩などの生産物もすべて含む。

(2)帰属財産の比重

広い範囲にわたり多様な性格を持つ帰属財産であるが、解放当時、経済全体に占める比重はどの程度であったのか。すでに指摘したように、日本政府（大蔵省）と在日米軍司令部（ＣＰＣ）側の合同調査の結果によると、解放当時、韓国に残していった日本人財産の総価値はドルベースで約五二・五億ドルであり、そのうち南韓所在の財産は全体の四三・四％だった。また、解放直後、各種マスコミや雑誌、政府刊行物などによると、当時の日本人財産の比重は韓国総資産の約八〇％以上であり、特に製造業の場合は八五％(公称資本金基準）以上に達していたという。しかし、このような数値は、当時、全国的な国富調査や鉱工業センサスのような全数（全国数値）を把握する統計調査がなかったこと、また日本の内鮮一体ないし同化主義政策により、日本と朝鮮を統計上、正確に区分しようとしない性向などにより、日本人財産分がどの程度の比重であったかは正確に把握できない。

また、日政時代の末期、太平洋戦争の勃発とともに、戦略的に政府の主要統計がきちんと公表されなかったうえ、終戦前後の混乱期には多くの財産が売却・処分されたり流失したりしたことも、帰属財産の規模や比重を正確に把握できない要因といえる。正確な数字が分からず、それが八〇〜八五％であるとは断言できないが、それが絶対的比重であったことは十分に察しがつく。

このような現実的制約を前提に、事業体財産を例として取り上げてみよう。一九四〇年八月の時点、つまり解放の五年前の各種事業体財産における日本人・朝鮮人の比率はどうであったのか。資本金一万円以上の全事業体を対象にした、業種別、地域別、朝鮮人・日本人別の所有構造などに関する全数調査の結果によると、鉱工業の総事業体七〇〇〇社のうち、日本人所有企業は五五三社と全体の七九・〇％、残り二一・〇％にあたる一四七社が朝鮮人の所有となっている。地域別では、南韓に所在する五五一社のうち、日本人企業が全体の八一・三％にあたる四四八社を占め、北韓の七〇・五％よりも、むしろ日本人企業の比重が高いことに留意したい。

鉱工業以外の事業体、例えば電力や鉄道のような基幹産業の場合は、完全に日本人の専有物のようになっていたが、金融業や農林業、特に醸造業・精米業などにおいては、相対的に朝鮮人企業の比重のほうが高かった。醸造業は五九％、精米業は五一％で半分を超過し、金融業と農林業は四三・五％と三三・七％であった。全産業対象では、合計三六一三の企業のうち、日本人企業が六五・七％である二三七三社を占め、残り三四・三％にあたる一二四〇社が朝鮮人企業となっている。もっとも日本人事業体といっても、その資本構成が全額、日本資本で成り立っているとはいえない。なぜなら日本人と朝鮮人の事業体分類の基準は、あくまでも会社の代表者（社長）の名義、または重役の構成（数）などによるものである。資本の構成面では、日本人企業の中に朝鮮人の投資が少額であろうと含まれていたであろう。

この調査は一九四〇年八月時点のもので、その後一九四五年八月までに新設されたり消滅したりした多くの事業体までは反映されていない。とはいえ、中日戦争の時期であり、太平洋戦争に移行する直前である点で、正常な平時の企業活動を示す最後の年であることから、それなりに重要な意味を持つ。しかし、一九四〇～四五年の間に、日本屈指の独占企業の朝鮮進出が非常に盛んであったことを考えると、この期間に日本人事業体の比重が大きく増加したとも考えられる。

(3)解放後の財産（事業体）の変動

圧倒的な比重を誇っていた日本人財産（事業体）は、解放後、米軍政によってすべて没収された。これら事業体の所有権・支配権も、朝鮮総督府やその傘下機関、民間会社（法人）や個人から米軍政へと移転する。予想外の財産権移転の過程で、日本人の財産は形態の面でも資産価値の面でも、さまざまな変化を被ることになる。

財産上の変動は、まず事業体数の減少に現れた。例えば、米軍政初期（一九四六年）に実施された「南朝鮮の産業労務力および賃金調査」の結果によると、一九四四年六月～四六年一一月の約二年半の間に、事業場数が合計九三二四社から五二四九社へと、四三・七％も激減している。なお労働者数は事業体数の減少よりもはるかに深刻であり、五九・四％の減少率である（次頁〈表5－3〉参照）。ここでいう「事業場（industrial establishment）」という概念は、本論で議論の対象である「事業体（industrial companies）」の概念とは違いがある。これを勘案しても、このような急減傾向は日本人事業体が帰属財産へと転換する過程で起きたことは否定できない。解放前後の時期に事業体（場）数が減少する現象は、日本人所有であった事業体に限られた話ではないが、日本人所有であった帰属事業体が非帰属事業体に比べると深刻であった点では異論の余地がない。

次は一九四七年一〇月、米軍政庁（商務部生産委員会）が行った調査結果を見よう。総事業場数五五三二のうち、帰属事業場は全体の二八・四％にあたる一五七三にすぎず、残り三九五九（七

表5-3　解放前と後の地域別事業場および労務者数の変動

	事業者数1)(個)			労務者数2)(人)		
	1944. 6月(A)	1946.11月(B)	(A)→(B)減少率(%)	1944. 6月(A)	1946.11月(B)	(A)→(B)減少率(%)
ソウル	2,337	1,123	51.9	66,898	35,763	46.5
京畿3)	1,159	698	39.8	63,625	19,753	69.0
江原	331	212	36.0	13,480	6,391	52.6
忠北	223	137	38.6	6,583	3,970	39.7
忠南	441	209	52.6	14,219	5,550	61.0
全北	679	437	35.6	18,389	7,299	60.3
全南	1,040	581	44.1	24,843	10,138	59.2
慶北	1,424	788	44.7	29,085	12,314	57.7
慶南	1,618	1,032	36.2	61,565	20,378	66.9
済州	72	32	55.6	1,833	603	67.1
合計	9,324	5,249	43.7	300,520	122,159	59.4

資料：南朝鮮過渡政府（中央経済委員会),『南朝鮮産業業労務力調査』, 1946年11月現在.

注:
1）製造業以外の公益事業（電気・水道・ガス）および土建業を含む数値。
　ただし、専売事業など官営事業は除く。
2）1日8時間以上就業する労働者のみを対象とし、技術者に分類される8,990人は除外。
3）京畿道内の仁川市は、申告書が十分に受け付けられていないため、統計から除かれ、全体の数値が大きく減っている。

一・六％）はすでに非帰属事業場として分類されている。解放前の日本人と朝鮮人の事業体比率六七・五％、三二・五％（南韓の場合）と比較すると、両者間の比率は完全に逆転している。解放前の一九四〇年八月と比べて、一九四七年一〇月の事業体構成は、日本人企業体（帰属事業体）が一八一〇社から一五七三社へと著しく減少した反面、朝鮮人企業は八七二社から三九五九社へと四・五倍以上も急増している。この異常な現象は何を意味するのか。日本人事業体の場合、さまざまな脱法・不法的な方法を含めて、さまざまな事由でその法的所有関係に多くの変化が起きたことを意味するのではないか。

(4)財産（事業体）減少の原因

帰属財産の相対的な数の減少や比重の低下をもたらした原因は何であろうか。さまざまな原因があるが、最も強調されるべき原因は、解放後に訪れた自由な企業風土の中で、中小規模の新規事業体が雨後の筍のように先を争って誕生したことである。これは解放から一九四七年一二月までの約二年間、全国の八大都市を中心とした新設事業体数の動向を通じても確認できる。この期間に新設された業種別事業体数を見ると、製造業部門三八七社をはじめとし、土建業一七九社、貿易業一五三社、運輸業六〇社など、計一〇七三社に達している[21]。

政治・社会の激しい混乱と、大規模な帰属事業体の運営不良に乗じて現れた中小規模事業体の新設ブームが、前項で見た帰属・非帰属事業体の間で著しい構成比の変化をもたらしたのである。南北分断による主な原材料の調達難、エネルギー(動力)購入難など、企業経営上のさまざまな障害、また解放後の日本人財産の凍結、接収と管理の過程で起きた米軍政の政策上の過誤も重視すべきである。では、帰属財産に対する米軍政の政策混迷の様相について、もう少し見てみよう。

米国をはじめとする連合国側は、日本など敗戦国に対する戦争賠償は原則として「実物賠償主義」に基づいて行った。これにより、韓国に進駐した米軍も軍政法令第二号および第四号を発動し、韓国内にあった日本政府（総督府）とその傘下の国家機関の財産（第二号）、および朝鮮に駐屯していた日本陸・海軍の軍用財産（第四号）を直ちに凍結し、米軍政または米軍司令部傘下への財産権移管に踏み切った。さらに米軍政は、国民生活上、緊要と思われる一五の主要公共施設や事業体に対しても、直ちに米軍政傘下に移管する措置を取った[22]。一つ残った問題は、民間

21）八大都市とは、ソウル、仁川、釜山、大邱、木浦、光州、群山、大田であり、製造業387社の業種別構成は食品23、繊維43、化学55、機械56、電気24、窯業11、印刷・出版44、木材37、その他94などである。年度別では1945年（8～12月）が27、1946年が549、1947年が497社である――朝鮮銀行調査部（1948),『朝鮮経済年報』, pp. Ⅲ-190～195参照.

人が持っていた個人家屋、敷地、田畑などの私有財産をどう処理するかであった。

すでに指摘したことだが、日本の民間人財産に対する米軍政の初期政策は確かに一貫性を欠いていた。例えば、軍政法令第二号（一九四五年九月二五日付）により、当初は民間の私有財産に対しては適法な手続きを踏んで財産の譲渡と処分などを認め、その所有権を法的に認める態度を取った。

しかし三か月後の同年一二月、軍政法令第三三号の発動により、米軍政は法令第二号による私有財産関連のすべての措置を完全に無効にし、民間人の財産も軍政庁傘下に移管させるなどの措置に踏み切った。

一九四五年九月の米軍政登場以前、または法令第二号の公布以前、日本の民間人の中には戦況が日本に不利に働いていることに気付いた者がいた。自分の財産を周囲の韓国人に適当な方法で処分し、帰国の準備を急いだほか、八月一五日以降もこのような日本人の動きは続いた。さらに一九四五年九月～一二月の約三か月間は、合法的な手続きと方法により財産権の移転などがかなり幅広く行われていたと考えられる[23]。特に動産の場合、適当な価格で売買したり譲渡したりすることはもちろん、時には不当な方法で日本にあらかじめ密搬出することもなくはなかったという[24]。

このころ、帰属財産の処分を容易にした極めて有利な条件として、米軍政下でも従来の朝鮮銀行券を通貨として通用させることにした米軍政の決定が挙げられる。当初、米軍は占領地域で使用するために約三億五〇〇〇万ドル相当の「米軍票」を準備していた。しかし、朝鮮銀行（副総

22）京城電気、朝鮮電業、三陟開発（石炭生産）、朝鮮石炭、鉱業振興、小林鉱業（重石生産）、東洋拓殖株式会社、京城日報社、放送施設、同盟通信社京城支局、朝鮮書籍印刷、朝鮮住宅営団、朝鮮食糧営団、重要物資営団、朝鮮工業協会など。
23）軍政法令第33号が公布された1945年12月当時、日本人の90％以上が日本に帰還していた。事後的な売買契約無効化措置に当事者たちは驚愕した。

裁星野喜代治）側の説得により米軍票を朝鮮銀行倉庫に保管し、既存の朝鮮銀行券をそのまま通用させることを決めた。通貨体制が維持されたことで、韓国を去る日本人の財産処分を容易にしたといえる。

このように、日本人財産は当初、事前に所有権を移転するなど、財産上の変動をもたらす機会が与えられていた。米軍政の日本人財産に対する実態調査は、主に財産の占有者や管理者から書面報告を受ける単純な方式で行い、その過程で中小企業は故意に工場施設を破壊したり財産の実際の価値を毀損したりするなど、不当な行為を取るケースもあったようである。

〈表5－3〉に示すような一九四四年六月～一九四六年一一月の事業体および従業員数の激減をもたらした背景や、その後の帰属事業体および従業員数の著しい減少などは、米軍政のこのような無定見な財産管理政策の結果といえる。

3. 帰属事業体の運営の実態

植民地時代、完全に日本経済の一部に編入されていた朝鮮経済は、予告もなく一瞬にして日本経済から切り離されることになる。ただでさえ独自の運営は厳しいのに、さらなる悲運に見舞われる。経済が南北に分断されてしまうのである。これにより独自の運営はさらに厳しい状況に陥る。農業と軽工業中心の構造的特性を持つ南韓経済と、豊富な地下資源とエネルギー源を基盤とする重化学工業中心の北韓との機能が、完全に分離してしまったからである。独自で存立するの

24）財産密搬出問題に関しては、特に船舶問題が重要である。日本人は主に船で帰還していたため、彼らが乗っていた船舶は米軍政法令によると、帰還後に韓国に返還されるべきであったが、実際はそうならなかった。当初、米軍政と日本のマッカーサー司令部との間で、これに対する返還協定が結ばれたという話もあったが、船舶は返還されなかった。

は到底不可能であり、「半身不随」の状況に陥ったも同然であった。

製造工業において正常な企業経営を行うには、必要な原料とエネルギー調達という二つの基礎的条件が満たされなければならない。しかし、南韓経済の実情は良くなかった。一九四六年一一月、米軍政庁は主要三九〇の休業工場に対し、原因調査を行う。その結果は、「所要費用の調達が困難なため」が七〇%(二七二工場)、動力不足一六%、機械（部品）購入難九%などであった[25]。

総体的に企業の経営条件が極度に悪化する中、企業の稼働率も低くなる。一九四七年の時点で、南韓の二大工業地帯である仁川および釜山地域における帰属工場の稼働状況を見ると、仁川地域は帰属管理工場三五〇の四五・四%にあたる一五九の工場、釜山地域は五一八の工場（一部一般工場を含む）の六〇%が、フル稼働ではないが部分的にでも稼動を維持していた（朝鮮通信社『朝鮮年鑑』一九四八：一七四頁）。稼働中であっても、生産能力に比べて実際の稼働率は非常に低かった。例えば、代表的な工場密集地帯である仁川地域における一九四七年一二月の平均稼働率は二〇〜三〇%台と低水準であった。

稼働状況が低い主な原因に関して、企業側は一様に原料難や動力不足（電力不足）など、各種生産要素や部品の調達難を挙げている。深刻なのは、一九四八年になっても改善の兆しが見られなかったことである。一九四八年六月、米軍政下で帰属事業体の管理・運営に関する一斉調査が行われた。〈表5－4〉に示すように、総帰属工場（電気業および土建業を含む）一七一九社のうち、部分的にでも稼働している工場は六五・二%にあたる一一二一社にすぎず、三四・八%は完全に運休状態または第三者に賃貸借中であった。

25）南朝鮮過渡政府（中央経済委員会),『南朝鮮産業労務力および賃金調査』, 1946, p.94参照.

表5-4　業種別帰属工場の運営・稼働状況（1948年6月現在）

（単位：工場数）

	工場総数 (A)	稼動中 (B)	運休中 (C)	賃貸借 (D)	比重（%）		
					B/A	C/A	D/A
食品工業	306	199	92	15	65.0	30.1	4.9
醸造工業	84	46	12	26	54.8	14.3	31.0
紡織工業	203	123	14	66	60.6	6.9	32.5
製紙工業	6	4	2	-	66.7	33.3	-
製材工業	27	16	6	5	59.3	22.2	18.5
印刷／出版	41	29	4	8	70.7	9.8	19.5
化学	240	191	36	13	79.6	15.0	5.4
窯業	53	39	14	-	73.6	26.4	-
機械／器具*	362	237	39	86	65.5	10.8	23.8
電気工業*	124	89	34	1	71.8	27.4	-
土木／建設	89	68	19	2	76.4	21.3	2.2
その他	107	73	26	8	68.2	24.3	7.5
業種不明	77	7	1	69	9.1	1.3	89.6
合計 （鉱業）	1,719 (166)	1,121 (28)	299 (138)	299 (-)	65.2 (16.9)	17.4 (83.1)	17.4 (-)

資料：朝鮮銀行調査部（1949b),『朝鮮経済統計要覧』, p.80.

注：
1）商務帰属部事業局,『商務部運営管理帰属事業体一覧』（1948年10月刊）より作成。
2)*業種別分類は、その正確性があまり高くないものと思われる。

業種別の変動状況は、食品工業、製材・製紙工業などの運営状況がさらに良くなかった。特に鉱業は、製造業とは比べ物にならないほど稼働状況がひどかった。例えば、一九四八年六月現在、帰属鉱山一六六のうち、運営中のものはわずか二八（一七％）にすぎず、残り八三％にあたる一三八がすべて運休中であった〈表5－4〉参照）。

運営中の工場であっても、実際の稼動状況は非常に低調であったと考えられる。企業の経営収支が赤字である事例の多さが、それを物語っている。一九四七年の一年間における帰属事業体の経営収支を調査した結果、調査対象企業一二〇二社のうち四二・六％にあたる五一二社が赤字であった。業種別に見ると、食品や醸造業、製紙業、窯業などにおける赤字工場の比重はもっと高い。これは〈表5－4〉で見た業種の稼働状況が不振であるためといえる。

帰属事業体の経営難は、解放後の製造業全般の生産を大きく縮小させる決定的な原因となった。それはまた、製造業の総生産に占める帰属工場の役割を著しく低下させる結果をもたらした。一九四八年の場合、総生産に占める帰属工場の比重は三五％にすぎず、残り六五％が一般（非帰属）工場で生産されているほどであった。また業種別では、特に食品工業や化学工業などにおける帰属工場の比重が一九・四％と二四・八％にすぎないほど著しく低下している（朝鮮銀行調査部『経済年鑑』、１９４９年版：Ｉ－48頁参照）。

Ⅲ　帰国事業体の管理および処分

1．米軍政の財産管理政策

(1)各種法令の公布

解放後の帰属事業体の運営状態は非常に低調であり、工場の稼働はもとより、その生産実績も大きく減縮せざるをえなかった時代状況をこれまで見てきた。その主な要因は二つに要約できる。（一）一九四五年の解放政局における激しい政治的・社会的混乱、南北分断による原料難、動力不足など、供給サイドにおける障害。（二）帰属事業体の接収および管理業務において、米軍政の管理の不徹底と関連した制度的・行政的問題。ここでは（二）に関して検討してみよう。

米軍政の帰属財産に対する管理は、基本的に米軍政法令（ordinance）と、必要に応じて公布される管財令（custody order）の発動により行われた[26]。管財業務の担当機構は、米軍政庁内に管財処（office of property）、各道に地方管財処を設け、米国人の財産管理官（property custodian）を管理責任者として任命し、その者の責任下ですべての業務が執行された。各道の

26）米軍政3年（1945年9月～48年8月）の間に公布された軍政法令は219件。1947年6月の法令第140号までは在朝鮮米陸軍司令部軍政庁（USAMGIK）の名義で公布され、法令第141号からは南朝鮮過渡政府の名義で行われた。帰属財産関連の軍政法令は14件程度で、管財令は11件が公布され、その他軍政長官の行政命令（Dep't order）や訓令・指示（directive）、布告（proclamation）、書簡（letter）など。

地方管財処では、その地方の有力な実業家を中心に諮問委員会を構成し、この委員会の推薦を受けて地域の帰属事業体（工場）の朝鮮人管理人を任命する方式を導入した。

米軍政はこのように、帰属財産に関する法令（第二号、第四号、第三三号、第五二号など）とそれを支える管財令（第二号、第八号、第九号および行政命令第六号など）の制定、公布を通じて直接財産を管理・運営するシステムを取った。しかし、帰属財産の種類や規模が非常に広範囲にわたっていて複雑であり、また全国に広く分散しているため、その実情を一つ一つ正確に把握し、それをきちんと管理することは至難の業である。とりわけ、財産件数が数十万件に及ぶ個人財産（不動産）の場合は、正確な実態把握すらできないほど複雑であった。

よって、米軍政の帰属財産の管理政策を考える際は、軍政法令第二号に基づく一九四五年一二月までの管理政策と、法令第三三号に基づく一九四五年一二月以降の政策とを区分して扱う必要がある。法令第二号に基づく財産管理の基本は、少なくとも日本人の私有財産に対しては法的に財産の譲渡や売買などの処分行為が許されていたので、それをいかに効果的かつ公正に管理するかに焦点が絞られた。しかし、法令第三三号が公布されてからは、私有財産まで含めた一切の財産処分行為が禁止されたので、財産権の行使をどうすれば効率的かつ公正に行えるかという点が財産管理の要であったといえる。

(2)法令第二号による財産管理

一九四五年九月二五日付で公布された米軍政法令第二号（日本人財産の移転禁止）と関連し、

ここでは主に日本人の私有財産に対する米軍政の基本的立場がどのようなものであったかを見てみよう。同法令第二号は、基本的には日本人の財産に対する所有（占有）権移転などの財産処分行為を一切禁止している。しかし、私有財産は法の保護を受けるという基本原則の下で所定の条件が満たされれば、所有権移転など財産の処分行為も認めるという趣旨であった（法令第三条）。また米軍政は一九四五年一〇月一一日付で、「日本人財産の譲渡に関する手続」（第一～四項）を発表した。四つの類型に分け、項目ごとに譲渡の具体的な要領を規定している[27]。

譲渡手続第一項は、日本人私有財産取得に伴う基本要件に関する規定であり、韓国人だけでなく米国人ら第三国人でも条件を満たせば、日本人財産を取得できる道が開かれた。ただし、財産取得にあたって三つの条件を守らなければならないというただし書き条項が付けられていた。それは（一）軍政庁の諸般の規定に基づき、合法的な手続きにのっとって財産を購入しなければならない（二）購入の際には必ず適正な価格を支払わなければならない（三）支払い代金は近隣の銀行・郵便局の軍政庁財産管理官の口座に預置しなければならない、というものであった。すでに不法な手段で財産を取得している者は、所轄警察署の財産管理官に同事実を正直に報告し、財産に対する占有ないし管理に伴う一切の権限を同財産管理官に必ず引き継がなければならないという強制条項も設けている。

譲渡手続第二項は、主な生活必需品の買い占めや売り惜しみを禁止するものである。一部の朝鮮人による日本人財産の不法・不当な奪取や詐取などの行為が激しくなり、主要物資の買い占めや売り惜しみは言うまでもなく、財産を隠匿したり死蔵させたりする行為が横行し、食糧や衣類、

27）4項目は次のとおり。①第1項（1945年10月23日公布）… 日本人の私有財産の取得に伴う諸般の要件に関する規定 ②第2項（1945年10月25日公布）… 食糧、衣類など主な生活必需品の買占めや売り惜しみの行為などを禁止する事項に関する規定 ③第3項（1945年10月27日公布）… 住宅、店舗、敷地などの譲渡に関する規定 ④第4項（1945年10月30日公布）… 土地、建物、企業体、鉱山などの譲渡に関する規定.

燃料、日用品などの生活必需品の品薄現象が深刻化していた。それによって消費財価格は高騰し、一般大衆の生活は苦しくなり、社会的に深刻な心理的不安を助長する要因として作用した。一般大衆の経済的利益を擁護し、ますます深刻化する社会経済秩序の混乱を正すには、帰属財産に対する管理をより徹底すべきであるという時代の要請による措置が、譲渡手続第二項といえる。

米軍政は帰属財産の譲渡問題に関連し、韓国人に次の三つの生活習慣を身に着けるようにと戒めていた。一つ目、(旧)日本人財産を含め、他人所有のすべての個人財産、つまり個人の私有財産は尊重されなければならないこと、二つ目、常に勤勉・誠実・正直でなくてはならず、一所懸命労働しなければならないこと、三つ目、残った物資は必ず市場で売らなければならず、物品を盗まれることがあってはならないこと、さらに正常な商道徳を守るように努力しなければならないことである。

譲渡手続第三項では、帰属財産のうち、住宅、土地、店舗、在庫品などの購入・賃借（譲渡）を行う場合は、必ず次の三つの手続きを踏まなければならないと規定している。第一に、当事者は売買・賃貸契約書一通を作成して署名し、コピー本三通を用意すること、第二に、買受人はそのうち一通を軍政庁財産管理官に、残り二通を財産所在地の裁判所（財産管理官）に送ること、第三に、購入代金は日本の元所有者に支払わず、近くの銀行や郵便局の財産管理官口座に入金して預置すること、という内容である。

譲渡手続第四項は、工場、鉱山、建物、企業体など大規模な財産の譲渡に関する手続きである。大規模な不動産の売買または名義変更において、登記手続きなど財産管理上の手続きが非常に複雑であることを考慮し、それに対処するために設けられた措置である。不動産の場合、その売買・譲渡行為が完全に成立する時期は、所有者が個人（一人）の場合であれば以上の三つの条件を履行することによって成立するが、二人以上の複数所有の場合は、軍政庁の事業前許可を得てはじめて成立すると、その規定を異にしている（森田芳夫、一九六四：九三五〜九三九頁）。

以上のように、法令第二号の有効期間中（一九四五年九月二五日〜一二月六日）、帰属財産に対する米軍政の基本的な管理方針は、日本人の私有財産の処分を売買・譲渡・贈与などによって促進させることに主な目的があった。しかし、これら財産の買受人（韓国人）が売渡人（日本人）にその購入代金を直接支払うのではなく、韓国の金融機関（財産管理官）に預置しなければならないなど譲渡条件が厳しかったため、それほど多くの財産処分には至らなかったと推定される。また、現金取引などの方法ですでに日本人財産を買収していた韓国人の中には、財産の相続者であると自任し、有償条件で財産を売買・譲渡する米軍政の措置に強く反発する「日本人財産不買同盟」のような組織を作り、徹底した反対運動を展開するなど、この時期は米軍政の日本人財産処分を困難にするさまざまな要因が複合的に作用していた。

一方、在韓米軍はもとより、米軍政から直接接収した日本の軍用財産や政府の公共財産に関しては、米軍政以外の第三者の所有・占有は、理由のいかんを問わず不法であることを最初から徹底的に強調していた。このような不法財産を所有している者は、その事実を必ず当該財産が所在する軍政庁の財産管理官に申告しなくてはならず、同時に当該財産の管理権を直ちに軍政庁財産管理官に移譲すべきであるとも主張している。また、公共財産の権利を移転する際は、直ちに近隣の警察署に申告し、軍政庁財産管理官に返還されるように措置を取るべきであり、そうでない場合は処罰することを明らかにしている（森田芳夫、一九六四：九三三頁）。

(3) 法令第三三号による財産管理

以上のように、本法令第二号による米軍政の財産管理方式は、一九四五年一二月の法令第三三号発動により完全にその効力を失うことになる。政府財産をはじめとする公共財産に大きな影響はないが、民間人所有の私有財産は所有権の変動に伴う管理方式に根本的な変化は避けられなかった。民間の私有財産を接収の対象から除外した法令第二号下での財産管理の原則が、財産所有者（日本人）の財産処分を容易にし、一日も早く日本に帰らせることに置かれたとすれば――最後まで処分できない財産は米政府が接収することを前提に――、法令第三三号下では、米政府がこれらの私有財産に対する直接の所有者となり、これらの財産を効率的に管理することが問題の中核になったからである。

このような観点から、一九四五年一二月以降の米軍政の財産管理は、その業務領域が非常に広範囲かつ複雑にならざるをえなかった。米軍政にとっては数十万件もの財産の一つ一つを直接管理することは事実上、不可能に近かったので、やむをえず中間管理人や代理人を立てて管理する間接管理方式を取った。法令第三三号の発動とともに直ちに公布された管財令第二号（一九四五年一二月一四日付）では、その名称（軍政庁が取得した日本人財産に対する報告・経営・占有・

使用）にも表れているように、帰属財産を実際に占有・管理している人々から、当該財産の運営・管理事項の報告を可能なかぎり徹底させることとした。つまり確実な報告行政を通じて、その財産の運営実態を把握し対処する方式に変わったのである。

次に、財産管理に対する報告行政の具体的な内容を見てみよう。通常の報告は次のような要領で作成されていた。必須記載事項としては①報告書提出者の人的事項②提出者と当該財産との関係、すなわち前所有者からの財産取得日時など所有・管理に至った経緯③前所有者の人的事項④財産種別記載事項は不動産・有形動産・無形動産の三つに分け、財産種別で具体的な記載が求められた[28]。

米軍政のこのような報告行政は、管財令第二号だけでなく、同第五号でも具体的に示されている。管財令第五号（一九四六年七月二一日付）によると、すべての帰属財産（事業体）の運営実績は、例えば資金の総収入と総支出に関する報告書（貸借対照表、損益計算書）を分期ごとまたは月ごとに作成し（英語で作成）、中央直轄事業体の場合は軍政庁財産管理官に、地方管轄事業体の場合は道庁財産管理官またはその傘下の責任ある財産担当官に定期的に報告させていた。後者の地方管轄事業体の場合は、その事業体数が前者に比べてはるかに多いだけでなく業種も非常に複雑であるため、その報告内容も複雑であった。そのため米軍政は一九四六年六月、別途に法令を公布し、道財産管理機構を設置した。道内の帰属財産に関する管理機能を持たせることにより、道内の帰属事業体はここですべての事業報告を行うよう措置を取った。

しかし、このような報告行政による管理方式は、長くは続かなかった。一九四六年一二月、米

28）財産の種別記載事項は次のとおり。①不動産の場合……位置、面積、付属建物、用途、賃借人の氏名、1945年8月9日当時の時勢など　②有形動産の場合……財産種別分類表、種別財産に関する説明、位置、価格、財産評価の基準など　③無形動産およびその表示物など……財産に関する詳細な説明、位置、価格および1945年8月9日以降当該財産に係る収入・支出の内訳など（管財令第2号第1条）.

軍政は管財令第八号（各種帰属事業体運営に関する件）を公布し、これまでの事後報告による管理方式を根本的に変えた。それまでの報告内容が信義誠実の原則に基づいた責任ある内容ではなかったため、米軍政は信頼できなくなったからである。これらの問題点を解決し、ひいては帰属財産の運営を改善するため、米軍政はその代案として、事業体ごとに経験ある有能な米国人顧問官(advisory official)を配置する、いわゆる顧問官制度を導入することにした。

この制度の骨子はこうである。軍政庁の財産管理官（custodian）は事業体ごとに経営能力のある米国人顧問官を任命し、この米国人顧問官が当該事業体の実際の運営を担当する韓国人管理人を任命し、その者にすべての権限を委任する方法で運営するというものであった。しかし、当該事業体の主要意思の決定、例えば原料の調達、製品の販売、会社財産の維持や処分のような企業運営上の決定事項は、米国人顧問官が直接行った。帰属事業体の経営および管理全般に対する最終責任は、あくまでも米国人顧問官が負うと規定したのが、管財令第八号の基本趣旨であったといえる。

米軍政によるこの顧問官制度導入計画は、韓国側の激しい反発にあった。その理由は二つであった。一つは、米軍政が事あるごとに軍政の業務を次第に韓国人に移管する「韓国化政策(Koreanization Policy)」を推進すると言いながら、企業運営では軍政側の権限を強化する顧問官制度を新たに導入するのは、政策の一貫性を欠いていること、もうひとつは、韓国企業の実情をよく知らない米国人顧問官の指示と監督を受けながらでは、韓国人管理人は自由に企業を運営できない、というものである。韓国側のこのような反対世論にぶつかると、米軍政は韓国側の主張を一部受け入れ、三か月後の一九四七年三月、管財令第九号を通じて、第八号の顧問官制度上の主な内容を大幅に修正する措置を取った。

例えば、第八号による米国人顧問官の指示・監督体制を撤回し、韓国人管理人は基本的に意思決定をするにあたり、米国人顧問官の同意をまず得るという内容に変えた（管財令第九号第一款三項）。すなわち、帰属事業体の管理に伴う一切の権限を米国人顧問官から、軍政庁内の韓国人部長・署長またはその代行機関の傘下団体長に移譲する措置を取ったのである。かくして当該韓国人の部長・署長は、財産の維持、保存、保護、安全、処理、管理、運営において総体的な責任を負う地位に格上げされた。また株式会社の場合は、軍政庁内の韓国人部長・署長またはその代行機関の長が、法人の株主権行使に関する基本的権限だけを持ち、その他企業運営に関する一切の実務に伴う権限は、当該法人の理事会が持つよう理事会の権限を大きく強化する方向に管理システムを変えた。

以上のように、帰属事業体に対する米軍政の管理行政は当初から確固たる原則なく、その時々で韓国各界各層の要求と妥協しつつ、適当主義で行われていたといえる。このような管理行政の無原則性から、前で見たような帰属事業体の全般的な運営不良と、それによる低調な稼働率、そしてそれによる赤字経営を免れなくなった根本的な原因の一端をうかがい知ることができる。帰属事業体の管理人選定問題に関して一つ強調しておきたい。米軍政は客観的な条件の不備により、最初から確固たる原則と基準に従って客観的に十分な資格条件を備えた能力のある人を管理人として選定する人事システムを開発できず、当該企業と何らかの形で縁故権のある人を優先的に選定するか、または同じ分野での有経験者、一定規模以上の資産家、さらには英語・日本語の通訳が可能な人など、通りいっぺんの資格条件によって管理人を選定することが多かった。

管理人に選定された人は、迅速な生産回復と経済復興という重大な国家的課題に対する正しい歴史認識などなく、目先の私利私欲に目がくらんで破廉恥な行為を日常とし、結局、企業経営を破綻させるケースが相次いだ。このような時代状況を反映し、市中では「帰属工場は滅びても管理人は肥える」という流行語が出回った。帰属事業体の管理問題は、韓国国民にとって利害関係が絡む最大の社会的問題として浮上し、それがさまざまな社会悪を助長する温床に変貌すると、社会において志のある人物たちから懸念の声が上がった。

2. 帰属事業体の払下げおよび処分

(1)管理から処分へと方向転換

米軍政下における帰属事業体の運営は、経営上の困難な条件が重なり、悪化の一途をたどる。企業の稼働率が低下し生産が低調になると、企業の経営収支も赤字に転落した。帰属企業が経営困難に陥っていたため、米軍政は帰属財産の管理に対する新しい突破口を見つけなくてはならなくなる。

企業経営上の問題点を容易には打開できないと判断した米軍政は、政策を方向転換する。当該企業を早急に民間に払い下げ、民営化させる戦略に出たのである。民営化を通じてオーナー意識を持たせる責任経営に、突破口を見いだそうとした。帰属企業に対する経営責任をすべて韓国人（民間）に負わせ、運営上の非能率解消など、諸般の困難を克服すれば経営が正常になると考えた。ひとまず現実の非能率的な管理方式から脱しようとしたのである。それを通じて、社会の一角に偏在していた過剰流動性を早急に吸収し、潜在的なインフレとなりうる要因も遮断するという付随効果も期待できるという見通しを持った。

しかし、米軍政のこのような立場の変化は、当初の管理上の大原則を自ら破ったも同然であった。米軍政が日本人財産を接収したとき、帰属財産は絶対に民間に払下げをせず現状のまま保存し、韓国政府の成立とともにそこに移管する、という意思を何度も公言していたからである。「善意の管理者」を終始、自任してきた米軍政が当初の立場を変えるのに、長い時間はかからなかった。では、米軍政の立場の変化をもたらした背景は何であったのか。

これに関して、著者の見解は次のとおりである。マッカーサー元帥の総司令部が日本で行った農地改革の延長線上において、韓国でも米軍政による土地改革の必要性が認識されたことを挙げたい。ところが、韓国ではこれに対する地主層の反対が強く、全国の土地を対象にした改革は現実的に非常に困難であると米軍政は気付く。米軍政はやむをえず、軍政庁傘下の新韓公社所有の農耕地（帰属農地）だけでも当初の計画どおり決行することにしたのではなかろうか。ここで少し日本に目を向けてみよう。

マッカーサー元帥の総司令部は一九四五年一二月、日本政府に対し、日本の農民解放に関する指令を下した。日本伝来の不在地主制度を撤廃し、自作農化を基本目標とする画期的な農地改革推進事業を計画したのである。日本政府は米軍司令部の要求を素直に受け入れ、一九四六年九月に関連法令を制定し、前後三回にわたる土地改革事業を成功させた。韓国の米軍政もこれを先行モデルとし、同一の土地改正を実施しようとするが、前述したように韓国の場合は地主層の激しい抵抗に遭い、実行に移すことができなかった。このため米軍政は全国の土地を対象にした全般的な土地改革はいったん見合わせる代わりに、その代案として自ら所有する小規模帰属事業体と大都市地域における帰属住宅（家屋）を、まず民間に払い下げる計画を進めることになったと考えられる。

(2)小規模帰属事業体の払下げ

まず、小規模な帰属事業体の民間払下げについて見てみよう。当時の軍政長官ラーチ（A. L. Lerch）は、軍政庁内の財産管理官ビショップ（H. D. Bishop）に特別指令を下し、現時点における帰属財産の中から小規模事業体に対する払下げの必要性と、その具体的な払下げ要領を以下のように下達した。「法令第三三号により米軍政に帰属した小規模事業体の処分に関する件」という名の「軍政長官の指令」（一九四七年三月二四日付）には、次のような内容が含まれている。

第一に、帳簿価格（一九四五年六月現在基準）で資産価値一〇万円未満の事業体を「小規模」企業と規定し、これらは原則としてすべて民間に払い下げる。ただし、一〇万円以上一〇〇万円未満の企業についても、財産管理官が有能な管理人を見つけ、運営の正常化が可能であると判断された場合は払下げできるようにした（同指令第一〇項）。

第二に、帳簿価格の策定は一九四五年六月の企業帳簿上の価格を基準とするが、同時点で帳簿価格が明示されていない場合は、財産管理官がその前後の時点での可能な価格をもって、それまでの物価指数などを考慮して決定する。重要なのは、帳簿価格は現実の払下げ価格の策定とは何の関係もないことを一般に広く周知させなくてはならないことである（同指令第三項）。

第三に、払下げ方式は原則として公開入札による競売方式とするが、次の二つの例外を設けた。①当該財産を効率的に運営する信頼できる有能な人が現れたとき、②二度にわたって流札し、公開入札方式では払い下げる自信がないと判断したときは適任者を物色し、両者間の直接交渉を通じて売却できる。

第四に、買受者の条件は①韓国人で過去に親日的協力の経歴がない者②過去五年以内に法を犯した事実がない者③帰属財産管理人として財産の価値を毀損したり書類を偽造したりした事実のない者④管理人として無能であると評価されていない者⑤本人または家族のいずれも帰属財産を買い入れたことのない者、などとした。

第五に、その他の条件として挙げられる重要事項は以下のとおりである。①必要であれば落札者に長期・低利の銀行融資を斡旋すること②一つの財産に対してのみ買い入れを認めること③買い入れ後、二年以内の転売はできないこと④事業体の場合、売買契約の締結とともに直ちに所有権の移転が可能であるが、その最終的な効力発生は、以後樹立される韓国政府によって新たに追認の過程を経なければならないこと、などである。

おおむね以上の要領で、小規模な帰属事業体を韓国人に払い下げる計画が発表されると、待ち受けていたかのように国内の各地で反対世論が沸き起こった。反対の理由は主に次の二つであった。一つは、一時的な臨時政府としての米軍政が、このような重要な企業体の払下げ措置ができる法的資格が果たしてあるのかということ、もうひとつは、払下げ計画の中核事項として浮上した払下げ価格の策定基準が間違っていることである。

前者の米軍政に法的資格があるのかについては、暫定政府の性格を持つ米軍政が帰属財産を勝手に払い下げるのは、善意の管理者としての任務を遂行すると公言してきた自らの約束を破る行為になる。反対論者たちは、財産の所有権移転のような重要な問題は、その後に樹立される韓国政府が処理すべきであるという論理を立てた（朝鮮通信社、一九四八：一七六頁）。

後者の払下げ価格の策定基準については、米軍政が提示した払下げ価格の策定は、次の二つの基準に基づいた。一つは時価主義、もうひとつは信頼できる公共機関による鑑定価格主義であった。米軍政は時価主義の適用を主張したが、財産の主たる買い手になる韓国の商工人の立場――それを代表する朝鮮商工会議所の立場――は、鑑定価格主義を支持した。米軍政は払下げ価格をできるだけ高く策定しようという立場であるのに対し、商工会議所側はできるだけ低く策定しようとするもので、両者の利害関係は相反していた。

小規模な事業体の払下げ計画をめぐり、これらの諸問題が相互否定的に作用し、払下げの実績は米軍政の期待に大きく及ばなかった。財務部の資料によると、米軍政下での総事業体払下げ件数は五一三件にすぎず、当時の帰属財産処分総数二二六八件の二三％であった（財務部、一九五八：一二一頁）。しかし、著者が別の払下げ関連の政府資料を直接検討したところ、米軍政によって払下げ契約が締結された事業体は、以上の五一三件に大きく満たない一三五件にすぎなかったという統計があった[29]。

二つの数値上の顕著な違いは恐らく資料の性格の違い、すなわち一次資料（一三五件）と二次資料（五一三件）から来るのではないかと思われる。いずれにせよ、払下げ件数がこのように一三五〜五一三件という実績であれば、それは米軍政の当初の期待から大きく外れた数値である。もうひとつ重要なのは、以上の払下げ事業体の性格が、各種産業組合や協会、建設会社、劇場、商会などの部類に属するものであり、鉱工業に属する生産企業体の払下げ件数は、その中にほとんど含まれていなかったことである。「小規模」企業に限定した範囲での払下げではあるが、鉱工業など生産部門の帰属工場払下げがこのように低調であったことから、当初、米軍政が所信を持って推進してきた企業民営化による帰属事業者の経営合理化計画は事実上、水泡に帰したことになる。

(3)都市部における民間住宅の払下げ

次は、都市部における民間住宅（帰属住宅）の処分計画について見てみよう。都市住宅の払下げ問題も小規模な事業体の払下げと同様、法令第三三号に基づき、軍政長官の特別指令により推進された。「(旧）日本人所有の都市住宅払下げに関する件」（一九四七年五月一五日付）という名のこの指令によると、米軍政は都市に居住する無住宅者に自分の家を持つ機会を提供することで生活の質を向上させ、市中の過剰流動性を吸収し、通貨インフレ要因を未然に遮断するという

29）財務部管財局,『法人台帳』（年代未詳）の資料を用いて著者が直接集計、分類した。

一挙両得の効果を狙った。米軍政が保有していた都市部の帰属住宅をできるだけ早く、そして、できるだけ多くの民間に売却するという野心に満ちた計画であった。

この売却計画を策定するにあたり、米軍政長官ラーチが財産管理官ビショップに指示した売却の原則と基準は、次のとおりである。①無住宅者が自分の家を永久に所有できるようにすること②適当な水準の市場価格（相場）に基づいて売却すること③代金決済方法は、市中の過剰流動性吸収を通じたインフレ予防のため、必ず現金決済を原則とすること④都市部の住宅については、可能なすべての住宅を払い下げることを目標とすること⑤一家につき一住宅とすること⑥本契約により取得した住宅の所有権は、後に樹立される韓国政府の追認を受けなければならないという但し書き条項を売買契約書に必ず付けること、などである。

都市住宅の払下げにおいても、小規模な事業体の払下げと同様、米軍政は計画を円滑に進めるため、主に韓国人専門家で構成される諮問委員会を設置・運営した。これは購買者の資格条件を審査する「資格審査諮問委員会」と、実際の家屋の相場を評価する「財産評価諮問委員会」という二つの諮問機構から成っている。

このほか、重要な払下げ条件としては①最低限、売却代金の二割以上を契約締結時に支払うことを要求し、残額の利子率は年利五～七％、契約期間は最高一〇年で分割払いする②既存の抵当権設定は買受人に引き継ぐ③所有権保有の義務期間、すなわち買収した住宅の再売却を禁止する期間は契約締結日から二年間とする、などの内容が盛り込まれていた（朝鮮銀行調査部、『朝鮮経済年報』、一九四八年版：Ⅱ－八九頁）。

3. 帰属農地の分配事業

(1) 米軍政の土地改革の構想とバンス諮問団

米軍政時代の帰属財産処分計画と関連し、小規模事業体の払下げおよび都市部の民間住宅の売却措置とともに、もうひとつ重要な問題があった。米軍政が保有していた帰属農地の分配事業である。帰属財産の接収過程で、米軍政は一九四六年二月の法令第五二号を通じ、米軍政傘下に新韓公社（New Korea Company）——法令第八〇号により新韓株式会社（New Korean Company, Ltd.）に改称——を設立し、かつての東洋拓殖株式会社の所有財産（主に農耕地）およびその他日本人所有の農耕地の一切をここに移管したことは前述したとおりである。米軍政は新韓公社に引き渡された旧日本人所有の農耕地についても、小規模事業体ないし民間住宅の場合と同様、民間に分配（売却）する措置を取ろうとした。

東拓所有の農耕地が移管された当時から、米軍政は一九四五年末にマッカーサー総司令部が占領地日本で断行した農地改革のような性格の改革を、韓国でもそのまま実施する計画を持っていた。韓国でも前近代的な土地所有制度（小作制）を近代的な自作農体制に転換するための根本的な改革構想であった。この改革事業を推進するため、米国は特別に土地問題の専門家で構成される経済諮問団[30]を韓国に派遣し、現地の米軍政が韓国の土地改革を早期に実施できるように技術的支援を行った。

30）米国政府は1946年初め、韓国の土地改革を支援する「在韓米軍経済諮問団（Official of Economic Advisor to the Commending General USAFIK：団長A. C. Bunce）を派遣し、土地改革の草案を作成した。この諮問団の目的には、その他に財政改革、食糧問題などに対する実態調査や対策準備も含まれ、総合的な経済諮問団の性格を帯びていた——韓国農村経済研究法院,『土地作成改革史研究』, p. 315参照.

米軍政は一九四六年一月に来韓したバンス同経済諮問団（団長A. C. Bunce）の政策諮問により、軍政庁直属の土地改革法案作成のための基礎委員会を設置し、本格的な改革に着手した。バンス諮問団は直ちに作業に着手し、第一次改革試案を作成、一九四六年三月、米軍政庁に提出した。しかし、同バンス改革案は米軍政に採択されず廃棄されたとされている。その理由については明らかにされていないが、恐らく次のような内容であると類推される。

第一に、過去の日本人所有（現在、新韓公社所有）の農耕地について、今後一五年間、平年作（主穀）の三〇％（後に二五％に引き下げる）ずつを現物償還条件として現在の小作農に分配する。第二に、小作農は一年の生産量の少なくとも三・七五倍（最高四・五倍）にあたる生産量を一五年間分割で現物納付すれば、その農地を自己所有にできる[31]。第三に、分配対象となる農家は帰属農地の小作農ないし自・小作農とする。第四に、被分配農家は一定期間、分配農地を他人に転売することはできない。営農を含む場合は当該農地の自由処分が許可されず、直ちにそれを政府に返納しなければならない、という内容であった。

(2)バンス改革案に対する韓国の立場

バンスのこの土地改革案は、韓国側の激しい反発により審議に付すことすらできずに廃棄処分となった。韓国はなぜそこまで激しく反発したのか。韓国側の主張は、こうである。米ソ間で韓国問題処理のための共同委員会が開催中であり、その結果によっては近々、韓国臨時政府が樹立される可能性もある。それを待たずして土地改革のような重大な事案を早急に処理する必要があ

31）単純化して言うと、こうである。小作農は耕作地の年平均生産量の25％（4分の1）にあたる主穀（米または麦など）を15年間、現物で償還すれば、現在の小作地の所有権を得ることができる。3.75倍（％）÷15年＝0.25倍（％）の公式に従い、毎年生産量の25％を15年間償還するわけである。

るのか。それは当然、新しく設置される韓国臨時政府が実施すべきである。韓国側のこのような反対世論をすぐに受け入れた米軍政は、同改革案の実行を強制せず、素直に保留する方向に決めた。

土地改革問題が後景に退き、米軍政は政治的に南韓内部での左右合作運動を積極的に推進すると同時に、韓国に対する米軍政の統治機能を、次第に韓国人に移譲するための措置として、南朝鮮過渡立法議院の設置法（軍政法令第一一八号、一九四六年八月二四日）を制定するに至った。これにより、一九四六年一二月には官選四五人、民選四五人、計九〇人の委員で構成される「過渡立法議院」が設立された。新たに設立された左右合作委員会であれ過渡立法議院であれ、彼らに与えられた当面の最大の課題はこの土地改革問題にならざるをえず、それぞれの立場でそれぞれの改革案をまとめるに至った。

まず、左右合作委員会では左右両方の要求をそれぞれ半分ずつ反映させた、いわゆる「逓減買上・無償分配」方式の改革を提案し、立法議院側では各政派間の改革案があまりにも異なるため一つに収斂できないと判断し、政派別に自己改革案を作成し提出させた。右翼性向の韓民党は、大多数の地主層の利益を代弁し、「有償買入・有償分配」方式の案を、左翼性向の民戦（民族主義民主戦線）は小作民の利益を代弁し、「無償没収・無償分配」方式の案をそれぞれ提出した。このような土地問題をめぐる激しい理念対立の様相を呈したことから、米軍政は立法議会側との協議の下、韓米間で「農地改革連絡委員会」を設置・運営することにし[32]、バンス団長を中心に独自の改革案をまとめ、立法議員に上程させて審議を要請した。

32）1947年初めから約10か月間、土地改革法案を研究して作成した最終案を1947年12月に立法議会本会議に上程したことが知られている――韓国農村経済研究院, 前掲書, p. 335参照.

バンス改革案の骨子は、前記の左右合作七原則（第三項）で提示された「逓減買上・無償分配」の原則から、前半の逓減買上の原則はそのままにし、後半の無償分配だけを有償分配に変えた折衷案にほかならない。その他いくつか重要事項としては①特別機構として中央土地改革行政処の設置②三町歩土地所有上限制の採択③買収地価は五か年の平均生産量の三倍とし、買収農民は毎年の生産量の二割ずつ一五年間均等に償還する④買収農地の自由な売買・贈与・再小作契約などの行為は原則禁止する、といった内容が盛り込まれていた。

とにかく同改革案が一九四七年一二月に立法議会本会議に上程されると、これをめぐって社会の各界各層から甲論乙駁の議論が起きた。その中で実際に法案を審議しなければならない立法議院の内部では、自分たちの代表が作った法案であるにもかかわらず、その審議自体を拒否する、いわゆる「立法サボタージュ」現象まで起きた。これは、最初から改革案作成に否定的な立場を示した保守系（韓民党）委員たちの法案審議ボイコット作戦に立法議院が巻き込まれたためといえる。

いずれにせよ、立法議院の本会議は連日、空回りを繰り返したが、一九四八年になってからは金奎植議長ら立法議員議長団の辞任に伴い、立法議員自体の活動が行き詰まると、米軍政は態度を変えた。一九四八年三月、それまでの全国の土地を改革対象とした韓米連絡委員会改革案を完全に撤回し、自己所有の帰属農地のみを分配する方向へと計画そのものを大きく後退させてしまった。

(3)米軍政の帰属農地改革

米軍政のこの帰属財産だけの改革も、決して順調に遂行されなかった。立法議院中心の地主層だけでなく、左翼系はもちろん、民族主義陣営まで含めた全国的な反対運動に直面したからである。これには米軍政がしようとすることなら何でも無条件で反対する当時の韓国社会の風潮が大きく作用したといえる。再論ではあるが、彼らの反対理論はこうであった。

解放後、米軍政がかつて日本人所有の土地（帰属農地）をむやみに自己所有として接収したことからして誤った処置であるということだった。なぜなら、その土地はあくまでも韓国人の血と汗で形成されたものであるから当然韓国人の所有となるべきであるにもかかわらず、途中で米国が横取りしたのは理由はどうあれ誤りであるという論理であった。米軍政がいまさら自分の所有であるとして勝手に処分することも間違っているだけでなく、それを無償で分配するのではなく有償で韓国の農民に売却することは、さらに間違っているというのが左翼系の主張であった。

米軍政は、韓国側のこうした反対論に同意せず、一九四八年三月、米軍政の期間終了まであとわずかという時点で、電撃的に帰属農地改革を断行した。軍政法令第一七三号「帰属農地売却令」と第一七四号「新韓株式会社解散令」という二つの法令を同時に公布した米軍政は、これらの法令に基づき、同改革事業を速やかに処理した。つまり、従来の新韓株式会社所有の土地のうち、分配対象の農耕地は新しく設立する中央土地行政処に一括移管し、農耕地でない残りの財産はすべて管財処に移管させると同時に、新しく設立する中央土地行政処に同分配事業の実務を主管するよう措置した。農地改革の基本原則と内容は、当初、全国の土地を対象にした立法議院側の土地改正法案——これは事実上、当初のバンス案と同様である——の骨格をそのまま受け入れることにした。同改革案の基本原則と内容をまとめると、以下のとおりである[33]。

第一、耕作した土地の私有を認める原則にのっとり、自作農の創設を基本目標とするが、土地行政処が現在の農地耕作者（小作農）と当該農地に対する売渡契約を締結する方式で処理（法令第一七三号）

第二、分配対象の土地は、敷地、果樹園、牧場、塩田などはひとまず除外し、畑と田を中心の純粋な農耕地のみを分配対象として指定

第三、被分配対象者の優先順位を　①現在の耕作者　②越南同胞および外地（日本、満州など）からの帰還農民　③農業労働者（作男）の順に規定

第四、一戸あたりの被分配農地の上限は二町歩に制限

第五、農地代金の納付方式は当該農地の年平均生産量の三〇〇%に該当する現穀（主穀基準に田は稲、畑は麦類）を年平均生産量の二〇%ずつ一五年間、均等償還する方式で決定

国内左翼系の民戦・全農などの団体による激しい妨害工作にもかかわらず、米軍政の帰属農地の分配事業は大きな支障なく順調に進められた。一九四八年四月八日付で施行された同分配計画は、約一か月後の同年五月五日に全体耕作農家（小作農）戸数五八万七九四四戸の三七%にあたる二一万九三六二戸が分配契約締結を完了し、同年六月一九日には四七万六〇〇〇戸、すなわち

33）米軍政の自己所有の帰属農地の分配に関する具体的な内容は、米軍政法令第173号（中央土地行政処の設置，全文24条）を参照．

全体の八一％が分配契約を締結した。また米軍政期間が終了し、韓国政府に統治権が移管された同年八月末には、全体の八六％が契約締結を完了したという驚くような実績を収めている。分配面積ベースでも、同年九月一五日の時点で総面積三二万四〇六三町歩の六一・四％に達する一九万九〇二九町歩を分配するなど、驚くべき成果をもたらした[34]。

さまざまな困難にもかかわらず、左翼系の粘り強い事業妨害工作を克服して、これほどの驚くべき分配実績を挙げられたのは、小作民たちの同事業に対する積極的な支持と協力があったからである。当時、韓国社会に広範囲に広がっていた半封建的な小作農の存在、そして小作ないし半小作（自作兼小作）農民の先祖伝来の農地に対する強い欲望が、この帰属農地分配事業を成功させた重要な背景として作用した。米軍政による帰属農地の分配事業は一部の限られた農地にすぎないが、それでも韓国の小作農民にとって長年の宿願事業であり、全面的に外勢（米軍政）によって行われた重要な歴史的意味を盛り込んだ事業として、高く評価されるべきである。

日本人地主の土地を小作していた朝鮮人の小作農は、米軍政から小作地を有利な条件で分配されて自作農に転換したことで、社会的な地位は顕著に変化した。国家的にも、日本人所有であった農地のみを対象にするという半分の改革にすぎないが——そうなった責任は米軍政にあるのではなく、全面的に韓国側にあるといえる——、帰属農地のみの改革でも、米軍政三年間の治績第一号として評価されるに値する事業であり、歴史的意義も非常に大きい。

韓国の伝統的な封建的土地所有制度から、自作農創設という名目で耕作者の近代的な土地所有制度への一大転換をもたらしたところに、歴史的意義を見出すことができる。米軍政による同改

34）これらの数値は、当時の米軍政の報告資料および日刊新聞の報道内容をまとめたもの——韓国農村経済研究院，前掲書，pp.382～383参照．

革事業は、一九四八年八月の韓国政府（李承晩政権）樹立後、第二段階として実施される韓国人地主所有の農地改革を成功させた模範的な先例として作用した点でも、高く評価されるべきである[35]。

35）米軍政の帰属農地改革に対する評価は、政治的立場によって異なる。客観的な立場から見ると、米軍政が韓国伝来の長年の封建的な地主・小作慣行を廃止し、近代的な自作農創設事業に踏み切ったことは、歴史的に高く評価されるべき代表的な業績である——拙著,『解放後－1950年代の経済』, 2002, pp.85〜86参照.

Ⅳ　帰属財産の韓国政府移管

1．移管財産の実態

米軍政は、三年間の統治期間に自らが接収し管理した帰属財産のうち、前述したような三つの財産を韓国の民間に払い下げたり分配したりした。その三つとは①日本人が所有・居住していた都市部の民間住宅②日本人が所有・経営していた事業体のうち、帳簿価格が一〇〇万円未満の小規模事業体③日本人（地主）所有の農耕地であった帰属農地である。これらを除くすべての帰属財産は、一九四八年八月の国連の決議により、韓国政府に一括して移管された。では、米軍政が韓国政府に移管した最後の帰属財産の実態は、どのようなものであったのか。

財務部の資料によると、韓国政府に移管された総帰属財産は、件数では二九万一九〇九件に上った。そのうち不動産が全体の九八・五％の二八万七五五五件と大半を占めたが、不動産でも経済的に重要な意味を持つ企業体の財産は二二〇三社にすぎなかった。また、米軍政三年間の払下げ・売却件数は企業体や不動産などを含め二二六八件だった[36]。

36）米軍政時代の総帰属財産払下げ件数は2,268件であり、そのうち不動産が839件（37.0％）、企業体財産513件（22.6％）、その他財産916件（40.4％）であるが、「その他財産」が具体的に何を意味するのかは明らかにされていない——財務部，前掲書，1958, p. 121,〈表32〉参照．

一方、一九四八年一二月、商工部が行った全国製造工場実態調査の結果は、従業員五人以上の全国製造工場三五八七カ所のうち、帰属工場は一六・二％にあたる五八〇カ所にすぎない[37]。これを一九四七年一〇月の帰属事業体数一五七三（電気業および土建業を含む）と比較すると、両者の間には著しい差があることが分かる。過去一年間に民間に払い下げられた（民営化）工場が一部あると思われるが――払下げ企業体五一三件の一部――、それを考慮したとしても、これほど顕著な差が生じたのは、政府による民営化措置以外に何か理由があると思われる。

考えられるのは、次の三つのケースである。（一）この期間に多くの帰属工場が不正な方法で巧妙に法網をくぐり抜け、一般企業に生まれ変わった。（二）すでに企業としての存在価値を喪失し、公式に廃棄処分された。（三）客観的な環境の悪化により企業自体が生き残れず、自然に亡失した。当時の時代状況からして、自然現象であれ人為的な作用によってであれ、（一）のケースも多かったであろうが、自ら資産的価値を喪失させたケースも決して少なくなかったであろう。一九四八年の時点で、企業帳簿には登載されているが実際に実体のない流失企業体の存在が非常に多かった事実が、それを物語っている。

これはつまり、帰属財産、特に企業体財産に対する米軍政の管理が疎かになった隙を狙い、多くの企業が書類上に名前が残っているだけの状態で、韓国政府に移管されたということではないか。

では、一九四八年九月、韓国政府に移管された当時、これら帰属財産（帰属事業体）の運営状態はどうであったのか。前述したが、米軍政は帰属事業体の極めて低調な運営状態を何とか改善

37）朝鮮殖産銀行調査部,『殖銀調査月報』, 第4巻第6号（1949）, p. 75.

して正常化させ、生産と雇用を増大させることで経済を早期に回復、発展させるために、あらゆる努力を傾けた。例えば、小規模企業を民間に払下げ民営化させることで企業運営を韓国人に任せる韓国化政策（Koreanization Policy）を推進したり、企業の管理権を中央政府から道・市などの地方官庁に大幅に移管する措置を取ったりした。米軍政の積極的な努力にもかかわらず、これに対する韓国側の反応は意外と消極的であり、故意の妨害工作も行われて、期待していたほどの成果は上がらなかった。

以上のことから、米軍政末期における帰属事業体が直面した経営不良の責任は米軍政側だけにあるのではなく、韓国側の責任のほうがむしろ大きかったといえる。韓国政府に財産が移管される一九四八年六月ごろ、米軍政が行った帰属事業体の運営・管理状況に関する調査の結果[38]、製造業は管理企業（工場ベース）一七一九のうち、正常に稼動している工場は全体の六五・二％の一一二一にすぎず、残り五九八は、運休中が二九九社（一七・九％）、賃貸借契約中が二九九（一七・九％）であった。さらに鉱業の場合は、帰属鉱山一六六か所のうち正常に運営中のものはわずか二八か所にすぎず、残り一三八か所が一様に運休中（運休率八三・一％）であるほど劣悪な状態であった（〈表5－4〉参照）。

2. 米軍政による帰属財産管理の決算

米軍政側のさまざまな政策的な努力にもかかわらず、帰属企業の運営は全般的に深刻な経営悪

38）商務部帰属事業局，「商務部 運営管理 帰属事業体一覧」，1948年10月刊（朝鮮銀行調査部，『朝鮮経済統計要覧』），1949，p. 80から再引用）.

化や赤字状態から抜け出せずにいた。時間がたつにつれて運営状態が改善されるどころか、むしろ悪化の一途をたどったといえる。例えば、韓国政府が発足した一九四八年における製造業の業種別生産実績を、終戦前である一九四〇年のそれと比較してみる。両年の物価指数を考慮すると、一九四八年の製造業生産実績は一九四〇年実績の二一％である。もちろん物価指数の調整がどれだけ正確かという問題もあるが、そのような点を考慮しても、これほど大幅な生産減少は理解できない。一九四八年の総生産実績における帰属工場の生産比重がわずか三五％であるなら、すでに見た工場数と同様、生産額においても帰属工場の比重が米軍政三年間でどれだけ減少したかが十分に察せられる。

米軍政の帰属財産の管理政策を考える際、性格の異なる二つの要素が存在していることに留意したい。一つは、米国式の理想主義に偏りすぎて韓国の実情に合わない非現実的な政策を追求したり、確固たる原則や一貫した方針もなく、その都度方向性を変えたりするなど政策が無定見であったことや、対外的な米ソ関係や日米関係、南北関係など政治問題の解決に執着するあまり、韓国内部で提起されている帰属財産の管理問題を軽視してしまったこと。もうひとつは、米軍政の政策は進歩的であり、長期的には韓国に有益な影響を及ぼす正しい政策も多く含まれていたが、韓国人が外勢の不当な干渉だとして反対・拒否したため、政策の本来の効果が発揮できなくなったことである。

以上の二つを要約すると、帰属財産の管理における米軍政の政策的過ちを米軍政だけの責任にすべきではなく、責任の半分以上は韓国側にあることを認めるべきだ、ということである[39]。普

39）例えば、1948年、米軍政の立てた全国的な土地改革実施計画（案）をめぐり、韓国の過渡立法議院は同法案の上程すらできないように立法サボタージュを繰り広げるなど下劣な手段を動員した。これにより結局、計画は水泡に帰したのである。韓民党の地主層を中心とした保守・反動勢力の時代逆行的な行動から、そのような事情を十分にうかがい知れる――Ⅲの帰属農地分配関連の内容を参照。

段から他人に責任を押し付けるのが好きな韓国人の悪習が暴露された結果になった。米軍政の三年間にわたる帰属財産の管理問題については、暫定的ではあるが、次の点を結論とする。

第一に、一九三〇年代後半から一九四〇年代前半までの約一〇年にわたる中日戦争、太平洋戦争期における植民地朝鮮で展開された工業化、特に先端技術を要する重化学工業化の過程は、北韓地域はもちろん南韓地域においても、相当な規模の工業施設が植民地支配の物的遺産として残った。しかし、この莫大な規模の産業施設は植民地統治が終わったあと、解放→南北分断→米軍政→韓国政府樹立→六・二五戦争（一九五〇〜五三）と続く政治的・社会的な激変と混乱の中で、残念ながら原状を維持できず、多くの破壊と流失という莫大な財産価値の毀損をもたらした。

第二に、朝鮮の地に残された日本人の産業施設が、解放後、原状を保ったまま韓国政府に移管されなかったのは、米軍政の初期対応戦略が大きく影響を及ぼしたと考えざるをえない。米軍政が当初、帰属財産という名で接収・管理する過程で、これらに対する自らの立場を最初から確固たるものにできなかったこと、例えば善意の管理者であれ、確固たる所有者であれ、能率的な経営者であれ、どれかを選択し、与えられた任務を忠実に遂行しようとする強力な政策意志がなかったことを指摘したい。米軍政の無定見な帰属財産管理方式は、結果的に財産の価値毀損と亡失をもたらす素地を作り、新生韓国経済の初期の資本蓄積過程においてマイナス要因として作用することになった。

第三に、米軍政の管理政策が不徹底であったため、国家の貴重な公的財産が、私利私欲に目のくらんだハイエナのような輩に横領・着服・強奪されてしまった。解放当時、(旧)日本人財産（帰属財産）が全国国富の八〇〜八五％程度であったという主張に従うなら、米軍政下で起きた帰属財産のこのような破壊・消滅の過程が、解放後の韓国経済の正常な資本蓄積への道を阻んだ一つの基礎要因として作用したといえる。

結論として、「帰属財産」という名の（旧）日本人財産は、米軍政管理の不徹底とそれに便乗した韓国人の不道徳な財産横領などにより、多くの破壊と流失があった。それは一九四八年九月に締結される韓米間の財政および財産に対する最初の協定に基づき、それまで米軍政により民営化された一部の財産を除く財産に対する権利、つまり財産権を何の条件もなく無償で米軍政から韓国政府に移管する手続きを踏むことになったといえる。

帰属企業の生産実績がこのようにひどく縮小した原因は何なのか。一般的には分かりやすく、解放政局における政治的・社会的な混乱や、米軍政の財産管理政策の過ちにすべてその責任を転嫁しようとする。しかし、解放政局のみの責任にすることには疑問を抱かざるをえない。なぜならば、時局が比較的安定を取り戻す一九四八年ごろになっても、製造業の生産が低迷状態を脱することができていないからである。

第六章

帰属財産の管理（II）：韓国政府時代

I

韓米の最初の協定と帰属財産の引受

1. 韓米協定の意義

韓国は米軍政三年を経て、一九四八年八月一五日、紆余曲折の末に南韓だけで単独政府を樹立することになる。新政府の樹立とともに、米軍政から独立国家の統治権を移譲してもらうと同時に、それまで米軍政によって所有・管理されてきた帰属財産（旧日本人所有財産）を原状そのままで譲り受ける法的手続きも踏むことになる。その際、二つの重要な協定を締結する。

一つは同年八月、韓国の李承晩大統領と駐韓米軍司令官J・R・ホッジ中将との間で締結された「韓米間の統治権移譲および駐韓米軍の撤収に関する協定」であり、もうひとつは同年九月に締結された「アメリカ合衆国政府と大韓民国政府との間の財政及び財産に関する最初の協定」（The Initial Financial and Property Settlement between the Government of R.O.K. and the Government of U.S.A.）である。後者の「最初の協定」（略称）締結により、米軍政管理下にあった帰属財産のすべてが韓国政府に移管される。

振り返ってみると、米軍政は一九四五年九月の軍政樹立後、米軍政法令第二号、第三号、第五二号などと、それに基づく行政命令および管財令など関連法令の公布を通じて、第五章に記したように帰属財産に対する接収・管理・運営・処分などに伴う一切の財産権を行使してきた。米軍政は財産を接収した当時は、財産の「善意の管理者」であることを自任し、財産に一切の変動を加えず、できるだけ原状のまま保存し、自主的な韓国政府が樹立したらそこに移管するという意思を事あるごとに明らかにしていた。しかし、時間がたつにつれて米軍政は態度を変えた。固く約束したにもかかわらず、国内外の環境の変化を言い訳に、また韓国経済が直面したさまざまな困難の妥結とそれを通じた韓国人の国利民福のためという名分で、一部の帰属財産に対する取扱い上の変更を行った。民間（韓国人）に財産を払い下げるという民営化措置を取ったのである。この時期、米軍政による帰属財産の売却・払下げ措置は、第五章のように次の三種類の財産を中心としていた。

第一は、都市部を中心とした（旧）日本人所有の住宅である。かつて日本人が住んでいた家屋を民間に売却する措置を取った。解放当時の日本人居住者は、南韓地域だけで約一一万七〇〇〇世帯、四六万六〇〇〇人に上り、そのうち約八万二〇〇〇棟が自己所有家屋であった推定される。彼らは戦後、家屋を残したまま本国に帰るが、それが自動的に米軍政に帰属された[1]。適当な条件で事前に朝鮮人に売却・譲渡をしたり、その他の方法で処分して離れたりするケースもあったが、ほとんどは空家の状態で去ったといえる。また、解放政局という社会的混乱の隙を狙い、韓国人が素早くこれらの住宅を不法占拠して、まるで自分の家のように暮らしていたケースも多

1）日本人が朝鮮に残していった民間家屋は、約125,500棟（179,349母体）と推定される（日本政府の海外財産調査会）。南韓に残された日本人家屋は117,294棟（全体人口の65.4％）と思われる。戦後、日本政府は民間家屋の時価を1家屋あたり平均2万円（最低値）と推定。これによると、総家屋の価値は23億4,580万円（117,294棟×2万円）に達する。

かった。

米軍政は、これら家屋の法的所有権が自分たちにあることを知りながら、すでに不法占拠して暮らしている住人を現実的には追い出すべがなく、かといって正式に賃貸借契約を結んで家賃を取る能力もなかった。結局、適当な条件で現在の占拠者や第三者に速やかに処分するのが望ましいと判断した米軍政は、次のような名分を掲げ、家屋を処分する計画を立てた。

住居空間の少ない都市部の住居用家屋の払下げを通じて、都市の無住宅者に生活基盤を築かせることで、社会的福利厚生を増進させることができる。住宅の購入価格を現金で支払わせることで市中流動性を吸収し、インフレを収拾する一助になるというものであった。このような名分にもかかわらず、米軍政の都市住宅の払下げ計画は、所期の成果を上げられなかった。

第二は、小規模帰属事業体である。米軍政は一九四七年三月、「小規模事業体の処分に関する行政措置」を公布し、企業の資産価値一〇万円以下（帳簿価格基準）の企業を「小規模企業」と規定し、できるだけ民間に売却して経営自体を民間に任せる民営化に踏み切った。国民経済に大きな意味のない小規模企業を民間に払い下げ、買受人の意欲的な経営を通じて企業運営の正常化を図るというのが、米軍政の名分であった。米軍政は一九四七年七月、次のような細則を公布し、払下げ計画を強力に推進しようとした（第五章Ⅲ参照）。

①帳簿価格一〇万円以下の企業については、原則としてすべての企業を払い下げる

②帳簿価格一〇万以上一〇〇万円以下の企業については、払下げにより企業経営が大きく改善される見通しが明らかな場合のみ払い下げる

③帳簿価格一〇〇万円以上の企業についても、軍政長官の事前許可がある場合は払下げを可能とする

このような措置は、払下げ企業の範囲を拡大し、払下げ実績を高める対策の一環であったが、払下げの実績は小規模企業の場合も、都市部住宅と同様、所期の成果を収めていない。一九四八年八月に米軍政が終了するまでの実績を見ると、わずか五一三社にとどまっている。これは当時の帰属事業体二七一六社の一八・九％にすぎない[2]。

第三は、帰属農地である。第五章でも具体的に述べているが、この事業は結論的には米軍政の業績の中で最も成功したケースといえる。米軍政傘下の新韓公社の管理下の農地二六万九〇〇〇町歩（一九四八年二月末現在）のうち、一九五二年二月末までにその九一・四％にあたる二四万六〇〇〇町歩を小作民に分配できたからである。一つ不満な点といえば、米軍政が当初計画していたとおり、帰属農地だけでなく南韓の総農耕地全部を対象にした全般的な農地改革にならず、南韓の農耕地のわずか一三・四％にすぎない帰属農地を対象にした部分的な農地改革で終わってしまったことである。そうなった責任は米軍政側にもあるが、実際はほぼすべての責任が韓国側にあったと言うべきである[3]。

2. 韓国政府の帰属財産引受の過程

米軍政により韓国人（民間人）に払い下げられた以上三種類の財産を除くすべての帰属財産は、

2）財務部,『財産金融の回顧』－建国10年業績－, 1958, p.121, 127参照.
3）拙著,『解禁後－1950年代の経済』, 2002, pp.82～86参照.

一九四八年九月に締結された韓米間最初の協定に基づき、一括で韓国政府に移管される残念なことに韓国政府は、これらの財産を米軍政から引き受ける準備態勢をまったく整えていなかった。韓米間には、帰属財産の引受・引継、事後管理に関する一種の特約事項があった[4]。韓国側は米軍政から同財産を引き受け管理するための担当機構を、従来の政府組織とは別に新設するという内容であった（規定第五条）。また、韓国側は会計・運営資産などに対する行政的管理問題は協定発効後三〇日以内に、移管される帰属財産・米国援助物資（残余分）などに対する行政的管理問題は協定発効後九〇日以内に必ず引き受けるという義務規定の合意があった（協定第一三条）。

このような協定内容にもかかわらず、李承晩政権は協定事項を順守する気はなく――協定上にそのような特殊条項があることすら忘れたまま――韓国政府内部の問題としてのんきに期限を引き延ばしていた。財産の引受・管理のための政府機構を新設せずに、適当に既存の政府組織上の特定部署に引受業務を担当させる方針を立てたのである。どの部署が担当するのかという問題をめぐり、各部署間で利権争いが繰り広げられていた。

各部署はただで転がり込んできたこの莫大な利益を独占しようと、ありとあらゆる理由を掲げて自分たちが引受適任者であることを主張し、言い争っていたと言うべきであろうか。部署ごとに①財務部は帰属財産があくまでも国有財産の性格であることから財務部の引受案を②商工部は財産の性格が商工業の分野に属することから商工部の引受案を③企画処は同引受・管理業務自体が総合的な国家企画の一環という側面から企画処引受案を、財産種別にそれぞれ分割、引き受け

4）これに関連して法理的に注目すべき問題がある。一つは、（旧）日本（人）所有の財産が米国（米軍政）を経て韓国（人）に移るという韓米日３か国間における財産の所有権移転に対する国際法的な解釈問題、もうひとつは、米国が日本から無償で没収した財産を、後に無償で韓国に渡すことになった財産移転条件上の問題である。

ようともみあっていた。

帰属財産に対する国民の基本認識はどうであったのか。ある日突然天から降ってきた「タダの財産（もうけ物）」程度に考えて、先に手に入れた者が勝ちであるというふうな醜い争いを繰り広げていた。部署間のこのような醜い利権争いで数か月を費やしたあと、政府は最終的に、経済に対する総合的な企画・調整機能を持つ企画処が担当すべきだと考え、③の企画処が引き受ける方案でまとまった。

何とか決定を下した企画処引受案を持って、政府は米国側との協議に乗り出すが、それは一蹴されてしまう。米国側の主張は、韓米間の最初の協定では別途の引受機構を新設すると規定しておいて、なぜ既存の企画処が引き受けるのかというものであった。韓国政府は米国とのこのような特約事項が存在することすら忘れて、のんびりと部署間でもめていたため、当事者である米国に対してはもちろん、第三国にまで国が赤っ恥をかいた格好になった。

韓国政府は、協定締結後三か月以内に財産を引き受けるという協約事項も守れないまま、一九四八年一二月末になってようやく国務総理の傘下に「臨時管財総局」というあいまいな臨時機構を設置し、遅きに失した帰属財産の引受業務を担当させた。新政権が発足して初めて結んだ国際的協定をまともに履行できなかったのであるから、いくら生まれたばかりの新生国とはいえ、国家のメンツは丸つぶれであった。

帰属財産の引受過程が順調に進まなかったのは、韓国側の準備過程の誤りだけによるものではない。引受財産の種類や性格が多種多様であり、その引受・引継方法や手続きは非常に複雑であった。米軍政側も、財産移管に伴う万般の準備が完了したうえで一気に実行できる状況ではなかった。

韓国政府（財務部）の集計によると、財務部に渡された帰属財産の総件数は二九万一九〇九件である。このうち米軍政から引き受けた財産は、その五八・四％にあたる一七万六〇五件にすぎず、残り四一・六％の財産はその後、農林部所管の林野、田畑など経済的価値が小さい不動産類が大挙して財務部に移管された。そこに、韓国政府が事後実施した基本財産の実査過程で新たに見つかった財産一二万一三〇四件（四一・六％）が追加され、それらすべてが米軍政から韓国政府に移管されたわけである。このような事実だけを見ても、米軍政から移管された帰属財産の分量が膨大であり、その引受業務がいかに複雑多岐にわたったか、十分に察しがつく。

3. 引受財産の種別構成

最初の協定に基づき、米軍政から引き受けることになった財産は、実は帰属財産だけではなかった。追加で以下のような財産も含まれていた。

一つは、日政時代の日本の国有財産に属する各種財産である。例えば、米軍政法令第四号（一九四五年九月二八日付）によって凍結された①（旧）日本の陸・海軍所有ないしその管理下にあった軍部財産、②朝鮮総督府本部の建物などその傘下にある日本官公署の財産、③鉄道、道路、港湾、電気・ガス、電信・電話など国公有の事業体財産である。

5)GARIOA(Government and Relief in Occupied Area：占領地域行政救護援助)・EROA(Economic Rehabilitation in Occupied Area：占領地域経済復興援助)。戦後の米軍占領地域に対する救護的性格を持つ無償援助である。これらをはじめとし､1945年9月から1948年までの米国の総援助規模は、食料品、衣類、肥料などを中心に、約4億900万ドルに達した――洪性囿,『韓国経済と米国援助』, 1961, p.49.

もうひとつは、米軍政下で導入された米国の援助物資である。米国は一九四五年九月、韓国進駐と時を同じくして、戦後の占領地域に対する経済的、軍事的援助の提供という政策基調に基づき、ヨーロッパや日本などの占領地域と同様に、韓国に対してもGARIOA・EROA援助[5]やOFLC援助[6]など、莫大な援助（物資）を提供した。これらは韓国の厳しい経済事情を克服するのに大きく貢献した。一九四八年に韓国政府が樹立された当時、米軍政が完全に消化できずに保有していた援助物資まで、以上の帰属財産とともに韓国政府に引き渡されたのである。

最初の協定によって韓国政府が米軍政から引き受けた財産カテゴリーは、以下の三つに分けられる。第一に、狭義の帰属財産である。日本（人）所有の個人や法人の所有財産、鉱工業中心の各種事業体財産をはじめ、住宅や敷地、店舗、林野、漁場、果樹園、牧畜場、塩田、船舶、宗教団体施設、学校財産など、経済的価値のあるあらゆる種類の有形財産。第二に、国有財産である。朝鮮総督府およびその傘下の官公署が持つ土地や建物などの官用財産はもちろん、鉄道、道路、港湾、電気・ガスなど公共的性格の国公有・国公営の企業財産、そのほか裁判所の登記簿上、国公有として記載されている一切の財産。第三に、各種動産である。食料品や衣類、医薬品、油類、建築資材などの生活必需品をはじめとする各種消費財、産業用の原資料や資本財に至るまで、ほとんどが米国の援助物資から成る。

以上の三つのカテゴリー以外にも、追加すべき財産があった。例えば、米軍政の統治活動に関連して発生した対外的に持っていた債権・債務関係から来る金融財産、各種動産類、その他知的所有権や特許権など無形財産も一種の国有財産と見なされ、一括して韓国政府に移管される手続

6)OFLC（Office of the Foreign Liquidation Commissioner：海外清算委員会）の援助は、戦後、米軍が海外に保有する余剰施設を低価格で相手国に引き渡す、一種の財政借款の性格を持ち、約2,500万ドル分の物資が1946年中に導入された。これは後に、韓国に駐屯する米軍が軍事上必要とする土地と建物の無償使用を条件に行われたが、ひとまず無償援助と見なせる――拙著（2002), p.70参照.

きを取った（最初の協定第一条）。しかし、この中で最も比重が大きく、中心的地位にある財産といえば、やはり一つ目の帰属財産であることは言うまでもない。

もっとも、米軍政の所有・管理下にあった一切の帰属財産が、一つ残らずすべて韓国政府に移管されたわけではない。米国側が継続使用を必要とする財産については、最初の協定締結当時、米国側の要求により移管が保留されるという例外条項がいくつか設けられていた。一九四五年九月に米軍政が接収した帰属財産の中で、例えば高級住宅や建物などは「公館建物（Dependent House：D／Hビル）」という名で徴収し、米軍将校や米軍政要人のための官舎や宿所などに使われてきた。これらの財産のうち、移管後もその継続使用が必要な場合は、米国側が要求すれば韓国政府は条件なしで受容しなければならなかった（「最初の協定」第一条第三項）。

このほかにも、帰属財産の引受・引継問題に関して指摘しておくべき事項がある。まず、当時「敵産」と呼ばれた連合国人財産に対する処理問題である。一九四一年、太平洋戦争の勃発とともに、朝鮮総督府は朝鮮にあった日本の敵対国である連合国（米、英、仏）側の個人や一般会社、宗教団体の財産などが戦争に悪用されるおそれがあるとし、「敵産」という名で凍結し、「敵産管理法」（一九四一年一二月制定）によって特別管理してきた。戦後、米軍政はこれらの財産を凍結から解除し、帰属財産の一環として管理してきた。その後、米軍政は帰属財産を韓国政府に移管する過程で、韓国が今後この財産を元の所有者に必ず返還しなければならないという条件付きで韓国政府に一括移管した。

もうひとつは、米軍政が帰属財産を接収する過程で、大勢の韓国民間人が特定財産に対する実質的な所有権は日本人ではなく自分たちにあると主張したことである。解放前後に退去する日本人から当該財産を正当な方法で取得したが、名義移転登記を実行する前に米軍政によって帰属財産として縛られることになったというのである。これに対し、米軍政は財産訴請委員会を設置し、その真相を徹底的に究明させ、それがもし事実と判明すれば救済する措置を取った。つまり、彼らの主張が正当であると判断されたら、事後的にその所有権を追認する形式にして帰属財産から除外したのであるが、この場合、追認した状態のまま韓国政府に移管された。

Ⅱ 引受財産の実情と管理体制

1. 引受財産の部門別構成

(1)財産種別、地域別構成

米軍政は軍政三年間、韓国の民間人に売却・払下げしたり、農民に分配したりした帰属財産を除く財産については、前述した米国の援助物資財産や連合国人財産などの特殊な財産まで含め、すべて最初の協定第五条[7)]に基づき、そのまま韓国政府に移管した。このような複雑な過程を経て、最終的に米軍政から移管された帰属財産の財産種別、地域別現況をまとめたものが〈表6－1〉である。

この表から分かるように、経済的に重要な意味を持つ各種事業体財産は二二〇三件に上る。そのうち財産(事業場)が二道(市)以上にまたがり、企業規模が相対的に大きいだけでなく、国民経済的にその重要性が大きいと認められる三四五件については、業種別に中央政府の各所轄部署による直接管理体制下に置く中央直轄企業とし、残りの八四・三%にあたる一八五八社につい

7) 米軍政が保有していた国有財産は同法第1条によって移管されるが、軍政法令第33号による帰属財産の移管は、まさにこの条項(第5条)によって行われている。他にも、①米軍政が統治期間に処理した帰属財産については、韓国政府は既定の事実として認め、異議なく批准すること、②DH住宅など米国が要求する財産については、韓国政府が無条件で受諾すること、③韓国政府は米軍政から財産引受・管理のための

表6-1　引受財産の種別、地域別構成

（単位：件）

	事業体	不動産	その他	合計
ア．中央直轄企業	345	33	98	476
イ．地方管轄企業	1,858	287,527	2,048	291,433
ソウル	350	51,354	208	51,912
京畿	140	28,046	272	28,458
江原	61	7,972	40	8,073
忠北	53	14,305	180	14,538
忠南	108	27,946	197	28,251
全北	238	25,099	157	25,494
全南	176	36,540	89	36,805
慶北	277	36,350	333	36,960
慶南	419	55,823	492	56,734
修復地区 1)	36	4,092	80	4,208
合計	2,203	287,560	2,146	291,909 2)

資料：財務部,『財政金融の回顧－建国10年業績』, 1958年, p. 127.

注:
1）もともと北韓地域であったが、1953年7月の休戦以降、南韓に編入された地域。
2）米軍政から引き受けた件数は170,605件であったが、後に農林部所管の林野、苗圃などの帰属農地の筆地が大きく増え、その他政府の基本財産調査により増加した121,304件が追加され、合計291,909件と計上された。

政府機構を新設することなどを条件としている。

ては、財産が所在する各市・道の地方政府が管理する地方管轄企業として二分化して扱う方式といえる。これは米軍政時代から実施してきた管理方式であり、他の行政分野と同様、管財行政においても米軍政下での制度を踏襲する形で行われたといえる。

後者の地方管轄企業一八五八社に対する各市・道別分布を見よう。慶南地域が四一九社と圧倒的に多く、次いでソウル三五〇社、慶北二七七社、全北二三八社などの順になっている。このように事業体数を基準とした市・道別構成が、大きな意味を持つわけではない。しかし、大規模な中央直轄企業のほとんどがソウル・京畿地域に集中していることから、日本人の居住および経済活動状況に関連する資本（企業）の地域別投資比重が分かるため、時代状況を理解するうえでの参考資料になりえる。

(2)業種別、地域別構成

総財産のうち、事業体財産の産業別、業種別構成はどうであったのか。〈表6－1〉上の事業体二二〇三件に関する正確な業種別資料は不明であるが、便宜的に財務部（管財局）の払下げ企業体名簿[8]にある企業体の社名に基づいて事業の性格（業種）を判別し、業種別構成を推定してみよう。

一九四八年八月の政府樹立から一九五〇年代末までに払い下げられた企業体数は、中央直轄二二五社、地方管轄一七一一社で合計一九三六社である（次々頁〈表6－2〉参照）。〈表6－1〉の二二〇三社と比較すると二六七社足りないが、この二六七社の中には、一九五〇年代末までに

8）この『払下げ企業体名簿』（筆写本）は払下げ企業に関する全数調査で、中央直轄企業と地方管轄企業（各道別）に区分された貴重な資料である。具体的には、①企業名（または財産名）、②払下げ価格、③払下げ日、④払下げを受けた人、⑤払下げ条件または代金支払い条件などの事項が払下げ日順に詳しく記載されている。

払い下げられなかった未払下げ事業体が相当含まれているはずである。その他、すでに事業体としての存在価値を喪失したもの、あるいは政府による清算の対象となった事業体なども含まれているのは間違いない。これらを勘案し、前述した一九五〇年代までに払い下げられた一九三六社を対象にその業種別構成を見ると、おおむね次のとおりである。

中央管轄企業二二五社の場合は、全体の六二・七％にあたる一四一社が製造業であり、その他運輸・倉庫業二一社（九・三％）、商業一八社（八・〇％）、金融業一一社（四・九％）などである。そのほか、農林水産業と鉱業もそれぞれ五〜六社ずつ含まれている。製造業一四一社の業種別構成を見ると、繊維および飲食料品工業がそれぞれ五〇社と四〇社で、全体の六四％という圧倒的な比重を占めている。また化学および機械・金属工業が一九社および一八社などで構成されている。

地方管轄企業一七一一社の場合も、全体の七七・六％にあたる一三二七社が製造業であるが、中央直轄企業よりも製造業の比重は高い。中でも飲食料品工業が全体の三八・四％(五〇九社)を占めている。地方管轄の製造業の場合は、主にその地方の小規模な精米所、醸造所、製麺・醤油工場などである。製造業以外では、各種小売商が中心の商業およびサービス業がそれぞれ五四社と比較的多い。そのほか農林水産業が三二社、建築・土木業が三〇社、運輸・倉庫業が一七社などである。

以上が引受財産の産業別、業種別構成であるが、あくまでもすでに民間に払い下げられた事業体が対象であるため、いくつか留意したい点がある。まず一九五九年当時までに払い下げられて

表6-2　政府樹立後の払下げ企業の業種別、地域別構成（1948年8月～1959年末）

（単位：企業体数）

	中央直轄	地方管轄						合計
		ソウル/京畿	江原	忠南/北	全南/北	慶南/北	計	
農林/水産業	5	4	4	5	6	13	32	37 (2.0)
鉱業	6	3	-	-	-	2	5	11 (0.5)
石炭	4	-	-	-	-	2	2	6 (0.3)
製造業	141	326	31	137	274	559	1,327	1,468 (75.8)
飲食料品	40	59	12	68	149	221	509	549 (28.4)
繊維	50	41	1	8	14	57	121	171 (8.8)
印刷/出版	2	9	-	4	4	18	35	37 (1.9)
製材/製紙	6	14	11	6	19	35	85	91 (4.7)
化学	19	62	1	11	24	53	151	170 (8.8)
窯業	1	13	2	7	4	20	46	47 (2.4)
機械/金属	18	95	2	21	43	111	272	290 (15.0)
その他	5	33	2	12	17	44	108	113 (5.8)
建築/土木業	4	15	1	2	2	10	30	34 (1.8)
商業	18	18	2	5	10	19	54	72 (3.7)
金融業	11	1	-	-	3	1	5	16 (0.8)
サービス業	3	19	1	3	10	21	54	57 (2.9)
運輸/倉庫業	21	3	2	-	6	6	17	38 (2.0)
公共機関	-	5**	1	-	2	4	12	12 (0.7)
組合/協会	6	3	-	5	20	7	35	41 (2.1)
その他*	10	43	23	2	59	13	140	150 (7.7)
合計	225	440	65	159	392	655	1,711	1,936 (100.0)

資料：財務部管財局,『払下げ企業体名簿』(筆写本)から作成.

注:
1) *敷地、建物など不動産の形態で売却したものが多い。
2) **には電気業1社が含まれる。
3) 合計欄の（）内は全体の構成比（%）

いない、つまり未払下げ状態で残っている大規模な企業体が、この分類には含まれていないことである。一九五八年八月現在、売却されていない大手の中央管轄企業体数が五二社あり、ここには石炭鉱、鉄鉱などの主要鉱業会社が二四社も含まれている。また、朝鮮電業、京城電気、南鮮電気などの大手電気会社が四社、運輸・倉庫業が七社、製造業の中でも大韓重工業、韓国機械、三成鉱業など重化学工業に属する大手企業八社が含まれている。したがって、以上の産業別、業種別構成は、当初の引受財産の実態とはかなりの乖離がありうることをあらかじめ指摘しておきたい。特に鉱業の場合、このような乖離現象はより顕著である。

例えば、帰属事業体の範疇には含まれていないが、経済的に使える鉱山施設を多く保有している鉱山のうち、一九五八年八月の時点まで未売却の状態であった鉱山は五一社に達していた。中央直轄・地方管轄を全部合わせても、鉱山の払下げ件数はわずか一一件にすぎず、未売却件数（五一件）の約五分の一であることを踏まえると[9]、払下げ企業の件数を基準にした産業別・業種別構成が持つ意味は事実上、非常に限定的であるといえる。

(3)資本の所有者別構成

引受事業体の資本の所有関係における会社の持ち分・持ち株比率を見てみよう。日本人所有の財産として米軍政に帰属財産という名で接収され、その後、米軍政から韓国政府に移管されたとしても、中には一〇〇%日本人所有の企業ではなく、韓国人または第三者所有の株式や持ち分が含まれていることも多数あったと考えられる。さらに、株式会社や合資・合名会社の場合は、そ

9）帰属鉱山の場合、それがすべて本文中の〈表6-1〉にある引受事業体2,203件に含まれているかどうかがまず疑問視される。なぜなら、それが不動産カテゴリーに含まれる可能性が高いからである。1958年8月まで未払下げ状態の鉱山が51社（うち6社は事実上、売却処理された状態である）に達するほど多かったことも疑問である——財務部，前掲書，pp.140～143〈表40〉参照．

の株式や持ち分の構成においてすべてが日本人所有のケースはそう多くない。さまざまな形や方式で韓国人との資本合作、または技術的・経営的提携などの形を取っていたケースが非常に多かったといえる。

ソウルに本社を置き、主に朝鮮で営業をしていた日本法人企業を例に挙げてみよう。株式会社の形態である製造業二三六社のうち、帰属株式（旧日本人所有株式）が一〇〇％である会社は全体の三六・〇％である八五社にすぎない。残り一五一社（全体の六四・〇％）は、形態や比率の上で韓日合作であり、持ち分構成においても帰属株式の比率が五〇％以上九九％以下の合作会社が全体の四四・一％（一〇四社）、残りの五〇％未満の合作会社も一九・九％（四七社）を占めるほど高かった。

もっとも、ソウルに本社を置く一部の企業のみを対象とした調査という限界はある。特記すべきことは、このような韓日合作事業の場合が、製造業よりも金融業や運輸・倉庫業などサービス業のほうに顕著に表れていること、個人会社に近い小規模の合資・合名会社の形態の企業よりも大規模な株式会社の形態のほうに高く表れていることである。したがって、帰属事業体であっても、企業財産の全部が日本人の所有であったわけではないことに留意すべきである。また、日本人出資率一〇〇％の企業だけが帰属財産という名で米軍政に接収され、後に韓国政府に移管されたわけではないことを知る必要がある。

帰属財産（事業体）におけるこのような韓日合作形態の持ち分構成は、植民地朝鮮で行われた高度な産業化過程に対する誤解を解く根拠となる。植民地産業化の過程とは、全面的に日本（人）

の資本と技術によって行われたとか、朝鮮人の日常生活とは何の関係もなく飛地（enclave）のように展開されたとか、朝鮮人には何の利益もなく強要された害悪であったとか、韓国社会一般の認識がどれだけ間違っているかを示す歴史的根拠となる。

日本（人）主導で行われたことは厳然たる事実であっても、日本の資本と企業によるものだけではなかったのである。朝鮮人（企業）と合作したり提携関係を結んだりして、相互協力体制の下で事業が行われていたことを明確にしておく必要がある。日本企業が主導する産業化の過程において、朝鮮企業もかなりの比重を占め一役を担ったこと、むしろ積極的な企業家の姿勢で参加することで投資収益の拡大を図り、資本蓄積はもちろん、企業運営に伴う各種技術や経営技法などのノウハウを養う機会にしたことを強調したい[10]。

2. 管財行政の原則と管理機構

(1)財産管理機構の整備

一九四八年九月に締結された韓米間の最初の協定（第五条）に基づき、韓国政府が米軍政から引き受けた帰属財産は約二九万二〇〇〇件に達しており、韓国政府としてはこのような莫大な財産を国有財産として引き受けた以上、管理については重大な責務を負うことになった。財産の大部分を占める不動産については当面の運営上、それでも大きな負担はなかった。しかし、企業体の財産二二〇三社については直ちに運営しなければならず、企業の経営管理という難問に直面す

10）植民地時代の企業経営と関連する「学習効果」（learning effect）を特別に強調した研究は、①米国人のCarter J. Eckert, Offspring of Empire, University of Washington Press, 2003, 結論（植民地遺産）, pp.253～259（日本語翻訳版, 小谷まさ代,『日本帝国の申し子』, 草思社, 2004, 結論, pp.326～334）, ②チュ・イクチョン,『大群の斥候』（Scout of Large Army）, プルン歴史, 2008, 終章, pp.331～355などを参照.

ることになった。

引受財産に対する管理問題が政府樹立初期の主な国政の課題となったが、李承晩政権はどのような準備態勢を整えたのか。前述したとおり、韓国政府は韓米の最初の協定において、帰属財産の引受と管理を行う別途の機構を設置することで合意した。これを設置せず、米国の強い抗議に遭うと、「臨時管財総局」というでたらめな機構を急造した。この事実だけを見ても、当時の韓国政府の準備態勢がいかにずさんであったかが分かる。臨時に作られた「臨時管財総局」という機構で莫大な帰属財産問題を扱う判断をしたこと自体が、韓国政府の現状認識が軽率であったことを示す尺度になる。

帰属財産がどのように形成され、どのように米軍政の手に渡り、どのように韓国に引き渡されたのか、その歴史的展開に対する経済史的意味を考えることもなく、単に日本の帝国主義による植民地的収奪と搾取の産物くらいにしか考えていなかったのであろうか。さらに重要なのは、新生国民経済を導くにあたり、それをどのように管理・活用するかという問題に対する長期的な計画や目標のようなものも、全く念頭に置いていなかったことである[11]。

帰属財産を引き受けるために臨時で作られた「臨時管財総局」とは、どのような性格の機構であったのか。帰属財産の管理・処分業務などを管掌するため、一九四八年一二月、大統領令により国務総理の傘下に設置されたこの機構は、その名が示すように常設の機構ではなく臨時機構である。あくまでも米軍政から財産を引き受けるための一時的な機構にすぎなかった。長期的に見て、帰属財産の管理・運営という大役を果たせるだけの権能を持った正常な機構とはいえない。

11）当時のある公式資料によると、米軍政期の帰属財産管理状況についてこのように書かれている。「……解放直後の無秩序と混乱の中で、米軍政の無責任で消極的な（帰属財産の）管理、保存、維持と、帰属財産をめぐる社会悪の造成と乱脈相は建国初期の一大汚点であり……、通訳を通じた無謀な日帝遺物争奪戦……」。このような酷評がその一つの事例である――財務省，前掲書，1958，pp.120～121参照.

政府は一九四九年一二月、「帰属財産処理法」（法律第七四号）の制定を機に、同機構の組織と権限を大幅に拡大した。一九五〇年四月、国務総理直属の管財庁を設立し、帰属財産の管理はもちろん、国家の管財行政の主務部署としての機能を担当させた。管理はもちろん、民間への払下げや処分などの業務全般を統括、指揮させたのである。

払下げや企業の清算、解体など、帰属財産の処分がほぼ終了し、政府の管財行政の機能が減少したため、一九五五年二月、国務総理直属の管財庁機能を大幅に縮小し、財務部傘下の管財局に改編した。国務総理直属の臨時管財総局として出発した帰属財産の管財業務は、その後、独立機関として管財庁に格上げされるが、処理が一段落すると再び財務省傘下の管財局に格下げされるなど、担当機構は一連の変遷過程を経ることになった。

⑵意思決定のための審議機構

管財行政の執行機構とともに、さらに重要ともいえる意思決定機構はどうであったのか。国務総理室の傘下に国務総理を委員長とする「帰属財産管理委員会」を設置し、管財行政全般に対する最高意思決定機構としての役割を担わせた。また民間または民・官の請願業務などを処理するため、「帰属財産訴請審議会」も国務総理室の傘下に設置、運営した。前者の「帰属財産管理委員会」で審議、決定する主な議決事項は、①国公有および国公営として残すべき企業の指定、②企業体の買い手および賃借人の資格基準などの決定、③帰属財産の賃貸料策定のための基準決定、④民間払下げのための基準価格の指定、⑤連合国人財産の処理方針の決定、などであった。財産管理委員会は中央財産管理委員会を置き、その下に各道・市別に地方管理委員会を設置、帰属財産が所在する地域別に業務を分割して運営するシステムになっていた。米軍政下での関連システムがそのまま準用されたのである[12]。

後者の「帰属財産訴請審議会」の職制も、国務総理令第九号（一九四九年二月）による規定である。政府による帰属財産の運営および処分措置に関連し、利害当事者が異議を申請した場合、それが事実かどうかを調査し判決する機能を行使する機構といえる。同審議会の構成メンバーには関連法律の専門家が多く含まれ、一般の裁判所ですでに扱っていた帰属財産関連の訴訟まで同審議会に移送させるなど、政府は強力な司法機能まで積極的に行使しようとした。

3. 事業体財産に対する管理制度

管財行政の審議や執行機構をようやく整備するに至った政府は、どのような原則や基準に基づいて財産の管理・運営に当たったのか。まず指摘しておきたい点がある。管財行政による基本的原則、基準、具体的な手続きに至るまで、その基本システムは韓国政府樹立後に新たに制定されたのではなく、米軍政権時代に使われてきた基本骨格をそのまま引き継いだことである。もちろん管財行政に限ったものではない。一九四八年八月の新政府樹立に伴い、韓米間で締結された両国間の行政業務の引受・引継の過程で、すでに米軍政（南朝鮮過渡政府）の職制と機能はそのまま承継されていたからである。

12）この道（市）別地方管理委員会の設置、運営システムは、米軍政下における軍政法令第73号（1946年4月23日付）による「道財産管理所の設置」の規定をそのまま準用したものといえる――『米軍政法令集（国文版）』, p.197参照.

管財行政の承継問題に関連して一つ代表的な事例を挙げるなら、帰属事業体の管理において財産（企業）のカテゴリーを大きく二つのタイプに分ける二元的管理システムを適用したことである。企業規模が比較的大きく、事業の性格が国民経済的に重要であり、事業場が少なくとも二つの道・市にまたがる場合は中央直轄企業とし、業種の性格によって中央政府の関連部署で管理した。たとえ企業規模が大きくても、事業場が一つの道・市内にとどまっている企業は地方管轄企業とし、当該財産が所在する道・市庁が責任をもって管理する方式である。

中央直轄企業群に含まれるのは、①鉄鋼・機械工業、化学工業、窯業などの重化学工業、②石炭鉱、鉄鉱石、重石など重要な鉱業、③鉄道や道路、港湾、発電所（水力）、運輸・通信などの社会間接資本に属する業種、④各種金融機関、言論機関、劇場、図書館など公共的な性格の強い機関（業種）などである。地方管轄企業に含まれるのは、以上の業種を除く各種鉱工業、特に地域に根拠地を置く繊維や飲食料品、製材・製紙など中小企業中心の消費財工業、地方の質店や仲介業など私設の金融業、運輸・倉庫業、精米・醸造業などを含む農水産業系統の各種食品加工業などである[13]。

帰属企業体の管理行政の面では、米軍政時代から李承晩政権に移行しても特に変化はなかった。しかし、帰属財産の運営・管理など基本的な政策基調の面では、米軍政時代とは根本的に変わったといえる。米軍政下における帰属財産政策の基本方針は、財産に対する法的・資産的変化を生じさせず、現状維持に満足するという消極的な政策基調であった。一方、韓国政府は、帰属財産に対する実質的な変化を通じてその運営を改善し、生産を増大させるという非常に積極的な政策

13）この中央直轄企業と地方管轄企業の両者間の企業体構成は、前者403社、後者3,148社、企業体数基準の比率は11.3％と88.7％である。しかし、原資料上には一部企業の重複と欠落があり、両者を考慮した企業体の総数は実際より多い可能性がある——朝鮮銀行調査部,『経済年鑑』, 1949年版, pp. Ⅲ－79～147（帰属事業体一覧）で著者が直接計算したもの。

基調を取った。米軍政側が消極的かつ放漫な経営方式を追求せざるをえなかったのは、暫定政府としての軍政本来の性格を反映したからであろう。だが、そうせざるをえなかった要因が、韓国社会の内部に潜在していたともいえる。

南朝鮮過渡政府を掌握していた韓国の地主層は、財産に対するいかなる変化も厭うという極めて保守的な立場であった。これが、米軍政の政策に大きく影響を及ぼしたのであろう。そう考える理由は、米軍政の帰属政策に対する韓国人の無原則かつ両面的な態度である。一方では、米軍政の消極的で放漫な財産管理政策に批判的でありながらも、もう一方では、米軍政が必要に応じて帰属財産を民間に払下げ・売却しようとする措置は越権行為であるとして強く反対するという、二律背反的な態度を取ったのである。

いずれにせよ新しい韓国政府が、積極的に財産を管理する政策に方向転換したことだけは間違いない。具体的には、まず財産管理の中核である「管理人選定」から非常に積極的に取り組んだ。管理人の資格要件を非常に厳しくし、それに合致する良心的で有能な者を管理人として選定するため、あらゆる努力を傾けた。管理人を決めると、自らの責任による自主的かつ効率的な管理が保障されるように、一切の外部干渉や圧力を排除して企業の経営成果を極大化しようとした。それが一九五〇年代の帰属財産政策の中核であった。

李承晩政権のこうした積極的な帰属財産管理政策の裏には、それなりの遠大な統治理念に基づく奥深い政策構想があったといえる。帰属財産をできるだけ早く民間に払い下げて民営化するという基本原則を、最初から確固たるものとしていたに違いない。解放政局の複雑に絡み合った対外的な諸般の難関をうまく克服して登場した李承晩政権は、早急に処理すべき諸政策課題の中でも、特に至急を要する二つの課題を取り上げた。全国の農耕地を対象とした破格的な農地改革事業と、米軍政から譲り受けた帰属財産を速やかに民間に渡す帰属財産払下げ事業である。

前述した農地改革事業は、米軍政がすでに処理した帰属農地を除く韓国人地主の所有農地についてのみ改革を行えばよかった。それよりも難しい課題は後者である。帰属財産を迅速に民間に払い下げるという国公有企業の民営化事業であった。この帰属財産処理事業こそ、初期に李承晩政権が直面した最も厳しい政策課題であったといっても過言ではない。

政府の速やかな民営化の原則に基づき、帰属財産に対する管理方式も、従来の半永久的な管理人制度ではなく、一時的に企業運営を任せる賃借人制度を積極的に活用する方向に進んだ。従来の国公営企業では慣行であった管理人制度から、特定人と一定期間、賃貸借契約を結び、自律的に企業を運営させ、その運営結果について賃借人に責任を負わせる制度に変更したのである。この賃借人制度は、従来の管理人制度と比較して、次のような点で性格が大きく異なっていた。当該企業に対する私企業的概念を賃借人に持たせることで、企業の経営意欲をいっそう高められる点、運営結果についても全面的に賃借人が責任を負う責任経営の性格が強い点である。従来の管理人制度と比べて、利潤追求の私企業的な経営原則や責任経営という観点で、はるかに発展した管理方式といえる。

賃借人制度で行われた具体的な管理方法は、次のとおりである。（一）上半期と下半期の二回、期別事業計画書と収支予算書を作成し、関係部署長官の事前承認を受けること（帰属財産処理法施行令第三八条)、(二) 三か月ごとに経営実績を記した貸借対照表および損益計算書を正確に作成・提出すること(同施行令第一〇条)、(三) 土地・建物・機械施設などの購入や処分または事業自体の内容の変更など、経営の基本的事項については、管理人制度と同様、これも義務的に事前報告および承認を受けること。ただし、ここでは①原料の処分、②寄付金・交際費・賞与金などの支給、③事業資金の借入など、三つの事項については、これを報告義務条項から免除した点が異なる。

賃借人制度導入の背景は、直ちに民間に対する売却・処分が困難な企業に対し、まずは賃貸借契約を結び、自律的に責任経営をさせることにより、早期に企業運営の正常化を図ることにあった。したがって、政府は国有・国営とすべき特殊な企業を除き、残りの企業はできるだけ早く民間に売却処分しようとした。

Ⅲ　帰属財産の処理過程

1．帰属財産処理法の制定

一九四八年の政府樹立と同時に、米軍政から帰属財産を引き受けた韓国政府は、最初からすべての帰属財産をできるだけ早く民間に売却するという確固たる方針を立てていた。帰属企業体も例外ではない。一般企業の運営を早急に正常化し、生産を促進しなければならない状況にあったため、他の帰属財産よりも帰属企業体を優先して民営化させる必要性が切実であった。

これは、米軍政下での管財行政と無縁ではない。米軍政下での払下げ措置に確固たる方針がなく無原則に展開され、結果的に現状維持に汲々とするあまり、管財行政自体がむしろ帰属財産の運営を困難にし、経済活動全般にわたってマイナスの影響を及ぼしたと判断した。これにより、企業運営の正常化とそれを通じた経済の速やかな回復のためには、何よりもまず企業を民営化すべきであると、政府は結論を下した。

大統領（李承晩）自身が、米国式の自由企業主義に対する確固たる信念を持っていたこともあるが、時代状況が政府に帰属企業体の民営化を急がせた側面も無視できない。新政府期の国防強化や治安の問題など、社会の至る所で生じる莫大な財政需要をどのような方法で充足させるかという切実な時代の要請があった。当面の財政需要をどのように賄えばよいのか、増加する財政収支赤字をどう補えばよいのかという問題が、政府に帰属財産の早急な民間払下げを促した背景となっていた。

参考までに、政府樹立当時の財政収支を見てみよう。政府樹立初年度である一九四八年度（下半期）の政府予算編成において、総歳入（五七三億圓）の四八・〇％が中央銀行からの借入であり、正常な税収の比重は歳入予算の一九・一％にすぎなかった。一九四九年度の予算においても（決算基準）、総歳入（四億六〇〇〇万圓）の三〇％（一億三五五〇万圓）程度が納税収入であったが、それすら総歳入（九億一一〇〇万圓）の五〇％にすぎない（財務部、一九五八：四一～四四頁、〈表3〉参照）。歳出予算はほとんどが治安の維持や国防力の強化など、極めて硬直的な支出項目で構成されていて、どの項目も削れる余地がなかった。したがって、総歳出の半分に達する大規模な財政赤字を何によって埋めるかが、財政構造の側面における切迫した政策課題であった。

深刻な財政赤字に陥った政府としては、なんとかして国庫収入の増大を図らなければならない。最も手軽な方法が、一九四九年四月から推進された帰属財産の処分計画であった。しかし、事前準備もないうえ、関連法規の制定もなく性急に推し進めた政府側の払下げ計画は、国会によって阻止される。国会側が拙速な行政に制限をかけたのである。国会側は急遽「帰属財産臨時措置法」

を制定する。この臨時措置法の骨子は、国会で完全な関連法規を制定するまで政府は帰属財産処分計画を中断せよという要求にほかならなかった。

政府はやむをえず、財産売却計画をひとまず保留する。国会側のこのような措置は、帰属財産の早急な売却の必要性に対する国民世論を喚起する決定的な契機となった。帰属財産の早急な売却は避けられないという前提の下、国会はそのための基本法制定を急がなくてはならないという世論である。その結果、国会はわずか数か月後の一九四九年一二月に、その基本法ともいえる「帰属財産処理法」を制定するに至った。

帰属財産処理法が迅速に制定されたことで、政府は帰属財産に対する自由な管理と運用、速やかな処分を可能とする確固たる法的裏付けを得たわけである。国公有に指定する一部特殊なケースを除き、政府は原則としてすべての財産を自由に処分できる権限を有するようになった。これにより政府の帰属行政は非常に有利に進められるようになる。ここで興味深いのは、帰属財産（企業体）のうち、払下げの対象から除去される国公有財産の指定はどのように行われたかである。

国公有・国公営に指定すべき公共性の強い一部の企業を除き、すべての帰属財産は民間に売却するという基本原則が帰属財産処理法には設けられていた。これは、建国初期の国家が経済では自由企業主義を国政の根本とする、という立場の表明にほかならない。このような基本原則の下、国公有・国公営に指定された企業はその範囲が制限されることになる。そうなると、果たしてどのような原則と基準に従って国有・国営を選定するかも重要な政策課題となった。

これを理解するには、その上位法である憲法の規定を見てみる必要がある。制憲憲法第八五条によると、民間にその運営を任せず、国家が直接所有ないし経営しなければならない産業の範囲を、「鉱物、その他重要な地下資源、水力、その他経済的に利用可能な自然力」と、非常に抽象的かつ包括的に規定している。これに基づき、帰属財産処理法では国有・国営にする産業カテゴリーを以下の三つの領域に規定した。

①天然資源に関する権利、営林資産に指定する必要がある林野、②歴史的に記念すべき価値のある土地、建物、記念品、美術品、文籍など、③その他公共性を有し、または永久に保存すべき不動産および動産類である（同法第五条）。具体的には、国公営に指定する対象は憲法第八七条の規定による、運輸、通信、金融、保険、電気、水道、ガス、その他公共的性格を帯びた産業は国公営にするという内容に準拠し、同帰属財産処理法ではこれを基礎とするが、その他国民経済的により重要であると判断される鉱山、鉄工所、各種機械工場およびその他公共性の強い企業にその対象を拡大している（同法第六条）。

李承晩政権の帰属財産の処理に対する基本原則と、憲法上の国公有産業に対する規定の間には相当なギャップがあることが分かる。それを強く意識したせいか、政府はその施行令において国公有・国公営企業への指定をできるだけ厳しくする抑止装置を設けておいた。国公営を希望する関連部署別に申請を受け、国公有化審議委員会の審査を経て、閣議で通過しなければならないと定めたのである。政府が手続きを複雑にした理由は、各部署が自分たちの所管する国公営企業の指定をなるべく増やそうと、最初から国有化申請を乱発する傾向にあったからである。

参考に、一九五八年に各部署が国有化を申請した件数を見ると、最も多いのが文教部で二二九件、次いで逓信部一八六件、国防部一二九件などで、計七〇六件に上る。このうち、国公有化審議委員会で可決された件数は三六八件に減り、大統領の裁可まで終えて完全に国有化された企業は一七件であった。政府内でも、各部署自体の国公有化の必要性と、主管部署である財務部との立場の違い、また財務部側の国有化の必要性に対する立場と、帰属財産の速やかな払下げ（民営化）を目指す李大統領の基本原則との間には、二重で相当な乖離があったことが分かる。

2．民間払下げの原則と基準

国公有化指定の対象から外された、つまり民営化の対象になった財産を売却する原則と基準は、どのようなものであったのか。売却対象の財産の種類によって、売却の手続きには若干の違いがあった。財産の種類とは大きく分けて、①企業体の売却、②不動産の売却、③動産の売却、④株式および持ち分の売却、の四つである。

特に重要な意味を持つのは①の企業体の売却である。この場合は、売却の前段階として当該企業を継続して存続させる必要があるかどうかを判断する分類作業が先に行われた。分類作業は非常に難しいが、分類次第で払下げの方法が変わるため、重要である。継続して存続させる必要がある企業であると判断されたら、その株式や持ち分を民間に一括売却する「企業払下げ方式」、存続させる必要がないと判断されたら企業を解体する「企業清算方式」を取ることになる。企業の命運がかかった重大事であるから、その決定には慎重を期した（同法第四条）。

前者の「企業払下げ方式」は、企業自体を一括して売却する財産売却方式（前記①タイプ）と、政府所有の帰属株式や持ち分のみを部分的に処分する株式売却方式（前記④タイプ）に分けられる（同法第八条第一項）。ほぼ全額が帰属株式や持ち分の場合は財産売却方式、一部が帰属株式・持ち分の場合は株式売却方式で処理されたことはすでに指摘している。

一方、存続させる必要がないと判断された企業体には、清算を容易にするため、当該財産を分割・解体して処分できる道が開かれていた。商法上の企業体解散に伴うさまざまな制限規定を適用しないことで、解散手続きを簡略化したのである。①の企業体の売却は、主に全額が帰属株式・持ち分の企業が該当するが、④の株式・持ち分の売却は、帰属株式・持ち分が一部を占めるため韓日合作企業であり、株式・持ち分の構成が非常に複雑なこともあった。このように、株式と持ち分の構成が複雑な合作企業ほど、その処分過程は複雑になった。

帰属事業体の処分は、企業をどんな形であっても民間に払い下げる民営化と、企業体自体の解体・清算という二つの方式で行われた。このうち前者の企業売却方式についてのみ、その払下げの原則や基準などを見てみよう。

第一に、国有財産の民間払下げで重要なのは、払下げ価格はもちろん、できるだけ多くの人に払下げの機会を与えることである。公平な機会を保障するには、一人ないし少数による独占的・寡占的払下げを未然に防ぐ特別規定が必要であった。このために、買収者の資格要件を基本的に強く制限する法案を設けた。一人ではなく一世帯を単位とし、一件以上の帰属財産を買収できないようにする「世帯」単位の制限規定である[14)]。

14）家族の一員が帰属企業体を買収する場合、他の家族またはその同族会社が他の帰属企業体を買収できないようにした。また、住宅は半径20km以内、敷地は200坪以下に限定するなど、家族単位の買収資格要件を厳しく規定しようとした（同法第10～14条参照）。

第二に、企業の売却方法は、二社以上の金融機関で調査した公式的な鑑定価格に準拠し、政府が査定価格を付けることになっていた（同施行細則第八条）。払下げ価格が政府の査定価格を上回らなければ売却が成立しない。しかし、数回にわたって落札価格が査定価格を下回ったときはどうするのかという問題が生じた。売却計画自体を断念することもできないため、結局、付帯条件を付けて解決しようとした。その付帯条件とは、①払下げ代金の納入期間の延長、②銀行融資の斡旋、③代金完納前でも早期所有権の移転により銀行の抵当権設定が可能など、企業運営上の優遇であった。

公開入札方式には、特定人——大体が管理人や賃借人——に入札優先権を付与する指名入札方式と、一般公売入札方式の二種類があった。どちらを選ぶかはケースバイケースであり、条件に従うしかないが、実際には一般公売入札方式よりは指名入札方式が好まれた（同法第一六条）。公平性が保障される一般公売入札方式を忌避したからではなく、なかなか応札・落札に至らないため、しかたなく特定の人に落札を押し付ける形での指名入札が避けられなかったのである。

第三に、公開入札時における買受人の資格要件に関してである。落札者の優先順位は次のように規定されている。優先順に列挙すると、①現在の賃借人または管理人、②当該企業の株主、社員、または労組の組合員、③二年以上、継続して勤務した従業員、④農地改革法により農地を買収された地主（被分配地主）である（同法第一〇条）。②の場合は、解放以前の一九四五年八月九日の時点でその地位にあった者というただし書き条項が付いている[15]。また、農地改革法による被分配地主への対策と関連した④の場合は、その地主が企業を買収することになれば相当な優

15）なぜ1945年8月9日なのかという日付の問題については疑問がある。これは、太平洋戦争の終戦前に、日本が米国に対して政府の次元（閣議）で降伏を決定した日は、対外的に降伏を公表した8月15日ではなく8月9日であることから、この日以降の財産変動については認められないという米国の強力な意思表示に従ったものである（米軍政法令第33号参照）。

待措置を受けられるようにした。

例えば、帰属企業体の共同管理人選定の場合は、少なくとも二分の一以上をこれら地主層で構成すべきであり、また管理人や賃借人を変更すべき場合も、これら地主層から優先的に選任するなどの条項が入っていた。これは、農地改革の内容が地主層にかなりの不利益を与えたことに対する補償の次元で行われたといえる。一方、地主層に対するこうした一連の優遇措置は、伝統的な封建的地主層を近代的な産業資本家層に転換させなければならないという時代の要求を反映する趣旨も含まれていた（同施行令第二九条第二、三項）。

第四に、買収代金の支払い方法は一括払いを原則とするが、買収代金の規模が大きい企業の場合は一五年までの分納も可能とした（同法第一九条）。一五年分納の条件であっても、最初の納入金額は総額の一〇％以上でなければならなかったが、二年以内に総額の五〇％以上を納入するか、四年以内にその七〇％以上を納入する場合は、残りの未納金に対する抵当権設定を条件に、買収者に名義を移転させる優遇措置も施された（同法第二二条）。中央直轄企業体の払下げにおける払下げ代金の納入条件を見ると、対象企業体二九一のうち一五年の分納条件が、繊維および化学工業を中心に一二社、六〜一〇年の分納条件がやはり繊維、化学、機械・金属、食料品工業などと運輸・倉庫業を中心に計八五社、一〜五年の分納条件が三二社であった。購入代金の納入原則に掲げた一括払いは、全体の一五・五％にあたる四五社にすぎない。

最後に、帰属事業体の払下げ問題に関して、もうひとつ強調しておく。これら帰属財産の払下げと関連した諸原則や要領が、米軍政の下で作られ実行された内容をほぼそのまま踏襲していることである。米軍政下における帰属農地払下げの原則が、一九五〇年代の韓国政府による農地改革でも準用されたように、帰属企業体の払下げにおいても、米軍政下での「小規模事業体の処分に関する件」（一九四七年三月二四日付）や「都市地域における（旧）日本人所有の住宅の払下げに関する件」（一九四七年五月一五日付）などで適用された帰属財産処分要領が準用されたのである。

3．払下げの過程と実績

(1)六・二五戦争の中での払下げ過程

帰属財産処理法の制定とともに、韓国政府の帰属財産に対する基本的立場は、早急に民間に払い下げることであったと前述した。しかし、残念ながら六・二五戦争の勃発により、この意欲的な払下げ計画に支障が生じる。一九四九年一二月に帰属財産処理法が制定・公布され、翌年三月に同施行令が、五月には同施行細則がそれぞれ制定されたことで、法制面での準備は整った。本格的な処分計画を立て、行政的な準備作業も完了した。一九五〇年六月、ソウル市内の一部地域での帰属店舗に対する入札公告が出されるころ、予期せずして六・二五戦争を迎えることになる。

戦争が長期化する兆しを見せ始めると、戦争需要を賄うために帰属財産の速やかな処分を急がざるをえなくなった。時代の要請を反映した政府の施策は、次のように要約される。

①主な戦争物資生産の迅速な増強

②戦時インフレの強力な抑制
③戦時下の財政需要膨張に対する適切な対処
④農地改革事業に伴う被分配地主への適切な補償対策
⑤帰属財産の速やかな処分のための諸条件造成

これらを解決するためには、政府の手中にある帰属財産を速やかに民間に払い下げ、財源を確保するしかなかった。戦時下の困難な環境にもかかわらず、帰属財産処分計画を強力に推進するしかなかったのである。特に④と関連して、莫大な規模の軍糧米調達はもちろん、一般公務員に対する配給用政府米を調達するための農地改革事業を迅速に推進するとともに、不利益を受けた被分配地主への対策の一環として帰属財産の処分計画も同時に推進しなければならないという特殊事情もあった。

戦線が韓国南部の東江以東のいわゆる「ウォーカーライン（Walker Line）」内に狭まるという不利な状況でも、政府は統治権が及ぶ慶南・慶北の一部地域を対象に、数回にわたって帰属財産払下げ措置のための入札公売を実施した。それほどの実績は期待できなかったが、釜山・慶南地域ではそれでもそれなりの実績を上げたと評価されている[16]。後出〈表6－3〉で年度別財産処分件数を見ると、政府樹立直後である一九四八年（九～一二月）は一五三八件、一九四九年は七二九件であったが、戦時中である一九五〇年は一〇五四件、五一年は七二一三件、五二年は一万四二一件と顕著に増えた。全般的には戦時下の帰属財産処分実績が振るわない中、企業体の処分

16）1951年2月までに慶南地域では全部で11回の公売を通じて計246件、73.5億圓、慶北では8回にわたる公売で106件、2.7億圓の処分実績を上げたことになっている。慶南・慶北地域での払下げ実績も圧倒的に慶南（釜山）を中心に行われたと思われる──『韓銀調査月報』、1951年3月号p.63.

実績だけは相対的に高かった。主に「ウォーカーライン」以東の慶南・慶北の一部地域を対象としたものであり、釜山や大邱など大都市で中小規模の企業体財産を中心に行われたものといえる。

周知のように南韓の場合、中心的な工業団地といえる京仁および三陟工業地帯の産業施設は、北韓軍による一九五〇年六～七月の第一次南侵過程で、そのほとんどが決定的な被害を受けていた。特に規模が大きく近代的な施設を備えた大企業であるほど、被害は甚大であった。戦争被害が大きい場合は、破壊された建物や施設の復旧に使われる資金はもちろん、その他施設の修理および改築工事のための資金、実際の運営過程で直面する運営資金などの負担が企業の売却処分を困難にする別の要因として作用した。施設の復旧および運営に必要な資金調達難が、帰属事業体の払下げを困難にするもうひとつの要因であった。その他、戦争により非常に多くの帰属財産、とくに土地・建物などを中心とする相当な規模の不動産が、韓国軍や国連軍によって徴発されていたことも大きく影響したと考えられる。

もっとも、戦争被害が帰属事業体の処分を困難にする要因としてのみ作用したわけではない。逆説的ではあるが、むしろ企業体の処分計画を促進させる側面もあった。政府は戦争被害を克服するための一環として、責任経営の原則を強調するとともに、産業施設の復旧や改善のため、国内外からの資金調達を積極的に支援する特別措置を講じた。政策的に重要な産業（企業）に対しては、米国の援助当局と協議のうえ、特別に援助資金を早期執行する緊急措置を取り、当初の処分計画を促進させる効果をもたらした。

例えば、代表的な国民衣料産業である綿紡工業は、総施設の七〇％にも及ぶ莫大な戦争被害を被った。政府は一九五一年一二月、急遽「綿紡織工業緊急再建計画」を立てる。国連韓国復興機関（ＵＮＫＲＡ）との積極的な協力の下、破壊された生産施設の再建と拡充のため、動員可能なすべての支援策を積極的に施した。こうして国内屈指の綿紡企業は一九五五年ごろになると、ほとんどが民間に払い下げられる[17]。またＵＮＫＲＡ、ＣＲＩＫ（民間救済基金）の援助資金はもちろん、政府保有外貨の大部分を占めていた「重石ドル」まで総動員して、破壊された施設の早期復旧と新式施設への改築を通じた施設拡充が行われたことは、戦争被害の速やかな復旧という時代の要求の強い反映である。

(2)帰属事業体の払下げ実績

六・二五戦争の被害が、むしろ帰属財産の処分を促進した面が全くないとは言えないが、極めて例外的なケースである。全般的には、帰属財産の処分を妨げるマイナスの影響を及ぼしたといえる。財産の処分が本格的に行われたのは、やはり一九五三年七月の休戦以降であろう。

全般的に帰属財産処分実績が極めて低調であると判断した政府は、一九五三年に年間で一〇万件以上の財産を処分するという非常に意欲的な目標を立て、その実行のためにすべての行政力を総動員するに至った。こうして、一九五三年の一年間で実に四万件もの処分実績を上げたほか、政府樹立から一〇年近い一九五八年五月までに計二六万三七七四件の帰属財産を処分するという、まさに驚異的な実績を挙げた。件数ベースではあるが、すでに指摘したように、米軍政から引き受けた総財産件数二九万一九〇九件の九〇・四％に達するということだけでも、驚くべき実績と

17）綿紡工業部門の帰属事業体のほとんどは、1951～52年に払い下げられて民営化する。1955年10月、もめていた朝鮮紡織（株）が管理人（姜一邁）に払い下げられたことで、韓国製造業をリードしていた綿紡工業が最初に政府の統制から完全に脱し、民間企業としての自立経営体制を構築できるようになる。

表6-3　帰属財産の年度別、財産形態別の処分実績*(1958年5月現在)

（単位：件、千圜）

	企業体		不動産		その他		合計	
	件数	契約額	件数	契約額	件数	契約額	件数	契約額
米軍政期	513	8,477	839	5,215	916	2,823	2,268	16,515
1948	407	12,086	541	3,450	590	1,991	1,538	17,527
1949	107	1,391	299	1,765	323	836	729	3,992
1950	162	74,038	731	15,990	161	1,159	1,054	91,187
1951	391	593,656	6,740	357,237	82	6,438	7,213	957,331
1952	359	860,700	9,981	683,846	81	17,849	10,421	1,562,395
1953	121	3,142,467	39,693	2,638,593	320	12,255	40,134	5,793,315
1954	233	1,219,071	92,735	7,852,064	95	31,834	93,063	9,102,969
1955	165	11,530,250	63,717	6,664,319	217	73,471	64,099	18,268,040
1957	61	4,037,434	36,418	2,810,299	162	12,243	36,641	6,859,976
1958	23	983,169	8,784	732,102	75	3,167	8,882	1,718,438
合計	2,029	22,454,262	259,639	21,759,665	2,106	161,243	263,774	44,375,170

資料：財務部,『財政金融の回顧』, 1958, p. 121, 167.

注:
1) *売買契約締結を基準としたもので、年度は財政年度。
2) 合計では米軍政期の処分実績は除かれる。

いえる。特に帰属事業体財産の処分のみを対象にすると総払下げ実績二〇二九件と、引受件数二二〇三件の九二・一％に達する点も特記に値する。不動産などの一般財産よりも、事業体財産の払下げのほうが難しい点を考慮すると、なおさらである。

帰属企業体の払下げ実績についてのみ、年度別、業種別に見てみる。まず中央直轄企業の場合は、一九四八年の政府樹立から一九五〇年代末までの年度別および業種別払下げ実績をまとめると計二九五件の売却企業体のうち、米軍政期の売却件数七〇件を除く二二五件が、政府樹立後から一九五〇年代末までに売却された。業種別では計二二五件のうち、製造業一四一件、鉱業六件、運輸・倉庫業二一件、商業一八件、金融業一一件、土建業四件などで構成されている。年度別では一九五一年の五七件を最高に、その後徐々に減少し、一九五七年になると市中銀行四行や保険会社など、大手金融機関の払下げを含め、計二七件の売却実績を上げた。一九五七年を境に、中央直轄企業の場合は、政策的に特別に国営として残すべき重要な企業やいくつか問題のある企業を除いては、売却処分がほぼ一段落している。

次に、地方管理企業の払下げ実績を見てみよう。計一七〇九社の払下げ企業のうち、製造業が一三二六社と全体の七七・六％を占める。よって、地方管轄企業においても企業の払下げ実績はやはり製造業を中心に構成されていて、一九五一〜五五年に集中的に行われていることが分かる。ただし、例外的に慶南・慶北地方では、戦時中の一九五〇〜五三年に活発であったことは、前述したとおりである。

これを通じて、政府が一九五〇年代、特に六・二五戦争中に、帰属企業体の払下げにどれだけ

表6-4　未処分の中央直轄企業の現況[1]

	業種	設立年度	公称資本金（千圓）	総株式数（千株）	帰属株比率（%）	管理体制	管理責任者	所管部署
朝鮮電業	発電業	1943. 9	3,507	7,015	86.0	重役制	尹日重	商工部
京城電気	配電・電車	1939. 1	338	636	66.4	〃	徐廷式	〃
南鮮電気	〃	1937. 3	350	700	88.1	〃	朱元植	〃
韓国運輸	運輸業	1930. 4	385	770	66.1	〃	閔東益	逓信部
韓国米	運送・保管	1930.11	150	300	21.1	〃	朱定基	農林部
大韓重石	鉱業	1934. 2	500	1,000	88.3	〃	文昌俊	商工部
大韓鉄鉱	〃	1943. 12	50	100	100.0	〃	金龍雲	〃
大韓重工業	鉄鉱	1938.	293,203*	--	100.0	理事長制	林日植	〃
朝鮮機械	機械	1937. 6	80	--	100.0	管理人制	徐載賢	〃
三成鉱業	鉱業	1928. 3	52.4	--	100.0	〃	金漢台	〃
朝鮮石油[2]	石油精製	--	--	1,000	79.2	〃	李年宰	〃
ソウル新聞社	新聞発行	1939. 11	150	60	25.4	〃	呉宗植/李寛求	国務院事務
忠北旅客自動車	運輸業	1937. 5	11.6	23	77.6	賃借人制	朴起種	交通部
韓国貨物自動車	〃	1944. 2	400	800	15.3	重役制	孫海光	〃
大栄商会ソウル工場	(農林部)	--	--	--	100.0	〃	--	農林部
朝鮮アルミニウム	製錬	1941. 3	2,000	--	100.0	〃	--	商工部
大韓石公[3]	鉱業	--	--	--	100.0	〃	--	〃
三和精工	機械	--	--	--	100.0	〃	--	〃
朝鮮軽合金	金属	--	--	--	100.0	〃	--	〃
達城製糸	繊維	--	--	--	100.0	〃	--	農林部
第一紡織永登浦工場	〃	--	--	--	100.0	〃	--	商工部

資料：財務管財局（成業公社）内部資料による.

注:
1）資料の時点は1960年8月ごろと推定され、原資料には<表>にある21件の企業以外に、①信託財産、②労総会館、③白雲荘の3件があったが、企業と見なせないため除外した。
2）朝鮮石油は当時、韓国石油貯蔵株式会社（KOSCO）に貸与中の状態であった。
3）大韓石公は大韓石炭公社付属の財産である。
4）*は他の企業の数値と比較して、293または203の誤記ではないかと思われるが、原資料上の数値をそのままにする。
5）--は不明

積極的に取り組んできたかが分かる。期間別では、一九五〇年から一九五六年の間に大半の企業が払い下げられた。業種別では、飲食料品工業（五〇九件）、機械・金属工業（二七一件）、化学工業（一五一件）、繊維工業（一二二件）などの払下げがより積極的に推進されたことが分かる。

一九四八年の政府樹立から約一〇年が過ぎた一九五八年五月末までに、帰属事業体は一〇〇社ほどの未処分企業を残してほとんどが処分されている[18]。一九五〇年代末までに大部分の帰属事業体が民間に売却されるわけであるが、特記すべき事項は、中央直轄企業の中で電気業のような基幹産業分野における大手企業が未処分状態で残ったことである。〈表6－4〉のとおり、電気業では大手電力会社三社（朝鮮電業、京城電気、南鮮電気）、鉱工業では大韓重工業、朝鮮機械、大韓重石、三成鉱業などの大企業が数社、運輸・倉庫業や新聞社などを含む比較的大規模な二一社が未処分状態で残っていた。厳密に言えば、これらの未処分企業の中には公共的な性格を強く帯びていて、あえて民間に引き渡す理由がないこと、言いかえれば、引き続き国有・国営として運営してもいいような性質の企業が多く含まれていた。しかし、これらが未処分状態で残っていた最大の理由は、当時の財界の実情では、これほどの大規模企業を自力で買収できるほどの財力を持つ企業家が国内には存在しなかったからである。

(3) その他財産の払下げ実績

企業体の財産以外の財産、例えば不動産、動産、無形財産など、その他の財産の処理問題はどうであったのか。帰属財産の種類や件数が多種多様なうえ、その存在自体も正確に把握するのが

18）この100あまりの未処分企業には、大韓石炭公社傘下の寧越鉱業所をはじめとし、三陟鉱業、丹陽鉱業、和順鉱業、聞慶鉱業など、主要鉱業所が多く含まれていた。これら鉱業所を除けば、未処分企業数は大幅に減ることになる。

困難であることから、当面の保管や管理はもちろん、売却や処分も容易でなかったことは十分に理解できる。政府（管財庁）は、これらの財産を大きく二つのカテゴリーに分けて管理した。一般企業、住宅、敷地、高層建築物、倉庫、店舗などの財産は「一般財産」、林野、船舶、学校法人財産、軍徴発財産、寺社財産、連合国人財産、動産、各種無形財産などは「特殊財産」とした。

財産の売却・処分の方法は前述したように、①企業体の売却、②不動産の売却、③動産の売却、④株式および持ち分の売却の四つに分けて処理した（帰属財産処理法第八条）。他の財産についても、できるだけ早急に払い下げ民営化するという政府の基本原則に変わりはなかったが、現実的には処分が難しいものもしばしばあった。例えば、何の経済的価値もない山間僻地の林野や、学校法人の教育用財産、図書館や幼稚園などの公共施設、韓国軍や国連軍によって徴発された軍徴発財産などである。

米軍政から引き受けた当時、帰属財産二九万一九〇九件のうち、企業体財産二二〇三件を除く二八九七〇六件が各種不動産を含むこれらの残余財産であるとすると、件数の面だけを見ても処理は簡単ではないことが分かる。二八万九七〇六件のうち、九九・三%にあたる二八万七五六〇件が何らかの形で不動産の性格になっていた。また、これら不動産の多くが民間住宅、敷地、店舗、工作所、倉庫、牧場、林野のような個人生計型財産で構成されていた。ここでは、民間住宅、林野、学校法人財産など、代表的な財産についてのみ、その処理過程を簡略に見てみよう。

第一に、民間住宅である。解放当時、南韓の日本人居住者所有の家屋数は約八万二〇〇〇棟と推定されている[19]。そのうち都市部の住宅は、米軍政下の一九四七年五月ごろ、その一部がすで

19）日本人が所有する総家屋数は、日本人世帯数（179,349世帯）の約70％が自家を所有していたものと見なし、総家屋数を約125,500棟（179,349世帯×70％）と見積もった。また、南北韓間における日本人居住者の構成比率65.4％、34.6％をそのまま適用して計算すると、南韓所在の日本人家屋は82,077棟（125,500棟×65.4％）と推定される。

に民間売却が進められている（第五章Ⅲ参照）。しかし、米軍政による家屋の処分実績はそれほど多くはなかった。米軍政から住宅を購入した人も、新生の韓国政府にその事実を申告することになっていて、政府にとっては事実上、帰属住宅の払下げ計画を新たに推進するのも同然であった。一九五一年、戦時下で釜山に臨時政府が置かれたころ、無住宅者である避難民たちに対する住宅斡旋措置を公布し、優先的に釜山地域の帰属住宅に入居できるよう斡旋したほか、それを契機に入居者に現在の家屋を購入するよう誘導する方法で売却計画を推進した。一九五三年、休戦になって政府がソウルに戻ると、ソウル・京畿地域の住宅を対象に、米軍政時代に締結した入居契約を更新していない住宅に対して契約更新を促すことで、帰属住宅の売却はかなり進んだ（財務部、一九五八：一二八〜一五四頁）。

また、この帰属住宅の払下げ問題と関連して、もうひとつの財産がある。いわゆる「DH（Dependent House）住宅」（公館）という名の日本人が残していった高級住宅と建物（ホテルなど）である。DH住宅は、駐韓米軍および軍政庁によって徴発され、米軍将校や高級公務員の宿所として使用されていた。これらの建物のうち、すでに原所有者（韓国人）に返還されたものを除く残りの財産は、DH住宅の名で韓国政府に移管された。米軍政から引き受けた四一九件のDH住宅は、一九五八年八月までに三七八件が売却された。残り四一件は、韓米間の最初の協定の規定により米国側に使用権の戻ったものが二七件、外国機関への貸与が一三件などとなった（財務部、一九五八：一三三頁）。

第二に、林野財産である。四六万八五〇〇町歩もの帰属林野を受け継いだ政府（農林部）は一九五二年、その財産管理権を財務部（管財庁）に移管する。財務部はこれに対して優先的に国有・民有の原則を定め、一九五五年、国有林野として残さない林野は、できるだけ早く民間に売却することを決めた。とはいえ、全体の九割にあたる四二万一〇〇〇町歩を国有林とすることにしたため、民間に払い下げ、民有林として育成する林野は、全体の一割程度である四万七七〇〇町歩にすぎなかった（財務部、一九五八：一三六〜一三八頁）。よって、解放後の韓国の山林制度は国有林中心体制から始まったといえる。

第三に、学校法人財産である。解放前、尋常小学校が所属していた「学校組合」の所有財産は財務部が管理してきた。しかし、一九五八年三月、学校財産に対する特別措置法の制定を機に、その管理権は文教当局に移った。同校の法人財産の構成は多種多様であり、非常に複雑であった。財産自体が全国各地に散在しているうえ、基本的な校舎の建物や各種倉庫、宿舎（舎宅）などの付属建物財産が五一七件、四万二八七一坪、敷地、林野、田畑などの土地関連財産が八三七件、九六万四六四三坪、合計一三五四件、一〇〇万七五一四坪に達していた。そのうち一九五八年五月までに民間に払い下げられた財産は、建物が八件で二四四坪、土地が三七件で九八一四坪だけで、賃貸借中のものも二〇〇件、六万四二九一坪にすぎず、学校法人財産の売却実績は他の財産に比べて振るわなかった（財務部、一九五八：一三〇頁）。

第四に、連合国人財産である。連合国人財産とは、一九四一年一二月の太平洋戦争勃発当時、日本政府が戦略的に敵産管理法を制定し、日本国内にあった米国や英国などの敵性国の個人や会社の財産、宗教団体の財産まで、すべての財産を法により凍結した。植民地朝鮮ではこれらの財

表6-5　帰属財産の種別、地域別処理実績（1958年5月現在）

（単位：件）

	中央直轄	地方管轄					合計
		ソウル/京畿	江原/忠清	慶南/慶北	全南/全北	小計	
1. 事業体	307	451	217	672	381	1,721	2,028
2. 不動産	63	69,138	42,695	87,677	60,060	259,570	259,633
住宅	-	20,046	6,230	22,311	12,040	60,627	60,627
林野	-	326	631	220	2,592	3,769	3,769
店鋪	-	2,954	223	1,876	3,001	8,054	8,054
更地	-	45,514	16,474	61,538	41,134	164,660	164,660
その他	63	298	19,137	1,732	1,293	22,460	22,523
3. その他財産	92	468	542	721	290	2,021	2,113
動産	32	326	341	287	131	1,085	1,117
船舶	60	17	-	147	18	182	242
旧債	-	61	191	287	141	680	680
債権	-	6	1	-	-	7	7
その他	-	58	9	-	-	67	67
合計	462	70,057	43,454	89,070	60,731	263,312	263,774

資料：財務部（1958）、pp.167~168から作成.

注：不動産およびその他財産の中間項目の分類には若干、基準に違いがある。

産ごとに管理人を置き、特別に管理してきた。解放後、米軍政はこれらの財産も帰属財産の一環として接収・管理してきたが、韓国政府に移管する直前に帰属財産から解除し、原所有者に返還することを決定している（軍政法令第一六二号、二一〇号）。しかし、原所有者に返還されることのないまま、韓国政府に移管されることになる。韓国政府は一九五七年末までに合計一六九件に及ぶこれらの財産をすべて原所有者に返還し、その代わり、実際の韓国人占有者には相場に応じた補償金を支払う条件で処理した（財務部、一九五八：一三三〜一三四頁）。

以上、帰属事業体と帰属農地を除くその他の財産の中から、重要な財産の処理内容を見てきた。不動産など残りの各種財産の種別、地域別の処理実績を一九五八年五月時点でまとめたものが〈表6−5〉である[20]。

(4)地価証券を通じた帰属企業体の払下げ実績

一九五〇年の農地改革当時、政府は土地所有者（地主）に対し、土地価格相応の地価証券を発給した。後に帰属財産（企業体）を払い下げるとき、それを買収代金として納付できる道を作った。李承晩政権は六・二五戦争のさなか、当面の二大国策として農地改革事業と帰属財産払下げ事業を策定し、この二つを相互に連携させ、同時に推進する方案を模索した。そうすることで事業の成果を倍加させ、ひいては農地改革で相対的に不利益を被った被分配地主層に対し、彼らが受領する地価証券で他の帰属企業体を購入できる機会を提供しようとした。これにより、政府は伝統的に頑固な地主層を、近代的な産業資本家層に転身させられるという一挙両得の効果を上げ

20)1962年12月末現在までに処分されなかった帰属財産の残存件数は、不動産を中心に53,942件。米軍政から引き受けた財産件数が291,909件で、1958年5月までに263,774件が売却されたとすると、残余件数は28,135件でなければならない。残存件数が25,807件（53,942件−28,135件）も増えたのは隠されていた財産が新たに発見されたり、既存財産が分割されたりしたということである。——財務部，前掲書，p.170,

ようと考えた。

政府のこのような立法趣旨にもかかわらず、地主層は自身の社会的な身分の根源的な転換を追求するほど意識水準が高くなかった。自分の現在の職業や身分を変えるほど、変化を追求する意欲と勇気を持っていなかったということである。そのような身分上昇の機会よりも、むしろ先祖代々伝わる自分の土地を政府に奪われたという被害意識から、社会に対する不平不満とともに自身の地価証券を安値で仲買（ブローカー）に売り渡すなど、結局、消費資金として蕩尽してしまうケースが多かった。とはいえ、そのようになった責任を地主層にだけ帰することもできなかった。なぜならば、十分にそれなりの理由が制度的に与えられていたからである。

地価補償を受けた地主の規模別分布を見ると、地主層全体の九〇・八％が一〇〇石以下の群小地主であった。群小地主層が平均財産規模（一〇〇万圓程度）の帰属企業体を一つ買収するには、彼らの地価証券の規模から考えて、少なくとも一〇〇人以上の地主を糾合しなければならない。それが無理なら、各自が証券市場で少額の帰属株式を必要なだけ購入するしかないが、証券市場もろくに発達していなかった当時の事情を考えると、農村に住む地主が都市の証券市場に出向いて株式を売買することは、簡単なことではなかった。したがって株式投資という方法では、伝統的な地主層を近代的な産業資本家に転換するという政策目標は非現実的であったといえる。

被分配地主のうち、二〇町歩以上の大規模な地主層を対象に、彼らが地価証券を利用して帰属企業体を買収した実績を調べた研究がある[21]。これによると、五％にあたる六九人が帰属企業体の払下げ台帳に名前を載せている。同姓同名の人がいる可能性を考慮し、当該地主が居住する道

および『財政統計年報』, 1963年版, pp.308〜309参照.
21）金胤秀,『8・15以降の帰属事業体払下げに関する一研究』（ソウル大学校修士号論文), 1988.

内にのみ名前を載せた場合に絞ると、三五人しかいない。結局、二〇町歩以上の大地主の中でも、帰属企業体の払下げを受けて産業資本家に転身したと見られる人は最大六九人、最小では三五人程度である[22]。しかし、地価証券が帰属財産払下げ代金として受納された規模は四四九三千石で、農林部で発行された石数（一〇七九八千石）の約四一・六％に達する。また、一九五八年までの帰属財産関連歳入のうち、地価証券補償金の受領額が占める比重も四〇％に達していることから、相当の地価証券が帰属財産払下げ資金として活用されたと理解できる（金胤秀、一九八八：五六〜五七頁）。重要なのは、この数値が被分配地主層から直接受納されたものとは見なせず、恐らく地主から地価証券を安値で購入した仲買などによる受領が、その大半を占めたと考えられる点である。

(5)財産売却代金の規模と積立金

政府が国会側と激しい摩擦を起こしてまで、帰属財産を速やかに売却する民営化政策を強力に推進したのは、財産の売却代金で財政赤字を埋めるのが主な目的であった。では、このような帰属財産の処分を通じて、財政赤字はどれだけカバーできたのか。

帰属財産処理と関連した収入・支出関係の重要性を考慮して、政府は特別に「帰属財産処理特別会計」を設置・運営した。財産の売却代金だけでなく、財産の賃貸借事業等に伴う賃貸料収入はもちろん、その他の財産の運用で発生する各種雑収入まですべてこの特別会計の歳入と見なし、その代わり、財産の売却や賃貸など財産の処理過程で発生する一般経費は歳出として計上した。

22）これらの地主層――実際には中間商人層――が払下げを受けた帰属企業体の業種構成を見ると、そのほとんどが近隣の水産業（漁場）、精米所、醸造場など中小規模の食料品加工業に属する企業であった――金胤秀，前掲論文，p.64, 68参照．

一九四八年の政府樹立当時は、収入も支出も極めて少額であったが、財産の運用と売却が増えるにつれ、次第に収入と支出も急激に増えていく。まず、歳入構成を見ると、財産の売却代金が圧倒的に多い。全体の八割以上を占め、財産の賃貸収入が一〇・七％、残り九・一％が各種雑収入である。歳出項目は財産運営による経費といえる。年度別で差はあるが、全体的に歳入の一七％程度であり、歳入から歳出を引いた残りの純収入は積立金とするか、一般会計に転入されるよう編成されていた。

後者の転入金は、その時々の政府の施策により、国策事業支援のための融資財源として活用された。一九五〇年代当時は主に、①住宅建設、②農業発展、③中小企業育成という三つの主要政策事業の財源として活用された。ちなみに、一九五七年度の実績を見ると、総積立金（融資金）八二億圜は庶民のための住宅事業に全体の二五・六％である二一億圜、中小企業育成資金に全体の五六・一％にあたる四六億圜、一八・三％（一五億圜）が農作業資金としてそれぞれ支出されている（財務部、一九五八：一六五頁）。

重要なのは、この積立金・転入金の規模が政府の年間総歳入・歳出に占める比重がどの程度であったかである。つまり、帰属財産の処分として計上する財政収入で、全体予算（歳入）の不足分をどれだけカバーできたかという点である。

その正確な寄与度は算出できないが、一九五〇年代を中心に帰属財産特別会計上の年度別積立金・転入金の規模と、当該年度の総内国税徴収額（金納税分、物納税を除く）を比較すると、平均五～八％である。この程度の数値で、帰属財産払下げにより財政収支の赤字を改善できたかどうかは、それぞれの判断に任せるしかない。一つ言及しておきたいのは、一九五〇年代は軍糧米、公務員配給米などの確保のため、農民に賦課する臨時土地収得税の場合は例外的に金納制ではなく物納制になっていたこと、それが急速な戦時インフレ下での農民収奪という非難を受けながらも、政府が金納制に変えなかった事情を考慮すると、この程度の寄与率（平均七・四％）でも予算編成において大きな意味を持つ数値といえる。

4．不良企業体の清算

(1)五・一六政変と基幹産業の国有化

歴史的な農地改革を通じた土地資本の産業資本化政策は事実上、失敗に終わる。一九五〇年代末まで未処分のまま残っていた帰属財産の中には、大企業もかなりの数が含まれていた。朝鮮電業株式会社など電力会社三社や、韓国運輸、韓国米倉、三成鉱業、朝鮮機械が代表的な企業である。政府はできるだけ早く民間に払い下げたかったが、企業の規模が非常に大きいうえ、公共性の強い事業であったため、国内の財界ではなかなか買い手が見つからなかった。一九五〇年代が終わり、自由党、民主党政権を経て、一九六一年五月の朴正熙将軍らによる五・一六軍事政変をきっかけに、これら大規模な基幹産業の払下げ計画は根本的に新たな局面を迎える。

軍事政権が発足すると、すぐにこれら未処分状態にあった主要基幹産業に対する前政権の政策を完全に覆した。軍事政権は、全財産を無条件で民間に売却するのは問題があるとした。できるだけ特殊法人に改編し、政府が直接運営する国営企業システムに発展させようと政策基調の転換を図った。公共的性格の強い基幹産業については民営化して私企業体制にするのではなく、政府の責任の下、国有・国営体制で存続させるという大原則を立てた。それだけでなく、前政権で民営化している基幹産業まで国営体制に還元させる方針を固めた。前段階の措置として、一九六三年五月に「帰属財産処理に関する特例措置法」を急遽制定するに至った。この法律で取られた代表的な国有・国営化に関する措置は、以下のとおりである。

基幹産業である電気業の重要性を悟った軍事政権は、五・一六政変直後の一九六一年六月、電力会社三社（朝鮮電業、京城電気、南鮮電気）を強制的に統合し、韓国電力株式会社を誕生させた。一九六二年二月には韓国鉱業製錬公社法を制定し、三成鉱業会社を韓国鉱業製錬公社に改編、一九六三年には朝鮮機械製作所を韓国機械工業株式会社に改編するなど、短期間で主要基幹産業をこのように国有化し、企業の統廃合を同時に断行した[23]。

五・一六軍事政権による基幹産業に対する国有・国営化措置は、これにとどまらなかった。次項で見るように、一九五六年に李承晩政権下で帰属銀行株が払い下げられ、すでに民間に渡っていた四つの主要市中銀行の帰属株式を、再び政府の所有に還元する措置を断行した。一九五〇年代、自由党政府によって行われた帰属銀行株の払下げが、特定の人に特恵を与える形であったと五・一六軍事政権は見なし、これを正すために一九六一年六月、「不正蓄財処理法」を制定、すでに払い下げられている株式を国庫に還元する措置まで取った。金融制度を政府が掌握する官営金融体制への転換を図り、一般の市中銀行（商業銀行）の運営までも完全に民間に任せることな

23）韓国産業銀行調査部（1962),『韓国の産業』, p.28およびその他資料.

く、国有・国営も同然の官治金融体制に転換したのである。

(2) 不良財産の解体と清算

帰属財産の処理に関する特例措置法立法の趣旨は、もはや存立に値しないと判断された企業に対する解散手続きを簡素化することであった。つまり、商法上の法人解散に関する複雑な規則の適用を排除し、財務部長官ないし国税庁長の要請に基づき、比較的簡単に企業を解散させられるようにしたのである。もっとも、この法によって清算手続きを取る法人は、すでに企業としての機能を喪失している「帰属休眠法人」[24]であった。帰属休眠法人と認められれば、同法により解散手続きが簡略化され、管内の税務署長を清算人にし、残余財産の売却・処分、その他の関連清算業務を手軽に行えるようにした。

では、この法によって実際に解体ないし清算された法人の数は、どれぐらいであったのか。数点の関連資料から引き出された大枠は、次のとおりである。韓国政府が米軍政から帰属財産を引き受けた直後の一九四八年、韓国銀行は臨時管財総局の財産目録（台帳）を利用し、帰属事業体に対する一斉調査を行った。これによると、帰属財産台帳には登録されているが、実物は存在しない流失事業体が予想外に多く、実際の数値を見ると、中央直轄企業一九社、地方管轄企業一九九社、合計二一八社に上るほどであった[25]。

財産を引き受けて間もない時点で、すでにこれだけの流失事業体があったのはなぜか。次の二つの解釈ができる。一つは米軍政に財産が渡ったとき、すでに帳簿上に名前（商号）が残ってい

24）「帰属休眠法人」とは、帰属財産処理に関する特例措置法（1963年5月）の第2条に規定されている用語である。企業の存在価値が事実上消滅したと見なされる営利目的の企業（法人）や組合、団体などを意味する。

25）朝鮮銀行調査部,『経済年鑑』, 1949年版,『帰属事業体一覧表』(pp. III -79～147) から筆者が作成。

るだけで実物は存在していなかった場合、もうひとつは米軍政の三年間の財産管理がずさんであったことから財産（企業）が流失した場合である。いずれの場合であれ、これらの流失企業は後に「帰属休眠法人」として処理された。しかし、一九四八年九月に韓国政府に引き渡されてからも管理が手薄であったり売却過程がずさんであったりしたことで、企業としての機能を喪失した場合も相当あったと思われる。さらに六・二五戦争の三年間に、戦禍によって企業の機能を喪失した場合も無視できない。

以上のようなさまざまな要因が複合的に作用し、結局、清算された企業数は、一九五三年末の時点で四五九社（地方管轄企業総数二三二七社の一九・七％）に達するという統計もある。もしこれが事実なら、四五九件から米軍政期の流失企業数二一八件を引いた二四一件が、韓国政府の移管後、六・二五戦争を経てさまざまな事由により企業価値を完全に喪失している。韓国政府に引き渡されてから、解体、清算、または亡失した企業である。

「帰属財産処理に関する特例措置法」に基づいて解散された法人のうち、一九七四年一〇月までに清算の手続きが終了していない企業数が二七八社に達することも指摘しておきたい[26]。解散法人の終結計画に関する国税庁の資料によると、主に一九六三〜六四年に解散したこれらの企業は、製造業が全体の二五％である六九社、残りは主に農場、商店、組合、不動産会社など、特殊な形で構成されていた。また、株式会社の形態以外にも、合名会社や合資会社が予想外に多かったことから、それらはおおむね地方に所在している小規模の企業ではないかと考えられる。すでに国有化されていたため、中央直轄と地方管轄の区分は分からないが、この二七八の未清算法人は純

26）国税庁，『年度別清算終結予定法人目録』, 1974年10月21日付。ここには1974〜77年の年度別終結計画と、法人別の解散年度、保有財産、未処分財産などの具体的な内容が記されている。

帰属法人（日本人が株式を一〇〇％所有）二二二社、朝日合作法人五六社であった。いずれにせよ、この法に基づいて一九七四年以前にすでに清算完了していた解体法人も多いであろう。よって、政府による清算対象となった休眠法人の数は、以上の数値よりもはるかに多かったと考えられる。とすれば、解体された企業件数は一九五三年末までの四五九件に加え、二〇年後の一九七四年の未清算企業二七八社を加えた七三七件になる。

一九四八年八月に韓国政府が成立し、米軍政から帰属財産（事業体）を引き受けたあと、一九七七年七月に帰属財産処理業務は完了する。残務整理のための連合清算事務所が政府内に設置されるまでの約三〇年間、帰属財産の管理・処分のための各種法令や規程などの制限、行政措置が定められた。

解放後、日本人財産は米軍政により帰属財産という名で管理された。一九四八年八月、韓国政府が成立すると、一種の国有財産として一括して移管される。韓国政府は一部を国有財産として残し、残りはすべて民間に払い下げ、私有財産に転換するという一連の措置を取る。いずれにせよ、日本人財産が米軍政（帰属財産）→韓国政府（国有財産）に移管されてから、その所有・管理体制が法的にも実態的にも一段落したのは、解放後、三十数年後の一九七七年ごろにその業務整理が行われた時点といえる。

解放とともに退去した日本人が残していった財産（帰属財産）は、三十数年後の一九七七年になって、ようやく法的にも実態的にも姿を消すことになったのである。

5. 帰属銀行株式の払下げ

解放当時、韓国の金融機関は、特殊銀行として朝鮮銀行、朝鮮殖産銀行、朝鮮貯蓄銀行、金融組合（連合会）などがあり、市中銀行には朝鮮商業銀行、朝興銀行、相互銀行（旧朝鮮無尽会社）、信託銀行（旧朝鮮信託会社）などがあった。これらの金融機関は、特殊銀行だけでなく、市中銀行まですべて日本政府（朝鮮総督府）ないし日本の法人や個人の所有であったため、他の帰属財産と同様、一九四五年一二月六日、米軍政法令第三三号に基づき、一斉に米軍政傘下に帰属した。しかし、これらの金融機関は、製造業など他の産業における帰属事業体とは、その性格が明らかに異なっていた。

法的性格や、経済的機能が貨幣・金融を扱うという面以外にも、資本金（持ち分）の構成が特殊であった。製造業などの一般企業とは異なり、中央銀行である朝鮮銀行も、特殊銀行である朝鮮殖産銀行も、資本金が日本政府（朝鮮総督府）の全額出資ではない。他の金融機関や法人、一般個人など――朝鮮人法人や個人を含む――など、大勢の少額株主で構成されているという非常に複雑な持ち分構成であった。当時の代表的な市中銀行である朝興銀行と朝鮮商業銀行の場合も、他の金融機関の持ち分が四一・〇％、三五・四％、韓国人（法人含む）の持ち分が五三・七％、三五・六％を占め、政府所有（帰属分）の持ち分はそれぞれ五・一％、二九・〇％にすぎなかった（〈表6－6〉参照）。

表6-6　解放当時における朝鮮の銀行別持ち分の構成

（単位：千円、%）

	納入資本金	総株式（千株）	政府所有（帰属分）		金融機関所有		韓国人所有	
朝鮮銀行	50,000	800	38,102	76.2	10,138	20.3	1,759	3.5
朝鮮殖産銀行	52,500	1,200	41,611	79.2	7,378	14.2	3,510	6.7
朝興銀行 *	5,981	185	306	5.1	2,453	41.0	3,208	53.7
朝鮮商業銀行	4,975	198	1,441	29.0	1,762	35.4	1,770	35.6
朝鮮貯蓄銀行	3,735	100	1,396	37.2	2,119	56.5	236	6.3
相互銀行 **	5,937	336	3,899	65.7	1,470	24.8	566	9.5
信託銀行 ***	2,500	200	654	26.2	1,610	64.4	234	9.4

資料：李栄薫他,『韓国の銀行100年史』, サンハ, 2004, p.275.

注:
1)* には外国人所有の持ち分13千円（0.2%）は除く。
2)** は解放後、（旧）朝鮮無尽会社を相互銀行に、*** は（旧）朝鮮信託会社を信託銀行にそれぞれ社名を変更。

　このような特性を考慮し、米軍政はこれら金融機関に対しては、軍政期間中にこれといった措置を取らなかった。代表者であった日本人だけを米国人（米軍将校）または朝鮮人縁故者に変更し、組織や機能はそのままにするという「現状維持」の原則を固守し、一九四八年九月、他の帰属財産とともに韓国政府に移管した。韓国政府は市中銀行二行（朝興銀行、朝鮮商業銀行）と後に市中銀行に改編した朝鮮貯蓄銀行と興行銀行（相互銀行と信託銀行の合併）の四行については、一九五四年に別途で帰属銀行株払下げ要綱を作り、信用銀行同士の合併を行って、銀行別に払下げを推進した。

　一九五四〜五五年の間に、政府は前後六回にわたって公開入札を行った。しかし、落札者がいないか、いたとしても落札価格が政府の審査価格に大きく及ばないため、流札してしまった。政府は一九五六年になると、従来の入札方式、すなわち特定人に対する独占的な一括売却方式に問題があることを自ら認め、立場を変えて多数の入札者に対する分割売却方式を行う。一九五六年四月に実施した第七次入札になって、ようやく前述の四つの市中銀行はいずれも政府が提示した条件を満たすことができた[27)]。

当時、政府が適用した銀行入札の基準条件は、次のとおりであった。まず重複払下げを防ぐため、①すでに他の帰属財産の払下げを受けたことのある者には落札資格を許可しない、②落札代金の支払いは一括払いを原則とするが、代金の一部については一年以内の分割払いを許容、③代金完納前でも必要であれば、名義移転や銀行運営権を落札者に移譲するなどの条件であった。特に代金納入に関しては、代金規模に応じて納入期限を一年以上とし（しかも七年まで）延期するケースもあった。いずれにせよ、このような施策は政府の銀行民営化計画を早めるための優遇措置の一環であった。

27）自由党政府による市中銀行帰属株の無理な払下げは、結果的に特定人に対する便法払下げ、または特恵払下げという批判を招き、権限型不正蓄財のケースとして政治問題にまでなった。それらは1961年5月16日に発足した軍事政権による「不正蓄財処理法」に基づき、強制的に還収された。

Ⅳ　民間払下げ以降の運営状況

1．企業運営上の問題点

　米軍政下において、帰属事業体の運営が円滑でなかったことは前述した。韓国政府に移管されてからも運営は改善されず、さまざまな混乱が生じた。では、なぜ韓国政府に移管してからも運営は不安定であったのか。また、なぜ多くの帰属事業体は不良企業や休眠企業に転落し、最終的には企業体の解体または清算にまで追い込まれたのか。

　帰属事業体の運営を困難にした原因は何か。よく指摘されるように、それを経済内部の構造的な要因や政策的失敗とするよりは、解放政局の客観的環境、つまり米軍政、韓国政府、六・二五戦争という激動の時代状況が生んだ、時代の産物として捉えるべきである。

　第一の原因は、外的要因により企業の所有および経営の主体がめまぐるしく変わったことである。帰属事業体の原所有者は日本人であり、一九四五年の解放まで彼らが企業の資金と技術、経営など、すべてを管掌していた。解放後、彼らが去った場所に米軍政が入り込み、三年ほど企業を所有・管理したあと、一九四八年九月、韓国政府にその財産権を丸ごと引き渡す。このような企業の所有・経営権の頻繁な移動は、結果的に企業の運営に悪影響を与えた。また米軍政時代、軍人や政治家など、企業経営とは距離の遠い人々が財産管理人（custodian）や法的な支配人（manager）という名で企業運営の責任を負うことが多かったことも、その一因となっている。

さらなる問題は、大規模な帰属事業体を運営できるだけの経営者や技術者がいなかったことである。専門経営者はもちろん、近代的な大企業を運営したことのある企業家（資本家）もいないうえ、工場を稼動させられる高級技術者や熟練工も不在・不足であった。日本企業であった時代に管理職や技術職の中間幹部を務めた程度では、大規模な企業の経営はできない。

このように考えると、米軍政権下であれ韓国政府への移管後であれ、帰属事業体の運営が正常化されず経営不良となり、赤字経営から抜け出せなかったのは、結局、企業運営の技術や経営面での人手不足という時代の状況を反映していた。

第二の原因は、南北が分断されたことである。改めて取り上げるまでもないが、南北が分割されたことが企業経営の面でも致命的な悪材料になった。特に北韓よりも南韓のほうが致命的なダメージを受けた。第一の理由としては、何よりも電力（エネルギー）不足である。

解放当時、南北韓間の地域別発電施設の分布状況は、南韓一二％、北韓八八％であった。このような発電施設の北韓偏重現象は、解放前の事情と同様であり、解放後も南韓の多くの電力需要を北韓の送電に頼らざるをえない状況となった。最低限の電力を北韓から供給してもらう代わりに、韓国は食糧（米）や医薬品、電気製品などを北韓に供給する相互物資交換方式で対処してきた。しかし、一九四八年五月、北韓による「五・一四断電措置」により一瞬にして破綻してしまう。

南北間の産業上の不均衡は、電力問題に限ったものではなかった。その他鉄鉱石や銅、鉛・亜鉛など主要工業用原料鉱や、石炭など燃料用地下資源の分布状況も、北韓にひどく偏重していて、基幹産業である重要な重化学工業もほとんどが北韓中心に開発されていた。日本による植民地工業化政策は、産業構造ないし工業構造の面でも深刻な不均衡構造を呈していたのである。

例えば、米穀中心の農業穀倉地帯といえる韓国で必要な化学肥料のほとんどが、北韓所在の肥料工場で生産・供給されるという構造的特性こそ、そのような不均衡性の典型である。主要工業用の地下資源や重化学工業・生産財工業がことごとく北韓に偏重していて、南韓は軽工業・消費財工業を中心に開発された。よって、解放後の南韓工業は、主要原料や機材などの調達にも電力不足などの動力にも困難を極めた。米軍政時代も韓国政府の成立後も、帰属事業体の運営が全般的に難航を重ねたもうひとつの要因として、こうした南北間における産業構造の不均衡を挙げておく。

2. 政府の企業運営改善措置

産業構造の側面以外にも、帰属事業体の運営を困難にする要因があった。帰属事業体に対する政府当局の管理方法である。米軍政時代から帰属財産の管理に関しては確固たる原則や基準がなかった。当局は、その時々の状況に応じて適当に対処しつつ場当たり的に管理してきたのである。責任経営の原則に基づく経営能率の向上という、企業経営の基本目標達成のための運営計画（マスタープラン）がなかった。

①管理人の資格要件をどのように規定するかという問題、②韓国人管理人と米国人顧問官の役割分担における円満な関係設定の問題、③韓国人管理人の頻繁な交代の問題、④管理人制度自体の内部規定が頻繁に変更されたことで、一度任命された管理人が任期中、責任を負って企業経営を導くことができる制度的枠組みがないという問題などが、帰属事業体の運営を困難にした別の要因であったといえる。

こうして見ると、韓国政府はおおむねかなりの経営不良に陥っていた帰属事業体を引き受けたことになる。直ちに思い切った民営化計画を推進したのも、経営悪化問題の根源的解決策になると考えたからである。帰属事業体の深刻な経営悪化による政治的・経済的負担から早期に脱するためにも、民間払下げは避けられなかった。李承晩政権の企業民営化政策の背景には、米国の援助当局による暗黙の要求もある程度作用したに違いない。

米国が韓国を援助する前提条件として、米国式の市場経済体制を通じた発展を望んでいた。そのためには、国有・国営が主であった帰属事業体の民営化を急がなくてはならない。国有・国営企業の民営化を通じた自由企業主義への指向が、当面の重要な課題であった[28]。このような側面から、李承晩政権は一九五〇年代半ばになっても、企業の民営化だけは果敢に推し進めてきた。究極的には企業の所有と経営を一致させ、市場経済の原理を制度的に定着させようとしたのであ

28)1952年5月の「マイヤー協定」、すなわち韓米合同経済委員会（CEB：Combined Economic Board）設置のための協定や、1953年12月の「白・ウッド協定」（経済再建と財政安定計画に関するCEB協定）などから、米国は韓国経済が米国式の市場経済原理に忠実な経済体制を採択することを望んでいたことが分かる。そのために重要な企業は国有・国営ではなく、私企業主義に進むことになった。

る。

しかし政府の積極的な民営化計画にもかかわらず、実際に民営化が根付く環境は現実的に整っていなかった。大規模な帰属事業体の場合は、それを買収できる財力のある買い手を見つけるのが困難であった。その上、多くの企業が六・二五戦争の被害を復旧するのに、かなりの時間的、金銭的負担が伴っていたことや、農地改革で農地を失った地主層に、帰属財産を地価証券で取得させる計画に大きな誤算が生じたことなどが、企業の民営化を困難にした理由であった。

政府の一連の払下げ措置は、それまでの帰属財産管理政策に対する一大方向転換を意味したものである。中間段階である賃貸借契約の場合は、ほとんどの賃借人がしばらく企業を運営してから、その経験を基に払い下げることを前提とした契約であった。賃貸借方式は事実上、二段階にわたる払下げであった。直ちに払下げを行わず、賃貸借契約により一定期間、管理能力を養ったあとで払い下げる制度である。払下げを受ける当事者を政府が決め、その人に一種の特恵を与えるも同然であった。

一段階で払下げに踏み切っても、賃貸借契約による二段階の払下げ過程を経ても、いずれにせよ払下げを通じて企業の経営改善を図ることは、企業の所有関係、すなわち企業の私的所有権を確実にすることで経営意欲と責任をあおり、最大限、経営改善を図るという趣旨にほかならない。とはいえ、企業の所有制度のような内的条件によってのみ経営改善が果たされるわけではない。動力不足や原料の購入難、南韓地域に縮小された市場条件、生産技術の低下など、外的環境によっても大きく左右されるからである。言いかえれば、外的環境が劣悪なまま企業の主体的条件だけを改善させたところで、直ちに企業経営が改善し正常化するとは思えない。

一九五三年七月、六・二五戦争の休戦協定が成立すると、米国の援助が本格化する。近代的施設を備えた大規模な企業であるほど、戦争の被害は大きかった。よって、政府が積極的に払下げを推進しても状況は厳しかった[29]。しかし製造業では米国の援助（物資）が大量に入ってきたため、大規模企業の復旧は見通しが立つ。生産施設の復旧だけでなく、運営正常化のための原材料の調達や資機材の供給に至るまで、米国の援助資金によって解決できる方向に進んだ。

一九五〇年代半ばになると、帰属事業体の運営を取り巻く主観的・客観的な経営条件は、外国からの援助をきっかけに大きく変貌する。内的環境は、政府が帰属財産の払下げ政策を果敢に推進したことにより、それまでの管理人制度は大きく改善された。外的環境も、外国からの援助物資が大量に導入され、生産過程における供給サイドの各種問題も容易に打開できた。

ちなみに、六・二五戦争の復興事業がひとまず終了する一九五七年までに、繊維、鉄鉱、化学、機械、金属など、主要業種の生産は着実に増加した。特に、人絹織物、毛織物、ＰＶＣ製品などの増加が顕著であり、生産量は一九四九年から五七年の間に一〇倍以上も増加するケースも多かった。このほか石鹸、ゴム靴、ガラス製品なども同期間に五倍以上増加するなど、少なくとも消費財工業の分野では、六・二五戦争の被害を免れ、注目に値する生産増加傾向にあった（商工部、『商工行政概観』、１９５９：２１７、３０８～３０９頁）。

特に韓国の製造業を代表する紡織工業の生産増加は、より顕著であった。紡織工業は意欲的に自助の努力を行うとともに、米国からの積極的な支援に支えられ、施設復旧や生産増大において

29）1958年まで払い下げられていない中央直轄企業52社を例に挙げると、6社が全壊ないし大破、29社が半壊と、合わせて35社が大小の戦争被害を受けている。被害を受けていない17社はほとんどが鉱山、運輸会社、流通業など特殊なケースであった。また52社のうちフル稼働中のものは6社しかなく、残りの半分にあたる25社が完全休業や企業解体中であった――財務部, 1958, pp.157～159参照.

は他の追随を許さなかった。

3. 帰属財産民営化の意義

(1)政府の帰属財産民営化政策に対する評価

まずは、李承晩政権の帰属財産に対する果敢な民間売却措置、すなわち帰属企業の速やかな民営化政策に対する評価である。一九四八年八月の政府樹立と同時に、米軍政から移管された帰属財産は、一種の国有財産といえる。植民地時代に日本人が所有していた財産を、米軍政を媒介にし、無償で引き受けた国有財産である。それは社会のあらゆる分野や産業にわたり、全国各地に散在していた。莫大な種類の国有財産を突然引き継いだ政府は、どのように管理・運営すべきかという複雑極まりない難題に直面する。建国初期に政府が直面した最大の国政課題であった。

政府がこれらの財産をすべて管理し、国有・国営体制で維持していくことは、社会主義計画経済体制を目指すのでなければ無理であることは分かっていた。よって、自由主義市場経済の原則に従い、できるだけ早く企業を民営化する道が正しい選択という確固たる政策的判断により、李承晩政権は直ちに民間払下げを強く推進した。これは非常に重要な経済史的意義を持っている。残念ながら、この自由主義市場経済の原理による帰属財産の民間払下げ政策は、当時の制憲憲法に規定された混合経済体制の理念とは符合しなかった。

李承晩政権の帰属財産払下げ政策の原則は、ひと言でいうと、制憲憲法に規定される基本的経済条項に真っ向から反したものであった。憲法上の基本的経済条項とは、このような内容である。第一に、主要鉱物など重要な地下資源や水産資源、経済的に利用可能な自然力は国有にすること（憲法第八五条）、第二に、国民経済的に重要な意味を持つ産業、すなわち、運輸、通信、金属、保険、電気、水利事業、水道・ガスなどと、その他公共性の強い企業はすべて国公営とすること（憲法第八七条）。当時の憲法規定上、国公有企業の範疇に入る鉱業、運輸業、製造業、そして基幹産業である金属・機械工業まで民間に払い下げるという李承晩政権の基本方針は、憲法の規定に違背するかに関する有権解釈の問題となった[30]。

憲法の規定に反してまでの無理な推進という問題以外にも、李承晩政権の果敢な払下げ措置と関連して、いくつかの問題が提起された。一つは、資産の払下げが政治権力と結託した特定の人に特恵を与える形で行われること、もうひとつは、当初の原則によると、より多くの人に株式や運営権を等しく分散する方式で行われるべきであるのに、特定の人一人に企業の経営と所有権を独占的に委譲する形となるという、特定人に対する特恵付与ないし公正性の欠如に関する問題であった。

前者の特恵問題に関しては、払下げ代金の納付において、例えば一括払いの条件を原則としているにもかかわらず、現実にはさまざまな理由をつけて五〜七年、またはそれ以上の分割納入が許可されたこと、それすら延滞するケースが多かったこともあり、手の付けられないインフレの中で延滞や分割償還を許可することは特恵措置であると考えられたのは当然であった。

後者の政治権力との結託、または情実による特定人に対する独占的払下げ問題においては、そ

30）帰属財産処理法上では、このような公共性の強い企業は憲法の規定により国公有化することとされていた（法第５条、第６条）。だが政府は、同施行令において払下げのための審議委員会を通過する際、または最後の大統領の決裁過程において事実上、国公有化を非常に困難にした。これが憲法の規定に抵触するものであったと考えられる（同施行令第４条）。

れが不正ないし不公正な方法による特恵的払下げであることは否定できない。しかし一方で、特定の人に対する独占的払下げ方式が、必ずしも悪いとはいえないという主張もなくはなかった。その理由は、当時の国内外における厳しい環境を考慮すると、当該企業の経営不良を速やかに改善し、経営を正常化させる最も早い方法は、何人もの人に公平に分散売却するよりは、一人であっても能力のある適任者に単独で払い下げ、最大限効率的な責任経営が行える環境を整えるほうが賢明であるという観点からである。

結果的に、このような独占的払下げにより、経営主体の速やかな確立と、ひいては私企業としての立場で責任経営の効率性を最大限発揮することとなり、予想外に経営成果は良かった。もっともこれには、休戦後、本格的に入ってきた米国の莫大な援助が、一九五〇年代の政府ベースでの急速な戦災復興と民間ベースでの経済回復にも大きく貢献したとして高く評価せざるをえない。

(2)帰属財産の断絶と連続

第二に、民間払下げを通じた企業経営の改善が、植民地時代に形成された日本企業の実体あるいは、日本的企業の性格をそのまま維持、存続する方向で展開されたのか、または日本的企業の実体ないし性格を破壊、断絶する方向で行われたのかという評価である。

帰属財産の価値の断絶と連続という根本的な問題を正しく評価するには、帰属事業体がその資産的価値の変動を招く次の二つの過程について、踏み込んだ分析が求められる。一つは、解放後の政治の激動期と六・二五戦争を経て、これら帰属事業体の資産価値にどれだけの破壊・毀損、流失などの変動がもたらされたのか、もうひとつは、破壊された企業の復旧に必要な機械・施設や部品、その他の資機材をどの国のどのモデルで調達したのかという復旧・再建過程に関する分析である。

財産の破壊とその復旧の過程に関する具体的な研究が行われていないので、これについての適当な結論は引き出す立場にない。しかし、いままで見てきた時代別、産業別、項目別の分析内容を総合すると、次のような推論が可能になるのではないか。米軍政期ないし韓国政府時代を経て、破壊されたり流失したりした企業体の状態、または六・二五戦争による企業体の被害状況などを総合してみると、帰属事業体の資産的価値が全般的に、そして決定的に破壊・毀損された、あるいは存在価値が完全に滅失してしまったと言えるほど深刻ではなかったということである。

具体的な数値を見ても、米軍政期に流失した帰属事業体の数は、中央直轄一九社、地方管轄一九九社と、合計二一八社に上るが、帰属企業全体三五五一社の六・一四%にすぎない。韓国政府に移ってから一九五三年までに解体された企業体の数は、わずか一四件とされていて、これを加えても大勢に大きく影響するほどではない。六・二五戦争の被害規模においては、総被害額の四四・五%が建物の被害、一九・六%が産業施設の被害である。建物の被害額の大部分（四三%）が一般民家に対する被害であり、産業部門においては一五・二%にすぎない。産業施設の被害においても、民間産業部門の被害は全体の三四%程度であるのに対し、各種教育機関の施設の被害は全体の四五・二%と高かった。その他、各種社会間接資本部門の被害が全体の一四・八%に達することなどを参考までに指摘しておく[31]。

31）公報処統計局,『6・25事変総合被害調査表』, 1953年7月27日の休戦当時を基準にした調査による。

一方、破壊された施設の復旧・拡充の過程で調達された産業施設に関して、国別の導入構成や施設のモデルは、代表的産業である綿紡工業の場合、その機械・施設のほとんどを米国の援助資金で導入したため、自然と米国施設モデルになったといえる。それはあくまでも綿紡工業の例外的ケースであると考えられ、その他の産業においてはむしろ米国以外の国（例えば日本やドイツ）がモデルとなる傾向が強かった。六・二五戦争が勃発した一九五〇年から五五年ごろまでの日本からの輸入傾向を見ると、総輸入に占める対日輸入の比重は、一九五〇年の六九・一％から五一年には七二・七％に上がり、五二年からは次第に下落傾向を見せている（韓国貿易協会、『韓国貿易史』、一九七二：二四六、二七九頁）。

対日輸入品の構成に関する具体的なデータは手に入らないが、この時期の客観的条件に照らし合わせると、韓国企業が切実に必要としていた原資材や部品の大半が輸入品で、産業施設や消費財類も一部含まれていた。一九五〇年代になると、産業に必要なほとんどの原資材の調達はさらに日本に依存することになる。それは、解放前の日本式産業体制への回帰を意味するものと解釈できる。

結局、戦争被害からの産業施設の復旧や、国民経済を再建することを目的とした施設拡張のためには、日本式原材料や部品などに依存せざるをえない企業体質の特性から容易に脱することができなかったのである。したがって、外部環境が変化しても容易に変わらない企業体質の特性こそ、解放後、帰属財産の実体が断絶・消滅の過程を歩むのか存続し続けるのかを判断する際の中核要因であることを強調したい。

　最後に一つ付け加えておく。米軍政時代と一九五〇年代、特に六・二五戦争の過程で被った各種産業施設の破壊・毀損、流失を強調するあまり、その後、米国の援助資金による施設復旧の過程で、ほぼすべての産業が完全に米国式パターンにより代替されたと拡大解釈される傾向がある。それは綿紡工業だけの特殊な事情にすぎない。植民地工業化の実体的意義が、一九五〇年代や一九六〇年代の工業化につながるという主張、すなわちその不断の連続性まで否定する形で拡大解釈してはならないことを強調したい。

第七章

解放後の韓国経済の展開と帰属財産

I

植民地遺産としての帰属財産

1．植民地主義と植民地遺産

(1)植民地（colony）に関する一般的理解

地球上に存在する国家のうち、少なくとも国民国家において、他の民族や国家から植民地支配や従属を受けた経験のない国はほとんどない。世界史の長い流れから見て、隣国であれ遠国であれ、植民地的支配・従属はいくつかの国に限られた例外的な現象ではなく、地球上のどこにでも見られる一つの普遍的現象である[1)]。ただし、植民地支配・従属の目的や期間、植民地的関係のあり方により、その内容や性格はそれぞれ異なる。

どんな植民地であっても植民地的関係が終われば、それまでの植民地支配によるさまざまな類型の「植民地遺産（colonial legacy)」が残る。どのような性格の遺産かは、宗主国の統治政策次第である。特に重要なのは植民地建設の目的である。植民地の歴史が長い西欧列強の植民地建設の目的は、時代によって、また対象地域によって、それぞれ異なる形で現われている。中世まで

1）植民地主義（colonialism）に関しては実は西欧諸国の内部でも植民地支配・従属の関係はよくあった。東洋でも中国やロシア、韓国（高麗時代）は一時モンゴルの植民地であったし、米国やカナダも英国やフランスの植民地であった。韓国人は日本の植民地になったことが世界で韓国だけが経験した恥辱の歴史であるかのように認識しているが、決してそうではない。

は単に未知の世界の発見や軍事基地の建設、金・銀鉱の採掘などを主な目的としていた。近世になると、北米や大洋州などの新大陸発見とともに、これらニューフロンティア（新開地）に対する自国民の移民（emigration）が行われ、それによって自国の言語、宗教、文化、スポーツなどを伝播することが主な目的のようになったときがあった。一九世紀後半、西欧資本主義が独占資本主義の段階に入ると、自国の余剰商品や資本を輸出するための海外市場開拓という経済的目的が前面に浮上した。つまり、植民地政策の時代や類型によって、植民地遺産の性格も著しく変化するのである。

一八世紀以降、西欧諸国の生産力は産業革命を経て飛躍的に発達する。機械制工業の急速な普及により急増した生産力は、限られた国内需要だけではカバーできなくなり、その代案として輸出のため、海外市場開拓に目を向けざるをえなかった。主に工業製品中心の海外輸出を可能にするためには、それに対する代金支払い手段として輸入国から何らかの別の商品（物資）の輸入が避けられない。

最初は、輸出代金の一部決済が金・銀宝貨で行われた。そのほとんどは現地で産出される一次産品、例えば食糧や嗜好品、工業用原料、エネルギー資源などの輸入を通じ、それをカバーする方式で展開された。ここでいう一次産品とは、主に農産物と鉱産物である。農産物は食糧農業（小麦、米、豆）、原料農業（木綿、羊毛、サトウキビ）、嗜好品農業（コーヒー、茶、ココア）に分けられる。鉱産物は工業用原料鉱（鉄鉱、銅鉱、タングステン、亜鉛・鉛鉱、その他のレアメタル）、燃料鉱（石炭、石油・ガス）、金銀鉱やダイヤモンドなどの宝石類の三種類である。

両者間の交易を発展させ続けるためには、西欧先進国（工業製品輸出国）側がどのような形であれ輸出国側の一次産品開発を助けるか、その開発を直接担当しなければならないという結論に至る。結局、自国の工業製品の輸出を持続させるには、商品の輸出とともに資本と技術まで輸出しなければならなくなる。また、現地に出ていった資本と技術の安全、その投資活動の自由を保障するためには、第二段階として国家権力の進出が必要不可欠になる。国家権力進出の必要性、それは政治的な意味で一次産品輸出国に対する従属的植民地支配の過程に発展せざるをえない。商品輸出の段階から次第に資本輸出の段階に移る海外市場進出の深化過程とは、このような現象を指して言う言葉である。

(2)植民地経済モデルとその遺産

西欧諸国の植民地開拓史は、さまざまな類型で展開された。海外植民地に残された植民地遺産は①スペイン、英国、フランス、オランダなど、西欧列強による植民地支配のパターン②被植民地地域、すなわちアフリカ、中南米、アジア、中東など、その地域の自然的・経済的特性③植民地下での被植民地の人々の植民地政策に対する受容・対応の姿勢など、地域によって異なる。

千差万別の植民地遺産に対して一義的な解釈を下すことは難しい。ここでは一つの先行研究の事例を挙げ、植民地経験を持つ経済の場合、構造的にどのような植民地遺制（遺産）が引き継がれるかを見てみよう。「世界システム論」（World-System Theory）で有名なイマニュエル・ウォーラーステイン（I. Wallerstein）は、アフリカ地域を対象にした事例研究を通じ、植民地経済構造の一つの典型として「植民地経済三部門モデル」を提示している。このモデルを手短に紹介することで、植民地経済の全体像を描いてみることにする。

ウォーラーステインは植民地経済の中でも、特にアフリカ経済を集中的に研究した。その結果、独特な社会発展理論といえる周辺部社会論、つまり「中心／半周辺／周辺部資本主義論」(center/semi-peripheral/peripheral capitalism) の理論的立論としたのが、このアフリカ経済三部門のモデルである。植民地時代のアフリカ経済は、時間がたつにつれて次の三部門に、その構造的性格が明確に区別される再編過程を経ているという主張である[2)]。

①第一部門：最初から宗主国への輸出を目的とする輸出農業および輸出鉱業中心の近代化された生産部門

②第二部門：第一部門およびそれに関連する国内外流通・サービス業に、主に食糧を供給する国内商業的農業部門

③第三部門：第一部門──時には第二部門まで含めて──に対して、必要とする労働力を主に供給する伝統的な農業部門

このうち第一部門は、全面的に宗主国の資本と技術によって開発される近代化された生産部門であり、最初からその産出物（一時産品）の宗主国──ないし第三国──への輸出を前提としていること、そして最初からそれは大規模なプランテーション農場や牧場、鉱山などの開発を目的

2）あくまでも分析のための一つのモデル設定で、実際にアフリカ経済がそのように展開したと解釈する必要はない。アフリカ経済の構造的性質を分析するにあたり、植民地遺産としてその歴史的ルーツを探るための推論的モデルとして借用する意味を持つだけである──P. C. Gudkind/I. Wallerstein, The Political Economy of Contemporary Africa, SAGE, pp.46～47,『世界経済論』, 2004, pp.142～144参照.

としていることが特徴である。農場開発では主に食糧農業よりも原料農業や嗜好品農業を中心に行い、鉱山開発では初期には金銀など貴金属鉱物の開発に重点を置いていたが、次第に石油・ガスなどエネルギー供給源の探査や、鉄鉱、銅鉱、ボーキサイト、タングステンなどの工業用原料鉱開発の方向に進んだ。とにかく、この第一部門の特徴は宗主国からそのまま移植された「飛地」(enclave)の性格を強く帯びていて、実際の生産活動も近代化された西欧の資本制的生産様式をそのまま移したものであった。

では、食糧生産中心の伝統的なアフリカ農業は、西欧列強による植民地化により、どのような変化の過程を経るのか。時間の経過とともに、アフリカ農業は二つの領域に分化されていく。一つは第一部門とそれに密接に関連する輸送、貿易、金融、保険、その他の関連サービス業に従事する人々に供給する食糧や嗜好品などの農作物を栽培する領域、もうひとつはその他地域の農民に供給する食糧消費のために農作物を栽培する領域である。近代化された前者の食糧栽培領域を第二部門、自らの需要に充てる後者の食糧栽培領域を第三部門とする。第二部門は食糧などの生産過程に関して第一部門からの影響を受けるため、部分的ではあるが機械制による商業的農業へと発展していくことも可能であり、第三部門は家族労働による伝統的な営農方式をそのまま温存している点が特徴である。

この第三部門に関して特記すべき事項がある。それは、自らの内に余り有る余剰労働力で、第一部門で要求される新規労働力の需要を充足させる役割を担っていることである。第一部門に供給される農業労働力の特徴は、一般的形態の工業労働力のように、全面的に第一部門に拘束される「専業的労働者」の性格ではなく[3]、昼は第一部門の農場ないし工場労働者として働き、夜は第三部門の自己の農地で農作業を行う、すなわち「昼は労働者、夜は農民」という一人で二つの顔を持つ、二重身分の労働者である。

ただし、ウォーラーステイン流の植民地経済三部門モデルが、実際にアフリカ経済において一般的現象として存在したという主張ではなく、アフリカ以外の地域、すなわちアジアやラテンアメリカなどでもそのようなモデルを適用できると拡大解釈をする必要もないことは指摘しておきたい。植民地経済分析のための単なるモデル設定にすぎないからである。しかし、これが重要な意味を持つのは、植民地社会が政治的に解放され、植民地的関係が消滅したあともそのような形で植民地社会に植民地遺制として残り、長い時間がたっても形が変わるだけで実質はそのまま残っているためである。言いかえれば、これら三部門はそれぞれ異質の生産様式を構築し、国民経済（national economy）という一つの自主的・自立的なフレーム（self-reliant frame）に融合できていない。相互に連携しているが、消滅せずに互いに共存する形を取ることで、西欧先進社会のように一つの統一された資本制的社会構成（capitalistic social formation）に発展できないことに留意したい。このように歪曲された形の社会構成は、過去に植民地時代を経験した第三世界社会が持つ、ほぼ共通した特性といえるのではないか。

3）ここでの「専業的労働者」とは、西洋的概念の農民分解の過程で現れる現象、例えば自己農地から完全に離脱し都市の非農業部門に経済的にも身分的にも完全に縛られる労務者を意味する。

2. 植民地遺産と韓国の経験

ウォーラーステイン流の植民地経済三部門モデルは、アフリカだけに適用できる性質のものではない。アジア・中東・中南米などの地域でも多くの制約と限界を有するが、ある程度は説得力を持っているといえる。前記三部門モデルの中核は、植民地経済を地域に合った第一次産業における特産品を集中的に開発するモノカルチャー経済(monoculture economy)としたことである。特に中南米地域における大規模な農場（プランテーション）の発達と、特殊ないくつかの農産物（コーヒー、サトウキビ）や鉱産物（金、銀、銅）の集中的な栽培と採掘、それらの輸出を通じたモノカルチャー経済の構造定着は、世界史的にも西欧列強による長い植民地支配が作り出した典型的な形態と言わざるをえない。

西欧列強による植民地支配の遺制といえるプランテーション農業やモノカルチャー経済といった構造的特性は、結局、西欧列強の植民地政策、その中でも特に次の二つの側面での政策が長期にわたり持続的に推進されてきた所産といえる。ひとつは、西欧列強の余剰商品である工業製品販売のための消費市場として海外植民地を扱う政策、もうひとつは、自己が必要とする食糧や工業用原料、金銀などの宝石類への要求を満たすための供給市場として開発しようとした政策である。さらにひとつ追加するなら、植民地経済を一つの自主的な国民経済の枠組み（framework of self-reliant national economy）に入れる意思が全くなかったことである。

国際的に、植民地経済全体に対する部門別、産業別、業種別に有機的にバランスの取れた開発戦略を動員せず、そのような国民経済の均衡的発展を支える各種社会間接資本の建設や近代的な教育制度の導入などは全く考慮していなかった。このような事実は、少なくとも第二次世界大戦前までの西欧列強によるアジア・アフリカ・ラテンアメリカ（AALA）地域に対する植民地支配および開発を見れば納得できる。

以上、植民地遺産（ないし遺制）の一般論的経験に照らし合わせてみたが、本論に戻り、日本による韓国の植民地支配はどうであったのかを見てみよう。結論から言うと、西欧列強が非西欧地域に対して行った一般的な植民地支配とは、その性格が大きく異なる[4)]。

(1)経済的側面：植民地工業化の経験

韓国の場合は、どの事例にも見られないような植民地工業化（colonial industrialization）が行われた。植民地時代に宗主国による工業化が行われたことは、植民地社会の経済的発展という面で非常に重要な意味を持つ。

中南米の事例などのように、コーヒーやサトウキビなどの単作経営に絞るモノカルチャー経済へと、日本は韓国を導いていない。工業化の必須条件となる鉄道、道路、港湾、電信・電話、工業団地などの基礎インフラ（社会間接資本）を構築した。また、電力や石炭などのエネルギー資源の開発、鉄鉱石、鉛・亜鉛、重石などを採掘し、原綿、蚕繭、大麻などの原料作物の栽培も行った。結論を言うと、植民地経済の均衡的発展のために鉱工業を中心とした産業構造の高度化を行っ

4）日本による植民地支配の特徴としては、時期的に世界植民地史上で非常に遅く支配・従属の期間が短かったこと、人種的に西欧列強（白人）による支配ではなく、歴史的・文化的伝統が類似していた国による支配・従属であったこと、そして韓国は長い歴史的伝統と文化を持ち、古くから独自の国民国家（nation state）を形成していたことが挙げられる。

た点で、どの国の植民地支配とも完全に区別される特殊な工業化を経たのである。

このような韓国の特殊な植民地工業化は、結果的にどのような遺産を残したのか。この問いに対する回答こそ、本書で明らかにしようとする帰属財産、すなわち日本（人）が残していった財産の実体を正しく究明する作業である。日本が残した財産だからといって、それを一様に植民地工業化の産物と解釈することはできない。解放当時の日本（人）の財産、つまり彼らの所有・支配・経営下にあったすべての財産を広義での帰属財産と規定するならば、解放当時の帰属財産の実物的総価値は韓国の総「国家財産」（capital stocks in nation）の八〇～八五％に及ぶ。また、その総資産価値は、戦後の日本政府（大蔵省）と在日米軍指令部（ＳＣＡＰ）間の合同調査の結果によると、約五二億ドル（南韓二三億ドル、北韓二九億ドル）と推算される。

工業化によって形成された植民地遺産は実物資産に限られない。工業化の過程で間接的・直接的に得られた韓国人企業家や経営者グループの資質向上や、一般従業員の技術・技能の向上もすべて植民地遺産に入る。複雑な技術の重化学工業や電気、鉄道、土木、建設業などにおける先端の機械施設を使った生産技術の発展や、近代的な大規模企業（会社）の組織と運営を担う企業家の養成、経営能力の向上などもすべてこの工業化過程で体得した植民地遺産の一環であることは再論の余地もない。

植民地朝鮮の資本主義的発展に着目した米国のカーター・Ｊ・エッカート（Carter J. Eckert）は、日本企業との関係を通じて多くの朝鮮人が資本家、起業家、経営者などに成長できたことを高く評価している。その代表的なケースとして全北高敞出身の金氏（金性洙、金季洙兄弟）を挙げ、

5）第一次世界大戦以降、つまり1919～45年の日本による植民地工業化の過程に今日の韓国工業化の「真の原型」（very origins）を見出せるとエッカートはいう。1980年代の韓国の50大財閥の60％にあたる29財閥が、植民地時代にすでに企業家ないし経営者として活動していた経歴の持ち主である――C. J. Eckert, Offspring of Empire参照.

その家系が地主階級から産業資本家に発展していく過程を、一九一九年の京城紡織株式会社の設立と同社の成長過程を通じて具体的に説明している。

エッカートは植民地時代の朝鮮人企業家の数が一般の予想をはるかに超える大規模なものであり、解放後、彼らが新生韓国経済を率いる主体勢力を形成することになったと言う。日本による植民地工業化の遺産は企業家および経営者の養成そのものであったと、朝鮮人の幅広い学習効果を強調している[5]。ひと言でいうと、資本主義の経済システムを担当する有能な資本家階級と企業経営者を輩出したことが、何よりも重要な植民地遺産であると認識すべきということである。

(2)精神的側面：学術用語・概念語の導入

包括的な意味での植民地遺産は、以上のような経済的側面だけの遺産に限ったものではない。植民地時代に得た日常生活上のさまざまな新しい知識や技術、人生の知恵や基準など、その善悪や価値判断は別として、すべて植民地遺産として規定すべきである。その中には人間の精神的側面における各種学術的・芸術的・文化的なものや、技術的・経営的・法制度的なものもある。そのほかにも国民の衣食住など生活の慣習や価値観、特に言語生活上の新規の概念や用語（外来語）の流入に至るまで数え切れないほど多い[6]。

筆者は他の書籍で、韓国の植民地遺産を①精神的遺産②物質的遺産③制度的遺産の三つのカテゴリーに分けて紹介し、その実態がどのようなものであったのかを論じている（拙著『解放後1950年代の経済——工業化の史的背景研究』、二〇〇二：三〇〜三三頁）。その大綱をかいつま

6）スペイン、英国、フランスなどの西欧列強が非西欧地域に残した植民地遺産のうち、次の三つは被植民地における人々の暮らしに体現されていて、いまではそれが他民族による植民地遺産とも言えなくなってきている。その三つとは、①宗教ではキリスト教、②言語ではスペイン語・英語・仏語など、③スポーツではサッカー（soccer）・陸上などである。

んで再論しよう。

①の精神的遺産は、その範疇を国民の道徳律や価値観、考え方、意識構造などに及ぼした影響としている。宗主国の言語や教育、宗教、風俗、先進的な学術や芸術、スポーツや娯楽などの面で与えられた影響をすべて包括する広い範囲で設定される。強調したいのは、例えば現代社会で広く使われている専門的な学術用語や技術用語などの各種概念語である。

今日、韓国人が使っている学術的意味を盛り込んだ専門概念語は、そのほとんどが日本の植民地時代または一八七六年の開港後、主に日本から輸入された。明治維新以降、韓国よりも先に西洋の学問と文物を受け入れた日本は、その第一段階として西洋主要国家の言語（蘭語、英語、フランス語、ドイツ語など）で書かれた学術用語を漢字に翻訳するという苦行を行う[7]。長い歳月と犠牲を払った代価として、この苦行は有終の美を飾る。西洋各国の学術用語は日本語（漢語）に翻訳され、この翻訳過程は日本の近代化過程につながったといえる。一方、これらの翻訳された漢語がさまざまなルートを通じて韓国に伝わり、日本をモデルにした韓国の近代化過程を導いた。

専門的な学術用語の翻訳事業は、それだけにとどまらない。これら専門的な概念語の導入を媒介に、西洋の先進的な学問と技術、制度と文物などが同時に流入することに大きな意味がある。日本を媒介にした間接的な導入ではあるが、韓国も西洋の先進文物と学問を受け入れられたことは否定できない。ただし、日本は漢語への翻訳過程自体が日本の近代化過程であると解釈できるのに対し、韓国の場合は日本が翻訳した漢語の導入と準用を通じた間接的近代化過程を経るとい

7）俗に日本の近代化は、蘭語、英語、ドイツ語など西洋の学術用語を漢語に翻訳する過程と言われている。明治維新以降、西洋語翻訳の過程で欠かせない存在が、1873年に創立された「明六社」という学術団体で福沢諭吉（座長）をはじめ、西周、森有礼、加藤弘之、中村正直、西村茂樹らが中心になった。彼らの努力による西洋語の翻訳は韓国の近代化までも影響を与えた。

う点で、「両国の近代化の性格は異なる。しばしば論争の種になる「植民地近代化論」という命題は、表現を変えれば、日本を通じた西洋の学問と文物の間接的導入過程という意味として解釈できる。

②の物質的遺産は、植民地工業化の影響という観点ですでに論じたため、ここでは工業化の過程で造成された各地方の工業団地が、解放直後の混乱期や六・二五戦乱期を経ても特に破壊されることなく、一九六〇年代の工業化計画が行われる当時までそのまま工業団地としての機能を果たしたことのみを明らかにしておく。当時、永登浦、九老、仁川など地域別に造成された工業団地や、嶺南、三陟などの工業団地は、戦争でも大きく破損されることなく、一九六〇年代の経済開発計画推進の拠点として再利用された。よって、これも植民地遺産の一環として扱うべきである。

(3)制度的側面：市場経済制度の確立

③の制度的遺産について考えてみよう。国家の根幹を成す行政、立法、司法の三府の統治制度をはじめとし、経済・教育・言論・文化など社会全般にわたるすべての制度が――米軍政三年間に一部米国式に変わったものもあるが――、その根幹は日本から受け継いだ植民地遺産の一環といえる。解放後も、新たに登場した西洋の制度や文物は日本が先に導入し、必要な概念を漢語に翻訳した。それを韓国が無料で借用してきたことは事実である。このような傾向は今後も程度の差こそあれ続くであろう。韓国が現段階で自国の辞典の七〇％に上る漢語を完全に捨て固有語だ

けで生きていくか、文字生活自体を英語やスペイン語、ドイツ語などの西洋言語に変えないかぎり、日本の言語の影響力から脱することはできない。

制度的遺産について一つ強調しておきたいことがある。日本の植民地時代に、韓国の私有財産制度とそれを基にした市場経済制度が確立したことである。資本主義的市場経済制度が成立するには、基本的に二つの条件が前提となる。制度的な私有財産制度の確立と貨幣経済の発達である。韓国はこれら二つの基本的条件が植民地時代に整ったことを忘れてはならない。

まず、近代的な紙幣制度の導入を見てみよう。朝鮮時代から伝わる韓国の伝統的な金属貨幣（葉銭）制度は、一八七六年の開港とともに次第に崩壊の道を歩み始める。開港により押し寄せる外国商品の流入とともに、商品取引のための外国貨幣（紙幣）も同時に流入した。開港地を中心とする外国商品の取引は、その便宜性によって外国貨幣（紙幣）が媒介になった。朝鮮の金属貨幣は、貨幣本来の交換という媒介手段としての機能を失い、市場から追い出される運命となる。

これを受け、朝鮮王室でも貨幣制度を一日も早く改革しようとするが、さまざまな客観的条件が整わなかった。一九〇二年に日本の諮問を受け、日本の第一銀行の釜山支店に紙幣（紙のお金）を作らせ、従来の金属貨幣と替える一大「幣制改革」を断行する（この韓国最初の紙幣には第一銀行頭取だった渋沢栄一の肖像が印刷されている――訳者註）。一九〇九年には中央銀行（発券銀行）格である韓国銀行を設立し、日本の第一銀行から発券業務を引き受け、独自の韓国銀行券を発行する過程を踏む。これにより貨幣の運搬と商品取引が便利になっただけでなく、納税の金納化はもちろん、国際取引を含むすべての商取引が貨幣経済化することで、市場経済制度確立のための重要な基礎条件が整う。

もうひとつの基本的条件である私有財産制度の成立過程は、一九一〇年の併合直後、朝鮮総督府による土地調査事業およびそれに続く林野調査事業を通じて行われる。十数年にわたる全国の土地を対象とした二度の一斉調査によって、私有財産制度確立のための制度的基盤が構築される。それは土地所有者に対する私的所有権を確実なものにするため、その所有権を法的に保障する「不動産登記制度」を導入したことで確立された。私有地については、地主が土地の売買、贈与、抵当・交換など、土地の財産権を自由に行使できる近代的な土地所有制度を確立し、それを法的に保証する不動産登記制度を導入した。近代的な貨幣制度の導入とともに、韓国の自由市場経済が確立したもうひとつの制度的基礎条件の整備といえる。

II　一九五〇年代の経済と帰属財産

1. 解放後における韓国経済の三部門モデル

植民地時代、この地に導入された市場経済体制は、一九四五年の解放とともに一瞬にして崩壊する運命となった。その直接的な原因は、市場経済体制をリードしていた主体である日本資本と企業が一斉に引いてしまったからである。市場経済を支えていた関連産業施設や金融機関などの物質的基盤を丸ごと持っていったからではない。物質的産業基盤は残していったが、韓国人にはそれらを運営する主体的能力がなかったからである。急遽登場した米軍政が日本の後釜に座ったわけであるが、臨時政府格の米軍政では限界があった。米軍政の課題は日本軍の武装解除と、南北を包括する統一政府の樹立という政治的要求であり、他の社会経済的な要求は自然と後回しにされた。

経済的側面では、日本人が所有していた財産を帰属財産という名で米軍政下に移管させ、それを直接管理し、場合によっては民間に払い下げる程度の役割は果たした。しかし、米軍政による帰属財産の管理をはじめとする経済政策は、所期の成果を上げることができず、生産、消費、物価、雇用などの側面で深刻な経済的困難にぶつかる。米軍政は莫大な規模の経済援助を行い、解放政局の激しいインフレと失業の増加などの経済的難局に対処し、施設破壊や管理の不徹底などによって大きく縮小した生産力基盤を早期に回復させようとした。

こうした観点から、米軍政が登場してから少なくとも一九五〇年代前半までの韓国経済の性格を規定すると、次の三つのウクラード（経済制度）が想定できるのではないか[8]。

①帰属財産部門……資本制的生産様式を備えた近代的鉱工業部門
②伝統的経済部門……半封建的な農業および小生産者的生産様式に基づく多数の伝統的な家内工業および中小企業部門
③援助経済部門……解放後、米国の援助により新たに現れた経済領域

若干の説明を加えておく。①の帰属財産部門は、解放後、その生産力の基盤が大きく破壊・毀損されたとしても、規模の面や生産力のレベルにおいて、それが国有・国営体制か民間化されたかに関係なく、韓国経済を牽引していく支配的な地位にあったことだけは間違いない。なぜならば、近代的な施設を備えた大規模企業は、電気・ガス、建設業、運輸・倉庫業、金融・保険業、ひいては農林水産業において、そのほとんどが①に集中していたからである。

②の伝統的経済部門は、農業の場合、一九五〇年の農地改革にもかかわらず、半封建的な地主・

8）拙著,『韓国戦争と1950年代の資本蓄積』, カチ社, 1987, PP. 46〜48参照.

小作関係がほぼそのまま温存されていた。工業の場合、中小企業や零細企業のほとんどは、資本と労働が分離されていない家庭内工業から完全に脱し切れていなかった。市場条件においても生活用品中心の消費財生産が主であり、海外輸出どころか、小さな領域の局地市場圏の枠にとどまっていた。しかし、①の帰属財産部門の生産領域が大きく縮小し、時局のせいで対外貿易縮小による消費財類の輸入が減少傾向にある中、激しい戦時インフレの影響で生産活動は活気を帯びた。大都市はもちろん、一部の地方都市でも広範囲にわたって中小企業の新規設立ブームが起きる。それは主に局地的な生活必需品の需要を満たすための事業であった[9)]。

このような現象は何を意味するのか。米軍政による帰属財産のずさんな管理が①の帰属財産部門の衰退をもたらし、逆に②の伝統的経済部門の拡大を助長する結果になったと分析される。また同部門の膨張は、生産関係・生産様式を近代的・資本制的なものに変えようとする自前の努力により、次第に成長部門に発展していったといえる。

最後に③の援助経済部門は、厳密に言うと、独自のウクラードと見るのは難しい。それが直接、生産経済を担当するのではなく、流通・消費部門を担当しているからである。つまり、生産過程で各種原資材を供給する重要な機能を果たしているが、生産関係や生産様式の概念として扱うのは難しい。たとえ一つの経済ウクラードとして設定することに問題がなくても、国民経済全体に占める割合は非常に大きいうえ、経済の各部門において決定的な影響力を行使している点で、一つの独自の経済領域として規定できると見るべきである。

いずれにせよ、米軍政と時を同じくして登場する援助経済部門には、消費財、原材料だけでな

9) 米軍政期（1945年8月～1948年8月）の南韓八大都市における新規設立会社数は、製造業554社、土建業214社、貿易業198社、農林水産業76社、金融・保険業49社など、合計1468社であり、一大ブームが起きていた。これらの数値を全国に拡大すると、さらに多くの会社が設立されたことになる——朝鮮銀行調査部,『経済年鑑』, 1949年版, p. I -150.

く、比重は小さいが生産財も含まれている[10]。①や②における既存施設の修理や新規施設への改築はもちろん、生産過程での部品ないし原資材などの供給を通じた①と②の生産活動を積極的に支援し、国民経済の運営全般においてもなくてはならない役割がこの③に与えられていた。

2. 一九五〇年代の対日貿易の特性

一九五〇年代の韓国経済三部門のウクラードのうち、①はその地位が徐々に低くなっていたとはいえ、国民経済をリードする役割を維持していたことは否定できない。経済の根幹である生産財工業だけでなく、鉄道と道路、電力と石炭、電信・電話など、国の動脈ともいえる基幹産業のほとんどを担っていたからである。それはつまり、米国との経済関係が緊密化していたにもかかわらず、韓国経済が③を媒介とし、日本と結んだ経済的関係も簡単には崩れなかったことを意味する。このような対日依存症は、一九五〇年代における韓日間の貿易関係を通じて浮き彫りになっている。

一九五〇年代における韓日間の輸出・輸入の比率は、次のように変化していった。韓国の総輸出に占める日本の比重は、一九五〇年の七五・二%から五七年の四八・七%、五八年の五九・三%と、引き続き圧倒的な割合を堅持していた。総輸入でも一九五〇年の六九・一%から五一年の七二・二%、五二年の五九・一%と、五〇年代の前半は輸入においても絶対的であった。これが後半になると、米国から援助物資の輸入が大幅に増加したうえ、政府が対日輸入に対し強力な抑制

10）1950年代、米国援助導入の過程で韓米間の対立があった。。第一は韓国側の要求が生産財と消費財の構成比は7：3であったのに対し、米国側は逆に3：７を主張した。第二は韓国側が、生産財の供給を通じた援助物資の速やかな国産代替→国内生産の増大→経済の回復を主張したが、米国側の主張は消費財の優先導入→物価・為替の安定と、成長よりは安定優先だった。第三は、援助物資の発注処・購買処に日本を含める

措置を取った影響で、一九五八年には一三・二％、五九年には一〇・〇％にまで減縮している（〈図7―1〉参照）[11]。同図には表れていないが、この時期の米国援助の輸入は総輸入の六〇％～八〇％に達するほど圧倒的であった。

一九五〇年代後半からは対日輸入の比重が著しく低下するが、日本からの輸入品目は需要の価格弾力性が非常に小さいものであり、輸入先を第三国に簡単に変えられる性格のものではなかった。言いかえると、対日輸入品は韓国企業にとって必須である産業機械類（部品を含む）をはじめとし、主要な原料別製品である化学肥料、繊維類、建築資材、原糖、化学薬品などが主流になっていた。反対に対日輸出品は、重石、黒鉛、海苔、生糸、鮮魚、豚毛などの鉱産物および農・畜・水産物中心である。このような輸出入品目の性格の違いから、韓国の対日貿易収支は慢性的な赤字構造を免れなかった。

対日貿易における輸出入の商品構造や貿易収支の赤字構造は、植民地時代から続く体質化した伝統にほかならない。例えば、植民地時代であった一九三〇年代における対日貿易の割合は、輸出が八三・八％（一九三〇年代の年平均）、輸入が八五・一％（同基準）であった。解放後も程度の差こそあれ、構造的にはさほど変わっていない。ここでいう「植民地的伝統」とは、植民地時代に形成された帰属財産の存在が一九五〇年代ないし一九六〇年代になっても大きな比重を堅持していたことを意味する。言いかえれば、この時代になっても韓国経済における対日貿易の影響力は絶対的であったといえる。このような事実は、次の事例からも十分に裏付けることができる。

第一に、一九五〇年代になっても日本との貿易において赤字が続いた。韓国側は慢性的な赤字

べきという米国側の主張に対して、韓国は国民感情を掲げて強く反対した。
11）1950年代後半の対日輸入の比重が小さくなったのは、米国援助による輸入が急増したほかに、この時期の総輸入の国別分類で多くの品目が輸入国未詳として処理されたという統計上の誤謬に基因する要因も大きい。

図7-1　1950年代の対外貿易に日本が占める割合の推移

ア．輸出三か国　　　イ．輸入三か国

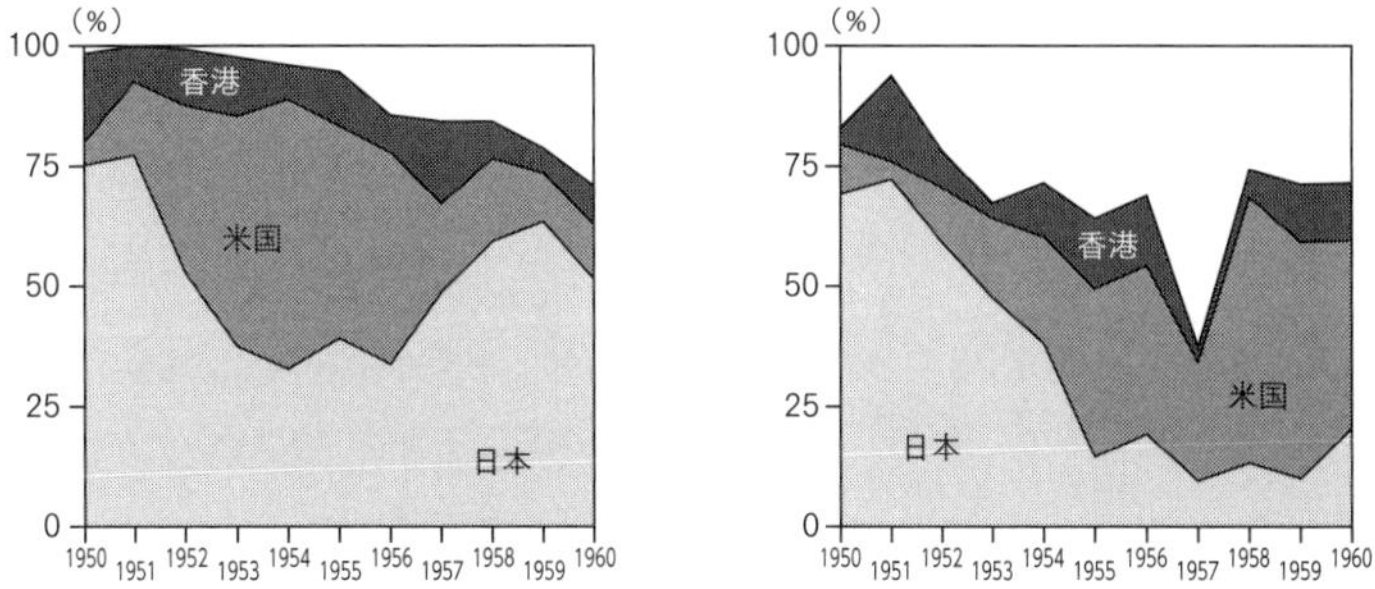

資料：韓国貿易協会,『韓国貿易史』, 1972, PP. 245〜246, 278〜279, 319〜320参照.

累積により、まともな決済方法では両国間の貿易を持続できなくなった。これを知った米国側（連合国軍総司令部）の斡旋により、韓日間の交易では例外的に特殊な決済方式を適用することになる。交易ごとに決済を行う通常の決済方式ではなく、両国間の収支の差額（balance）が一定規模に達するまで決済を猶予し、後払いで一度に支払う「清算勘定(clearing account)」を設置、運営したのである。

一九五〇年六月、韓国政府と、当時の日本の代理であった連合国軍総司令部は「韓日通商協定」と「韓日金融協定」という二つの主要協定を締結する[12]。協定の骨子は、韓日間の貿易には一種の掛け売り貿易の概念を導入し、日本銀行内に清算勘定を設置して、月単位で双方の輸出入代金の差額を事後清算するという形の決済方式を採択することであった。日本の代理であった米国が韓国に特恵を施したわけである。外貨不足に苦しむ韓国に対し、一定期間、掛け売りで取引できる道を開いたのであるが、日本に

12)1950年6月2日付で締結されるこの2つの協定の調印当事者は、韓国側は商工部長官（金勲）、日本側は連合国軍最高司令官の一介の補佐官であった。当時は日本が連合国軍の占領下にあったので、これは米国側が日本に代わり、特別に韓国を見逃すために締結した協定といえる——韓国銀行,『経済年鑑』, 1955年版, pp. I -546〜548参照.

とっては非常に不利で不公正な措置であった。

第二に、韓国は一九四九年一月、連合国軍総司令部の斡旋で駐日代表部を設置し、現地で両国間の通商業務を直接処理できるようにし、近く推進される韓日会談関連業務などもこの代表部が直接管掌できるようにした。これも米国側による韓国に対する一方的な特恵である。国際的な慣例では相互主義の原則に基づき、日本も韓国にそのような類の通商機構を設置すべきであったにもかかわらず、韓国側の強い反対に遭い、ずっと認められなかった。

第三に、一九五〇年代、韓国は経済的な理由ではなく、完全に政治的な理由で、前後三度にわたり対日全面禁輸措置を取った。第一次禁輸措置は一九五三年一〇月、第三次韓日会談における日本側の首席代表久保田貫一郎の「久保田発言」を受けてである。一九五五年七月、韓国政府は日本とのいかなる交渉も拒否するという声明を出した。その具体的な対応措置の一環として、対日交易の全面的な中断を宣言する。しかし、この対日禁輸措置は結果的に至急を要する海産物の対日輸出を妨げ、漁民の損失を招いただけで、わずか一〇日余りで韓国が自ら撤回した[13]。

第二次禁輸措置は一九五五年八月、日本政府が共産主義（毛沢東）の中国と交易協定を締結したことによる。自由友邦である韓国を無視した措置であるとし、韓国政府は同年八月一八日付で二度目の全面的な対日禁輸措置を断行した。第三次禁輸措置は一九五九年六月、日本政府が在日同胞の北送（北韓への送還）計画を発表したことを受けてである。これに対する報復措置の一環として、再び全面禁輸措置を断行した。第二次、第三次の対日禁輸措置も、第一次と同様、失敗に終わった。第一次と同様、禁輸措置は日本経済に何ら打撃を与えることなく、逆に韓国経済に

13）日本の総輸出入に占める韓国のシェアは輸出50分の1、輸入200分の1にすぎなかったが、韓国の総輸出入に占める日本のシェアは〈図7-1〉のように輸出30％台、輸入40％台であった。対日禁輸措置は韓国にとって自殺行為にほかならなかったのである。

は各分野で多大な被害をもたらしたのである。

これらの対日禁輸措置は、次の二つの面で韓国経済を混乱に陥れた。輸入面では、日本の資機材や原料に頼っていた製造業などの国内産業は、十分な備蓄量がなかった。原資材の突然の供給途絶により、ほとんどの企業が操業短縮、ひどい場合は操業中断という苦境に直面した。輸出面では、対日輸出の主な品目である海苔、寒天、干物などの海産物や、タングステン、黒鉛などの鉱産物が、輸出契約の中止、船積みの中断、代金回収の遅延などの打撃を被り、輸出業界も輸入業界以上に厳しい状況に陥った。

以上三回にわたる対日禁輸措置に対する寸評は、次のとおりである。経済的に利害関係はないのに、他国の政治的・外交的な問題を口実に事前協議もせず――口では自由友邦であると強調しながら――一方的に全面禁輸措置を断行するのは、その真の理由は分からないが、愚かな政治ショーにすぎない。実際には何も得られず、結果的に国の体面を損なう結果をもたらした。

第四に、米国援助物資の日本からの購買問題に関連した韓米間の意見衝突である。一九五四年一二月、両国間では、いわゆる「白・ウッド協定」[14]に基づき、韓国は米国が提供する復興援助物資を日本から調達する義務があった。ところが、一九五六年度に米国ＩＣＡ援助資金として導入される四〇〇〇万ドル分の援助物資導入に際し、韓国は日本からの調達を拒否した。同年八月、韓国政府（復興部）が同援助物資を日本から調達しないという声明を一方的に発表したことにより、政府レベルでの公式的な米国への拒否として受け止められた。しかし、これは直ちに米国側から韓米援助協定違反という抗議に遭い、水泡に帰した。

14)「白・ウッド協定」の正式名称は「経済再建と財政安定計画に関する合同経済委員会（CEB）協定」であり、米国援助関連の重要な協定である。1953年12月に韓国の白斗鎮国務総理と連合国軍総司令部経済調整官のC. T. Woodの間で4か月かけて締結された――『経済年鑑』, 1955年版, pp. Ⅰ-572～574参照.

以上が、一九五〇年代の韓日関係における特殊な事例である。ここで知っておくべきことは次の二つである。一九五〇年代、韓国は外交上の相互主義の原則を無視し、日本との正常な外交関係が成立する前であったにもかかわらず、外交的慣行に反する行為を日本に対して頻繁に取っていたことである。換言すれば、米国（連合国軍総司令部）側に助けられて、韓国は外交的にも経済的にも日本から一方的に特恵を受けていた。もうひとつは、一九五〇年代までは韓国経済の流れにおいて、植民地遺産である帰属財産の存在意義が完全に消滅することなく生き残り、経済全般にわたって相当な規定力をもってその役割を果たしていたことである。一九五〇年代の前後三回にわたる韓国政府の一方的な対日禁輸措置は、韓国経済にとっては何の役にも立たず、逆にひどい混乱と経済的損失をもたらすオウンゴールになってしまったことがそれを反証している。

Ⅲ　一九六〇年代の韓日協定と帰属財産

1．一九六〇年代における帰属財産の変貌

解放から一九五〇年代に至るまで、全産業における比重が大きく縮小したといえる帰属財産であるが、その実態は一九六〇年代以降、どのように変化するのか。これを知るためにはまず、一九六〇年代になって韓国社会の時代状況がどのように変貌したかを見る必要がある。

一九五〇年代と一九六〇年代という時代の性格を論じるにあたり、一般的には政治的な側面において、李承晩政権と朴正熙政権の性格の違いで集約される。一九五〇年代の李承晩政権がその物質的土台を米軍政から受け継いだ帰属財産と米国の援助という二つに据えていたとすれば、一九六〇年代の朴正熙政権は、帰属財産の存在意義が小さくなり、米国の援助も顕著に減少する傾向にある中で、それに代替するための法案として推進した第三国（主に日本）からの新規外資導入（借款）に物質的土台を据えようとした。

李承晩時代は米国式の自由主義市場経済の原理に基づき、帰属財産については経済的に重要な

基幹産業に属するものまで、できるだけ民間に払い下げる民営化の道を選んだ。しかしその反面、朴政熙時代はすでに民営化されていた基幹産業や金融機関などを国営体制に戻す国有化措置を取ったことから、両者の政治基調には著しい性格の違いが見られる。

一九五〇年代の李承晩時代に帰属財産の存在意義は縮小したが、一九六〇年代の朴正熙軍事政権時代には、重要な基幹産業を国有・国営体制に還元することでその存在意義はよみがえった。一九五〇年代と一九六〇年代における大統領二人の統治理念の違いに着目し、韓国近代史の研究家エッカートは、この時期の韓国経済の性格を次のように究明している。

植民地時代を海外で過ごした米国式自由主義者である李承晩にとって、日本の植民地時代の伝統である統制経済体制は体質的に合わなかったはずであるという。李承晩は統制経済的な植民地遺産からどうすれば早く抜け出せるかをめぐって悩んだ。米軍政から渡された帰属財産を速やかに民間に売却したことが、このような事情を物語っているといえる。

一方、植民地時代を韓国や満州で経験した朴正熙の場合は違った。一九六一年の執権後、経済開発計画の構想において採択しようとした開発モデルの原型は、彼が体験した日本の統制経済体制であった。一九六二年から始まる第一次五か年計画が、強力な計画経済的モデルを採択したのも、そのような事情を物語っている。

いずれにせよ、米国の援助が韓国経済の流れを主導していた李承晩時代には、帰属財産の存在意義が意図的に低められ、朴正熙時代にはそれが再びよみがえる過程を歩んだとエッカートは主張している。

一九五〇年代、韓国にとっての最大の外交的課題は、日本との国交正常化を実現することであり、そのためには一日も早く韓日会談の開催を成功させなければならなかった。一九五一年のサンフランシスコ講和条約締結と時を同じくして、米国側の要求により韓日会議が開かれるが、当事者である韓日両国の反応は非常に冷淡であった。一九五一年の予備会議から始まった会談が一〇年間、何の成果もなく歳月を送ったことがそれを立証している。その責任は韓日両国にあったが、李承晩大統領が行った会談決裂のための積極的な遅延作戦に最大の責任がある。一九五〇年代の韓日会談において、韓国側が数回にわたり、一方的に会談を中断したことがそれを裏付けている。

韓日会談に対する李承晩大統領の否定的立場を見ても分かるように、朝鮮総督府による統制経済的な遺産である帰属財産の存在自体が、李承晩の基本的な統治理念と合致せず乖離があるというエッカートの指摘は、かなりの説得力を持つ。李承晩時代に何の進展もなかった韓日会談が、朴正熙軍事政権で本格的に推進されたこととも無関係ではない。一四年間も引きずってきた韓日会談は一九六五年六月になってようやく、外交史上最長の国交樹立会談という不名誉とともに、それも双方が満足しないまま大勢に押されて妥結したことも、このような脈絡から理解すべきである。

一九六五年のこの韓日両国の国交正常化に向けた韓日協定の締結こそ、韓国現代史における一九五〇年代と一九六〇年代の時代的性格を分ける分岐点も同然の一大歴史的事件であった。韓日協定の締結により、日本から入った五億ドル以上の経済協力資金（請求権資金＋商業借款）は、一九六〇年代に朴正熙政権が経済開発五か年計画を成功させる土台になった。一九六〇年代の経済政策の性格を一九五〇年代の自由主義政策基調とは明確に異なる、政府主導の計画経済政策基調に変えた原動力といえる。

結論をいうと、約四〇年間にわたる植民地支配の物的遺産といえる帰属財産は、解放後、一九五〇年代を経て、少なくとも一九六〇年代前半までは与えられた役割を忠実に果たし、それなりに存続していた。韓日協定の締結が決定的な契機となり、新時代が求める新しい概念の「経済協力」という名の莫大な（五億ドル＋α）資本が日本から導入されたことで、「帰属財産」という名誉とはいえないレッテルがついに外れたのである。

2. 韓国経済の構造と特性

韓国経済は二回にわたる日本資本の大規模導入が決定的な契機となり、二回の激しい工業化過程を経て、経済発展論でいうビッグプッシュ（経済的跳躍、take-off）を可能にした。最初のビッグプッシュは第二章（日本資金の流入過程）で見たように、一九三〇年代から一九四〇年代前半の約一五年間、植民地下で行われた工業化過程、二度目は一九六〇年代から七〇年代の約二〇年間、朴正熙政権下で行われた日本資本と技術の大量導入による工業化過程である。西洋的概念を借りれば、韓国経済発展史上、二度にわたる前・後期産業業命（industrial revolution）と評価される。まさに経済的奇跡（economic miracle）である。前期と後期の間には解放を挟んで一五年という時間的ギャップがあり、工業化の推進主体や目的の面での違いはあるが、工業化の過程や戦略、その性格においては次の共通点がある。

第一に、国家主導の計画的な発展モデルを採択した点である。前者では、五か年計画のような総合的な長期開発計画を立て、細部事項まで逐一、計画的に推進されたわけではない。しかし、軍需産業育成に関連した時局産業という概念の導入、あるいは生産力拡充事業の育成という立場での優先的政策目標の設定、特に投資財源の調達と配分など、重要事項に対する国家の直接的な介入という面では、後者の数回にわたる経済開発五か年計画の推進過程における国家の積極的な経済介入や役割と特に違いはない。

第二に、民間企業に対する国家の選別的な支援と育成策として、特定の産業における独占・寡占現象を助長するなど、「財閥」という名の大規模な企業集団、言いかえれば独占体を早期形成するに至った点である。第一段階（前期）では日本の企業集団（財閥）によって主導され、第二段階では日本の企業と資本・技術的に提携した韓国的な企業集団（日本式財閥ではなく韓国式財閥）の形成過程で展開された点が異なる。民間企業の開発主体の面では明らかに顕著な性格の違いがあることを認める必要がある[15]。

第三に、若干の性格の違いはあるが、前期・後期ともに需要面では国内市場よりも海外市場に大きく依存する、輸出志向的工業化（export-oriented industrialization）の過程で行われた点である。二段階とも、工業化に必要な資本財はもちろん、各種原資材の供給などが主に日本産であったという共通点を持っていた点が重要である。ただし製品の販売条件では、前期は絶対的に日本

15）日本経済の工業化過程における「財閥」と、解放後の1960〜70年代に、韓国の工業化過程で現れた韓国的な企業集団は異なるため、日本式に「財閥」ということには問題がある。形成の時代背景だけでなく、企業集団としての性格も異なるため、学術的に一つの普遍的概念とはなりえない。日本ですでに消滅しているにもかかわらず、誤った用語であることを知りながら韓国ではそのままで使われてきた。少なくとも学

（内地）、少し領域を広げると日本中心の「円ブロック」依存型であったが、後期では日本よりも米国に依存するようになった輸出市場――輸入市場の側面とは異なる――の点で明らかな相違がある。輸出市場の面では後期になって、その主軸が日本から米国に移ったことである。

第四に、前期・後期ともすべて軍需工業の開発と密接に関連する早期重化学工業化計画を追求する工業化パターンを見せている点である。前期は、工業化過程が一九三七年の中日戦争、一九四一年の太平洋戦争の勃発と時期的にほぼ重なっていたため、軍事目的の工業化の性格を帯びていた。後期も、六・二五戦争は一九五三年に休戦したが、一九六〇年代以降も北からの軍事的脅威で実際の時代状況は戦時中と変わらなかった。自主的な軍需工業育成という面でも、一九七〇年代には早期重化学工業化の段階に移行しており、この点で第一段階と非常に類似している。

以上をまとめると、両者には共通する特性が二つある。一つは、民間企業主導による自発的な資本蓄積過程で工業化が行われたのではなく、国家（朝鮮総督府）が開発計画と政策を設け、民間企業を誘導するために一定の統制と政府の支援を同時に講じる、強力な統制経済体制下で行われたこと。もうひとつは、工業化過程はどちらも対外的には日本経済との絶対的な協力体制ないし緊密な連携の下で行われたことである。

この二つの特性は、出発点から相互不可分の関連にある。国家主導的な開発パターンは、一九世紀のドイツでまず発達した。国家権力と民間企業の癒着の中で経済発展が行われる「後発資本主義」の開発モデルといえる。これが日本を経由し、植民地朝鮮にまで伝わったといっても過言ではない。なお、工業化の必要十分条件である日本との特殊な関係は、結局、それが植民地工業

界ではこれ以上誤用されないよう、廃棄すべきである。

化の過程で展開されたことを再確認することにほかならない。ただし、植民地関係が終わったあとの第二段階の工業化過程においても、日本との特殊な関係が依然として有効であった理由については、別途研究が行われるべきである。この場合も、植民地工業化に伴う植民地遺産の一部と見なさざるをえない内容が少なからず残存することを、再確認することになるであろう[16)]。

最後に、本論とは少し距離があるが、付け加えておきたい問題がある。解放後、米軍政によって付けられた帰属財産という名のこの物質的植民地遺産は、以上の章の分析からも分かるように、一九六〇年代の朴正熙政権による新たな韓日協定の締結を契機に、その経済史的意義をひとまず終えたといえる。しかし、残りの二つの植民地遺産、すなわち国民の精神的な面と制度的な面の植民地遺産は解放後、どのような変化の過程を経たのか。

この問題と関連して指摘したいのは、これら二つの遺産の場合、物質的側面における帰属遺産とは性格が根本的に異なることである。有形の物質的遺産は清算の対象になりえるが、この意識（精神）と制度面という二つの遺産は清算や消滅の対象になりえない。政府サイドでも民間サイドでも、ことあるごとにその清算を叫び、法的・制度的にさまざまな措置と努力を傾けてきたが、いまなお消滅せずに粘り強い生命力を保っている。

なぜならば、この二つの遺産は人々の日常生活の一部として体内に入り込み、体現されているからである。それだけを分離して体外に引きずり出し、清算したり解体したりできるような性質のものではない。元を正せば、解放から今日に至るまで、粘り強く唱えてきた親日派粛清や日帝残滓の清算といった問題においても、その本質はこれと同じである。親日派清算というもっとも

16）西欧資本主義発達史では、英国、フランス、オランダなどを「先発資本主義」、その後を追うドイツ、イタリア、日本、ロシアなどを「後発資本主義」に区分し、後者の特徴は、①国家の積極的役割や統制経済、②銀行など金融機関の先駆的発達、③独占資本の早期形成などとされる。このような先発・後発資本主義の発達史に関する研究は、大塚久雄の「国民経済類型論」がすぐれている――『大塚久雄著作集』, 岩波書店, 参照.

らしい政治的スローガンの下、これら精神的・制度的側面における植民地遺産を根絶するために随分と世間を騒がせてきたが、所期の成果を収めたとは言えない。その理由は、精神的側面での植民地遺産を清算すること自体が非常に難しい、いや、不可能に近いことだからである。

日本語名称の追放問題を例に挙げてみよう。日本の支配に入る前から韓国にそのような社会的事象（現象や事物）を指す固有名詞が存在していて、それが後から日本語に置き換わったのなら、解放後、日本が退いたあと、昔の韓国名に戻して当然であろう。しかし、そのような事物や現象自体が韓国には存在せず、それが最初から日本語で入ってきたのなら、日本語追放という名分の下、それを無条件で捨てろと言われても、どんな名称にすればよいのか。日帝残滓の清算だの〝倭色一掃〟だのというスローガンが一様に失敗に終わったのは、このような事情による。

社会的現象や事物は、それ自体の中で生成されるものもあるであろうが、外部から入ってくるもののほうが多い。外部から入ってくるものがその本来の名を冠して入ってくるのは当然であり、したがってどの時代どの国においても民族の固有語とともに一定の外来語が併存するのは普遍的現象である。民族の固有語でないからといって追放するのは、ひと言でいって「言語民族主義」の極致である。専門的な学術用語はいうまでもなく、法律、行政、経営、技術などの分野での専門用語が日本式表現であるからといって「使用不可」のレッテルを貼ったとすれば、結果はどうなるであろうか。恐らく韓国は、再び一八七六年の開港前の未開社会に戻るであろう。

制度的な面における遺産問題においても事情は同様である。それが政府の法律・行政制度であれ、企業の経営・金融制度であれ、学校教育・訓練制度であれ、また市場での売買・決済・度量衡制であれ、そのほとんどが精神的遺産のように、社会各界各層の日常業務や生活にそのまま溶け込んでいる。それを切り離す能力もなければ、あえて切り離す必要もないことを知る必要がある。

結論を言うと、これらの精神的遺産や制度的遺産は広義に見れば、人類文化の普遍的領域に属している。文化というものはすべからく高いところから低いところへ流れるものである。日本文化であれ米国文化であれ、それが韓国に流れてくるのは、その文化が韓国文化より一歩進んでいるからである。自然の理に逆らい、それが入ってこられないよう無理に防ごうとしてはならない。防げないだけでなく、防ぐ必要もないのである。

世の中はいまや、民族だの国家だの国民経済だのという狭い垣根を崩し、一つの広い国際化社会を目指すグローバリゼーションの時代に進んでいる。このような時代の潮流において、韓国はどうすべきか。当面の課題は、時代逆行的、病的な民族・国家至上主義の鎖から一日も早く脱することである。その次は、自国の歴史に対して好むと好まざるとにかかわらず、これ以上歪曲したり欺いたりすることなく、責任を負う姿勢に転じることである。そうすることで国民の歴史意識が正され、韓国史が東北アジア史、ひいては世界史の発展にどのように寄与できるかをめぐって悩むべきであり、そうすることが滔滔と流れる世界史の潮流に順応する歴史的契機になることを願ってやまない。

【参考文献】

ア．資料、雑誌、その他

経済企画院、『請求権資金白書』、1976
経済企画院、『外債白書』、1986
国税庁、『帰属公益法人実態調査 参考資料』、1964年6月30日現在
国税庁、『国税庁管轄帰属休眠法人処理要綱』、1974年10月
金洛年（編）、『韓国の長期統計―国民計定 1911―2010―』、ソウル大学校出版文化院、2012
金南植・李庭植・韓洪九、『韓国現代史資料叢書』（第1～15巻）、トルベゲ、1986
南朝鮮過渡政府商工部、『商工行政年報』、1947
農林新聞社、『農業経済年報』（檀紀4282年版）、1949
大韓民国政府、『韓日会談白書』、1965年3月
復興部、『復興白書』、1958、1959年版
復興部、産業開発委員会、『経済開発3個年計画』（筆写本）、1960
韓国林政研究会（編）、『韓国林政50年史』、山林庁、1996
商工部、『商工生産総合計画』（筆写本）、1952
商工部、『生産および復興建設計画概要』（筆写本）、1954
商工部、『商工行政概観』、1958年版
宋南憲、『解放三年史（Ⅰ、Ⅱ）』、カチ、1985

ソン・ビョンギ（訳）、『尹致昊日記（1）』、延世大学校出版部、2004
パク・ジョンシン（訳）、『尹致昊日記（2）』、延世大学校出版部、2005
申相俊、『美軍政期の南韓行政体制』、韓国福祉行政研究所、1997
イ・ドソン、『実録　朴正熙と韓日会談—5・16から調印まで—』、ハンソン、1995
林業研究院（編）、『朝鮮後期山林政策史』、2002
財務部、『売却企業体カード』、年度未詳
財務部、『財政金融の回顧—建国十年業績—』、1958
財務部、『帰属事業体払下げ名簿』（筆写本）、1960年7月
財務部、『帰属財産処理関係法令集』、年度未詳
財務部管財局、『連合国人財産法令集』、年度未詳
鄭容郁（編）、『解放直後の政治・社会史資料集（第1～12巻）』、タラクバン、1994
鄭泰秀（編著）、『美軍政期の韓国教育史資料集（上、下）』、ホン・ジウォン、1992
朝鮮民主党、『北朝鮮の実情に関する調査報告書』（筆写本）、1947年8月
京城商工会議所、『朝鮮主要会社表』、1944年8月
朝鮮銀行調査部、『朝鮮経済統計要覧』（統計データ集）、1949
朝鮮銀行調査部、『朝鮮経済年報』、1948年版
朝鮮銀行調査部、『経済年鑑』、1949年版
朝鮮通信社（編）、『朝鮮年鑑』、1948年版、1947年12月
鉄道庁、『韓国鉄道100年史』、1999
崔永禧、『激動の解放3年』、翰林大学アジア文化研究所、1996
韓国開発研究院、『韓国経済 半世紀 政策資料集』、1995

韓国関税協会、『韓国関税史』、１９６９
韓国農村経済研究院、『農地改革史研究』、１９８９
韓国道路公社、『韓国道路史』、１９８１
韓国貿易協会（編）、『韓国貿易史』、１９７２
大韓紡織協会（編）、『紡協創立10周年記念誌』、１９５７
韓国法制研究会（編）、『美軍政法令総覧（国文版、英文版）』、驪江出版社、１９７１
韓国産業銀行調査部（編）、『韓国の産業―業種別実態分析―』（第１～４集）、１９５８～６１年、１９６４／６６／６８年版、その他
韓国産業銀行調査部（編）、『韓国産業経済十年史』、１９５５
韓国産業銀行企画調査部、『ネイサン報告―韓国経済再建計画―（上、下）』、１９５４
韓国殖産銀行清算委員会、『殖銀および殖銀傍系会社 所有株式明細表』―１９５７年現在
韓国林政研究会（編）、『治山緑化30年史』、１９７５
韓国銀行、『帰属株払下げ関係綴』、１９５５
韓国銀行、『韓国経済年表』（１９４５―１９８３）、韓国金融研究院、１９８４
韓国銀行調査部、『鉱業および製造業事業体名簿』―１９５５年10月現在、１９５６年11月
韓国銀行調査部、『生産企業体名簿』―１９５３年12月現在
韓国銀行調査部、『産業総覧』（第１集）、１９５４
韓国電力公社、『韓国電気百年史（上、下）』、１９８９
韓国電力公社、『韓国電力文献集』、１９８７
韓国電力公社、『韓国電力史年表』，１９９９
韓国電力公社、『韓国主要文献集』、１９９０

韓国港湾協会、『港湾協会35年史』、２０１１
韓国学中央研究院、『解放直後 韓国所在 日本人資産関連資料』（GHQ／SCAP, Japanese External Assets as of August 1945, volume 1, CIVIL PROPERTY CUSTODIAN, 30 September １９４８の影印本）、ソンイン、２００５
京城商工会議所、『朝鮮産業経済便覧』、１９４１年３月
京城商工会議所、『京城に於ける工場調査』、１９４３年５月
溝口敏行・梅村又次（編）、『旧日本植民地経済統計―推計と分析―』、東洋経済新報社、１９８８
大蔵省管財局、『引揚法人の現状調査』、１９４７年（山口文書１８９号）
大蔵省管理局管理課、『在朝鮮各会社資産現況報告』（１７９社）、１９４８年２月20日調査（山口文書１９０号）
東亜経済時報社・中村資良（編）、『朝鮮銀行会社組合要録』、１９２１／１９４０／１９４２年版
モダン日本社、『モダン日本』、第10巻第12号（朝鮮版）―１９３９年版、昭和14年11月および第11巻第９号（朝鮮版）―１９４０年版、昭和15年８月（影印本、オムンハクサ、２００７）
梶村秀樹（編）、『朝鮮近代史の手引』、勁草書房、１９６６
梶村秀樹（編）、『朝鮮現代史の手引』、勁草書房、１９８０
山口精（編著）、『朝鮮産業誌』（上巻）、１９１０
森田芳夫、『朝鮮終戦の記録―米ソ両軍の進駐と日本人の引揚―』、巖南堂書店、１９７９
森田芳夫／長田かな子、『朝鮮終戦の記録：資料篇』、第１巻（１９７９）、第２巻（１９８０）
（財）鮮交会（編著）、『朝鮮交通史』（正編、資料編）、１９８６
水田直昌・土屋喬雄（編述）、「終戦時における金融措置とその状況」（第７、８話）、『朝鮮近代史料（３）』、１９５４年１月22日

神谷不二（編）、『朝鮮問題戦後資料』、第1巻、日本国際問題研究所、1976
アジア・アフリカ総合研究組織（編）、『アジア経済関係文献目録』、アジア経済研究所、1968
日満実業協会、「非常時下内鮮満一如の実と北鮮工業の躍進に就て」（南朝鮮総督の訓話）、1938年8月
日本友邦協会、『「友邦協会・中央日韓協会」文庫資料目録』、学習院、1985年3月
日本銀行調査局（編）、『戦後における朝鮮の政治経済』（調外特 第4号）、1948年3月
朝鮮関係残務整理事務所、〝在朝鮮日本人権益等調査ニ関スル件〟（日本、「山口文書」、No. 78）、1946年5月3日
朝鮮貿易協会（編）、『朝鮮貿易史』、1943
京城商工会議所、『朝鮮主要会社表』、昭和19年8月
朝鮮引揚同胞世話会、〝在朝鮮日本人個人財産額調〟（日本、「山口文書」No. 41）、1947年3月
朝鮮電気事業史編集委員会（編）、『朝鮮電気事業史』、中央日韓協会、1981
朝鮮鉄道史編纂委員会（編）、『朝鮮鉄道史　第一巻：創始時代』、朝鮮総督府鉄道局、1937
朝鮮総督府殖産局（編）、『朝鮮工場名簿』（1943年版）．朝鮮工業協会
朝鮮総督府殖産局鉱山課、『朝鮮金属鉱業発達史』、朝鮮鉱業会、1933
朝鮮総督府鉄道局、『朝鮮鉄道四十年略史』、1940
朝鮮総督府内務局、『朝鮮港湾要覧』、朝鮮総督府内務局土木課、1931
連合国最高司令官総司令部（編纂）、竹前栄治・中村隆英（監修）、岡部史信（訳・解説），『GHQ日本占領史　第27巻：日本人財産の管理』、日本図書センター、1997
天川晃ほか（編）、竹前栄治・中村隆英監修、『GHQ日本占領史　別巻：研究展望／総目次・総索引』、日本図書センター、2000

Pauley, Edwin W., *Report on Japanese assets in Soviet-Occupied Korea to the President of the United States, June 1946*
U. S. Department of State, Office of Public Affairs, *KOREA, 1945 to 1948*, 1948

イ．単行本

キム・ギウォン、『米軍政期の経済構造』、プルンサン、１９９０
金達鉉、『5個年経済計画の解説：１９６２〜１９６６—内容・解説・論評—』、進明文化社、１９６２
金新、『韓国貿易史』、石井、１９９１
金雲泰、『米軍政の韓国統治』、博英社、１９９２
金鴻植ほか、『朝鮮土地調査事業の研究』、民音社、１９９７
裵成龍、『朝鮮経済の現在と未来』、漢城図書株式会社、１９３３
安霖、『動乱後の韓国経済』、白映社、１９５４
安秉直・李大根ほか、『近代朝鮮の経済構造』、ピボン出版社、１９８９
安秉直・中村哲（編著）、『近代朝鮮工業化の研究』、一潮閣、１９９３
ヤン・ドンアン、『大韓民国建国史—解放3年の政治史—』、玄音社、２００１
李光麟、『李朝水利史研究』、韓国研究図書館、１９６１
李基俊、『教育：韓国経済学発達史』、一潮閣、１９８３
李気鴻、『韓国の農地改革』、農林部農地管理局、１９５４
李大根、『韓国戦争と１９５０年代資本蓄積』、カチ、１９８７
李大根、『解放後—１９５０年代の経済：工業化の史的背景研究』、サムスン経済研究所、２００２
李大根ほか、『新しい韓国経済発展史』、ナナム出版、２００７

李大根、『現代韓国経済論―高度成長の動力を探して―』、ハンウル、2008
李栄薫ほか、『韓国の銀行100年史』、サンハ、2004
李栄薫ほか、『近代朝鮮水利組合研究』、一潮閣、1992
李宇衍、『韓国の山林所有制度と政策の歴史、1600~1987』、一潮閣、2010
イ・ウォンドク、『韓日過去史処理の原点―日本の戦後処理 外交と韓日会談―』、ソウル大学出版部、2000
イ・ジョンシク、『大韓民国の起源』、一潮閣、2006
趙璣濬、『韓国資本主義成立史論』、大旺社、1977
趙利濟・カーター・J・エッカート編著、『韓国近代化、奇跡の過程』(Modernization of the Republic of Korea:a Miraculous Achievement)、月刊朝鮮社、2005
チュ・イクチョン、『大軍の斥候』、プルン歴史、2008
池鏞夏、『韓国林政史』、明秀社、1964
陳徳奎ほか、『1950年代の認識』、ハンギル社、1981
韓国学術振興財団、『光復50周年記念論文集(3、経済)』、光復50周年記念事業委員会、1995
洪性囿(著)、高麗大学校亜細亜問題研究所、『韓国経済の資本蓄積過程』、高麗大学校出版部、1964
洪性囿、『韓国経済と美国援助』、博英社、1962
岡衛治、『朝鮮林業史』、朝鮮山林会、1945(イム・ギョンビン(訳)、『朝鮮林業史』上巻、下巻、山林庁、2000/2001)
高崎宗司、『朝鮮の土となった日本人』、2002(『浅川巧評伝―朝鮮の土になる』、キム・スンヒ(訳)、ヒョヒョン出版、2005)

高成鳳、『植民地の鉄道』、日本経済評論社、2006
九州経済調査協会（編）、『韓国の工業』、アジア経済研究所、1967
堀和生、『東アジア資本主義史論（Ⅰ）』、ミネルヴァ書房、2009
堀和生、『朝鮮工業化の史的分析』、有斐閣、1995
堀和生、宮嶋博史、『朝鮮土地調査事業史の研究』、東京大学東洋文化研究所、1991
宮嶋博史・李栄薫ほか、『近代朝鮮水利組合の研究』、日本評論社、1992
吉野誠、『東アジア史のなかの日本と朝鮮』、2004、明石書店（ハン・チョルホ（訳）、『東アジアの中の韓日2千年史』、本とともに、2009）
金洛年、『日本帝国主義下の朝鮮経済』、東京大学出版会、2002
木村光彦、『北朝鮮の経済―起源・形成・崩壊―』、創文社、1999
木村光彦・安部桂司、『北朝鮮の軍事工業化―帝国の戦争から金日成の戦争へ―』、知泉書館、2003
木村光彦・安部桂司、『戦後日朝関係の研究―対日工作と物資調達―』、知泉書館、2008
山本有造、『日本植民地経済史研究』、名古屋大学出版会、1992
山田三郎（編）、『韓国工業化の課題』、アジア経済研究所、1971
小宮隆太郎・山田豊（編）、『東アジアの経済発展：成長はどこまで持続するか』、東洋経済新報社、1996
小林英夫、『満鉄―「知の集団」の誕生と死―』、吉川弘文館、1996（イム・ソンモ（訳）、『満鉄―日本帝国のシンクタンク―』、サンチョロム、2008）
小林英夫（編）、『植民地への企業進出―朝鮮会社令の分析―』、柏書房、1994
鈴木武雄、『朝鮮の経済』、日本評論社、1942

李鍾元、『東アジア冷戦と韓米日関係』東京大学出版会、１９９６
林采成、『戦時経済と鉄道運営』、東京大学出版会、２００５
長谷川啓之、『アジアの経済発展と日本型モデル：社会類型論的アプローチ』、文真堂、１９９４
田代和生、『倭館―鎖国時代の日本人町―』、文藝春秋、２００２（チョン・ソンイル（訳）、『倭館―朝鮮はなぜ日本人を受け入れたのか？』、ノンヒョン、２００５）
川合彰武、『朝鮮工業の現段階』、東洋経済新報社、１９４３
青木健、『太平洋成長のトライアングル：日本・米国・アジアＮＩＣｓ間の構造調整』、日本評論社、１９８７
Akita, George/Palmer, Brandon, *JAPAN IN KOREA : Japan's Fair and Moderate Colonial Policy (1910-1945) and its Legacy on South Korea's Developmental Miracle*（塩谷紘（訳））、『「日本の朝鮮統治」を検証する：１９１０―１９４５』、草思社、２０１３）
Cumings, Bruce, *The Origins of the Korean War Volume 1 : Liberation and the Emergence of Separate Regimes 1945-1947*, Princeton University Press, 1981（キム・ジャドン訳、『韓国戦争の起源』、イルウォンソガク、１９８６）
Eckert, Carter J., *Offspring of Empire : The Koch'Ang Kims and the Colonial Origins of Korean Capitalism, 1876-1945*, University of Washington Press, １９９１（小谷まさ代（訳）、『日本帝国の申し子』、草思社、２００４）
Eckert, Carter, J. et al, *KOREA Old and New : A History*, Ilchokak Publishers/Harvard University Press, 1990
Gilmore, George W., *Korea from its Capital*(『ソウル風物誌』、シン・ボクリョン（訳）、チプムンダン、１９９９)
Hart, Dennis, *From Tradition to Consumption : Construction of a Capitalist Culture in South Korea,*

Jimoondang Publishing Company, 2001

Hulbert, Hormer B., *The Passing of Korea*(『大韓帝国滅亡史』, シン・ボクリョン(訳), チプムンダン, 1999)

McNamara, Dennis L., *The Colonial Origins of Korean Enterprise : 1910-1945*, Cambridge University Press, 1990

Rossalie von, P.G. von Mollendorf : *Ein Lebensbild Möllendorf*(『メレンドルフ自伝』、シン・ボクリョン（訳）、１９９９）

Myers, Ramon H./Peattie, Mark R., *The Japanese Colonial Empire, 1895-1945*, Princeton University Press, 1984

ウ．論文

カン・ヨンシム、「日帝下の朝鮮林野調査事業に関する研究（上）、（下）」、『韓国史学』、33—34号、１９８３、１９８４

金洛年、「植民地期朝鮮の〝国際収支〟推計」、『経済史学』、第37号、経済史学会、２００４年12月

金洛年、「植民地期の朝鮮工業化に関する諸論点」、『経済史学』、第35号、経済史学会、２００３年12月

キム・デレ、ペ・ソクマン、「帰属事業体の連続と断絶（１９４５—１９６０）」、『経済史学』、33号、経済史学会、２００２

金源模、「マケイン電灯所と電気点灯の歴史的考察（１８８７）」、韓国電力公社

金胤秀、「8・15以後の帰属事業体払下げに関する一研究」（ソウル大学校経済学科修士学位論文）１９８８

朴基炷、「朝鮮における金鉱業の発展と朝鮮人鉱業家」(ソウル大学校大学院経済学博士学位論文)１９９８
ペ・ジェス、「林籍調査事業（１９１０）に関する研究」、『韓国林学会誌』、１９８９（２）、２０００および91（1）、２００２
ペ・ジェス、「造林貸付制度の展開と過程に関する史的考察」、『韓国林学会誌』、91（1）、２００２
ペ・ジェス、ユン・ヨチャン、「日帝強占期の朝鮮における植民地山林政策と日本資本の浸透過程」、『山林経済研究』２（1）、１９９４
安秉直、「日本植民統治の経済的遺産に関する研究」、『経済論集』―第Ⅳ巻 第4号、ソウル大学校経済研究所、１９６５年12月
呉鎮錫、「韓国近代電力産業の発展と京城電気株式会社」、延世大学校大学院博士学位論文、２００６
車耕権、「日政下の経済的遺産と米軍政期初期条件に関する考察」、『経済論集』第2号、ソウル大学校経済研究所、１９８０年6月
ホ・スヨル、「植民地的工業化の特徴」、『工業化の諸類型』（Ⅱ）（金宗炫 編著）、キョンムン社、１９９６
古川宣子、「日帝時代 普通学校体制の形成」、ソウル大学校大学院、教育学博士学位論文、１９９６年2月
谷浦孝雄、「解放後韓国商業資本の形成と発展」、『１９５０年代の認識』（陳徳奎ほか）、ハンギル社、１９８１
大森とく子、「日本の対朝鮮借款について―朝鮮開港から『韓国併合』まで―」、『日本植民地研究』4、日本植民地研究会、１９９１

※〝第2章〟用特殊表記資料
「資料1」：「朝鮮に於ける内地資本の流出入に就て」（調査資料 第60号）、朝鮮銀行京畿総裁席調査課、1933年11月
「資料2」：「朝鮮投下内地資本と之になる事業」、『殖銀調査月報』、25号、1940
「資料3」：「朝鮮に於ける内地資本の投下現況」（京城商工会議所調査資料第9集）、京城商工会議所、1944年1月
「資料4」（分冊1）：大蔵省管理局、『日本人の海外活動に関する歴史的調査』（2）（朝鮮編：第1分冊～第5分冊、序章～第13章）、1946
「資料4」（分冊2）：大蔵省管理局、『日本人の海外活動に関する歴史的調査』（3）（朝鮮編：第6分冊～第10分冊、第14章～付録）1946
「資料5」：韓国学中央研究院、『解放直後韓国所在の日本人資産関連資料』、ソンイン、2005

エ．その他
姜晉馨、『日東録』
金綺秀、『日東記游』（手記本、1877：釜山大学校韓日文化研究所の訳註本、『訳註 日東記游』、1962）
丁若銓、『松田私議』（成均館大学漢文学科 安大会教授〝翻訳本〟）

著者 **李大根**（イ・デグン）

1939年、韓国・慶尚南道陜川生まれ。1964年、ソウル大学商学部卒業後、韓国産業銀行調査部、国際経済研究所に勤務。1980年、成均館大学経済学部教授。米ニューヨーク州立大学、京都大学、北京大学に留学。落星台経済研究所創立に参加。主な著書に『朝鮮近代の経済構造』（共編著、1989年、日本語版・日本評論社）、『解放後―1950年代の経済』（2002年）、『現代韓国経済論』、『民族主義はもはや進歩ではない』（ともに2008年）、『帰属財産研究』（2015年）など。現在、成均館大学名誉教授。

訳者 **金光英実**（かねみつ・ひでみ）

1971年、静岡県生まれ。韓国在住。翻訳家。日本で清泉女子大学スペイン語学科卒業後、広告代理店に勤務。1996年、韓国・延世大学韓国語学堂に留学。現代証券、中央日報などを経て翻訳業へ。現在、韓国ドラマ・映画の字幕翻訳や原稿執筆・編集活動に従事。翻訳書に『グッドライフ』（小学館）、『ソウルの中心で真実を叫ぶ』、『殺人の品格』（以上、扶桑社）、共著として『ためぐち韓国語』（平凡社新書）、『週末ソウル!』（平凡社）など。

監訳者 **黒田勝弘**（くろだ・かつひろ）

1941年、大阪府生まれ。京都大学経済学部卒業後、共同通信社入社。1978年、韓国・延世大学韓国語学堂に留学後、共同通信ソウル支局長および産経新聞ソウル支局長兼論説委員。日本記者クラブ賞、菊池寛賞などを受賞。主な著書に『韓国人の発想』（徳間書店）、『韓国人の歴史観』（文春新書）、『日韓新考』（扶桑社）、『韓国人の研究』、『隣国への足跡』（以上、KADOKAWA）など。韓国在住40年。現在、産経新聞ソウル駐在客員論説委員、神田外語大学客員教授を務める。

装丁：石崎健太郎
DTP：G-clef（山本秀一、山本深雪）

帰《き》属《ぞく》財《ざい》産《さん》研《けん》究《きゅう》

韓国《かんこく》に埋《う》もれた「日本資産《にほんしさん》」の真実《しんじつ》

2021年10月10日　第1刷発行

著　者　李大根《イデグン》
訳　者　金光英実《かねみつひでみ》
監訳者　黒田勝弘《くろだかつひろ》
発行者　大松芳男
発行所　株式会社 文藝春秋
〒102-8008
東京都千代田区紀尾井町3-23
電話　03-3265-1211（代表）

印刷所　理想社
付物印刷所　萩原印刷
製本所　加藤製本

定価はカバーに表示してあります。

ISBN 978-4-16-391343-8